U0529630

线 装 经 典

三十六计

《线装经典》编委会 编

地震出版社

图书在版编目（CIP）数据

三十六计/《线装经典》编委会编.——北京：地震出版社，2024.4
ISBN 978–7–5028–5654–0

Ⅰ.①三… Ⅱ.①线… Ⅲ.①《三十六计》 Ⅳ.
①E892.2

中国国家版本馆CIP数据核字（2024）第085073号

地震版　XM5782/E（6482）

三十六计
《线装经典》编委会 编

责任编辑：李肖寅　李亚靖
责任校对：凌　樱

出版发行：地震出版社
　　　　　北京市海淀区民族大学南路9号　邮编：100081
　　　　　发行部：68423031 68467993　传真：68467991
　　　　　总编办：68462709 68423029
　　　　　http://www.seismologicalpress.com
　　　　　E-mail:dz_press@163.com

经销：全国各地新华书店
印刷：三河市中晟雅豪印务有限公司

版（印）次：2024年4月第一版　2024年4月第一次印刷
开本：715×975　1/16
字数：493千字
印张：22.5
书号：ISBN 978–7–5028–5654–0
定价：68.00元

版权所有　翻印必究
（图书出现印装问题，本社负责调换）

前　言

　　《三十六计》是一部奇书，也是中华民族非常珍贵的历史文化遗产。它将晦涩难懂的古代军事理论，提纲挈领地概括为三十六计，并以生动通俗、家喻户晓的成语来为每条计策命名，所以极易被读者接受和喜爱。

　　"三十六计"的说法可追溯至《南齐书·王敬则传》："檀公三十六策，走是上计，汝父子唯应急走耳。"檀公指的是南朝刘宋的名将檀道济，他曾在与北魏军作战时，因粮草不继陷入困境，为迷惑敌军，他施计"唱筹量沙"，在军营中称量覆盖着少许白米的沙土，使全军全身而退，从此威名远播。《南史·王敬则传》与《南齐书·王敬则传》有相同记载，不过《南史》多加了一句"盖讥檀道济避魏事也"。从这段记载可知，"三十六策"并不是书名，而是用来形容檀道济计谋百出，"走是上计"也不是其中一计，而是在讽刺檀道济擅长逃跑。宋代时，学者惠洪在《冷斋夜话》中将这句话改为"三十六计，走为上计"，一直流传至今。

　　古往今来，提及"三十六计"的文学作品不少，甚至人们在日常生活中也经常提到。不过，《三十六计》的作者是谁、什么时候成书至今还是个谜。考查《辞源》可知，三十六计中有13个计名首次出现在元明戏曲中，有7个计名则首次出现在明清小说中。有学者根据多个线索综合推断，《三十六计》大概成书于明末清初，而且是众手成书，没有固定或单一的作者。因为《三十六计》的多个版本都包括计名、解语、按语等部分，其中计名、解语内容基本相同，但按语却有多达二十多处的不同。显然，计名、解语形成较早，而按语则是经过后来学者增删修改的。按语通俗易懂、风格浅白，是对解语的解释和补充，由于本书对解语（古经玄览）有详尽的翻译（古文今译），所以并未节录按语。

　　虽然今天已经很难考证三十六计的作者究竟是何人，但有一点是可以肯定的，那就是它的作者深通《易经》。《三十六计》中有二十九计的解语都引用了《易经》原文，如第二十六计"指桑骂槐"的解语为："大凌小者，警以诱之。刚中而应，行险而顺。"其中"刚中而应，行险而顺"一句引自《易经》师卦。再如第三十六计"走为上策"的解语是："全师避敌，左次无咎，未失常也。"其中"左次无咎，未失常也"一句是《易经》师卦的象辞。其余七计虽未直接引用原文，却也不同程度地涉及了《易》理。全书在借鉴古代军事理论和前人作战经验的基础上，充分吸收《易经》中的辩证思想，以发展的眼光审视各种对立关系，如刚柔、正邪、攻防、主客等的相互转化，最终根据阴阳变化推演出作战方略和对敌之法，成为一部韬略大观。从这个意义上讲，《易经》成就了《三十六计》。

《三十六计》注重实用性和可操作性，言简意赅，就事论事。虽然它是一部军事著作，但其思想精髓却渗透到社会、人生的各个层面，尤其适用于现代商战。有道是商场如战场，战场上刀兵相见，商场上也是明争暗斗，一不小心就有灭顶之灾。因此，能否熟练运用三十六计，抓住一个个商机，决定了你能否在商场这个没有硝烟的战场上翻云覆雨、进退自如。

在每一计的"计名探源"版块中介绍了计策的来源以及对计策的注释评点等，同时在"事典辑录"版块中大量列举了与之相关的古代、近代战例和近现代的商战战例，并配以百余幅精美图片，力图使读者在享受一场视觉盛宴的同时，全方位、多角度地了解《三十六计》，并将其中的技巧运用到日常生活当中，从而拥有更精彩的人生。倘若真能对您有所裨益，那么对于编者来说，亦是幸甚至哉！

目录

第一套 胜战计

第一计　瞒天过海 .... 二
第二计　围魏救赵 .... 一一
第三计　借刀杀人 .... 一七
第四计　以逸待劳 .... 二四
第五计　趁火打劫 .... 三三
第六计　声东击西 .... 四四

第二套 敌战计

第七计　无中生有 .... 五四
第八计　暗度陈仓 .... 六三
第九计　隔岸观火 .... 七五
第十计　笑里藏刀 .... 八五
第十一计　李代桃僵 .... 九四
第十二计　顺手牵羊 .... 一〇三

第三套 攻战计

第十三计　打草惊蛇 .... 一一二
第十四计　借尸还魂 .... 一二三
第十五计　调虎离山 .... 一三三
第十六计　欲擒故纵 .... 一四二
第十七计　抛砖引玉 .... 一五四
第十八计　擒贼擒王 .... 一六四

第四套 混战计

第十九计　釜底抽薪 .... 一七六
第二十计　浑水摸鱼 .... 一八七
第二十一计　金蝉脱壳 .... 一九七
第二十二计　关门捉贼 .... 二〇九
第二十三计　远交近攻 .... 二一九
第二十四计　假道伐虢 .... 二二八

第五套 并战计

第二十五计　偷梁换柱 .... 二三六
第二十六计　指桑骂槐 .... 二四三
第二十七计　假痴不癫 .... 二五二
第二十八计　上屋抽梯 .... 二六三
第二十九计　树上开花 .... 二七三
第三十计　反客为主 .... 二八一

第六套 败战计

第三十一计　美人计 .... 二九二
第三十二计　空城计 .... 三〇三
第三十三计　反间计 .... 三一三
第三十四计　苦肉计 .... 三二四
第三十五计　连环计 .... 三三四
第三十六计　走为上 .... 三四四

第一套 胜战计

第一计　瞒天过海

【本计旨要】

"瞒天过海"是一种示假隐真的疑兵之法，主要用于战役伪装，常用来隐蔽军队集结和发起攻击的时间、地点等。瞒天过海之计可大可小，其重点在于一个"瞒"字。瞒就是蒙蔽，就是以假乱真、以假隐真。

【计名探源】

唐太宗贞观年间，朝鲜半岛上有高句丽、新罗、百济三个国家。贞观十六年（642年），高句丽权臣泉盖苏文篡位。与所有当权者一样，泉盖苏文希望能够通过对外战争来提高自己的威望。于是，他和百济建立了联盟，向新罗发起进攻，宣称要夺回失去的国土。高句丽军一路连下四十余城仍不止步，新罗国危在旦夕。于是，新罗国王向唐朝告急。唐太宗派使者前去劝和，但高句丽拒绝和谈。太宗大怒，遂统兵30万亲征高句丽。据说，太宗来到海边，举目远眺，只见波浪滔天，一望无际，想到这30万大军还不知该如何渡过这茫茫大海，不禁面露惧色。大臣薛仁贵见状，心生一计：他请太宗进入一座彩色营帐，帐内挂满绣幔彩锦，桌上摆满佳肴美酒，此情此景令太宗龙心大悦。太宗遂邀请百官宴饮，一时间营帐内笙歌曼舞、觥筹交错——唐太宗早已忘了准备带军过海之事。正当众人酒酣之际，突然桌上杯盏倾斜，帐内人人坐立不稳，只听得外面狂风呼啸，波声如雷。太宗大惊，急忙揭开绣幔彩锦一探究竟，只见眼前就是波涛汹涌的大海，自己与30万大军正颠簸在惊涛骇浪之上，原来自己所在的华丽营帐竟是一艘装饰一新的海船！

其实，这是老将薛仁贵见太宗心生悔意，情急之下想出来的"瞒天过海"之计。原意是瞒着天子唐太宗，使之在不知不觉中渡过大海。后来引申为采用伪装的手段，制造公开的假象，使对方失去警戒之心，暗中行动，从而达到出奇制胜的目的。

薛仁贵领太宗来到一座彩色营帐，帐内挂满绣幔彩锦，桌上摆满佳肴美酒，此情此景令太宗龙心大悦。

【古文玄览】

备周则意怠①；常见则不疑。阴在阳之内，不在阳之对。太阳，太阴。

【说文解字】

①备周则意怠：备，防备；周，周密；怠，松懈。句意为，防备十分周密，往往容易让人意志懈怠。

【古文今译】

如果防备得十分周密，意志就会懈怠下来；对于平常看惯了的，往往就不再怀疑。秘密蕴藏在公开的事物中，而不是与公开的事物相对立。极为公开的事情里往往隐藏着极其隐秘的计谋。

【计谋评点】

"瞒天过海"在兵法上一般用来作战役伪装，以期达到出其不意的战斗效果。

瞒天过海的情形很多，大而言之，可分为以下几种：

（1）阳奉阴违。表面上顺从，暗地里不从。这样就会使对方放松警惕，为"过海"创造有利条件。

（2）制造假象。抓住对方弱点，制造假象迷雾，以假乱真，从中取利。

（3）转移视听。把对方的注意力转移到别处，使对方不知道自己的真正意图。

（4）隐迹潜踪。《孙子兵法》说："形人而我无形。"即用欺骗的手段使对方暴露企图，而自己却不露形迹。所谓"三军之事，其重于密"，自己无形而对方有形，当然会无往不胜。

在古今中外战争史上，施展瞒天过海之计，出奇制胜的战例不胜枚举。589年，隋朝准备攻打陈国（都城在今南京）。战前，奉命统领江防的隋朝将领贺若弼每次调兵遣将时都把兵力集中在历阳，所以历阳一带战旗遮天、帐篷遍野。起初，陈国误以为是隋朝大军压境，遂发动全国兵马全力迎敌，但后来发现那只不过是隋军的调防而已，只好撤回部队。如此三番五次之后，陈国人就习以为常了，戒备也逐渐松懈下来。直到隋将贺若弼引领大军渡江来袭时，陈国人居然仍未觉察。于是隋军轻而易举地攻占了南徐州。隋军正是用调防的假象隐蔽了渡江的企图，趁陈国戒备松弛之时攻城略地、一举得胜。

"瞒天过海"的关键在于利用人们对社会现象的习惯定势和熟视无睹的现象信而不疑的心理，趁人不备，进而实现自己的目的，实际上就是"攻其无备，出其不意"。如此示形欺敌之法可以千变万化，目的就是使敌人产生错误判断。若要让敌人生疑，示己之形时就应该因时、因地、因敌而变。用兵双方都求诡道，一方的诱敌成功，必以另一方的判断失误为前提，关键看谁更棋高一着。高明的将领总是能在知己知彼的基础上，用示形之法诱敌人生疑，使敌人做出错误判断。

在战争中，常常要伪装骗敌、故布疑阵、真假虚实结合，令敌人真伪难分，"瞒天过海"可谓是久用不衰的谋略。

【事典辑录】

孔明添灶巧退敌

三国时，诸葛亮（字孔明）为了兴复汉室，统一中原，先后六出祁山（今甘肃礼县东北，三国时魏蜀的必争之地），挥师北上，讨伐曹魏。

四出祁山时，孔明本来已经大获全胜，司马懿用了一个反间计，使后主刘禅轻信谗言，下诏命令孔明班师。孔明接到诏书后，仰天长叹道："主上年幼，身边必有奸臣。我正要建立大功，为什么让我班师回朝？我若不回去，便是轻视幼主；我若奉命退兵，恐怕日后再难得到这样的好机会了。"姜维问："如果大军撤退，司马懿乘势追杀上来，该怎么办才好呢？"孔明说："我们这次撤军，可分为五路。如果营内只有1000士兵，就掘2000人的灶；若是今天掘了3000人的灶，明日就掘4000人的。每天退军，都要添灶之后再出发。"杨仪问："当年孙膑擒庞涓，用添兵减灶的办法，现在丞相退兵，为什么要增灶？"孔明说："司马懿善于用兵，如果他知道我们撤退，必然会追赶，而且他一定会在旧营地根据我们留下的灶的数量估计我们的兵力。看到咱们每天增灶，他就不能确定咱们的兵到底是退还是没退，便会因怀疑我们在设计埋伏而不敢追赶，这样一来，我们便不会因退兵而遭受损失了。"计划制订好后，孔明便传令退兵。

司马懿料到他的反间计已经奏效，只等蜀兵一开始撤退便全力追杀。正当他踌躇满志时，忽然得到报告，说蜀军大营已经空虚，人马都已撤去。司马懿知道孔明足智多谋，不敢轻易追赶，便亲自率领百余名骑兵前往蜀军弃营察看，并让士兵记下当天蜀军大营的灶数。第二天，司马懿又向前追了一截，再次让士兵查点灶数，士兵回来报告说："这营内灶的数目，比原来多了一分。"司马懿对众位将领说："我猜到孔明足智多谋，现在果然添兵增灶，我若追赶他们，必然中了他的计；不如暂且退军，再作打算。"于是，司马懿下令回师，不再追赶。

在"添灶即增兵"的迷惑下，司马懿疑心重重，思量再三，最终退军回师。孔明只添灶、不增兵，这样示多隐少的疑兵之计让蜀军未损一兵一卒便安全撤回成都。难怪司马懿后来了解实情后仰天长叹道："孔明仿效虞诩的做法瞒过我了，我的谋略还是不如他啊！"

刘兰成奇袭北海郡

618年，隋炀帝猝死，隋朝灭亡。隋北海郡明经（官位名）刘兰成投降了起义军首领綦公顺。投降后的第二天，刘兰成向綦公顺请战："请让我挑选150名壮士，去袭击北海郡城。"綦公顺心中暗笑："带这么少的兵去攻打北海郡城，岂不是以卵击石？今天我倒要见识一下刘兰成的手段。"于是他面带微笑道："好，满足你的要求！"

刘兰成带着150名壮士出发了。距离郡城还有40里地时，刘兰成留下10人去割草，并让他们把割来的草分成一百多堆，然后原地待命，一接到命令就马上点燃草堆。距离郡城还有20里地时，刘兰成命20人各执一面大旗待命，一接到命令就火速竖起大旗。距离郡城只剩五六里地时，刘兰成又留下30人就地埋伏在险要之地，准备袭击敌人。随后，刘兰成亲自率领10名壮士，借着夜色掩护，潜伏在距郡城仅1里左右的小树林里。余下80人分别隐蔽在郡城城门附近，刘兰成命令他们只要听到鼓声便立刻抓敌人、抢牲畜，然后火速撤离。

第二天早晨，郡城里的士兵在城楼上远望，没发现有大军压城所卷起的烟尘，便打开城门，像往常一样出城打柴放牧。接近中午，太阳光越来越毒，刘兰成率领10名壮士直扑城下。城上卫兵大惊失色，立即击鼓传报。事先隐蔽在城外的那80名士兵听到鼓声，迅速行动起来抢劫牲畜，活捉了几个正在打柴、放牧的敌兵后立即离开。

城下的刘兰成估计自己的人已经得手，便放慢了脚步，从容不迫地领着那10名士兵原路返回。郡城里冲出来大批敌兵，可他们看到刘兰成只带着10个人却并不急于逃走，生怕其中有诈，便不敢轻举妄动，只在后面远远地跟着观察动静。过了一会儿，他们看到前面战旗飘扬，更远的地方冒起大团的浓烟。这些守城将士个个胆战心惊：烟尘飞扬，这附近肯定有大批伏兵！于是他们马上掉头返回城中。

刘兰成根据城内守军的心理特点，巧施疑兵计，用战旗和浓烟制造了埋有大批伏兵的假象。加之他指挥得当、将士配合默契，所以不费吹灰之力就俘获了敌兵、抢夺了牲畜，并达到了以小股部队骚扰大批敌人的目的。

吕蒙白衣夺荆州

三国时期孙刘联盟抗曹时，孙权出于战略上的考虑，同意暂时把荆州借给刘备。当时刘备对孙权承诺："若得到西川便归还荆州。"可是后来刘备不但不还荆州，还派关羽重兵镇守。因此，荆州成为东吴的一块心病。

219年，关羽发动樊城战役。这时，东吴的水军都督吕蒙认为夺回荆州的时机已经成熟。便请求孙权允许自己以治病为名回到吴都建业，使关羽放松对后方的防守，然后再乘机袭取南郡。孙权依计而行。于是吕蒙推荐陆逊接替自己的职务。陆逊上任后马上写信给关羽，称颂关羽的功德，进一步麻痹关羽。关羽果然上当，对东吴放松了警惕，并撤一部分防守兵力去围攻樊城。

此时，孙权以吕蒙为最高统帅，率兵向荆州进发。吕蒙将战船伪装成商船，命精兵皆穿白衣扮成商人，骗过烽火台的守兵。当夜二更，船内精兵杀上岸来，占领烽火台，拿下荆州。关羽得知吕蒙计夺荆州后，愤恨地说："我生不能杀吕蒙，死后做鬼也不会放过他！"

檀道济唱筹退追兵

南朝宋时，北魏发兵进攻济南，檀道济奉命前去镇压。宋军节节胜利，一直将魏兵驱逐至历城。

这时，檀道济开始骄傲起来，宋军的防备也开始松懈了。魏军趁机烧掉宋军的辎重粮草。檀道济手下的将士虽然英勇，但断了军粮，也只好退兵。于是北魏派出大军追剿围困宋军。宋军将士看到大批魏军围上来，不禁有些惊慌失措。檀道济却不慌不忙地命令将士就地扎营休息。

当天晚上，宋军军营里灯火通明，檀道济亲自带领一批管粮的兵士在一个营寨里查点粮食。一些兵士手里拿着竹筹高声唱念计数，另一些兵士用量斗忙着量米。有人偷偷地向营里望了一下，只见一只只米袋里面装满了

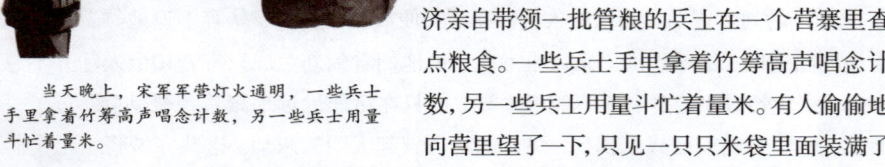

当天晚上，宋军军营灯火通明，一些兵士手里拿着竹筹高声唱念计数，另一些兵士用量斗忙着量米。

雪白的大米。这个消息马上被魏兵的探子获悉并报告给魏将。魏将大惊，连夜退兵。

其实，魏将中了檀道济的计。檀道济在营寨里量的并不是白米，而是一斗斗的沙土，只是在沙土上覆盖了少量白米罢了。等到天色发白，檀道济命令将士戴盔披甲，自己则穿着便服，乘着一辆马车，从容不迫地沿着大路向南转移。

檀道济在粮草匮乏的情况下，"唱筹量沙"，伪装骗敌，成功地吓退了魏军。

曹操领兵出荒原

有一年夏天，曹操率领部队去讨伐张绣，一天，骄阳似火，部队在弯弯曲曲的山道上行走，两边密密的树木和被阳光晒得滚烫的山石让人透不过气来。到了中午时分，士兵的衣服都湿透了，行军的速度也慢下来，有几个体弱的士兵竟晕倒在路边。曹操看行军的速度越来越慢，担心贻误战机，心里很是着急。可是，眼下几万人马连水都喝不上，又怎么能加快速度呢？他立刻叫来向导，悄悄问他："这附近可有水源？"向导摇摇头说："泉水在山谷的那一边，要绕道过去还有很远的路程。"曹操想了一下说："不行，时间来不及。"他看了看前边的树林，沉思了一会儿，便一夹马肚子，快速赶到队伍前面，用马鞭指着前方说："士兵们，我知道前面有一大片梅林，那里的梅子又大又好吃，我们快点赶路，绕过这个山丘就到梅林了！"士兵们一听，精神大振，步伐不由得加快了许多。

李靖一战破梁王

唐朝初年，时任赵郡王李孝恭属下长史的李靖统领军队，准备进攻占据江陵的梁王萧铣。当时，秋水暴涨，浊浪滔天，众将认为此时进兵必败无疑。而李靖却认为，用兵贵在神速。现在正可顺水推舟，一日千里，必能出奇制胜。李孝恭素重李靖之才，对他言听计从。李靖率战船2000余艘东下，一昼夜便抵夷陵。萧铣的将领林士弘果然毫无防备，不堪一击。接着，李靖长驱直入，顺北江而下，守将盖彦举闻风丧胆，举王洲之地而降。

这时，梁王萧铣正屯兵务农，听说李靖率军而入，仓促间只好召集卫兵应战。李孝恭要出马应战，李靖以为不可。他认为敌军拼死而来，应避其锋芒以候时机。李孝恭没有采纳他的建议，亲自率军出阵，结果大败而回，退回南岸。梁王军队乘胜沿江抢夺财物，军容散乱，于是李靖领兵乘机击之，直抵江陵，然后又下令将所获敌船全部击破，弃于江中，任其顺流而下。

众将对此大为不解，李靖笑着解释道："尔等有所不知，今萧铣属地甚广；若我军攻城未果，敌军必会四面相围，我军必腹背受敌，进退两难，陷入危境之中，纵有战船，亦无所用。今将敌船沿江弃之，敌援军一见，必疑是江陵已失，未敢轻进。等其明晓之时，我已攻下江陵久矣！"遂继续下令围城。

萧铣被围江陵已久，日夜盼望援军到达。而援军见到江中漂流的梁军船只残片，以为江陵已失陷，吓得不敢继续前进，还纷纷求降。萧铣被困于城中，内无粮草，外无援兵，走投无路，便与侍郎岑文本商议。岑文本见大势已去，便劝萧铣不如早降。萧铣别无他法，只好开城投降。李靖凭此一战，功绩显赫，把萧铣的96郡地盘全部纳入赵郡王属下。

秦二世篡位

秦始皇三十七年（公元前210年）十月，始皇巡游会稽、琅玡等地，丞相李斯、中车府令赵高以及始皇的小儿子胡亥等人随行。他们刚到沙丘，秦始皇就病倒了。他自知时日不多，便命赵高起草遗诏，召远在边疆蒙恬军中监军的长子扶苏赶回都城咸阳。但始皇没有等到诏书发出，就一命呜呼了。于是，诏书和始皇的玉玺便落到了赵高的手中。

由于始皇死在宫外，李斯害怕受牵连，于是封锁了始皇驾崩的消息，除了李斯、赵高、胡亥以及几个贴身宦官以外，无人知晓。赵高自小就是宫中的宦官，曾是胡亥的老师，两人的关系非常好。而始皇的长子扶苏性格刚正不阿，对赵高有很深的成见，而且与武将蒙恬亲近。扶苏曾多次不留情面地直谏秦始皇，所以始皇不喜欢他，派他和蒙恬一起戍守边境。但其实始皇还是把扶苏作为继承人来培养的，派他去边疆是为了让他增长治国的经验。

赵高很清楚，如果扶苏接到圣旨就会回到咸阳。尽管始皇并没有明确说明传位给扶苏，但长子继承皇位是惯例。由于害怕扶苏做了皇帝后危及自身，赵高便动起了歪主意。既然始皇的玉玺及遗诏都在自己手上，而且始皇临终的意思也只有胡亥、李斯和自己三人知道，何不说服他们二人，假传圣旨，把皇位调包给胡亥，然后再找个莫须有的罪名逼迫扶苏和蒙恬自杀，这样一来，自己的权势岂不比秦始皇时期还要大吗？

他打定主意，便去找胡亥，私下对他说："始皇在世时没有册封你们任何一个王子，事实摆在面前，扶苏一旦回到咸阳就会登基做皇帝，但你却得不到一尺一寸的土地，你觉得公平吗？"

胡亥道："没有什么公平不公平的。常言道：'知子莫如父。'我想父王这样安排，肯定有他的道理。"

赵高接着劝道："那可说不准。谋事在人，现在天下就在你我和丞相李斯三人手中，扶苏和你谁做皇帝还不一定呢。让我去劝说李斯，篡改遗诏把你立为皇帝吧。"

起初胡亥并不同意，但经赵高的巧舌劝说后也就默许了。之后，赵高去找李斯，摆明其中的利害关系：如果扶苏做了皇帝，必定会重用蒙恬，把李斯取而代之。开始李斯也是拒绝，后来经赵高的再三劝说也就同意了。

就这样，赵高连同丞相李斯和胡亥一起篡改了圣旨，并将其送到戍守边境的扶苏处。假诏书斥责扶苏屡次上书肆意非议朝政，要求扶苏自刎；而蒙恬戍边十几年毫无战功，实为对国不忠，也令其自尽。回到咸阳后，他们发丧并宣读始皇的遗诏，立胡亥为太子。而后胡亥登上帝位，史称秦二世。

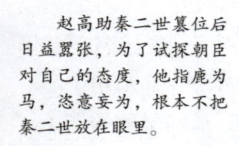

打工仔"瞒天过海"成老板

克罗克原先在美国一文不名，没读完中学就出来做工，以养家糊口、维持生存。后来，他在一家工厂当上了推销员，一方面收入有了一定的提高，生活有了明显的改善；另一方面，也是更主要的，他在推销产品过程中走南闯北，结识了不少人，增长了见识，积累了大量有关经营管理方面的宝贵经验。一段时间后，他开始

赵高助秦二世篡位后日益嚣张，为了试探朝臣对自己的态度，他指鹿为马，恣意妄为，根本不把秦二世放在眼里。

越来越不满足于给别人当雇员了，一心想创办自己的公司。

可选择哪一行呢？"民以食为天"，随着人们工作生活节奏的加快，他通过市场调查发现当时美国的餐饮业已远远不能满足时代的需求，亟须改革。然而，要将他的想法变成现实就不是那么容易的事情了。克罗克面临的首要问题就是资金问题，"一分钱难倒英雄汉"这话一点不假。对于一贫如洗的克罗克来说，自己开办餐馆又谈何容易呢？思来想去，他终于想出了一个好办法。他在做推销员工作时，曾认识了开餐馆的麦克唐纳兄弟，自己倒不如凭交情先进入其内部学习，以最终实现自己的伟大抱负。

主意已定，他便找到麦氏兄弟，对其进行了一番赞美后，话锋一转，开始讲述自己目前的窘境，待博得对方的同情后，便不失时机地恳请麦氏兄弟无论如何要帮他这个忙，答应他留在餐馆做工，哪怕是做一名跑堂的小伙计也行，否则，他的日常生活将面临危机。

在以往的接触中，克罗克深知这两位老板的性格特点。为尽早实现自己的远大目标，他又主动提出在当店员期间兼做原来的推销工作，并把推销收入的5%让利给老板，麦氏兄弟见有利可图且又考虑到眼下店里确实人手不足，便十分爽快地答应了他的要求。

克罗克进入快餐店后，很快就掌握了其详细情况。为取得老板的信任，他工作异常勤奋，起早贪黑，任劳任怨；他曾多次建议麦克兄弟改善营业环境，以吸引更多的顾客；并提出配制份饭、轻便包装、送饭上门等一系列经营方法，以扩大业务范围，增加服务种类，获取更多的营业收入；还建议在店堂里安装音响设备，使顾客更加舒适地用餐；他还大力改善食品卫生，狠抓饮食质量，以维护服务信誉；认真挑选店堂服务员，尽量雇用动作敏捷、服务周到的年轻姑娘当前方招待；而那些牙齿不整洁、相貌平平的人则被安排到后方工作，做到人尽其才，确保服务质量，更好地招待顾客。他的每一项改革都使老板感到满意，因为，他总是表现得那么坦诚，那么可信赖，谦虚谨慎，给人留下极好的印象。由于他经营有道，为店里招揽了不少顾客，生意越做越好，老板对他更是言听计从，百依百顺了。餐馆名义上仍是麦氏兄弟的，但实际上餐馆的经营管理、决策权完全掌握在克罗克的手中。这一切正是通向其最终目的的铺路石，两位老板却一直蒙在鼓里，对他并无丝毫戒心，甚至还在暗自庆幸当时留下克罗克的决定是对的，大有"伯乐相识千里马"之感。

不知不觉，克罗克已在店里干了6个年头。他的羽毛渐渐丰满，展翅腾飞的时机日趋成熟，便暗暗加快了行动步伐，他通过各种途径筹集到了一大笔贷款。该与麦氏兄弟摊牌了，他想，事到临头，不容再难为情，继续拖延下去了。他熟谙两位老板素来喜欢贪图眼前利益的性格。为此，克罗克充分做好了谈判前的思想准备。

1961年的一个晚上，克罗克与麦氏兄弟进行了一次很艰难的谈判。起初，克罗克提出较为苛刻的条件，对方坚决不答应，克罗克稍作让步后，双方又经过激烈的讨价还价，最终克罗克以270万美元的现金，买下麦氏餐馆，由他独自经营。麦氏兄弟尽管有种种忧虑与不安，但面对如此诱人的价格，他们终于动心了。双方就此达成协议，并很快进行了产权交割。第二天，该餐馆里发生了引人注目的主仆易位事件，店员居然炒了老板的鱿鱼，这在当时可以说是当地一特大爆炸新闻，引起了巨大的轰动，而快餐馆也借众人之口，深入人心，大大提高了其在美国的知名度。到此为止，克罗克的"瞒天过海"之计达到了预期目的。克罗克入主快餐馆后，经营、管理更加出色，很快就以崭新的面貌享誉全美，不久就将270万美元全部捞了回来。又经过20多年的苦心经营，快餐馆总资产已达42亿美元，成为国际十大知名餐馆之一。

　　克罗克实施"瞒天过海"计的成功，就在于他了解麦氏兄弟的性格，仅以让利5%就轻易打入了麦氏快餐馆；随后通过长时间的潜移默化，对老板的刻意奉迎，换取了兄弟俩的信赖，使兄弟俩认为他处处替自己着想，感到双方利益一致，便自动消除了对他的猜忌，愉快地接受了他的多种建议，逐步渗透，最后一场交易，全部吃掉了麦当劳快餐馆，双方谈判以克罗克的"瞒天过海"计大功告成而宣告结束。

第二计　围魏救赵

【本计旨要】

"围魏救赵"是三十六计里的第二计，主要用于解围。古人云："治兵如治水。"面对来势凶猛的强敌，一味硬碰，无异于以卵击石，所以应当避其锋芒，采用疏导引流的办法：或者攻击敌人的薄弱之处牵制它，或者袭击敌人的要害部位威胁它，或者绕到敌人背后打击它。如此一来，敌人就不得不放弃原来的目标。这是一种转化敌我双方地位的迂回策略。

【计名探源】

事见《史记·孙子吴起列传》，是讲战国时期齐国与魏国的桂陵之战。中山原本是魏国北邻的小国，后被魏国收服，不久，赵国乘魏国国丧之际强占了中山。公元前354年，魏惠王欲释失去中山的旧恨，便派大将庞涓前去攻打赵国。而庞涓认为中山不过是弹丸之地，不如直接攻打赵国都城邯郸，既解旧恨又得城池，可谓一举两得。魏王高兴地答应了，随即拨500战车，以庞涓为将，直抵赵国包围其都城邯郸。赵王在危难之中火速向齐国求救，并许诺解围后以中山相赠。齐威王应允，令田忌为将，并起用从魏国救回来的孙膑为军师领兵出发。

当田忌与孙膑率兵到达魏赵交界时，田忌想直接发兵赵国邯郸，孙膑制止说："解乱结绳扣，不可以用蛮力撕扯；排解争斗，不能参与搏击。平息纠纷要抓住要害，乘虚取势，双方因受到制约才能自然分开。现在魏国精兵倾国而出，国内空虚。若我军直攻魏国，那庞涓必将回师解救，这样一来邯郸之围便会自解。我们再于中途伏击庞涓退兵，其军必败。"田忌依计而行。果然，魏军立刻撤离邯郸，归途中在桂陵遭遇齐军袭击。魏军长途跋涉，疲惫不堪，以逸待劳的齐军突然出击，魏军大败。庞涓勉强收拾残部，退回大梁；齐师大胜，赵国之围遂解。这便是历史上有名的"围魏救赵"的故事。

孙膑仔细研究地形，确定桂陵乃魏军葬身之地。

【古文玄览】

共敌不如分敌①，敌阳不如敌阴②。

【说文解字】

①共敌不如分敌：共，集中的。分，分散，使分散。句意为，攻打集中的敌

人，不如设法分散它，而后再打。

②敌阳不如敌阴：敌，动词，攻打。句意为，先打击气势旺盛的敌人，不如后打击气势旺盛的敌人。

【古文今译】

与其攻打兵力集中的正面强敌，不如先用计谋分散它的兵力，然后各个击破；与其主动出兵攻打敌人，不如迂回到敌人虚弱的后方，伺机歼灭敌人。

【计谋评点】

"围魏救赵"有三种含义：

（1）避实击虚。《孙子兵法·虚实篇》认为，水的流动规律是避开高处而流向低处，同样道理，用兵的规律是避开敌人的坚实之处而攻击其薄弱之处。避实击虚是克敌制胜的法宝。

（2）以攻为守。进攻是最积极的防御。在敌兵压境的情况下，如果一味地防御，就会越来越被动。应当利用一切机会发动进攻，打乱敌人的阵脚，从而变被动为主动。

（3）以迂为直。在几何学中，两点之间的直线距离是最短的。但在战争中，最直接的方式却不一定最有效。这就好比上山一样，如果从山下直接向上攀登，路途虽近但危险性很大；假如绕山盘旋而上，虽然多走了一段路，却能够平安地到达山顶。

"围魏救赵"之计的奥秘在于，不要就事论事、头痛医头、脚痛医脚，而是致力于抓住对方的要害部位和薄弱环节，把强敌分散、调动开再攻击。任何事物都有其坚强的一面，也有相对薄弱的一面。面对强者不可以以卵击石，以己之优去争他人之弱，获胜的概率会更大。

"围魏救赵"的要点是"敌阴"，它的精髓就在于避实就虚，进攻敌方的薄弱环节，以达到最佳的战争效果。

"围魏救赵"是下象棋时常用的谋略。一般是指在自己的某一强子受困或某一侧垂危时，发现对方某一部位有隙可乘，于是避其锋芒，采取"捣虚"的方法，分导引流，"攻其所必救"，迫使对方进攻的强子回防救援，以达到解救自己受困的棋子或垂危的局势之目的。需要注意的是，把"围魏救赵"用在下象棋当中，既要做到目的明确，方向正确，也要让措施和步骤得当。只有这三点都具备了，才可能会出奇制胜。

同样，"围魏救赵"也可以用于现代化企业经营当中。它要求企业经营者首先必须具备一定的条件，即不但要有过人的眼光和超群的才智，还要有广博的知识，善于观察周围的环境变化，并从中发现和寻找机遇。同时，经营者要抓住对方的实质，采取避实击虚、后发制人的经营技巧，趋利避害，从而赢得主动。

【事典辑录】

狐偃攻卫解宋围

狐偃，又名子犯、舅犯、狐子等，春秋时期晋文公重耳的舅舅，故又称舅氏。狐偃因跟随重耳在外逃亡十九年，成为晋文公的心腹，官至上军佐。关于重耳的流亡生涯，还得从头说起。重耳的父亲晋献公晚年时，十分宠爱妃子骊姬。骊姬心狠手辣，为了让自己的儿子奚齐登上王位，设计害死了太子申生，公子重耳闻讯后连忙远走他国避难。狐偃跟随重耳先后流亡到齐、曹、宋、郑、楚、秦等国，受到齐桓公、宋襄公、楚成王、秦穆公的热情接待。公元前636年，在秦国军队的护送下，重耳回国即位，是为晋文公。重耳四十三岁出逃，直到六十二岁才回到晋国，在外流亡长达十九年，历经磨难，终于当上了国君。

公元前634年，楚成王拜成得臣为大将，纠集陈、蔡、郑、许四国军队进攻宋国。宋成公马上派司马公孙固到晋国求援。

晋文公闻讯后左右为难：宋襄公在他流亡期间待他很好，现在宋国有难，理应前去救援；但楚成王在他流亡的时候待他也不错，难道真的要和楚国刀兵相向吗？于是，晋文公召集群臣商议办法。新提拔的将军先轸说："楚国强横中原，觊觎霸权，早晚要与我们兵戎相见的。这是上天赐给我们在诸侯中树立威望的良机，我们不能坐失良机！""那么，又该如何去解除宋国之围呢？"文公问。狐偃说："曹卫两国与楚国关系密切，卫国最近还同楚国结了亲。如果我们派兵去攻打曹卫两国，楚军必然来援救，那么，宋国之围就可以解了。"

晋文公同意了这个计策。任命先轸为元帅，出师南渡黄河，先后攻克了卫国的五鹿和卫都楚丘；然后挥师向曹，活捉了曹共公。

这时，楚军已攻打到宋都睢阳，忽然接到卫国告急的消息，楚成王便留下成得臣继续围困宋都，自己则率军前去救助卫国。半路上，楚成王又得知曹国都城已被晋军攻下，曹君已被俘虏，楚国本土受到极大威胁。情势紧急，迫于无奈，楚成王只得命令成得臣从宋国撤出全部人马，以确保本国安全。就这样，晋文公用狐偃的"围魏救赵"之计成功地解除了宋国之围。

狐偃说："如果我们派兵攻打曹卫两国，楚军必然来援，那么，宋国之围就可以解了。"

孔明一纸救江东

建安十五年（210年），周瑜病死。吴主孙权痛折股肱，扼腕不已，亲自穿上丧服为周瑜举哀。曹操闻讯后，准备趁机再次兴兵进犯江东。但是，他又担心西凉州的征西将军马腾会乘机袭取空虚的许都。为此，曹操特派使者西去凉州，以朝廷的名义给马腾加以征南将军的头衔，命令他随军讨伐孙权。于是，马腾带领次子马休、马铁及5000西凉兵卒应召来到许昌城下。不久，西凉兵被曹操消灭，马腾父子三人惨遭杀害。自此，曹操认为解除了后顾之忧，随即起兵30万，直扑江东。江东闻报后，立即写信向刘备求援。诸葛亮看罢江东的求救信，胸有成竹地对刘备说："既不用动江南之兵，也不用动荆州之兵，我自有妙计使曹操不敢进兵东南。"随后，诸葛亮让使者带信回江东，信中说："刘皇叔自有退兵之策。"诸葛亮对刘备说："曹操平生最担心的就是西凉之兵。现在曹操虽然杀了马腾，但马腾长子马超仍然统领着西凉之众，杀父之仇定使马超刻骨切齿。主公只要修书一封，派人结援马超，让马超兴兵入关。这样一来，曹操岂能兵犯江东？"刘备闻言大喜，立即修书，派使者投送西凉的马超。

这时的马超刚刚听说父亲和两个弟弟遇害，正放声大哭、痛骂曹贼，恰好刘备的使者持书赶到。马超拆书细看，刘备在信中建议马超率西凉兵攻打曹之右，刘备自己则统荆襄之众以遏曹之前，并认为此举不但能擒住曹操、报仇雪恨，而且可以兴复汉室。马超看罢，立即挥泪复信表示同意，随后点兵准备启程，这时，西凉太守韩遂使人请马超相见。原来，韩遂是马腾的结义兄弟，与马超以叔侄相称。韩遂得知马超欲报家仇，立刻表示愿意与马超联军进击曹操。于是，韩遂征调手下八部兵马，与马超兵马共计十部，这20万大军浩浩荡荡地直奔长安。曹操得到关中警报后，只好放弃南下攻击孙权的计划，全力对付关中的马超、韩遂之军。

诸葛亮利用各方力量相互牵制的实际情况，只用一封书信就轻而易举地阻止了曹军的南下，不仅解救了东吴，还使刘备趁机成功占领西川，为蜀国日后三分天下打下了基础，可谓是一箭双雕。

李秀成天京解围

太平天国后期，由于起义军内讧加剧，大大削弱了军队的战斗力。1860年，清军派和春率领数十万大军进攻太平天国的都城天京，清军层层包围，使天京成为一座孤城。

为了解救天京，天王洪秀全召集诸王众将商讨对策。忠王李秀成献上一计，他说："清军人马众多，硬拼只会凶多吉少。请天王拨给我两万人马，乘夜突围，偷袭敌军囤积粮草的杭州。这样，敌人一定会分兵救援杭州。天王可乘此机会突围，这时我回兵天京，形成两面夹击之势，天京之围即可解。"石达开已出走，洪秀全只好采纳了这个计谋。

这年正月初二，正值过年，清军仗着围困了天京，开始略有松懈。半夜时分，李秀成率一队人马，乘着夜色从清军封锁薄弱的东南角突围出去。清将和春见只是小股部队逃窜，便没有领兵追击。

李秀成突围成功后，直奔杭州。李秀成抵达杭州后，几次下令士兵攻城，都被击退。原来，杭州是清军重要的粮草基地，城内守军达一万余人。他们只坚守城池，并不出城反攻，戒备森严。李秀成三天三夜仍未攻下杭州，不免心中焦急。这时突然天降大雨，城上守军纷纷躲进城堡休息，不久就酣睡入梦。李秀成乘着雨夜，派一千多名勇士借助云梯偷偷爬上城墙，待守城兵士惊醒，城门已经大开。李秀成率部冲入城内，攻占了杭州。为了吸引围困天京的清军，李秀成下令焚烧清军的粮仓。

半夜时分，李秀成率一队人马乘着夜色从清军封锁薄弱的东南角突围出去。

和春获悉杭州遭袭，急令副将张玉良率十万人马火速回救杭州。洪秀全见清军正在调派兵马解救杭州，立刻下令全线出击。李秀成攻下杭州烧毁粮仓后，便迅速回兵天京，巧妙地绕道避开回救杭州的张玉良部队，顺利地赶回天京。此时城内城外的太平军对清军已形成了夹击之势，清军始料不及，阵势大乱，最后一败涂地。清军惨败后，天京之围即解。

生擒朱宸濠

1519年6月，宁王朱宸濠起兵反对明朝政府，由南昌沿鄱阳湖、长江顺流而下，攻占九江等地，并围攻安庆。江西提督王守仁奉命率兵镇压叛乱。他的部将有的主张攻打南昌，有的主张救援安庆。王守仁说："如果直接救援安庆，南昌和九江的敌人一定会断我后路乘势来攻，使我腹背受敌，不如就近攻打南昌，因为南昌守军不多，守备薄弱，可以一举攻下。宁王知道我军攻打南昌，必然放弃安庆，回兵自救。但不等他到来，我军已攻下南昌。这时敌军士气沮丧，进退不得，我军全力进攻，定可将其全部就歼。"他随即派伍文定为先锋向南昌进发，不久，果然将南昌攻下。朱宸濠在安庆听说王守仁攻打南昌，大为恐慌，立即回兵救援。王守仁分兵迎击，最后在樵舍（今江西南昌西北）一举消灭敌军，生擒

三十六计

第一套 胜战计

朱宸濠。不久，南昌、九江也相继被攻克。自开始率兵镇压叛乱起，前后共35天，王守仁便结束了这一战役。

以色列侵占西奈半岛

西奈半岛位于埃及东北部，与以色列接壤。第一次中东战争后，以色列认为自己要想长期存在下去，首要任务是制服埃及，而要制服埃及，最重要的是先要占领西奈半岛。

1956年，在阿斯旺水坝贷款问题上，埃及与英、法两国发生了争端，关系渐渐恶化。7月26日，埃及总统纳赛尔对外宣布，要将属于英、法资本的苏伊士运河收归国有，好将运河收入投入阿斯旺水坝的修建中。英、法两国对此十分不满，准备对埃及动用武力。以色列在得知这一消息后暗自高兴，决定借助英、法两国之力占领西奈半岛。

就在这时，英、法出动大批飞机开始对埃及进行狂轰滥炸，将开罗等重要城市摧毁殆尽。

9月，以色列作战部部长和外交部长分别访问英、法，表示愿意和他们一起对付埃及。10月24日，以色列与英、法达成协议称，由以色列作为先遣部队，先向西奈半岛进攻；然后，英、法两国就以此为理由，对埃及发起武装干涉。

10月29日下午4点，以色列第202伞兵旅在沙龙上校的指挥下，浩浩荡荡地开进西奈半岛。同时，法国空军正飞抵以色列保护以色列国内的安全。29日午夜，以色列第4步兵旅从尼扎纳以南地区侵入西奈半岛。埃及军队奋起反击，一时间，以色列的进攻遭到了严重阻碍。

31日中午，英、法两国突然不再出兵，以色列不知出了什么事，以为英、法两国变了卦。而此时，以色列已经难以抵挡埃及军队的猛烈反击了，只好撤出西奈半岛，并向埃及发出"调停"请求，遭到埃及拒绝。就在这时，英、法两国出动大批飞机开始对埃及进行狂轰滥炸，将埃及的开罗、亚历山大、苏伊士等重要城市摧毁殆尽。在这种情况下，埃及不得不将西奈半岛的大部分军队撤回，以保卫国内这些重要城市。以色列军队乘机推进，终于在11月5日占领了西奈半岛。

在这里，英、法两国使用的正是"围魏救赵"之计，对埃及国内重要城市的轰炸，迫使埃及不得不从西奈半岛撤兵，这才使以色列得以成功占领西奈半岛。

第三计　借刀杀人

【本计旨要】

本计的要点是"双耗",即让敌友双方厮杀,自己则坐山观虎斗,坐收渔利。此计多是封建官僚之间尔虞我诈、相互利用的一种政治权术。用在军事上,主要体现在善于利用第三方的力量,或者善于利用或制造敌人内部的矛盾,达到取胜的目的。

【计名探源】

此计出自明代戏剧《三祝记》。该剧说的是北宋时期,范仲淹的政敌密谋策划,让没有作战经验的范仲淹领兵征讨西夏,其目的是借兵强马壮的西夏军队这把"刀"除掉范仲淹。《兵经百字·借字》中说:"艰于力则借敌之力,难于诛则借敌之刃。"借他人之手除掉对手,自己却不抛头露面,这种间接杀人的计谋,就叫"借刀杀人"。

【古文玄览】

敌已明,友①未定,引友杀敌,不自出力,以《损》推演。

【说文解字】

①友:指军事上的盟者,也指除敌、我两方之外的第三者中,可以一时结盟而借力的人、集团或国家。

【古文今译】

谁是敌人已经很清楚了,而谁是盟友尚不明朗,未定的盟友对主战的双方持徘徊、观望的态度,借用他们的力量去打击敌人,自己不用费力,以《损》卦推演。

【计谋评点】

杀人可以分为愚笨与高明两类。愚笨者杀人,自己亲自出马,难逃报复的魔掌和法律的制裁;高明者杀人,自己并不出面,而是假于人手,这样不仅能达到杀人的目的,而且转移了视线,落得个两手干净。比如春秋时期,郑桓公欲袭击邻国,便事先打听邻国的英雄豪杰,列出名单,宣布打下邻国后便对他们封地授官。然后,郑桓公在城外设下祭坛,并把名单埋于地下,杀鸡发誓,像在誓盟一样。邻国国君见状,误以为有大臣要叛变,便把贤臣良将全部杀掉。后来,郑国轻取失去忠臣猛将护国的邻国。再比如在《红楼梦》中,王熙凤借秋桐之手逼死尤二姐,不但除掉了尤二姐这根眼中钉,也使肉中刺秋桐受到贾琏的冷落。"杀人莫见血,见血非英雄"，此之谓也。

借刀，既有明借和暗借之分，又有诱借和强借之别。可见，要讲究借刀的方法和艺术，不能露出任何蛛丝马迹。所借之刀一定要锋利，否则杀人不成反而会殃及自身。借刀的情形大致分为以下几种：①借人力；②借财物；③借条件；④借谋略；⑤借媒介；⑥借舆论；⑦借势力。"借刀杀人"这一计谋可谓心狠手辣，学会识别它，便可以防止上当吃亏。

【事典辑录】

曹操设计斩祢衡

建安四年（199年），曹操与袁绍对垒于官渡，两军相持不下。这时，争取各方的支持成为赢取这次战争胜利的关键。曹操依照孔融"来春动兵，先招安张绣、刘表"的策略，先招安了张绣。

之后，曹操打算找一位名士去招安刘表。孔融力举祢衡。谁知祢衡恃才自傲，竟将曹操的手下贬损一番。当时站在一旁的张辽按捺不住，欲抽剑杀祢衡。曹操制止张辽，对祢衡说："我正缺少一个鼓吏，早晚朝贺享宴，可令你担任这个职责。"祢衡并不推辞，应声而去。张辽问："此人出言不逊，为何不杀了他？"曹操说："此人素有虚名，远近皆知，今天若杀了他，天下人必然说我不能容人。既然他自以为才高，我便令他为鼓吏羞辱他。"

第二天，曹操大宴宾客，令鼓吏击鼓。祢衡一身旧衣而入，左右人喝道："为何不更衣？"于是祢衡当面脱去旧衣服，裸体而立，客人皆掩面。曹操斥道："庙堂之上，为何这般无礼？"祢衡说："欺君罔上才叫无礼。我不过是露父母之形，以显清白之体而已。"曹操问："你清白，那谁污浊呢？"祢衡道："你不识贤愚，眼浊；不读诗书，口浊；不纳忠言，耳浊；不通古今，身浊；不容诸侯，腹浊；常怀篡逆之意，心浊。我是天下名士，你却让我做鼓吏，这就像阳货轻贱孔子一样。"曹操指着祢衡说："今令你去荆州做说客，如果刘表来降，就封你做公卿。"

祢衡到荆州见到刘表后，表面上颂扬刘表的功德，可实际上尽是讥讽。刘表心里很不高兴，叫他去见黄祖。有人问刘表："祢衡戏谑主公，主公为何不杀了他？"刘表说："祢衡多次羞辱曹操，曹操却不杀他，这是因为曹操怕失去威望，所以叫他当说使到我这里来，想借我的手杀掉他，使我蒙受害贤的恶名。我如今让他去见黄祖，就是让曹操知道我刘表也是有见识的。"

祢衡至黄祖处，共饮，皆醉。黄祖问祢衡："我像什么呢？"祢衡说："你像庙中的神，虽然受祭祀，遗憾的是不灵验！"黄祖大怒，说："你把我比成是土木制作的偶像了！"于是杀掉祢衡。

曹操既想杀祢衡，又不愿担害贤之名，因此想借刘表之手来杀祢衡，而刘表识破了曹操的计谋,将祢衡推到了黄祖的刀下。这样,曹操借刀杀人的谋算便更加隐于无形了。

子贡周旋救鲁国

春秋末期,齐简公兴兵伐鲁。鲁国实力不敌齐国,形势危急。鲁国的子贡分析形势后,游说齐相田常,劝田常攻打吴国,想借强国之手铲除异己。田常心动,但因齐国已做好了攻鲁的部署,转而攻吴怕师出无名。子贡说:"这事好办。我马上去劝说吴国救鲁伐齐,这不是就有了攻吴的理由了吗?"子贡赶到吴国,对吴王夫差说:"如果齐国攻下鲁国,势力强大,必将伐吴。大王不如先下手为强,联鲁攻齐,这样一来,吴国不就可以抗衡晋、成就霸业了吗?"接着,子贡又说服越国派兵随吴伐齐,解决了吴王的后顾之忧。同时,子贡又想到吴国战胜齐国后,定会要挟鲁国,鲁国并不能真正解危。于是他偷偷跑到晋国,向晋定公陈述利害关系:吴国伐鲁成功,必定转而攻晋,争霸中原。子贡劝晋定公加紧备战,以防吴国进犯。

公元前484年,吴王夫差亲自挂帅,率10万精兵及3000越兵攻打齐国,鲁国立即派兵助战。最后齐军中了吴军诱敌之计,大败。夫差获胜后,骄狂自傲,立即移师攻打晋国。因晋国早有准备,击退吴军。

子贡充分利用齐、吴、越、晋四国的矛盾,巧妙周旋,借吴国之"刀",击败齐国;借晋国之"刀",灭了吴国的威风。鲁国不但损失微小,还成功地从危难中解脱出来。

窦婴趁乱诛晁错

公元前157年,汉景帝即位,提升晁错当御史大夫。晁错认为受分封的诸侯王势力越来越大,遂建议汉景帝削藩。

各诸侯王闻讯后,联合起来起兵造反。汉景帝一边召集大臣们商议对策,一边派窦婴带兵镇压叛军。窦婴是窦太后的侄子,与晁错历来不和,所以决定借汉景帝之手除掉晁错。窦婴派人对汉景帝说:"七王发兵是冲着晁错来的。只要皇上斩了晁错,赦免了七王的起兵之罪,他们一定会退兵。"汉景帝竟然听从了这个建议,杀了晁错。

但七王并未因此罢兵。这时,大将军周亚夫派人对汉景帝说:"诸侯王是借晁错削藩为名发兵,皇上却听信谗言杀了晁错。今后恐怕没有谁敢再为皇上出主意了。"汉景帝这才醒悟过来,但为时已晚。

窦婴就这样借七王叛乱杀害了晁错,达到了清除异己的目的。

刘秀假手除心患

王莽统治末年，绿林起义爆发，刘秀与长兄刘演乘机起兵，响应绿林军。公元23年，汉室后裔刘玄被绿林军拥立为帝，刘演被任命为大司徒，后因争权被刘玄杀害。刘秀忍辱负重，势力壮大后，叛离刘玄。之后，刘秀率兵进军长安。洛阳是通往长安的军事重地，刘玄派李轶前去镇守，以阻挡刘秀大军的西进。

刘秀手下一名叫冯异的将军写信劝李轶归顺刘秀。李轶看完信后，回信给冯异说："请转告萧王（指刘秀），我愿为他尽微薄之力。"冯异看到这封信后，差人将此事报告给刘秀。刘秀怕李轶归降后依旧是心头之患，但如果拒绝其归降，对战局又十分不利。反复考虑后，刘秀终于想出一条妙计。刘秀回信给冯异，信中避而不谈是否接受李轶的归顺，只是提醒冯异坚守阵地。然后，刘秀故意将李轶归降的事泄露出去，众人议论纷纷。不久，刘玄手下的一员大将得到了这个消息，就派人杀死了李轶。

刘秀就这样借刘玄之手杀掉了李轶，既除掉了自己的心头之患，又不用承担杀害降将的坏名声。

宋太祖借刀杀将

宋太祖赵匡胤建立宋朝后发动了消灭封建割据势力的统一战争。灭掉南汉后，宋太祖把下一个进攻目标转向南唐。南唐后主李煜昏庸无能，听到这个消息，连忙向宋太祖表示愿意放弃国号改称江南国主。这时，宋太祖虽有心灭南唐，但又不敢轻举妄动。原来，南唐有一位武将名叫林仁肇，此人不仅勇猛无敌，而且深得民心。971年，李煜派其弟李从善去向宋朝朝贡，宋太祖忽然心生一计，当即热情款待李从善，并把他留下来任泰宁军节度使。然后，宋太祖派人找到一张林仁肇的画像，挂在自己的侧室。

一天，李从善来见宋太祖，侍臣先将他领到侧室。李从善一眼就看到了林仁肇的画像，不解地问道："这是我国武将林仁肇的画像，怎么会挂在这里？"侍臣支支吾吾了半天才说："皇上欣赏林仁肇的才干，下诏书让他来京做官，他已经答应投降，并先送来画像以表诚心归顺。"

李从善听后，立即向李煜报告了此事。李煜果然起了疑心。在一次宴会中，李

侍臣支吾着说："皇上欣赏林仁肇的才干，下诏让他来京做官，他已经答应归降并送来画像以表诚心。"

煜用毒酒毒死了林仁肇。林仁肇死后，宋太祖立即发兵攻打南唐，南唐遂灭。

曹玮反间杀叛逃

北宋真宗时，宋夏边境经常发生战事。这一年，在北宋与西夏国交界的渭州（今甘肃部分地区），北宋兵不断私自投敌。这天，宋军渭州守将曹玮正在和客人下象棋，守卒飞马来报说："将军，今天又发现五十多个士兵叛逃西夏国。""知道了。"正在下棋的曹玮听完报告后不紧不慢地说："慌什么，那是我派过去的！"

曹玮话音刚落，好像马上发觉自己说漏了嘴，立即抬起头环顾左右，见在场的都是自己的亲兵，便没再说什么。可是，他的亲兵无意中把这件事泄露给西夏国在宋军中的探子。于是，消息很快传到了西夏军主将那里。

西夏军主将恍然大悟道："原来是这样，我早就疑心这些宋兵是否真心投诚了。"随后，西夏军主将下令将先后投靠西夏军的几百宋军全部杀掉。

杀完这批降兵后，西夏军主将再一琢磨，不禁惊呼："不好，我们中了曹玮的奸计了。"原来，当时曹玮确实是随机应变，用一句假话来借刀杀人，这样既稳定了军心，又杀掉了叛逆，还制止了宋兵的继续叛逃，可谓一箭三雕。

袁崇焕含冤而死

天启六年（1626年），努尔哈赤率13万大军向宁远进发，意图踏平宁远，由此入关。但宁远守将袁崇焕带领军民奋力反抗，大败满兵。努尔哈赤愤懑而死。皇太极继位后的第二年，又领兵攻打宁远。袁崇焕早有准备，皇太极也兵败而回。

崇祯三年（1630年），皇太极再次攻打明朝。他避开袁崇焕守地，由内蒙古翻越长城，攻到山海关后方。袁崇焕闻报，立即率部日夜兼程，比满兵早三天抵达京城的广渠门外，并做好迎敌准备。满兵刚到，即遭袁军的迎头痛击，狼狈而逃。

皇太极视袁崇焕为入关征服中原的最大障碍。为了除掉袁崇焕，皇太极绞尽脑汁，最后定下了借刀杀人之计。皇太极深知崇祯帝猜忌心强，难以容人。便派人重金贿赂明廷的宦官，向崇祯告密说袁崇焕已和满洲订下密约，故此满兵才有可能深入内地。崇祯听后勃然大怒，不问事情真相便将袁崇焕下狱问罪，不久就将袁崇焕凌迟。

皇太极借崇祯帝之刀，除掉了心腹之患，从此横扫千军，很快就夺得了天下。

洛克菲勒小鱼吃大鱼

美国石油大王洛克菲勒，在企业的起步阶段，实力相当有限。但洛克菲勒是个有着雄心壮志的人，他梦想着垄断炼油和销售，可他又知道自己不是亚利加尼德集团等其他石油公司的对手。洛克菲勒的同伙人弗拉格勒是个颇有心计的人，他向洛克菲勒建议道："原料产地的那些石油公司，对铁路的态度大都是需要的时候就用，不需要的时候就置之不理，这种反复无常的做法，常常使得铁路上没有生意可做。如果我们与铁路公司订下合约，每天固定运输多少油，他们一定会给我们打折扣。我们和铁路公司双方都保守着打折扣的秘密，这样的话，在这场运输战中，其他公司难免会落荒而逃，那时，整个石油产业界就是我们的天下了。"

洛克菲勒依计而行，他选择了铁路霸主之一，贪得无厌的凡德毕特为合作对象，最后双方达成协议：洛克菲勒以每天订60辆车合同的条件换取每桶让7分的利润。低廉的运费带来的销售价下降，进而使销路得到迅速拓宽和发展。从此洛克菲勒飞黄腾达，向世界最大的集团经营企业迈进。

当时，洛克菲勒如果和亚利加尼德集团面对面竞争，必然会被打垮，但他巧妙地借助第三者铁路霸主的力量，以低廉的运价占据运输的优势，挤垮同行的竞争，实现了小鱼吃大鱼、垄断石油经济的愿望。在商场上，当竞争双方势均力敌难解难分时；当一个弱者想与强者抗衡，企图小鱼吃大鱼的时候；当谈判双方陷入僵局，毫无进展时，谁率先赢得第三者的协助，谁就能把握取胜的机会。这就是"借刀杀人"策略的运用。上述洛克菲勒借助铁路霸主的力量打垮对手，就是一个典型的例子。

巧借银行压价

A先生是某个公司的所有人，经过银行介绍，他想以200万美元的代价把他的公司卖给B先生。为了尽快完成交易，A先生声称：他刚找到一家可以免税的企业，准备全力经营那家企业，只好忍痛割爱，把现在的企业出卖。然后他又对B先生说，经营这家公司极为有利，前景非常好。

但是B先生没有轻信他的话，经过仔细调查，他发现这家企业其实已摇摇欲坠，而且欠银行一大笔钱，如果公司卖不成，银行也势必跟着倒霉，所以B先生决定让银行做媒介，给A先生施加压力。于是B先生跑去对银行负责人说："按目前的情况，这家公司顶多值50万美元，但A先生不会接受这个价格，所以您必须帮助我和他好好谈谈，否则公司破产，你也会跟着遭受损失。"银行方面也认为50万美元的价格是十分公平合理的，于是从中撮合，最后生意谈成，双方以50万美元成交。

威尔逊租售通赢

早在20世纪40年代，威尔逊就从父亲的手里继承了美国塞洛克斯公司。一天，一位德国籍发明家约翰·罗梭来访，向威尔逊谈到了自己研制的干式复印机——塞洛克斯914型复印机。两人一拍即合，同意进行合作。当时市面上所有的复印机都是湿式的，这种复印机在使用前必须用专门的涂过感光材料的复印纸，印出的是湿漉漉的文件，需要等它干透才能取走，用起来麻烦极了。对比之下，干式复印机则便利得多。

威尔逊决定把此产品作为"拳头产品"推出，他将卖价定为2.95万美元。其实，干式复印机的成本仅2400美元，这可把副总经理罗梭惊呆了。当时，法律是禁止高价出售商品的，威尔逊却信心百倍，他解释道："我不出售成品，而是出售品质和服务，这就够了。"

不出威尔逊所料，这种新型复印机果然因定价过高被禁止出售。但由于展销期间已经向人们展现了它独特的性能，消费者莫不渴望能用上这种奇特的机器。威尔逊早已获得了复印机的生产专利权，所以当他把新型复印机以出租服务的形式重新推出时，顾客顿时蜂拥而至。尽管租金不低，由于受以前定价很高的潜意识的影响，顾客仍然认为值得。到了1960年，威尔逊的黄金时代到了。干式复印机一下子流行起来。由于产品被塞洛克斯公司独家垄断，加上已有过的高额租金，所以塞洛克斯914型复印机以高价出售，大量的利润像潮水一样滚滚涌来。

威尔逊的成功在于他的"借刀杀人"，表面上是法律禁止了威尔逊高价出售，实际上是威尔逊借法律这把"刀"，封死了消费者购买之门，把他们逼向威尔逊为其准备的租借之路；同时威尔逊还借超出平常的高租金，断了消费者廉价租用的念头，并为以后的高定价出售做好了准备。

第四计　以逸待劳

【本计旨要】

此计讲的是调动敌人的方法。用兵时，要以静制动，以自己的不动应付敌人的行动，以自己的小行动应付敌人的大行动，以中心响应四周。

【计名探源】

战国末期，秦国将军李信率20万军队攻打楚国。不久，李信中了楚将项燕的伏兵之计，丢盔弃甲，狼狈而逃，秦军损失数万。后来，秦王起用老将王翦。王翦率领60万军队，陈兵于楚国边境。楚军立即发重兵抗敌。而王翦却毫无进攻之意，只是专心修筑城池，摆出一派坚壁固守的姿态。楚军急于击退秦军，但接连发动几次进攻均不成功，两军就这样相持年余。王翦在军中鼓励将士养精蓄锐，吃饱喝足，勤于操练。一年后，秦军将士个个身强力壮，精力充沛，技艺精进；而楚军绷紧的弦却早已松懈下来，军中上下毫无斗志。楚军认为秦军只是防守自保，遂决定东撤。王翦见时机已到，毅然下令追击正在撤退的楚军。秦军将士如猛虎下山，杀得楚军溃不成军。公元前223年，秦灭楚。

王翦却毫无进攻之意，只是专心修筑城池，摆出一副坚壁固守的姿态。

【古文玄览】

困敌之势①，不以战；损刚益柔。

【说文解字】

①困敌之势：困，使动用法，使……损耗。句意为，使敌人兵力耗尽、实力锐减。

【古文今译】

欲消耗敌人的实力，不一定要用作战的方式；可逐渐消耗敌人的有生力量，使之由强变弱，使"强敌"受损失而使"弱己"有所增益。

【计谋评点】

"以逸待劳"的要点是"致人"，即调动敌人，自己掌握主动权。在战场上，主动权就是生命。主动权来源于强大的实力和得当的策略——抓住对方弱点，除去对方的优势。要想以逸待劳，就必须做到以下三点：

（1）养精蓄锐。足够的兵力是歼敌的必要条件。

（2）疲敌劳敌。在敌人力量比较强大、气势比较凶猛时，应采取诱敌深入、疲敌劳敌的战术，使敌人体力疲惫、士气低落，然后再后发制人，一举破敌。

（3）等待时机。时机不成熟时静如山岳，时机一到便动如脱兔。

使用以逸待劳这种策略的时候，务必要沉着冷静，把自己和对方的环境、意图，以及彼此间的实力估计清楚，机警地注意事态的变化，时机未成熟时要稳如泰山，机会一到便迅速行动。此计强调让敌方处于困难局面，不一定只用进攻的方法，关键在于掌握主动权，创造战机，伺机而动。所以，不能把以逸待劳的"待"字理解为消极被动的等待。

【事典辑录】

曹刿三鼓战齐师

鲁庄公十年（前684年），齐国派兵攻打鲁国。曹刿随鲁庄公出征，两军对垒于长勺。

齐军一心想活捉鲁庄公，便主动出击积极进军，一时间齐军阵营战鼓齐鸣。庄公也想击鼓进军，却被曹刿劝阻。于是，庄公传令按兵不动，只是严守阵地。齐军气势汹汹地杀过来，鲁军却无人迎战；齐军想要冲阵却又冲不进去，只好撤兵。没过多久，齐军再次击鼓出击，庄公又想迎战，却再一次被曹刿拦了下来。于是鲁军依然按兵不动。齐军仍未冲破鲁军的阵营，无奈再次退回。齐军将领大怒，下令擂响第三通鼓。这一次，齐军虽然口中高喊着进军，心里却认为鲁军不会出来迎战，再加上此前已连续两次鼓足劲冲锋，早已疲惫不堪，无形中松懈了斗志。当齐军第三通鼓刚刚响起时，曹刿连忙对庄公说："可以击鼓进军了！"一听到鼓响，那些憋足了劲儿的鲁国士兵如饿虎下山一样，迅速冲了出去。齐军被冲得阵脚大乱，除了招架之势，丝毫没有还手之力。鲁军乘胜追击，一举把齐军杀得七零八落，落荒而逃。

齐军大败，鲁庄公笑逐颜开，下令犒赏三军。但对曹刿的计谋仍百思不得其解，于是问曹刿："为什么要等到齐军擂完三通鼓后才迎战呢？"

曹刿答道："打仗，要靠勇气。第一通擂鼓，能够振作士气，此时迎战绝非明智之举；第二通擂鼓后，士兵的勇气开始减弱；如果前两次冲锋都无人迎战却又勉强发起第三次冲锋的话，士兵早已身心俱疲，士气耗尽，再加上麻痹大意，战斗力必定会下降。而我军这时士气正盛，擂鼓迎战，自然会大获全胜。"鲁庄公听后连连称是，对曹刿佩服不已。

"我坚守不出，彼求战不得"，"我斗志高昂，彼懈怠疏懒"，充分掌握战场主动权后再全力迎战，正是鲁军取胜的关键所在。曹刿深谙此中妙处，三鼓过后，轻松克敌。

在这个战例中，曹刿采取了以逸待劳的拖延战术，己方休养生息之时使敌人身心疲惫、斗志全无，然后伺机而动、全力出击，顷刻间便大败齐军。

夏侯渊身死定军山

三国时，蜀将黄忠在定军山与魏将夏侯渊相遇，初战告捷。于是夏侯渊坚守山寨，不再出来交战。黄忠兵临定军山下，军师法正四处查看了定军山的地势后，对黄忠说："定军山的西面有一座巍然耸立的高山，其四面的山道崎岖艰险，在这座山上能够详细探察定军山夏侯渊的虚实。将军如果能攻占这座山，再攻打定军山就易如反掌了。"黄忠抬头看了看，见那座山的山顶比较平缓，山上敌军也不是很多，就决定先攻打这座山。这天夜里，黄忠带领军士一路杀上山顶。这座山是由夏侯渊的部将杜袭把守的，守山的兵丁只有几百人。杜袭远远望见黄忠带着大批人马一拥而上，声势骇人，慌忙丢下营寨，逃下山去。黄忠轻松地占领了山顶，与定军山上的敌军形成对立之势。法正说："将军可以驻守在半山腰，我守住山顶。等夏侯渊来进攻时，倘若我举起白旗，将军便按兵不动；等敌军倦怠疏于防备时，我就举起红旗，将军得到信号可迅速下山冲击魏军。这样，我们以逸待劳，一定能够获胜。"黄忠听后点头应允，遂带领大队人马在半山腰扎下营寨。

杜袭丢了山寨，逃回定军山，说黄忠夺取了对面的山顶。夏侯渊非常恼怒，说："黄忠占领了对山，我怎能仍不出战！"大将张郃劝阻说："这是他们的计谋，将军只宜坚守，不能出战。"夏侯渊说："他占领了我们对面的山顶，能观察到我军虚实，我怎么能还不出战呢？"张郃依旧苦苦劝阻，无奈夏侯渊就是不听。

夏侯渊命令兵丁先围住黄忠占领的对山，然后便开始骂阵挑战。法正在山顶上举起白旗，于是，任凭夏侯渊在山下怎样百般辱骂，黄忠就是不出战迎敌。中午过后，魏兵已经疲倦不堪，很多兵将都下马休息去了，有的兵丁竟然倚在石头旁昏昏欲睡。法正见状立刻举起红旗。黄忠见山顶上红旗招展，马上下令擂起战鼓，蜀军大喊着冲下山来。夏侯渊还没有反应过来，就被黄忠手起刀落砍成了两

夏侯渊还没有反应过来，就被黄忠手起刀落砍成了两段。

段。魏兵见主帅被斩，立刻四散而去，溃不成军。黄忠乘胜追击，占领了定军山。

黄忠听从法正之计，占据有利地形养精蓄锐，疲敌劳敌，最后看准时机，一举歼敌。而夏侯渊不知是计，逞匹夫之勇，只落得个身死兵败的下场。

曹玮摆阵胜西夏

北宋时，西夏军屡次骚扰宋朝西北边境，百姓不得安宁。宋朝皇帝召见大将曹玮，命他率部前去平定边境。曹玮带兵直驱西北边疆。西夏军一见"曹"字旗帜，便知是常胜将军曹玮领兵到来，所以只是稍一交锋便四散溃逃了。曹玮心想："我军一到，他们便逃散；我军一走，他们又聚众来扰。如此进进退退总不是办法。只有把他们引出来并彻底消灭，方能解除后患。"

第二天，宋军赶着西夏军溃逃时来不及带走的牛羊，抬着缴获的战利品，散散漫漫地往营地走。西夏军统帅听探子飞报说宋军贪图战利品，部队一片混乱，毫无纪律可言。西夏军统帅觉得这是战胜宋军的大好机会，便率军回马追上宋军交战。曹玮部队拖拖拉拉地走到一个地势险要的山口，即摆阵迎战。过了一会儿，远处飞马驱驰，尘土遮天，西夏军队赶来了。曹玮笑了笑，即派人传话给西夏军统帅说："贵军远道而来，将士十分疲乏，我们不想乘人之危马上开战，先请你们休息一下，过后再决胜负。"西夏统帅听了认为这样安排对自己有利，便欣然同意。过了一会儿，曹玮认为时机已到，又派人过去通知说："休息好了，请开战吧！"随即，山谷中战鼓震天，双方人马展开了一番激烈的厮杀。没过多久，西夏军就尸横山野，死伤大半。

曹玮的幕僚觉得奇怪，堪称剽悍骁勇的西夏军怎么没经几个回合就被打得落花流水了呢？曹玮解释说："在战场上只有匹夫之勇是不行的，要动脑子。昨天两军刚一交战，他们就四处逃散，其实这是为了保存实力而故意不与我军主力硬拼。为了彻底消灭他们，我便以贪图战利品的假象迷惑他们，装作军纪涣散的样子引他们上钩。不出我所料，他们果真上了当，一百多里路追来，肯定十分疲劳；而我们休整了半天，以逸待劳稳操胜券。但如果当时立刻迎战，我军必定会伤亡较大，因为他们的士气还很强盛，决战的精神很足。于是我便故意给他们时间休息，以此挫平他们的士气，使他们的精神松弛下去。要知道：走远路的人、干重活的人，只要一停下来就会浑身散架。这时候再出击，我们就能很轻松地取胜了！"一番话说得幕僚们心中叹服不已。

火烧连营

三国时，吴国杀了关羽，刘备怒不可遏，亲自率领70万大军伐吴。蜀军举兵东下,从长江上游顺流进击,势如破竹,连胜十余阵,锐气正盛,直至彝陵、哮亭一带,深入吴国腹地五六百里。孙权命青年将领陆逊为大都督,率五万人迎战。

陆逊深谙兵法,正确地分析了形势,认为刘备锐气始盛,并且居高临下,吴军难以进攻。于是决定实行战略退却,以观其变。吴军完全撤出山地,这样,蜀军在五六百里的山地一带难以展开,反而处于被动地位,欲战不能,兵疲意阻。相持半年,蜀军斗志松懈。

陆逊看到蜀军战线绵延数百里,首尾难顾,在山林安营扎寨,犯了兵家之忌,认为时机成熟,遂下令全面反攻,打得蜀军措手不及。陆逊一把火,烧毁蜀军700里连营,蜀军大乱,伤亡惨重,慌忙撤退。此战成为战争史上以少胜多、后发制人的著名战例。

冯异胜敌

东汉建武六年(30年)夏,光武帝刘秀为了削平盘踞于西北的割据势力隗嚣,完成统一天下的宏图,派出大军征讨隗嚣。可是起初的几仗,汉军都被隗嚣打败。刘秀无奈,只好命令征西大将军冯异亲率大军占据西北重镇栒邑。隗嚣获悉这一消息后,也令部将王元、行巡率兵前去夺取栒邑。

面对隗嚣这一强劲的对手,冯异决定组成快速部队,抢在敌人前头占领栒邑。众将都觉得这样太冒险,不约而同地来劝冯异:"隗嚣连战连捷,士气正旺盛,我军若正面与他争锋,恐怕难以取胜,不如就地停止前进,另外寻找机会攻击他。"冯异耐心地对众将解释道:"敌军得寸进尺,获得一点小便宜便会继续深入下去。如果让他们占领了栒邑,整个关中都会动摇,那时就必然成为我们的心腹大患。《孙子兵法》曰:'攻者不足,守者有余。'我军若能先抢占栒邑,就能以逸待劳,给长途奔袭的敌军以迎头痛击。也只有这样,才能打败隗嚣,夺取最后的胜利。"众将听从了他的意见。

于是,冯异率军秘密进入栒邑城,然后严密封锁入城消息。隗嚣的部将行巡对此毫无察觉,急急忙忙赶到城下,命令士兵们解鞍下马,准备稍事休息后,便攻占栒邑城。然而,他做梦也没有想到,汉军已在城中恭候多时了。冯异看到敌军东倒西歪地躺在地上,懒懒散散、毫无戒备,便突然击鼓竖旗,率军冲出城来。敌军大惊,以为是神兵天降,一个个来不及拿起武器,便抱头鼠窜。冯异乘势追杀,将隗军打得落花流水。

福特汽车的二次腾飞

20世纪20年代初,是美国汽车工业全面起飞的时期,各大公司纷纷推出色彩明快鲜艳的新型汽车，满足消费者的不同需求，因而销路大畅。唯独黑色的福特车保持不变，显得严肃而呆板，汽车销量急剧下降，出现了不景气的现象。

但是，无论对各地要求福特供应花色汽车的代理商，还是对公司内的建议者，福特总是坚决回应："福特车只有黑色的！我看不出黑色有什么不好，至少比其他颜色耐旧些。"有人建议说："至少我们应该有新车在市面上销售，不至于让人说我们快倒闭了呀。"福特诡谲地一笑："让他们去说吧，谣言越多对我们越有利！"

1927年5月，福特突然宣布生产T型车的工厂全部停工，市面上只卖存货。这是公司成立24年来第一次停止新车出厂。消息一出，举世震惊，除了几个高级主管外，谁也摸不清福特打的是什么算盘。让人奇怪的是，工厂停工后工人并没有被解雇，每天仍然上下班。这一情况引起新闻界的极大兴趣，报上经常刊登有关福特的新闻，助长了人们的好奇心。

两个月后，福特终于透露，新的A型汽车将于12月面市。这比宣布工厂停工引起的震动更大。年底，色彩华丽、典雅轻便而价格低廉的福特牌A型车终于在人们的翘首企盼中上市，果然盛况空前。它开创了福特公司第二次起飞的辉煌局面。

福特公司由于T型车的开发，早已奠定了它在美国汽车工业中举足轻重的地位。这次面对各公司以色彩、外形为武器发起的挑战，福特并没直接应战，而是养精蓄锐，扬长避短，抓住质量、价格这两个关键作充分准备，一旦成熟，就使对手们由强变弱，由优变劣了。这就是老福特的锦囊妙计——以逸待劳。

徐海东的拿手好戏

先疲后打，是徐海东指挥艺术中的一大特点，也是他以弱胜强、屡战屡胜的法宝。

1935年4月20日，蒋介石命令原在鄂豫皖边区的东北军六十七军3个师，驻郑州的九十五师入陕，汇合第四十军、第四十四师和陕军一部，共41个团，由杨虎城统一指挥，向红二十五军发动大规模"围剿"。由于敌人兵力占绝对优势，故气焰十分嚣张，扬言要3个月内，趁徐海东率领的红二十五军千里跋涉刚到陕南立足未稳之机，彻底消灭红二十五军，想拔掉这个尚未来得及与主力会合的"独刺"。

面对十倍于己的敌人大军压境，稍有不慎，不仅不能打破敌人的"围剿"，反而有被敌人"吃掉"的危险。只有机智地同敌人周旋，适时歼敌，方可打破"围剿"。

6月初战役开始后，徐海东率部由郧西二天门出发，按照预定方案，先向北，后向东，再向南，飘忽不定，今天30公里，明天40公里，天天走，夜夜行，拖着敌人走。

6月15日晚，徐海东的第一步计划开始了。他突然带领部队转头南下，连夜疾行65公里，一举攻占了敌第四十四师在鄂豫陕边界的战略要地和补给站——荆紫关，全歼守敌200多人，缴获了部队急需的大量军需物资和给养，既补充了自己，又掐断了敌人的补给线，真可谓一举两得。徐海东这突然的一击，敌人果然上钩了。敌军重新调整部署，以六十七军3个师、第四十四师和西北军警一旅等部，急急忙忙向荆紫关方向扑来。

6月的天气，时而烈日当头，时而暴雨浇身。再加上路途坎坷，敌人行军十分艰难。徐海东率领的红军由于在荆紫关得到了军需给养补充，又得到了充分的休息，士气很高。与此同时，徐海东又布下了第二张大网，等待下一个猎物上钩。当敌人迫近荆紫关时，徐海东率领部队，与敌人保持着适当的距离，拖着敌人沿着陕南的崇山峻岭继续前进。

6月25日，徐海东率领部队来到预定的作战地区后，经过认真分析、精心勘察地形和休整准备，决定杀个回马枪，并将打击的对象瞄准孤军深入的警一旅。

警一旅旅长唐嗣桐是黄埔军校毕业的"名将"，从未吃过败仗，骄横至极，一心想抢个头功。可他忘了他的部队已经过了20多天的疲惫行军，其官兵的士气已经极为低落。7月2日拂晓，当唐嗣桐率部毫无戒备地行至袁家河口时，遭到等待多时的红军的突然袭击，警一旅顿时乱作一团。战斗仅仅持续了8个小时，敌1800余人全部被歼，旅长唐嗣桐也被俘虏。

警一旅覆灭，旅长被俘，此事震动了陕南，也震动了整个东北军和西北军。虽然"围剿"总指挥杨虎城在蒋介石的催促下，多次电令余部继续追击，然而早已疲惫不堪、被吓破了胆的敌军个个左顾右盼，谁也不敢轻举妄动了。只此一仗，敌人对红二十五军的这次"围剿"就被彻底粉碎了。

俄军以静制动破敌偷袭

1904年2月8日，日俄两国在中国东北开战。俄军抢先登陆旅顺港，率先派出大量军舰巡视渤海湾，日军舰队和运兵船遭到袭击和重创。日本陆军要想登陆旅顺，占领旅顺军港，就必须首先把驻守港口的俄军舰队封锁在旅顺港，使之成为死船。由此，日军拟定出代号为"沉船堵口"的作战方案，准备把俄军舰队堵塞在旅顺港内，来个"瓮中捉鳖"。

3月27日深夜，日军派出4艘装满碎石杂物的残旧轮船执行堵口任务，并出动3艘驱逐舰作掩护，悄无声息地向旅顺港口逼近。此时，俄军阵营一片寂静，日军敢死队员暗自欢喜，以为俄军毫无察觉。当离旅顺港只剩下2海里时，日军开始为最后的行动做准备。就在这时，沉寂的俄军阵地突然亮如白昼，数百只探照灯照向日军。日军阵脚大乱，强烈的灯光把他们照得什么都看不见。这时，俄军海岸万炮齐发。日军匆忙炸沉堵塞船，然而沉船的位置对俄军没有造成任何影响，日军的"沉船堵口"计划宣告失败。其实，俄军早就知道日本的堵口计划，他们为了诱使日军前来，故意按兵不动，装作浑然不觉，直到日军靠前才突然袭击，把日军打了个猝不及防，致使敌手来不及调整堵口计划，以致彻底失败。

在战场上，理应以静制动，表面上造成"静"的假象，暗地观察敌军的行动，及时调整应对措施，只要敌军来袭，必会出其不意地打败敌军。

奇袭彼列科普

第二次世界大战时期，在苏联的彼列科普地区，德军凭借坚固的纵深工事阻挡着苏军第三近卫步兵师的进攻。在一度沉寂之后，苏军300门大炮齐声怒吼，炮弹像暴雨般地落在德军的第一道壕堑上。德军隐蔽在深深的壕堑内，躲避炮轰，以逸待劳。他们居然还兴致勃勃地谈论着："俄国佬的炮火尽管猛烈，却也奈何不了我们。"

"别麻痹大意，炮火轰击之后，就是步兵冲锋，又是一场殊死的拼杀。"

德军议论的是炮步协战的一般常识，果然苏军在炮击15分钟后，以50%的炮火向敌后阵地延伸，50%的炮火停止轰击，这是步兵冲锋的前兆。刹那间，苏军阵地上矗立起无数条黑影，接着，枪声大作，德军忙各赴射击位置，迎战苏军步兵的进攻。

在这种情况下，苏军的火炮是无法发挥作用的，因为两军近战，炮火不长眼睛，无法只打敌军不打己军，所以德军也不怕暴露。可是当德军刚一暴露，苏军的300门火炮齐发，轰击德军的第一道壕堑，把德军击毙于阵地前，当然，苏军步兵也不能幸免于难。不过这里苏军使用了一个计谋，矗立于阵前的黑影，只是藏身于战壕里的苏军举起的数百个草人。

这个情况，当时德军并不知道，他们丢下了大量同伴的尸体后又躲进深壕中了。可是苏军的炮火又向后延伸了，这次德军的指挥官们可捉摸不透了，他们心有余悸地议论道：

"俄国佬真是不要命了，与咱们玩起了同归于尽的手段。"

"咱们可不能上当了，千万不要暴露自己，免得受炮火攻击。"

"可是，俄国的步兵再次冲锋怎么办呢？"

"不怕，等他们冲近了再说。"

然而，苏军步兵并没再次冲锋，只是大炮一会儿轰向第一壕堑，一会儿又向后延伸，弄得德军打也不是，躲也不是。苏军经过几度飘忽不定的轰击后，终于射起了一颗绿色的信号弹，这个信号弹标志着苏军停止了攻击，德军这才有了喘息的机会。他们极度紧张之后，懈怠地倒在堑壕内休息，可就在这时，苏军步兵发起了冲击，趁德军不备之时占领了他们的阵地。苏军运用了这次反常的战术，终于获得了彼列科普战役的胜利。

斯大林拖垮罗斯福

1944年，法西斯德国败局已定，美、苏、英各国军队在多条战线上取得重大战果。为了研究如何处理战后一系列遗留问题，特别是如何处理战败国德国，苏、美、英三国领袖决定再次举行最高首脑会晤。

最高首脑会晤时间、地点和会议程序的选择与确定，历来是一个重要的问题。当时，美国总统罗斯福身体状况严重不佳，因此他提出，会晤是不是可以定在1945年春天，这时天气已暖，他的身体可以吃得消。

老谋深算的斯大林早已了解到罗斯福的病情，他知道，一个疲惫不堪、精力不支的首脑在谈判中是不会保持坚强的意志和耐力的，是无法与一个体魄强健的对手较量的。罗斯福在这种身体状态下，很容易感到厌倦、焦躁、虚弱，从而轻易地向对手让步。于是斯大林电告罗斯福：由于形势发展急速，一系列问题迫切需要解决，因此最高首脑会晤不能拖延，最迟应该在1945年的二月份举行。

无可奈何之下，罗斯福只好同意这个日期。他又提出，因为健康原因他只能坐船去开会，这样旅途要花很长的时间，所以他希望会谈地点不要选得太远。另外，最好开会的地点和气候能温暖一些，对身体有利。斯大林则拒绝去任何苏联控制以外的地方，而坚持会议必须在黑海地区举行，并且具体提出在黑海边上克里米亚半岛的雅尔塔小城镇举行。这样，斯大林可以逸待劳，并可随时与莫斯科保持联系。罗斯福没办法再讨价还价，只好拖着病躯，前往冰天雪地的雅尔塔。当罗斯福经过十几天艰辛跋涉到达雅尔塔的时候，人们发现这位总统面色憔悴、几乎精疲力竭。

斯大林、罗斯福、丘吉尔到达雅尔塔后，无休无止的会晤、谈判开始了。日程安排得极为紧张，首脑会谈多达20次，每次罗斯福都得参加。另外，还有大量的宴会、酒会、晚会。这一切使罗斯福疲劳不堪。在谈判中，罗斯福强自打起精神，与斯大林讨价还价，但终因体力不支，注意力分散，争辩不过斯大林，最后不得不草草结束会谈，按苏联的意思签订了协议。

罗斯福回到美国后几周，就逝世了。美国人强烈批评罗斯福与斯大林签订的《雅尔塔协定》，认为它对苏联做了大幅度的妥协，是对美国与西方利益的"背叛"。

一位著名的政治家说过，政治的较量到了最后就是身体的较量、意志的较量。优秀的政治家善于充分利用和强化对手在身体上、意志上的劣势，从而使自己在政治较量中较容易地击败对手。

第五计　趁火打劫

【本计旨要】

本计的要点是"就势",即抓住对敌方不利、对自己有利的形势,争夺利益。敌方遭到灾害时疲于招架,必然会疏于防备,这就是我方行动的大好时机。这时,我方应或者趁机夺取利益;或者假意救援,借机在敌方内部安插自己的力量,以利于以后的行动。如果敌方虽遭遇灾害,而实力并未削弱,那就是隔岸观火的时机,等敌方实力削弱下去,再全盘夺取利益。但是,决不能消极地等待对方遭遇灾难,而要主动地把灾难加到对方头上。

【计名探源】

此计名出自吴承恩的章回小说《西游记》第十六回：观音院僧谋宝贝,黑风山怪窃袈裟。原意是指趁别人家里发生火灾,正处于一片混乱时,乘机偷抢人家的东西。《孙子兵法》说："乱而取之。"《十一家注孙子》说："敌有昏乱,可以乘而取之。"致使敌方发生混乱的情况大致有两种：一是内忧,二是外患。这些混乱就是敌方之"火",我方应抓住机会,乘势"打劫",这样不仅容易成功,而且能够从中获得意外的好处。

【古文玄览】

敌之害①大,就势取利,刚决柔也。

【说文解字】

①害：谓遭遇灾难,指处于困厄之境。

【古文今译】

敌方遭受到大灾难,趁势夺取其利益,即乘敌之危,就势而取胜。

【计谋评点】

趁火打劫之计有四重含义：

（1）乘危取利。人们为之奋斗的一切,都与获利的意图有关。正常情况下求利,当然满足不了贪婪者的胃口。而在对方危急时取利,往往会收到事半功倍的效果。敌方的灾害不外乎有两个方面,即

那黑山怪正想救火,忽见烟火中有些霞光彩气,仔细一看,竟是锦斓袈裟,遂趁火打劫,径转东山而去。

三十六计　第一套　胜战计

内忧和外患。天灾人祸、经济凋敝、民不聊生、怨声载道、农民起义、内战连年，都是内忧；外敌入侵、战事不断，都是外患。在敌方大难临头的危急之时大举进攻，定能稳操胜券。

（2）落井下石。本来敌方已有危难，我方趁机再给它制造更大的危难，直至把敌方置于死地。

（3）明助暗夺。对方后院"起火"，我方装出"救火"的姿态前去凑热闹，这样既不会被对方拒绝，也不会引起对方的注意。在"救火"过程中，我方便可暗中捞取好处，也可在暗角再点"新火"。《孙子·始计篇》所说的"乱而取之"讲的就是这个道理。

（4）入伙分利。"火"是别人放的，别人在趁火打劫，这时我方趁机插手，助其一臂之力，事成之后，论功分肥。

【事典辑录】

越王勾践趁机灭吴

春秋时期，吴越两国相互争霸，战事频繁。经过长期战争，越国不敌吴国，俯首称臣。越王勾践被吴国扣压为人质，失去了行动自由。勾践立志复国，十年生聚，卧薪尝胆。他表面上对吴王夫差百般逢迎，最终骗得夫差的信任，被放回越国。

回国之后，勾践依然假意臣服于吴国，以此来麻痹夫差。与此同时，勾践在国内积极采取了一系列休养生息、富国强民的措施。几年后，越国实力大大加强，物资丰足，人心稳定。而吴王夫差却被胜利冲昏了头脑，被勾践的假象迷惑，依旧不把越国放在眼里。夫差骄纵凶残，拒绝纳谏，杀掉了一代名将忠臣伍子胥，使得国内奸臣当道，言路闭塞。在生活上，夫差淫糜奢侈，大兴土木，搞得民穷财尽。公元前473年，吴国颗粒难收，民怨沸腾。恰在此时，吴王夫差北上与中原诸侯在黄池会盟，国内无主。越王勾践看准时机，大举进军吴国。吴国国内空虚，无力还击，很快就被越国击破灭亡。

勾践的胜利，正是乘敌之危，就势取胜的典型战例。

齐宣王趁乱灭燕

燕王哙三年（前318年），燕王哙将王位让给相国子之。子之执政三年，燕国国内一片混乱，到处怨声载道。太子平联合将军市被讨伐子之未果，反被子之杀死。持续的内战使燕国百姓惶惶不可终日，燕国元气大伤。

早在太子平与将军市被谋反之前，齐宣王就按照丞相储之的计谋，暗中联络了太子平，表达了齐国对其讨伐子之的支持，以及愿意做他们的坚强后盾。这无疑

是火上浇油，加剧了燕国的内乱。太子平和将军市被杀死后，燕国已经乱到不可收拾的地步。这时，孟轲进谏齐宣王说："此时正是讨伐燕国的良机，时不我待！"

于是，齐宣王立即派遣章子率重兵进攻燕国。燕国的士兵毫无斗志，竟然大开城门迎敌进城。于是，齐宣王趁燕国内乱之机，未动一兵一卒，就占领了燕国的都城，还杀死了子之和燕王哙。

齐宣王趁燕国内乱之机，未动一兵一卒，就占领了燕国的都城，还杀死了子之和燕王哙。

袁绍诈取冀州城

《三国演义》第七回中，关东诸侯联合起兵，共推渤海太守袁绍为盟主，反对董卓专权。讨卓联军攻占洛阳后，各路诸侯便各打各的算盘，不仅不能同心协力，反而争权夺利、互相兼并，以致讨卓联盟迅即瓦解。

当时，洛阳一带几乎成了废墟，不久后袁绍便率军退屯河内（今河南武陟县西南），观望形势发展。渤海郡属冀州，因而袁绍在名义上应算冀州牧韩馥的部下，所以韩馥经常派人运送粮草接济袁绍，但袁绍及其部下却开始暗中算计起富庶的冀州来。谋士逢纪向袁绍献计说："大丈夫当纵横天下，怎么光靠人接济为生！冀州乃钱粮广盛之地，将军何不取之！"

得到袁绍赞同后，逢纪进一步谋划说："可暗中派人送信给北平太守公孙瓒，约其共攻冀州，平分其地，他必定欣然起兵。面对公孙瓒的进攻，韩馥这样的无谋之辈肯定会请您协助守冀州。您便可趁势行事，冀州唾手可得。"袁绍闻言大喜，马上依计送信给公孙瓒。公孙瓒得信后，应约发兵杀奔冀州而来。袁绍却又使人将公孙瓒发兵攻冀州的消息密报韩馥。韩馥得报后，即召集谋士荀谌、辛评二人商议对策。荀谌说："公孙瓒率领燕、代之众，长驱而来，锐不可当。今袁绍智谋过人，手下名将极广，将军可请其同治州事，这样就不怕公孙瓒了。"韩馥以为得计，便差别驾闵纯去请袁绍。长史耿武谏曰："袁绍孤客穷军，仰我鼻息，譬如婴儿在股掌之上，绝其乳哺立可饿死，怎能将州权委托给他？这等于引虎入羊群啊！"忠厚的韩馥答道："我本是袁家先世的故吏，才能又不如袁绍，让贤是自古以来的美德，现在我决计请袁绍与我一同治理冀州，诸位不要忌妒！"耿武等人见韩馥固执己见，不听忠告，只好叹息而出。

数日后，袁绍应韩馥之邀率领大队人马来到冀州。忠于韩馥的耿武、闵纯不愿冀州落入袁绍之手，便伏于城外，欲刺杀袁绍，结果被袁绍大将颜良、文丑斩杀。

袁绍入据冀州后，即以韩馥为奋威将军，并令自己的亲信田丰、沮授、许攸、逢纪等分掌州事，架空韩馥，逐渐篡夺韩馥之权，终将冀州据为己有。至此，韩馥懊悔不已，只好弃下家小，只身投靠陈留太守张邈去了。

公孙瓒见袁绍不讲信义，独吞了冀州，不肯平分其地，因而与袁绍结下仇怨，彼此攻伐。但公孙瓒哪里是袁绍的对手，屡战屡败，后来被袁绍围困于易京（今河北雄县西北），走投无路，自缢而死。最后，连公孙瓒割据的幽州也落入了袁绍之手。

曹操渔利得冀州

袁绍和曹操是东汉末年的两大军事割据力量首领。建安四年（199年），袁绍起兵十万攻打曹操的大本营许昌。曹操调兵两万迎敌，结果袁绍被打得七零八落，这就是著名的官渡之战。不久以后，袁绍忧郁而死，但袁绍的儿子和女婿手中仍握有重兵。

203年，曹操打算采用各个击破的办法，一举消灭袁氏的残余势力。曹操首先进攻占据黎阳的袁绍的长子袁谭，袁谭因抵挡不住而火速求助于袁绍的幼子袁尚。由于二袁合兵，加上邺城城坚难攻，相持数日后，曹操苦战无果，转而南征荆州的刘表。袁氏两兄弟见曹操撤兵而去，竟为争夺继承权而大打出手。结果袁谭兵败，逃到平原时被袁尚团团围住，无奈之下，袁谭只好向曹操求援。

曹操起初不想理睬，谋臣荀攸却劝曹操说："袁氏兄弟兵甲十万，占地千里，如果他们和睦相处，共守成业，冀州便无法相谋。现在袁谭、袁尚兄弟交恶，势不两立。如果一方取胜，则兵力必将归于一人。如待那时，再欲征伐便困难重重。所以，我们应趁其内乱而取之，如此良机万万不可错失啊。"

于是，曹操采纳荀攸趁火打劫之计，兴兵至黎阳，先与袁谭联姻以稳其心，然后进攻袁尚；次年秋天，曹操终于铲除了袁尚的势力；第三年春，曹操又以"负约背盟"为名消灭了袁谭。最后，曹操全取冀州。

袁氏两兄弟见曹操撤兵而去，竟为争夺继承权而大打出手。

郭崇韬献计灭后梁

五代十国时期，社会大乱，天下几番易主。代州雁门（今山西代县）人郭崇韬投奔到晋王李克用门下，屡献妙计，深得李克用赏识，官至中门使，专典机务。李克用之子李存勖称帝后，任命郭崇韬为兵部尚书、枢密使。

当时，梁唐战争频繁，后唐同光元年（923年）六月，梁围困杨刘（今山东东阿北）。后唐诸将多主张与后梁议和，以黄河为界罢兵休战。李存勖问计于郭崇韬，郭崇韬说："陛下兴兵打仗已十多年了，将士疲惫，劳民伤财。如今您已经登基称帝，黄河以北的百姓都翘首以盼，期望和平。臣以为，陛下应派兵固守杨刘，以此迷惑敌军；然后陛下可亲率大军攻打后梁都城汴州（今河南开封）。后梁主力在外，其都城中守军势单力薄，陛下趁火打劫，用不了半月，即可攻下。"

李存勖听后大悦，当即下令大军夜渡杨刘，向梁都进发。当时，梁军的精锐之师均在外作战，城中孱弱的守军不堪一击，后唐仅用八天时间就灭掉了后梁。

郭崇韬之计，正是典型的趁火打劫，他抓住了对敌人不利、对自己有利的形势大举进攻，从而达到战略目的。

翟让轻取荥阳城

隋炀帝杨广即位后，穷奢极欲，激起了全国百姓的愤怒，各地起义风起云涌。

616年，河南滑县境内的瓦岗寨军领袖翟让，率领瓦岗军以凌厉的攻势袭击隋军，夺取了汴水上的货船；单雄信等农民起义军的首领纷纷前来归附，一时间，瓦岗军兵力过万。可是关于起义军下一步的具体行动，翟让却丝毫没有头绪。因此，翟让常常为此感到忧虑。

恰在这时，有部下向他报告说："蒲山郡公李密前来拜见。"翟让闻听大喜，立刻率领部下出寨迎接。李密出身名门，颇有谋略，三年前曾协助隋朝礼部尚书杨玄感起兵反隋。这次他看到翟让兵力雄厚，可惜韬略不足，便特地带领部下前来投奔。

李密提出了自己的策略，说："如今隋炀帝在辽东失利，朝廷又与北方突厥决裂，这正是奋起争天下的有利时机。大帅兵马众多，可惜粮草不足，长此以往，恐怕于己不利。当前应该趁火打劫，直取荥阳，先立稳脚跟，再准备大举行动，以席卷东西两京。"

荥阳是中原的军事要地，其西的巩县有隋的大粮仓洛口仓。取得洛口仓不仅可以得到充足的粮草，而且可以逼近东都洛阳。众将领听了李密的话，纷纷点头称是。不久，翟让便挥师攻打金提关和荥阳郡县各城，轻松地占领了荥阳。瓦岗寨趁隋朝政局动荡之机夺得荥阳，为其日后继续发展壮大势力打下了坚实的基础。

多尔衮借势入中原

明朝末年，政治腐败，民生凋敝。崇祯皇帝猜疑成性，贤臣良将根本无法在朝廷立足。崇祯皇帝接连更换了十几个宰相，又杀掉了名将袁崇焕，朝廷上奸人当道，明朝崩溃大局已定。

1644年，李自成率农民起义军一举攻占京城，建立了大顺王朝。明朝山海关总兵吴三桂眼见明朝大势已去，本想投奔李自成以巩固自己的实力。但李自成得胜以后滋长了骄傲情绪，并没有把吴三桂放在眼里，反而抄了他的家，扣押了他的父亲，还掳走了他的爱妾陈圆圆。吴三桂"冲冠一怒为红颜"，决定借清兵势力消灭李自成。

此时，在关外的清朝政权，顺治帝刚刚即位，朝廷的权力都掌握在摄政王多尔衮手中。多尔衮是后金（清朝的前身）的缔造者努尔哈赤的第十四个儿子，生母名叫阿巴亥，姓乌拉纳喇氏。多尔衮出生不到一百天的时候，努尔哈赤就带领大军消灭了阿巴亥的母国，不过阿巴亥很有心计，善于周旋，一直很得努尔哈赤的欢心。努尔哈赤一共有十五个儿子，他最疼爱多尔衮，临终时曾经指定他为继承人。可八王子皇太极依仗自己势力强大，强行继位。

皇太极死后，多尔衮拥立皇子福临（即顺治帝）即位。多尔衮对中原觊觎已久，时刻关注着明朝的一举一动。这时，吴三桂的使者到了，向他递交了信函，吴三桂表示如清兵支援，"将裂土以酬"，并没有表示要投降。多尔衮知道这个机会千载难逢，他压抑内心的激动，一边召集大臣们商议对策，一边调兵遣将，但是迟迟不肯发兵，目的就是逼吴三桂答应投降。

当时吴三桂万分焦急，因为清军离得还远，而李自成已经快要攻到山海关了，于是他只好答应投降。多尔衮得到这个答复，欣喜不已，他带领军队迅速出击，进入山海关，联合吴三桂的部队，大败李自成。

山海关一战后，李自成慌忙退出北京，撤到陕西一带休养生息，以图卷土重来。而多尔衮则乘胜占领了北京，他趁明末内忧外患之时，趁火打劫，收降吴三桂、击败李自成，终于奠定了清朝统一中原的基础。

瘟疫带来的商机

1975年初春的一天，美国亚默尔肉食加工公司老板菲力普·亚默尔坐在自己的办公室里翻阅报纸，了解当天的新闻。突然，一则几十个字的短讯使他兴奋得差点跳起来：墨西哥发现了疑似瘟疫的病例。他马上想到，如果墨西哥真的发生了瘟疫，一定会从加利福尼亚州或得克萨斯州边境传染到美国来。而这两个州又是美国肉食供应的主要基地。肉类供应肯定会紧张，肉价一定会猛涨。

当天，他就派家庭医生亨利赶到墨西哥。几天后，亨利发回电报，证实那里确有瘟疫，而且很厉害。亚默尔接到电报后，立即集中全部资金购买加利福尼亚州和得克萨斯州的牛肉和生猪，并及时运到美国东部。

不出所料，瘟疫很快蔓延到美国西部的几个州。美国政府下令：严禁一切食品从这几个州外运，当然也包括牲畜在内。于是，美国国内肉类奇缺，价格暴涨。亚默尔趁机将先前购进的牛肉和猪肉抛出，在短短几个月里，他净赚900万美元。

亚默尔慧眼独具，发现了瘟疫即将流行的征兆，预测到可能出现的局面，把握和充分利用了瘟疫蔓延所带来的商机，"劫"到一大笔财富。

福特收购"美洲虎"

在商战中，"趁火打劫"意指趁着竞争对手毫无准备，或力量衰弱之际，突然出击，夺取市场，或兼并对手。

美国福特公司成立之初，规模甚小，无法与其他实力强大的汽车公司相抗衡。当时，许多汽车制造商致力于高档汽车的生产，如果福特贸然与大公司争夺高档汽车的市场，无疑是以卵击石。于是，福特公司另辟蹊径，生产一种平价汽车。产品面市后，因价格低廉而广受中低阶层的消费群欢迎，出现了供不应求的局面，给福特公司带来了巨大的利润。在此基础上，福特公司不断发展，终于由默默无闻的小公司发展成世界闻名的大公司，并且开始梦想占领世界豪华汽车市场。可是，由于竞争对手的实力强大，特别是英国美洲虎汽车公司在研制开发新型高档车方面有独特的优势，使福特的愿望一直未能实现。1988年，机会终于来了。美洲虎汽车公司由于劳资关系紧张，内部管理混乱，加上生产成本上升，使得利润锐减。11月1日，英国贸易局突然宣布放弃该公司的决定性股份——黄金股份。对此天赐良机，福特公司"趁火打劫"，在24小时后宣布以16亿英镑的价格收购美洲虎汽车公司，实现了多年来未能如愿的梦想。

天津公司买进德国工厂

20世纪80年代，德国慕尼黑市有一家生产摩托车的工厂，建厂已有60多年的历史，该厂生产的摩托车曾风行欧洲。但是，当时日本摩托车低价倾销欧洲市场，使慕尼黑这家摩托车厂受到极大的冲击，再加上经营管理上的失误，财政出现严重困难，不得不宣布破产。厂家急于清还债务，打算卖掉整个工厂，尽管其大部分设备都是20世纪80年代的先进设备，但其售价却非常低廉。

天津自行车工业公司得到这个信息后，认为这是一个难得的机会，打算出钱购买该厂的全部设备。但是，由于天津自行车工业公司稍迟一步，结果被伊朗商人抢了先。就在慕尼黑厂家回绝天津厂不久，伊朗商人因一时筹不到足够的资金而中止了合同。慕尼黑厂家因此陷入困境，为了尽快清还债务，他们主动要求与天津厂进行谈判。天津自行车工业公司利用对方急于出卖工厂还债并遭受第一个购买厂商告吹的困境，逼迫对方一再压价，最后以500万美元的价格成交。这个价格比伊朗商人少出200万美元。天津自行车工业利用"趁火打劫"的策略，不仅购进了国外先进设备，而且为国家节约了大量外汇。

华尔街大佬操纵美国白宫

在世界商战中，趁火打劫的谈判高手当首推美国华尔街大佬约翰·皮尔庞特·摩根。1873年，美国经济危机期间，几乎每小时都有宣布破产的消息。费城的著名投资银行杰伊·库克公司也永远地关上了大门。库克因在南北战争中帮助政府出售国库券而名声大振，是投资银行家中最杰出的人物。他的破产在当时商业界不啻一个晴天霹雳，引起了巨大的震动。后来事实证明，即便当时他能度过危机，但因其力量早已衰微，也难以应付日后摩根的挑战。

摩根在国内外出售证券的能力举世无双。达布尼—摩根公司和在伦敦的摩根公司及巴林兄弟公司、费城的安东尼·德雷克塞尔、纽约的利瓦伊莫顿以及纽约其他几位大银行家与摩根的联合，所形成的势力与能力使他得以在1871年从库克手中夺过价值2亿美元的国库券，并把其中的大部分出售给外国投资者；1873年的上半年，摩根及其合伙人又以同样理由赢得33亿国库券的一半，并且处理得可谓得心应手。而库克在出售国库券时却困难重重，这也是库克破产的因素之一。在这场危机中，德雷克塞尔—摩根公司成为美国实力最雄厚的投资银行，控制了美国政府的债券市场，同时继续向欧洲抛出优惠证券。1884年的金融危机又进一步巩固了摩根的地位。从这时起一直到1913年去世，他一直是美国投资银行业中最有影响力的人物。

自1884年11月以来，美国财政部的黄金开始大量外流，市场上掀起了抢购黄金的风潮。当时有个谣言很快传遍了华尔街，说美国政府不得不放弃以黄金支付货币的做法。格罗弗·克利夫兰总统担保这不是事实，但是用抛售美国证券换回黄金的做法仍在进行，致使国库告急，落到了几乎无力偿清债务的地步。

为了救济金库空虚带来的经济恐慌，就必须立即筹集到一笔巨额资金。政府财政当局的估计至少要1亿美元。摩根已知在这股抢购黄金的风潮中，政府已到了无计可施的地步，于是他同贝尔蒙商定，由他们两家银行组成一个辛迪加，承办黄金公债，这样，他们既可解救财政部危机，又可获得高额利润。但因他们的苛刻条件美国国会并没有通过这个建议，总统也难以接受。当时的财政部长卡利史尔计划发行5000万美元的公债，其余半数委托美国国内银行存款。由于正值恐慌之际，任何银行都自顾不暇，这位财政部长的呼吁便理所当然地被束之高阁了，于是，他又使出苦肉计，以超出面额的117点公开募集5000万美元公债，这一招打破了投资金融界的惯例，也欺骗了投资银行，并重创和惹恼了摩根。由于摩根的操纵，当这位财政部长匆匆忙忙赶赴纽约召集银行家寻求帮助时却遭到了白眼，这是因为他没有接受摩根提出的要么认购全部公债，要么完全拒绝认购没有任何商量余地的谈判条件。

出于无奈，摩根再次被总统召入白宫，互相摊牌。当摩根深知国库存金只剩下900万美元时，更是固执己见，并进而胸有成竹地说："除了我和罗斯查尔组成辛迪加，使伦敦的黄金重新流入国内外，似乎没有第二种办法来解救陷于破产状况的国库了。现在，我手头就有一张1200万美元的支票没有兑现，若是今天将这张支票兑现了，一切就都完了，要不要我在这里拍电报，现在立刻汇到伦敦去呢？"

在这种威胁下，克利夫兰总统不得不以去洗手间为名，每隔5分钟就去与正在另一室等候的财政部长卡利史尔商量对策。摩根很清楚，若不使出硬的一手来，白宫不会轻易就范。因此，在同总统面谈时，他也就"大行不顾细谨，大礼不拘小节"，"单刀直入"，步步紧逼，并且吸起总统讨厌的雪茄烟，悠悠地等待着不能不做出的明智选择。

结果总统在走投无路的情形下，不得不答应摩根提出的条件，白宫在华尔街面前甘拜下风。当夜摩根即取出大量美元交给财政部，帮助财政部渡过了难关。摩根在向政府承包的公债价格与市场差价中就净赚了1200万美元，并且还安排了一项国际协议，在公债发行结束前，不用美元兑换英镑，也不购买美国的黄金，这大大冲击了《夏尔反托拉斯法案》。

企业经营者离不开谈判，而谈判的特征之一是对抗性，谈判双方都希望赢得胜利，千方百计争夺利益。谈判者要想达到预期目的，须真正了解对方的情况，否则打的就是糊涂仗。摩根与总统谈判，探知国库存款甚少，陷入危机，便趁火打劫，逼得总统不得不答应他的苛刻条件，摩根获得谈判成功，并从中赚了大钱。

郭亮智取长沙

1926年，国民革命军出师北伐，很快就打到湖南。军阀叶开鑫将重兵集结于长沙，企图负隅顽抗。正在长沙从事工人运动的郭亮等共产党人，为配合北伐军的正面行动，决定从背后打击军阀叶开鑫。为此，他们分别到工人群众中去，宣传革命大好形势，广泛发动群众，积极组织群众同敌人做斗争。

工人们听说配合北伐军赶走叶开鑫，都感到非常高兴。在郭亮等人的组织安排下，缝纫工人连夜暗暗地制作了两万多个"国民革命军"和"湖南工人保安团"的袖章；泥木工人在全城收集了数筐打野兽用的炸弹；印刷工人通宵达旦印制传单和其他宣传品；人力车工人也行动起来了，他们拉着车子在大街小巷跑着，探听消息，侦察敌人的位置、人数及动向。

仅仅用了一天一夜的时间，全长沙城的工人都做好了与叶开鑫展开斗争的一切准备。

在郭亮等人的指挥下，一天早晨，长沙城几乎所有的街道上，忽然贴满了征讨军阀的标语："打倒军阀！""叶开鑫不投降就叫他灭亡！"这些标语不仅贴在大街上、电线杆上、大树上，还贴到了叶开鑫的办公楼和家门口。

叶开鑫怎么也没有料到形势会变得如此突然。他立即命令他的省会戒严司令在全城实施戒严，实行严格的检查搜捕。可是，在郭亮等人的领导和指挥下，组织起来的工人们不仅没被气势汹汹的敌人所吓倒，相反，他们按预定的计划，当敌人的巡逻队和搜捕队出现在大街上的时候，建筑物里的工人们就把预先准备好的炸弹从窗户里扔出去。炸弹爆炸后，敌人顿时惊慌失措。这时，躲在门背后的工人们趁机冲了出去，从慌乱的敌人手中夺下了枪支。一时间，全长沙城的街上，爆炸声隆隆，杀声震天。军阀的巡逻队和搜捕队很快就失去了威风，他们死伤无数，东奔西窜。

在郭亮等人的组织下，学生们摇旗呐喊："北伐军进城了！""叶开鑫完蛋了！""缴枪不杀！"

更使叶开鑫捉摸不透的是，他的部下不断报告："在许多地方都发现了戴着'国民革命军'袖章的人。到处都飘起了'国民革命军'的大旗。"

叶开鑫根据这种种迹象推断："一定是北伐军穿着便衣打进城来了。"想到这里，他吓得直哆嗦。他抓起电话想向有关方面询问情况，但电话线早被工人切断了；他叫人去拍电报，请求援助，但电报局已被戴着"工人保安团"袖章的工人占领了。此时，铁路交通已完全中断，士兵和军官都惊慌混乱。叶开鑫感到问题太严重了，于是，他急忙下令撤军，坐上军舰向北逃跑了。

长沙就这样被占领了。

其实，这个时候北伐军并未进城，是郭亮指挥人民群众用一些"土办法"造成了北伐军化装攻进长沙的假象，使敌人不战自溃，丢了长沙，狼狈逃跑。真是兵不厌诈！

三菱公司大发战争财

日本三菱公司特别注意对国际信息情报进行分析，因势利导，做出预见对策。1973年3月，扎伊尔（现名刚果民主共和国）发生了叛乱。这件事，对于远隔重洋的日本企业似乎没有多大意义，但日本三菱公司的决策人员却没有放过这一信息。他们经过分析认为，与扎伊尔相邻的赞比亚是世界重要的铜矿生产基地，扎伊尔叛乱，可能会对赞比亚造成影响。于是，公司情报人员密切注意叛军的动向。当得知叛军向赞比亚移动时，公司预计到叛军可能切断交通，由此必将影响到世界市场上铜的产量和价格，而当时市场上的铜价还很平稳。三菱公司立即购进了一大批铜。后来，铜价果然上涨，每吨涨了60多英镑，公司由此赚了一大笔钱。

美国大使馆的纵火案

1977年8月27日凌晨，美国驻莫斯科大使馆突然燃起了熊熊大火，凑巧的是大火发生在存放机要文件的八楼，火势很快蔓延到大使居住的九楼。外交官和工作人员被大火惊醒，手忙脚乱地拿起各种工具去扑火。但这些外交官灭火绝对是外行，火势不但没有减弱，反而越烧越旺。在这种情况下，他们只好求助苏联消防队前来救火。苏联的消防队员很快就把大火扑灭了。然而他们走后，使馆人员发现所有的保险箱已被打开，里面的机要文件全部没了踪影。这时，美国驻苏大使才恍然大悟：这是一起克格勃策划的大火。原来，克格勃内部有一位技艺高超的专家叫谢普塔，他能在烟雾弥漫中撬开保险柜，这次"灭火"行动中他充分发挥了自己的专长，轻易地就盗走了美国的机密文件。

利用纵火或其他事故制造混乱，趁对方内忧外患之际盗取机要文件或达到不可告人的目的，是间谍战中最常使用的手段。

第六计　声东击西

【本计旨要】

"声东击西"是制造假象迷惑敌人的计谋和策略。通常采取灵活机动的行动，忽东忽西，不攻而示为欲攻，欲攻而示为不攻；形似必然而不然，形似不然而必然；似可为而不为，似不可为而为之。对方顺情推理，我方借势用计，以达到出其不意地夺取胜利的目的。

【计名探源】

此计名出自唐代杜佑编纂的《通典》："声言击东，其实击西。"声东击西指表面上或口头上宣称要打东边，实际上却攻打西边，这是一种制造假象使敌人上当进而消灭敌人的制胜计谋。

历代兵法对此计均十分重视。《百战奇谋》说："声东而击西，声彼而击此，使敌人不知其所备，则我所攻者，乃敌人所不守也。"《历代名将事略》指出："欲东而形似西，欲西而形似东，欲进而形似退，欲退而形似进。"

【古文玄览】

敌志乱萃①，不虞②。坤下兑上之象，利其不自主而取之。

【说文解字】

①敌志乱萃：援引《易经·萃》卦中《象》辞"乃乱乃萃，其志乱也"之意。萃，悴，即憔悴。句意为，敌人神志昏乱。

②不虞：未曾料到。

【古文今译】

敌人意志混乱，不严整。水在上、地在下的卦象，利用敌人的不能自我控制而攻取他们。

【计谋评点】

声东击西讲的是出奇制胜，其目的在于转移敌人的视线，使其疏于防范，然后再乘其不意，攻其不备。战前，为了消除来自敌方的阻力、减少自身的损失，一定要设法分散对方的力量或者松懈其意志，这样才可乘虚而入，达到目的。此计的用法很多，但有一个重要前提，即对于本身的企图和行动要绝对保密，这样才能时刻争取主动，否则就会处处被动，处处受牵制。此计有以下几种情形：

（1）忽东忽西。我方没有固定的进攻方向，一会儿在此，一会儿在彼。敌方摸不清我方的真正意图，只好处处被动设防，穷于应付，时间一长必然只有招架之功，而无还手之力。

（2）即打即离。时而前来挑战，时而远远躲避；敌方以为我方要进攻，我方却并没有攻打；敌方以为我方不会攻击，我方却突然发动袭击。

（3）发动佯攻。佯装向甲地发动进攻，借此吸引敌方的注意力，待敌方把兵力调到甲地，我方突然向乙地发起猛攻。

（4）避强击弱。在我方忽东忽西的进攻下，敌方把主力布置在错误的地点。这样，我方就避开了敌人的锋芒，借机攻打击其薄弱环节。

【事典辑录】

岑彭声东击秦丰

东汉建武二年（26年），秦丰割据黎丘（今湖北宜城北），自称楚黎王，反抗汉朝。光武帝刘秀派岑彭率军前去征讨。秦丰针对汉军劳师远征、粮草供应困难的情况，采取了坚守不战的方针，与岑彭军相持数月有余。

岑彭见敌人坚守不出，便采取了"声东击西"的战术。他整顿军马，宣布第二天进攻山都（今湖北襄阳西）。秦丰得知后，果然把全部军队移向山都，准备伏击岑彭军。岑彭见敌人中计，指挥部队偷渡过汉江，突袭秦丰手下张扬率领的军队。张军毫无防备，全军溃败。接着，岑彭又令士兵沿着山谷砍伐树木、修筑道路，进袭秦丰的老巢黎丘。秦丰得知中计后，马上撤兵前去救援。岑彭指挥军队在路上设下埋伏，一举击溃秦丰军队。

岑彭针对敌方坚守不出的作战策略，采用佯攻其正面、实袭其后方的"声东击西"计策，使敌军疲于奔命，最终大败敌军。

班超假退平叛乱

东汉章和元年（87年），班超出使西域。当时，地处大漠西缘的莎车国煽动周边小国归附匈奴、反抗汉朝。班超决定征讨莎车国。莎车国王向北方的龟兹国求援，龟兹王亲率五万人马，前来援救莎车国。

当时，班超的兵力只有两万五千人，人数上

班超集合部队，迅速回师杀向莎车国。莎车国猝不及防，顷刻间瓦解，莎车王只得请降。

不占优势。为了迷惑敌人，班超定下了声东击西之计。他派人在军中散布对自己的不满言论，制造打不赢龟兹国遂撤退的迹象，并故意让莎车国的俘虏听得一清二楚。这天黄昏，班超命于阗大军向东撤退，自己则率部向西撤退，表面上显得十分慌乱，并有意让俘虏趁机脱逃。俘虏逃回莎车国大营中，急忙报告汉军慌忙撤退的消息。龟兹王得知这个消息后大喜，立刻下令兵分两路追击逃敌。龟兹王亲自率领一万精兵向西追杀班超军队。班超趁夜幕笼罩大漠，仅撤退十里便下令就地隐蔽起来。龟兹王求胜心切，率领追兵从班超隐蔽处飞驰而过却未察觉。班超遂集合部队，迅速回师杀向莎车国。莎车国猝不及防，顷刻间瓦解。莎车王没来得及逃走，只得请降。龟兹王追赶一夜，仍未见班超部队踪影，后来听说莎车国已被平定，自知大势已去，只好悻悻地返回龟兹国。

鉴于敌众己寡，班超采用了即打即离的策略，制造假象，引诱敌人做出错误判断，然后趁机回师，一举平定了叛乱。

毕再遇泗州收两城

开禧二年（1206年），南宋将领毕再遇、镇江都统陈孝庆决定联合攻取金军占据的泗州城。不料消息走漏，泗州金军立即紧闭城门，加强了防范措施。于是毕再遇与陈孝庆商量，决定改变进攻时间，以达到出其不意的效果。

毕再遇率领亲自挑选的87名敢死士，提前一天到达泗州城下。泗州有东西两城，横跨汴河两岸。毕再遇采取疑兵之计，他命人把所有的战船、战旗和武器装备全部集中在西城脚下，摆出一副要猛攻西城的样子。然后，毕再遇带领主力部队悄悄地从涉山直接猛袭东城。由于金军主力被吸引到西城防御去了，东城守军毫无防备，不久，毕再遇便攻破东城。

攻克东城以后，毕再遇又率军进攻西城。宋军举起大将旗帜，向金军喊话，劝其投降。金军见东城已失，西城又危在旦夕，遂献城投降。

毕再遇采用声东击西之计连取两城，可谓妙矣！

清风山好汉戏秦明

北宋年间，梁山好汉秦明投靠宋江之前，任青州指挥司，负责统领本州兵马。这年，秦明奉命带兵围攻清风山。兵至清风山脚下，见四周没有什么动静，秦明遂令官兵攀爬上山。正当他们将要登上山顶时，突然许多滚木礌石从山顶铺天盖地地滚下，随后，火热的石灰水和恶臭的屎尿水也如倾盆大雨般迎头泼下。走在前面的官兵还没搞清楚怎么回事就已受伤倒地，后面的官兵见势不妙，慌忙四散而逃。

秦明大怒，重新聚集起逃回来的官兵准备再次上山。这次官兵沿着山脚一路向东,发现了一条坡势较缓的山路。正当秦明刚要下令从这里上山时,西面山坡上突然响起一阵锣声,一队高举红旗的守山兵丁从丛林深处杀了出来。秦明当机立断,立刻带兵杀向西山。谁知官兵到了西山坡,却既听不到锣声也看不到红旗。当秦明带兵走到刚才守山兵丁出没的地方时,发现那里乱木荆棘,根本没有下脚之处。这时,有探马来报说东山锣声大作,红旗飘扬。于是秦明带兵杀向东山。可是到了东山,那里根本看不到人影。有探马来报说西山又飘起了红旗。秦明又率兵向西杀去,仍然扑了空。

一整天,秦明都率兵奔波于东山和西山之间,弄得兵倦马疲。最后,清风山好汉突然从四面杀出,疲惫的官兵不堪一击,四散溃逃。秦明无奈,只好束手就擒。

就这样,清风山好汉采用声东击西之计,忽东忽西,使秦明疲于奔命,最终兵败被擒。

曹操解白马之围

建安五年(200年)二月,袁绍调动数十万人马进军许都征伐曹操,并派大将颜良为先锋率军渡过黄河,突袭驻扎在白马的东郡太守刘延。当时的青州、冀州、幽州、并州四州都是袁绍的辖地,其势力盛极一时。

得知袁绍要来攻打许都的消息后,曹操手下的将领纷纷打起了退堂鼓。而曹操却说:"我很了解袁绍的为人,他志向远大但才智低下,而且胆量很小。他对部下十分刻薄,没有一点儿大将风范,根本不懂得用兵之道,不过是一个有勇无谋的纸老虎罢了。他这次来是给我们奉送土地和粮食的。"

不一会儿,有军情来报说颜良的军队已将白马团团围住,形势非常严峻。对曹操来说,如果白马失守,形势将十分不利。因此,曹操决定亲率大军前去白马救援刘延。

这时,曹操手下的谋士荀攸进谏说:"敌众我寡,硬拼如同以卵击石。现在只有分散他的兵力方能取胜。"

曹操道:"先生所言不虚!可是,该怎样分散袁绍的兵力呢?"

荀攸说:"不如先派一支人马西去延津,佯装要渡河偷袭袁绍后方,以此把袁绍的主力吸引过去;然后再派轻骑兵前去救援白马,以迅雷不及掩耳之势袭击颜良的军队。"

曹操闻听连声叫好,立即依照荀攸之计挥师西进延津。袁绍见曹操的大队人马直奔延津,慌忙亲率主力进行堵截。眼看袁绍已经中计,曹操趁机引兵向白马疾进。颜良没想到曹操突袭,一时惊慌失措,仓皇迎战。

当时,曹操刚刚大败刘备,为了保护刘备的两位夫人,关羽被迫留在曹操军中。于是,曹操派关羽、张辽做前锋率军突击。两军短兵相接,关羽策马如飞,径直杀向颜良。颜良躲闪不及，被关羽手起刀落，斩于乱军之中。袁军见将领被斩，顿时乱作一团，曹操指挥大军乘势冲杀，袁军大败，白马之围随即解除。

曹操声延津而击白马，先是率军赴延津渡口，佯装北渡，诱使袁绍分兵西向；随后曹操趁机抄袭白马，打了袁绍一个措手不及。此战曹操不仅解了白马之围，还斩杀了袁绍的一员大将，可谓大获全胜。

七国之乱

西汉初年，发生了七国之乱。吴楚联军要进入长安，必须经过梁王刘武的地盘。刘武是汉景帝刘启的亲弟弟，自然义无反顾抵抗叛军。但吴楚军队攻势凌厉，梁王前线频频告急，只好向周亚夫求救。周亚夫却一兵不发，领兵向东北转移，在昌邑一带建成高壁深堑，固守不出。梁王天天派出使者恳求，周亚夫只派出小股轻骑部队深入到吴楚联兵后方袭击其粮道。梁王心急如焚，上书朝廷。汉景帝刘启下诏周亚夫急速驰援，他依然不予理睬。不久，吴军缺粮，急于求战。吴王刘濞屡屡挑战，多方辱骂，周亚夫却无动于衷。

吴王刘濞无法西进，准备撤退。他采用声东击西的手法，让军队向东南方前进，周亚夫也不理睬，却命令军队在西北面设防。果然，吴军主力向西北撤退，遇到汉军顽强阻击。吴军粮食早已告罄，士兵疲饿，向后溃退。这时，周亚夫才全线发动进攻。吴军大败，汉军乘胜追击。吴王刘濞带着数千人弃军而逃。逃到润州丹徒（今江苏镇江附近），被当地土人杀死。吴王刘濞一败，其他叛军纷纷落败，七王之乱很快就被平定了。

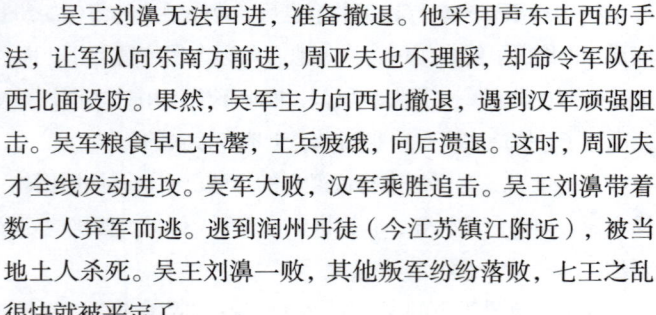

周亚夫，汉初名将。在七国之乱中，他制定正确的战略方案，迅速平定了叛乱，为巩固汉室江山立下了大功。

刘邦杀韩信

汉高祖刘邦计擒韩信，用的便是"声东击西"之计。

功高震主的韩信，在楚汉对峙期间，因向刘邦讨封王，二人生了嫌隙，后因有功，被封楚王。项羽手下名将钟离昧，因受到陈平的离间而不为项羽所用，如今走投无路，投靠了韩信。刘邦命韩信将钟离昧逮送京师治罪，韩信犹豫不决。后有人告发韩信陈重兵，意欲谋反。刘邦问计于陈平，陈平献计说：伪游云梦，会诸侯。

韩信知道刘邦喜爱巡狩游历，又见他未带重兵，疑虑大消，提着钟离昧的首级去见刘邦，却被武士逮捕。韩信懊恼地对刘邦说："果如人言，狡兔死，走狗烹；高鸟尽，良弓藏；敌国破，谋臣亡。天下已定，我故当烹！"刘邦并没有杀他，而是改封他为淮阴侯，留任长安，形同软禁。数年后，陈豨叛变，韩信被指涉嫌同谋。吕后问计于萧何，萧何向韩信诈称陈豨已被刘邦擒获斩首，这是朝廷大捷，文武大臣与诸侯都应入宫祝贺。韩信抱病在身，原本可以称疾不朝，但萧何是他的恩人，便不疑有诈。韩信一入宫，即被吕后的武士逮捕，密斩于宫中。韩信被杀之前长叹道："吾悔不听蒯通之计，乃为女子所诈，岂非天哉！"

刘邦诈称巡游云梦，不路过楚，是"声东"；不带重兵，状似逍遥，也是"声东"。萧何诈称大捷，是"声东"；利用曾经"月下追韩信"的这层亲密关系，更是"声东"。这两次使计都让韩信不设防，因此被擒被杀。

刘邦问计于陈平，陈平献计说："伪游云梦，会诸侯。"

"我来也"巧计出狱

南宋时国都临安（即今之杭州）有一位神偷，不明其姓氏，因他每次作案后，必留下"我来也"三字，故其绰号叫"我来也"。其名气轰动整个临安，官府也奈何他不得。

有一次，他失手被擒，审讯时因无赃证和人证，无法定罪，官府只得把他监禁起来慢慢侦查。一天，他对狱卒说："我是做贼的，却不是'我来也'，官府误会了我，看来会把我终身监禁，出狱是无望了，只可惜我藏在外面的金银无法使用。在此期间，你对我的确好，我决定用那些金银来报答你，金银就藏在保俶塔顶层上，你去取用好了。"

狱卒将信将疑地往塔上巡视，果有一小包袱藏在尘埃中，打开一看，尽是黄金白银，他满心欢喜地回来后，对"我来也"尤为照顾。

过了几天，"我来也"又对狱卒说："我还有一酒瓮放在待郎桥下，装满金银，你可叫家人去那里洗衣服，取了酒瓮之后，把衣服盖在篮子上。拿回家就是了。"狱卒叫妻子去取，果然又得了金银，对"我来也"更加优待。

又过了几天，一晚，"我来也"又对狱卒说："现在已是深夜二更了。我请求你放我出去，料理一些私事，四更时候，我一定回来，决不连累你的。"

狱卒因受了两次恩惠，不好意思不答应，同时认为他颇讲信用，只好放他去了，但心里还是不安，乃取酒独酌，借以消忧到四更时，忽有人自檐间跃下，一看，原来是"我来也"依时回来了，狱卒大喜，忙将他套上刑具再锁起来。

次日，城内一名巨富赴县府报案，说昨晚三更时分，被贼劫去黄金千两，门上写着"我来也"三字。县太爷接报，拍案大惊说："原来'我来也'还逍遥法外，以前所捉之贼并不是他，几乎冤枉了人。"便下令提讯前贼，判为犯夜行罪，略施惩戒便放人。

"我来也"出狱了。几天后，狱卒返家，其妻对他说："昨晚四更时候，有人敲门，开门一看，并无人影，却有一包东西放在门口，并闻声说：'此是酬谢你丈夫的，不要张扬出去。'打开一看，原来又是黄金和白银。"

狱卒这时心里明白了，原来那贼果然是真的"我来也"，是借用"声东击西"的计谋巧妙出狱。

卖树苗的旅馆

有家日本旅馆内贴着一张海报，上面写着："亲爱的旅客您好！本旅馆后山有片土地，宽阔而幽静，专门留作植树纪念，如果您有兴趣，不妨亲手种下一棵小树，本馆特派人拍照留念，并立下木牌刻上您的大名与植树日期。如果您再度光临时，这棵树苗已枝繁叶茂，您看了一定非常高兴，因为它是您亲手种植的。仅收树苗费用日币2元。"

此一颇具魅力的海报一经贴出，许多到此度蜜月或结婚周年纪念的夫妻，或毕业旅游结伴而来的学生，莫不跃跃欲试。人人都想亲手种下一棵心灵上属于自己的树，以作永久纪念。不久，后山就种满了树，旅馆的环境也非常雅致。旅客回家后，莫不以此相告，以照片为证，广为宣传，有的还不忘常常回来看看他自己的杰作。旅馆的生意自然日益红火，同时还带动了这个地区的观光事业。

商人们整天都在想如何扩大业务范围，怎样赚更多的钱，并让消费者感到满足，从而慷慨解囊。于是不断有人创新立异，以各种促销手段吸引顾客。该旅馆使用的手段，看上去与经营本身无关，但却起到了很好的效果，正是"声东击西"的妙用。

油漆推销员送邮票

一个油漆推销员为了发展客户，第一次来到一家用漆大户，想找老板谈一谈，希望他购买自己公司生产的油漆。

可是，这个推销员一连几天登门求见，均被秘书挡驾。秘书推说老板太忙，没有时间会客。推销员没有灰心，而是设法打听老板的情况。后来，他偶然得知老板父子都是集邮迷，而这个星期六恰好是老板儿子的生日，老板正忙着为儿子收集邮票，好作为生日礼物。推销员得知这一信息之后，心里有了主意。

第二天，推销员又来求见老板，秘书照样不让进。推销员说："我这次来并不是为了推销油漆，而是来送邮票的。"于是秘书就放行了。推销员进了老板办公室，把他收集到的许多珍贵邮票放在老板面前，老板欣喜不已，顾不得问明来人身份，便开始同推销员大谈邮票"经"，两个小时很快过去了，当推销员起身告辞时，那个老板才如梦初醒，问道："对不起，您贵姓呀，来找我有什么事情？"等他听完推销员的简短介绍后，爽快地说："好！谢谢您的来访，明天请带上您的合同来见我。"

当一个人最迫切的需求难以得到满足时，对他进行慷慨相助，他必定要寻求一种回报，以平衡内心受惠后的感激之情。对这个提供帮助者而言，自然也不难达到自己的目的。这里采用的正是"声东击西"的方法。

价格昂贵的咖啡

在日本东京有一家咖啡馆，首次推出了一则咖啡广告："本店供应5000日元一杯的咖啡，欢迎各位光临品尝。"这则咖啡广告轰动了整个社会。因为一般的咖啡只要100日元一杯，现在一下子增加了50倍，这种咖啡也太贵了！不过，还是有一些人在好奇心的驱使下，上店里尝个新鲜，咖啡馆生意倒也十分兴隆。

有人认为，该店老板一定黑心赚取暴利了。其实不然，凡是花钱品尝过这5000日元一杯咖啡的人是明白底细的：做这种生意其实盈利不多。原来盛这咖啡的杯子是正宗的法国货，十分名贵。喝完咖啡后，店员就将它包好送给顾客。咖啡本身呢？是由店里高薪聘请的名厨炮制，味道纯正可口，再加上店堂精美的装潢和贵宾式的服务，使最精明的顾客都觉得5000日元一杯的咖啡完全值得。因此，自该店出售高价咖啡以来，几乎天天客满。

既然推出如此昂贵的咖啡盈利不多，该店老板为何做此生意？原来店老板森元二郎非常清醒：开店就是要赚钱！推出赚钱少的高价咖啡，只是一个钓饵，主要是为了招徕更多的顾客来品尝100日元每杯的咖啡、果汁、汽水之类的廉价饮料。真正的利润来自后者而不是前者！

这种昂贵而赚钱少的咖啡，打响了咖啡店的牌子，吸引大量市民慕名赶来。森元老板的经营目标也不是单一的，除了设有专营高档饮料的餐厅、商店外，还有许多旨在薄利多销的中、低档饮料餐厅、商店。他以高档产品作诱饵，高、中、低档产品齐上，吸引了各个层次的消费者，其"声东击西"的经营之道可谓高明至极。

毛泽东兵逼昆明

红军长征到达云南境内的时候,毛泽东下令让红一军团和红五军团先去占领离昆明仅百里的杨林,并让他们大肆散播攻打昆明的舆论,还四处张贴"打到昆明去,活捉龙云!""打倒大军阀龙云!"等标语口号。云南军阀龙云赶紧成立了昆明城防司令部,企图守住昆明。

红军还让百姓造了很多爬城云梯,让敌人误以为红军真的会进攻昆明。其实,毛泽东只是假借攻打昆明来调动敌人的兵力部署。毛泽东率领红军驻扎在了离昆明仅30里的大板桥,并让城郊的红军高喊"活捉龙云"的口号。见此情形,龙云乱了阵脚,把孙渡的军队、滇越路警大队和附近的各县民团都调了回来。

当滇军集中于昆明之后,红军北进的道路也就没有了阻拦,所以主力部队就迅速北进,直奔金沙江边。毛泽东这一声东击西的谋略也都达到了预期的效果。

麦克阿瑟痛击日军

1943年初,麦克阿瑟对日军发动了"车轮"战役。莱城是这次战争中最难对的,是决定整个战争胜败的关键。在此,麦克阿瑟采取了声东击西的策略。

7月的一天,他派遣部分盟军向萨拉茅阿行进,给对方造成主攻萨拉茅阿的假象。然而,日军没有立刻上钩。对此,麦克阿瑟又派出飞机轰炸萨拉茅阿的日军机场。至此,日军才不再徘徊,开始了在萨拉茅阿的准备工作:挖壕筑垒,增派兵力,准备和盟军进行一次生死决战。麦克阿瑟见目的达成,便立刻在9月4日清晨向莱城发动突袭。在5艘驱逐舰的掩护下,美国海军陆战队和澳军第九师蜂拥上岸,径直逼近莱城的日军要塞。第二天,美国空军对莱城附近的纳德机场发动扫射后,1700余名伞兵降落,并快速占领了机场。9月10日,已经占领机场的盟军从背后对日军发动了进攻。日军在莱城遭遇前后夹击,陷入危机。9月15日,麦克阿瑟终于攻下了莱城。

直到这时,日军才明白了盟军的真实意图,急忙下令驻守萨拉茅阿的部队支援莱城。这时,麦克阿瑟又乘机轻而易举地攻占了已无多少兵力的萨拉茅阿。

第二套 敌战计

第七计　无中生有

【本计旨要】

"无中生有"就是先制造一种空虚的假象，有意让敌方识破，使其放松警惕；然后再化无为有，化假为真，化虚为实；最后突然攻击敌人，而敌人依然以为是假的、虚的，没作任何防备，从而使我方趁机取胜。

【计名探源】

此计名出自《老子》第四十章的"天下万物生于有，有生于无"。老子揭示了万物的有与无相互依存、相互转化的规律。我国古代军事家尉缭子把老子的这一辩证思想运用到军事上，进一步分析了虚无与实有的关系。《尉缭子·战权》中说："战权在乎道之所极，有者无之，安所信之？"主张以"无"为假象迷惑敌人，乘敌人对"无"习以为常之际，化无为有，以虚为实，出其不意地打击敌人。

此计的本义是凭空捏造，栽赃陷害。广义上是指采取虚实、真假相结合的手法，用虚无的假象欺骗敌人，使敌人判断失误并做出错误决定的一种计谋。

【古文玄览】

诳也，非诳也，实其所诳也①。少阴、太阴、太阳②。

【说文解字】

①诳也，非诳也，实其所诳也：诳，欺骗。实，使动用法，使……显得真实可信。句意为，运用假象欺骗对方，但并非一假到底，而是要在敌人受蒙蔽之后采取有力的手段。

②少阴，太阴，太阳：此"阴"指假象，"阳"指真相。句意为，用大大小小的假象去掩护真相。少阴指的是虚假，太阴指的是虚假之极，太阳意为真实之极。此排列反映出由假到真的变化过程。

【古文今译】

欺骗，不能仅仅以假象告终，而是为了在敌人被假象蒙蔽之后采取真实的手段。小假象，发展到大假象，用这些大大小小的假象去掩护真实的后续手段。

【计谋评点】

本计的要点是"实"。任何欺骗都不能维持很久，欺骗的目的在于蒙蔽对方，掩盖自己的真实意图。所以，要先准备好打击的手段，然后再实施欺骗。当对方被假象蒙蔽后,我方突然推出打击手段,才能取得成功。如果没有后续手段,此计便失败;如果敌人没有被蒙蔽,此计也将失败。

此计和瞒天过海有点相似,都体现了阴在阳之内的特点:手段、计谋均隐藏在掩饰的外壳之中。所不同的是,瞒天过海的外壳从一开始就是常规的,能够直接从"太阴"开始。而无中生有的外壳不太常规,所以要先制造一个小的假象,再使其发展成为一个大的、常规的假象:先少阴,再太阴,最后是太阳。这一次序十分重要。

无中生有的妙处在于让敌人摸不着头脑,真真假假,虚虚实实,先是以假乱真,然后再以真代假,使敌人防不胜防。"无"是假的外在表现,其目的是掩盖真正的意图,其关键之处在于掌握对方的心理。可以说,无中生有的应用是军事战略中斗智的最高境界。

【事典辑录】

令狐楚开仓赈粮

唐敬宗时,兖州(今山东兖州一带)大旱,赤地千里,颗粒无收,饿殍遍野。当时米价奇贵,有米户囤积居奇,待价而沽。原兖州节度使赈灾不力,朝廷将他革职外调,委任以擅政闻名的令狐楚为兖州节度使。

上任前夕,令狐楚先派得力助手乔装去兖州私访,掌握灾情的第一手资料。助手在兖州深入乡间、市镇调查得知:兖州素为鱼米之乡,以往连年丰收,民间贮粮甚多,但大多集中在一些财力雄厚的大户人家手中,广大老百姓手中并没有多少余粮。每年,百姓多是在青黄不接时借贷粮食,等秋季收获后再偿还。今年遇到歉收,很多百姓的家里都断了粮食,有的甚至变卖家产换取粮食以求活命。因粮食紧俏,米价不断上涨,遂掀起了抢购大米之风。很多米商见米价只涨不降有利可图,便关闭店门拒绝卖米,这更加加剧了粮食的紧缺和米价的暴涨。加之,前任节度使只知道贴告示压米价,并没有采取有效的引导措施,致使米商和大户人家纷纷囤米不卖,而百姓却无米下锅。所以,兖州社会局势动荡不安,潜伏着造反的危机。当时,虽然兖州官仓中还有不少存粮,但为了保证驻军的供应,所以并没有开仓放粮赈济百姓。

得知这些情况,令狐楚冥思苦想:怎样才能让那些囤积居奇的大户人家开仓卖米、赈救灾民呢?突然,他意识到:大户人家存米,无非是想等粮价涨高时再抛售出去赚大钱,若他们得知米价已经涨到极限,马上就要下跌时,肯定会纷纷抛售的。于是,令狐楚决定先制造一个"米价马上下跌"的假情报。

拿定主意后,令狐楚带领手下人走马上任。消息传到兖州,州内的大小官员纷纷迎出郊外。令狐楚抵达城外,同前来迎接的官员寒暄几句后,马上询问他们兖州的米价多少,州中共有多少官仓,官仓存米多少。听完汇报,令狐楚假装掐指算起来:现有存米多少,可调出多少投放市场;多少米投放市场后,可将米价压下多少。最后,他故意很大声地说:"看来赈灾救民不成问题了!"前来迎接的官吏及其随从都听到了令狐楚的这句话。

官吏、随从们回到家,连忙告诉自己的亲朋好友:新来的节度使要开官仓平米价了,米价马上就要下跌了,赶快抛售存米!一时间,"米价马上下跌"的消息不胫而走,存米大户纷纷抛米换钱。最后,没用令狐楚开一个官仓,米价就被压了下来。

张仪巧言得黄金

张仪是战国时期魏国人,以能言善辩著称,后来得到了秦惠公的重用。这一年,张仪奉命前往楚国劝说楚王连横。谁知楚王对张仪的求见不予理睬,致使张仪在楚国的生活日益困苦,与张仪同去的人无法忍受,纷纷要求回国。

张仪听说楚王对南后和郑袖两个妃子极为宠爱,于是计上心来。他对同行人承诺道:"只要楚王接见我,我就能让大家山珍海味、绫罗绸缎享用不尽。否则,任凭你们处置。"

没过几天,楚王终于接见了张仪,但对张仪的连横主张丝毫不感兴趣。张仪见状,假装漫不经心地说:"如果大王对我的话没有兴趣,就请准许我离开楚国去拜访晋国。在晋国,难道大王就没有想得到的什么东西吗?"

楚王冷冷地回答:"我楚国有的是金银玉石、珍奇宝物,晋国的东西,我没什么好稀罕的。"

张仪又问:"难道大王不想得到晋国的美人吗?"

这句话让楚王眼睛一亮,忙问:"什么?你再说一遍!"

"我说的是那里的美人。"张仪故弄玄虚地说,"听说晋国的女子个个美若天仙,肌肤吹弹可破,声音悦耳如黄莺,腰肢袅娜如杨柳。"

楚王听后乐不可支,立即令张仪前往晋国。随后,张仪故意把这件事情泄露给南后和郑袖,这两位美人得知后惊慌不已,慌忙派人找张仪通融,并奉上黄金千两。张仪向来人保证,一定拒绝前往晋国,决不辜负两位王妃的期望。

临行前,楚王举行宴会为张仪送行。张仪对楚王说:"如果大王让您最信赖的人为臣下斟酒,我将喜不自胜。"于是,楚王便遣人请出南后和郑袖为张仪斟酒。张仪看到南后和郑袖,故作吃惊,猛地跪了下来,并对楚王说道:"我欺骗了大王,罪该万死!"

楚王问道:"此话从何说起?"

张仪说:"我走遍列国,从没有见过像两位王妃这样漂亮的女子。前次我说去晋国为大王找寻美人,是因为没有见过这两位王妃。我犯了欺君之罪,请大王开恩!"

楚王长出一口气,说:"原来是这么回事。那么你就不用到晋国去了,我向来认为天下没有比我这两位爱妃更美丽的女人了。"

就这样，张仪凭借自己的三寸不烂之舌，无中生有，白白得到千两黄金。

东方朔施计受宠幸

汉武帝即位后，广招天下贤士，东方朔被任命为公车署待诏，但俸禄微薄，不受重视。东方朔很失落，遂想出了一个改变自己境况的办法。

一天，东方朔对宫中看马圈的侏儒们说："皇上认为你们这些人毫无用处，说你们耕田劳作种不好田，任职为官不会治理民事，参军入伍又不懂得指挥作战，只会在这里白白耗费衣食。如今皇上要把你们全部杀掉。"侏儒们听后非常害怕，大哭起来。

过了一会儿，汉武帝从这里经过。侏儒们都跪在地上，一边磕头一边痛哭。汉武帝不解地问："你们为什么哭？"侏儒们回答："东方朔说皇上要把我们全都杀掉。"汉武帝听了很生气，马上命人把东方朔召来，责问道："大胆的东方朔，你竟敢编造谎言，该当何罪？"东方朔早就在等待这样的机会了，他振振有词地回答："侏儒身高三尺，俸禄是一袋粟，得二百四十钱；臣身高九尺，俸禄也是一袋粟，也得二百四十钱。侏儒饱得要死，臣却食不果腹。如果皇上认为臣有才能，请用厚礼待臣；如果皇上认为臣无才能，请让我回家，不要让我在此消磨时光。"汉武帝听后哈哈大笑，不久，便任命东方朔为金马门侍诏。

汉武帝听了很生气，马上命人把东方朔召来，责问道："大胆东方朔，你竟敢编造谎言，该当何罪？"

东方朔这一计无中生有，使君得能臣，臣见君心，可谓皆大欢喜。

宋太祖杯酒收钱财

北宋初年，宋太祖担心军队将领们手中的兵权过大，将来会威胁到自己的皇权，便来了个"杯酒释兵权"。从此以后，这些将领只顾积蓄财产，吃喝玩乐。这时，宋太祖却又忧虑他们积蓄的财产过多，又想出一个"杯酒收钱财"的办法。

宋太祖先赐给每位将领一块地，让他们修建住宅。这些将领不敢怠慢，立即大兴土木。住宅完工后，宋太祖又赐宴招待他们。酒宴上，宋太祖再三劝酒，结果这些将领个个喝得酩酊大醉，连家都回不去了。宋太祖下令通知每位将领家中派来一个公子搀扶自己的父亲回家。宋太祖把他们送到大殿门外后若无其事地说："你们的父亲都表示愿意捐给朝廷10万缗（一千钱为一缗）钱。"

将领们酒醒后，听到儿子说自己曾在酒醉时说过要向朝廷捐钱的话，尽管心生疑窦，但是最终还是乖乖地上交了10万缗钱。

宋太祖这个无中生有的计策，既不伤皇上的尊严，又使朝廷得到了好处，还让将领们无话可说，真是高明！

秦楚相争

战国末期，七雄并立。其中，秦国兵力最强，楚国地盘最大，齐国地势最好。其余四国都不是他们的对手。当时，齐楚结盟，秦国无法取胜。秦国的相国张仪是个著名的纵横家，他向秦王建议，离间齐楚，再分别击之。秦王觉得有道理，遂派张仪出使楚国。张仪带着厚礼拜见楚怀王，说只要楚能绝齐之盟，秦国愿意把商于之地600里（今河南淅川、内江一带）送与楚国。怀王一听，觉得有利可图：一得了地盘，二削弱了齐国，三又可与强秦结盟。于是不顾大臣的反对，痛痛快快地答应了。怀王派逢侯丑与张仪赴秦，签订条约。二人快到咸阳的时候，张仪假装喝醉酒，从车上掉下来，以此为借口回家养伤。逢侯丑只得在馆驿住下。过了几天，逢侯丑见不到张仪，只得上书秦王。秦王回信说：既然有约定，寡人当然遵守。但是楚未绝齐，怎能随便签约呢？逢侯丑派人向楚怀王汇报，怀王哪里知道秦国早已设下圈套，立即派人到齐国，大骂齐王，于是齐国绝盟和秦。这时，张仪的"病"也好了，碰到逢侯丑，说："咦，你怎么还没有回国？"逢侯丑说："正要同你一起去见秦王，谈送商于之地一事。"张仪却说："这点小事，不要秦王亲自决定。我当时已说将我的奉邑6里，送给楚王，我说了就成了。"逢侯丑说："你说的是商于600里！"张仪故作惊讶："哪里的话！秦国土地都是征战所得，岂能随意送人？你们听错了吧！"逢侯丑无奈，只得回报楚怀王。怀王大怒，发兵攻秦。可是现在秦齐已经结盟，在两国夹击之下，楚军大败，秦军尽取汉中之地600里。最后，怀王只得割地求和。怀王中了张仪无中生有之计，不但没有得到好处，相反却丧失大片国土。

徐庶进曹营

《三国演义》第三十六回"玄德用计袭樊城，元直走马荐诸葛"。刘备自得徐庶相助后，接连数次打败曹军大将曹仁，并且夺得樊城。曹仁与副将李典逃回许昌后，去见曹操，哭败请罪。曹操说："胜败乃兵家之常事，但不知是何人在为刘备出谋划策？"曹仁说是单福。谋士程昱笑道："此人不是单福，而是颍州徐庶。单福是其假托之名。"曹操说："徐庶的才能比您如何？"程昱说："要高出十倍。"

曹操说："太可惜了，贤能之士归了刘备，刘备的羽翼就会日益丰满！这将如何是好？"程昱说："徐庶虽然在刘备那里，但丞相您要用他，招来并不困难。"原来，徐庶为人至孝，幼年丧父，家中只有老母，而其弟徐康已亡，老母无人奉养。程昱于是献计让曹操把徐庶的老母搬至许昌，然后命其写书信招徐庶来归。

曹操大喜，派人连夜将徐庶母亲搬至许昌。不想，那徐老夫人是一位忠奸分明、深晓大义之人，誓死不肯写信让儿子弃明投暗，反而大骂曹操托名汉相，实为汉贼。曹操大怒，喝令武士杀死徐母。程昱连忙劝阻说："丞相如果杀了徐母，一则损害了自己的名誉，二则成全了徐母的德行。而徐母一死，徐庶为报仇必然死心塌地帮助刘备。不如先留下她，以便使徐庶心悬两处，不能一心一意地辅助刘备。然后，我再设法赚他回来。"曹操觉得这话有理，遂不杀徐母。

从此以后，程昱几乎每天都去问候徐母，对待徐母就像自己的生身母亲；他欺骗徐母说，自己曾经与徐庶结为异姓兄弟。程昱还经常馈赠物品给徐母。他每次派人送物品给徐母时，总是写有书信附上。徐母因此也常亲自写信让来人带回。程昱赚得徐母的笔迹之后，便模仿其字体，以徐母的名义，诈修家书一封，派一名心腹之人，拿着书信，去新野见徐庶。果然，徐庶见信之后，泪如泉涌，当即去见刘备，希望能让他回去见母。刘备当然割舍不得，但也不便勉强相留。过了数日，二人只好洒泪相别。这样，程昱用一条"无中生有"之计，将徐庶骗到了曹操那里。

然而，曹操虽然得到了徐庶，徐庶却从不为他出谋划策。原因一是徐庶笃于对刘备的情义，回到曹营不是出于本心；二是其回到曹营之后，真相大白，老母愤而自缢。徐庶自知被骗，故而深恨曹操，发誓不为曹操献计。这就是著名的"徐庶进曹营，一言不发"的故事。

"丽卡娃娃"的故事

"丽卡娃娃"是日本宝物公司生产的一种儿童玩具，大受日本儿童的欢迎。当初在设计"丽卡娃娃"形象的时候，该公司考虑到少年儿童的心理特点，抓住许多小朋友讨厌数学，喜欢音乐，期望有一个住在远方的爸爸，假日可以和爸爸一起度假旅游的心理，无中生有地为"丽卡娃娃"设计了这样一个故事：丽卡娃娃本名"香山丽卡"，5月3日出生，O型血，小学五年级的女生，成绩中上，最优秀的是国语和音乐，讨厌数学。妈妈是服装设计师，爸爸是法国乐团指挥，经常在国外旅行演出。丽卡有一个孪生妹妹，姐妹俩经常在一起谈论放暑假的时候，去国外找爸爸玩。这个故事给"丽卡娃娃"赋予生命，为小朋友们塑造了一个活生生的自身形象，让他们感到亲切、可爱。

"丽卡娃娃"诞生于1967年，至今已历20余载，但仍然保持着很好的销售量。其奥秘之一，是宝物公司善于探求顾客心理的变化，采用"无中生有"的做法，将

"丽卡娃娃"的故事一直编下去，使"丽卡娃娃"总是富有新鲜感。他们除去对丽卡的基本要素，如妈妈是设计师、爸爸是法国乐团指挥等固定不变外，经常变换丽卡的生活环境、喜爱的游戏和交往的朋友等要素，使丽卡的形象常新，魅力永存。

承包商赚钱有术

某国有一个建筑承包商，专门从事承揽大型建筑工程的生意，揽下生意后，他便把大工程划分成若干小工程，再分别承包给其他施工单位，由于他不仅能用较高的价格揽下生意，而且能很快地以最低的价格把工程分包出去，所以赚了一大笔钱。他的成功，在于经常使用一套经营的"秘方"。

当从别人那里承揽生意时，他总是派出自己的心腹，假扮成与自己竞争的承包商。这些假承包商分别喊出极高的价格之后，他才站出来表示愿意以一个相对较低的价格投标。发包方经过比较，当然就选择了他这位出价最低的投标商。当然，他所出的最低价实际并不低。

当他向外发包时，采取更为奇妙的办法。每次有投标者同他洽谈分包价格时，他开始总是迫使对方一再压价。在双方谈判处于僵持状态时，他的秘书便敲门进来，说是有紧急电话需要马上去接，这时他便慌忙离去，将手中的"机密材料"忘记在谈判桌上。谈判对方当然对这些材料非常感兴趣，便偷偷地翻看，一看才知道是所有的施工单位关于此项工程的"竞价单"。他们不看则已，一看顿时慌了手脚，暗自庆幸自己及时发现了这个"秘密"，不然到手的生意就会被别人抢走。等他重返谈判桌时，投标者便主动把投标价格压得很低，当然双方很快就成交了。其实，这些投标者偷看的"机密材料"都是他精心伪造的。

这位聪明的承包商在向别人承揽生意时，虚拟一些抬价者，在向其他人分包时，又虚拟出一些压价者。无论是抬价者，还是压价者，实际上都是不存在的。他运用这种无中生有的计谋，使他在建筑行业竞争中始终立于不败之地。

特色广告

某洗衣机生产公司为了扭转在竞争中的不利地位，找了一家有名的广告公司，委托其给自己的洗衣机做广告，双方很快签订了合同。广告公司接到订单以后，有点犯难了。因为有特色的商品，广告就比较容易做，效果也较好。如果商品缺乏特点，广告影响力就弱。而洗衣机又偏偏是所有家电产品中，差异化最小的一种商品，很不容易找到具有说服力的特性。

"有特点，说特点，没有特点，创造特点"，这是广告设计者的信念与职责。然而如何才能创造特点呢？广告公司的工作人员，首先从事了三项市场调查，分别抽样访问了经销商、曾用过洗衣机的家庭主妇以及未曾使用过洗衣机的家庭主妇，目的在于了解他们对洗衣机的看法及使用经验。结果得到一个很有价值的结论：洗衣机是无法把衣服洗干净的一种机器。

为什么洗衣机无法把衣服洗干净呢？除了袖口、领口的部分本来就无法洗净之外，大家的看法是衣服在洗衣槽内，因水流的关系而打结，绞成一团，衣服没有充分和水及洗涤剂接触，当然无法洗干净。广告公司的人员了解了消费者的"心声"，等于找到了问题的症结。如果能针对衣服打结的问题作强有力的说服，或许就可以突破困境。于是，一场"无中生有"的脑力战就此展开了。

大家都知道，洗衣机带动水流是靠"回转盘"的转动。但是，各种牌号的广告，却从未以"回转盘"作为介绍重点，主要原因是，大家的回转盘从外表看起来都一样，因此没什么好说的。不过，广告公司的策划人员却在仔细观察、对比、触摸各种牌号的回转盘之后，有一个小小的发现，那就是，该洗衣机公司的回转盘除了普通的四瓣花纹之外，还有四个很小的小瓣。他们为此小差异去请教设计开发部的人，看看有什么意义或作用。回答是为了"美观"，除此之外，毫无用途。虽说，根据流体力学原理，它会对水流产生若干阻力，但对整体水流的影响是"微乎其微"的。但是这"微乎其微"，已足够广告人员创造一个伟大的广告方案。

于是，"复合式回转盘"——一个无中生有的名字在大家的酝酿下形成。它的功能是在洗衣服的时候，使大的水流中产生小的水流，因此，衣服和水、洗涤剂接触的机会就增加了，衣服当然就洗得干净。

就这样，一个以"衣服不会绞在一起"为介绍重点的广告方案完成了。不论是报纸或是电视，广告内容都只强调一句话："衣服不会绞在一起。"这个广告推出之后，对市场产生了极大的震撼力。洗衣机公司的销售量从此节节上升，达到供不应求的地步。从中我们不难看出"无中生有"的创造力！

安全便器的销售之道

日本人矢田一郎研制了一种专供残疾人使用的安全便器，申请了专利以后，他便投入了全部财产进行生产，然后亲自到东京各商店去推销。他不厌其烦地向商店主管介绍安全便器的性能及使用价值，谁知一上马就碰了壁，所有的商店都拒绝了他，理由是担心没有市场。

当他走投无路时，一个朋友为他出了一个点子。当时，日本已盛行通过电话进行订货的业务。几天之后，东京很多百货商店都接到这样的订货电话："请问，贵店有专供残疾人使用的安全便器吗？""很抱歉，本店没有这种货物供应，请到别的商店询问。"别的商店也接到了同样的电话，也同样无法供应。由于接到这种订货的电话很多，引起了商店的重视，他们想迅速进货来满足商店营业的需要，终于他们记起了曾有个叫矢田一郎的人来推销过这种商品，当时被他们一口回绝了，现在看来是失策的。于是，他们就主动寻访矢田一郎，从他那里进了大批的安全便器，使矢田一郎积压的产品一下子销售一空，获得了相当的利润。

事实上，所有的订货电话，都是矢田一郎通过他的朋友打出的，由于这些"无中生有"的电话，顿时使安全便器成了热销商品。而安全便器上市后，购买者很多，因为它确实给残疾人带来了方便。

希罗姑娘遭陷害

很久之前，梅辛那住着一位文静、大方的姑娘——希罗，她是总督奥那托的女儿。这天，阿拉贡亲王唐·彼德罗和他的朋友克劳狄奥、培尼狄克等人来拜访总督，他们是总督的朋友，一群军衔很高的年轻人。当总督把自己的女儿介绍给他的老朋友们时，克劳狄奥一下子就被美丽的希罗姑娘迷住了。希罗也对这个天资聪颖的青年贵族一见倾心。很快，这对相爱的年轻人就决定厮守终生，并定下婚期。

这时，一个叫作唐·约翰的人却暗中嫉妒，怀恨在心。他与唐·彼德罗亲王是同父异母的兄弟，刚刚和亲王等人从战场上回来。他憎恨他的哥哥，也厌恶与亲王很亲密的克劳狄奥；他更嫉妒克劳狄奥将要娶到美丽的希罗。因此，为了增添克劳狄奥和亲王的痛苦，他决定拆散克劳狄奥和希罗。

于是，唐·约翰花了一大笔钱雇用了同样心术不正的波拉契奥。这个波拉契奥正与希罗的丫鬟玛格莱特谈恋爱，唐·约翰便让他说服玛格莱特答应当晚在希罗睡了以后，隔着女主人的卧室窗户和他聊天，还让玛格莱特穿上希罗的衣裳，以便骗过克劳狄奥，让他误认为是希罗。

这条毒计安排妥当后，唐·约翰就去找亲王和克劳狄奥，向他们痛诉希罗是一个多么不检点的姑娘，她居然三更半夜和男人隔窗谈心。克劳狄奥立即偕同亲王跟随唐·约翰前去窥探真相，果然发现"希罗"正隔着窗户跟一个男人谈心。克劳狄奥火冒三丈，希罗居然在结婚前夜跟别的男人喃喃私语，这让他觉得自己受到了莫大的羞辱，由此对希罗的一腔爱意立刻变成了仇恨。第二天，克劳狄奥就公开宣布和希罗解除婚约，并毫不留情地当众指责和羞辱希罗。无辜的希罗却无法申辩自己的冤屈，当场难过得昏死过去。而希罗的父亲里奥那托总督竟也不相信女儿的清白，认为希罗是罪有应得。

但梅辛那仍然有几个人坚信希罗是清白无辜的，他们想方设法帮助她。不久，人们就查出了行使毒计的波拉契奥。他当着克劳狄奥的面，讲述了整个事情的经过。克劳狄奥知道自己误解了希罗，为此羞愧不已。他真诚地乞求里奥那托总督和希罗的原谅，经过众人的劝说，两人最终喜结连理。

第八计　暗度陈仓

【本计旨要】

"暗度陈仓"的前提是"明修栈道",即公开地展示一个让敌人觉得正常或者愚蠢的战略行动,使敌人放松警惕。在正面佯攻的背后,悄悄派出一支部队迂回到敌人后方,趁敌人被假象蒙蔽时,给敌人以措手不及的致命打击。

【计名探源】

此计全称为"明修栈道,暗度陈仓",原是楚汉相争时韩信运用过的一个计谋。

秦朝被推翻后,企图独霸天下的项羽把巴、蜀(都在四川)和汉中(今陕西西南山区)三个偏远的郡地分给刘邦,并封其为汉王,企图把刘邦困在偏僻的山里。项羽还把关中(今陕西一带)划分为三部分,分给秦朝的降将章邯、司马欣和董翳,以便阻塞刘邦向东发展的出路。最后,项羽自封为西楚霸王,封地九郡。

刘邦慑于项羽的威势,不得不暂时委曲求全、领兵西行。在向南郑进发的途中,刘邦接受谋士张良的建议,把一路走过的几百里栈道(在悬崖绝壁上用木材架设的通道,常用来运兵)全部烧毁。这样做,一是为了防备项羽派兵从后面追杀,二是为了表示自己不准备再回关中了,以此来迷惑项羽,使其放松对自己的防范。

刘邦到了南郑,拜韩信为大将,请他策划向东发展、夺取天下的军事部署。

公元前206年,韩信拟定了东征的计划后,命令樊哙、周勃等人带领大队人马去修复栈道。可是由于之前烧毁的栈道长达300多里,而且地势险要、施工困难,几天后,栈道没修复多少,人却摔死了几十个。修复栈道的工程不仅兴师动众、进展缓慢,而且接连出事,一时间闹得鸡飞狗跳。这个消息很快就传到了关中。守在关中西部地区的雍王章邯认为那几百里栈道要修好几年才能完工,所以,他对刘邦和韩信的这一行动根本不重视。

就在章邯高枕无忧时,有一天,忽然有兵丁传来急报说:"汉军已经攻入关中,陈仓(今陕西宝鸡陈仓东)被占。"章邯大惊,暗自纳闷:栈道还没修好,难道汉军是插翅飞过来的吗?

原来,韩信表面上派兵修复栈道,装作要从栈道出击的姿态,实际上却和刘邦率领主力部队,暗中抄小路袭击了陈仓。这样趁敌不备,取得了胜利,就叫作"明修栈道,暗度陈仓"。

【古文玄览】

示之以动①,利其静而有主,"益动而巽"。

【说文解字】

①示之以动：示，显示，展示。动，此处专指佯装攻击敌方的军事行动。

【古文今译】

向敌人展示常规的行动，使对方轻视我方，镇定而不采取措施，自以为心中有把握。这就是异卦相叠的益卦，上卦为巽，巽为风；下卦为震，震为雷。意即风雷激荡，其势愈增。

【计谋评点】

本计是利用敌方被我方"示之以动"的迷惑手段所蒙蔽的机会，乘虚而入，以达到军事上的出奇制胜。它将真实的意图隐藏在不令人生疑的行动背后，将奇特的、非一般的、非正规的、非习惯的行动隐藏在普通的、一般的、正规的、习惯的行动背后，迂回进攻，出奇制胜。此计有三种含义：

（1）以迂为直。用迂回的战术代替直接的攻击，虽然走了一段曲折的道路，却能收到出奇制胜的效果。

（2）以明隐暗。一明一暗两套办法同时使用。明的一套为假，暗的一套为真，用明的一套掩盖暗的一套。

（3）以正蔽奇。作战打仗时一般以正兵当敌，以奇兵取胜。"正"是用兵的常法，"奇"是用兵的变法。为了迷惑敌人，需要打破定势思维，用公开的常法掩护隐蔽的变法。

本计的要点是"利其静"，即稳住对方，趁机行动。在双方对峙时，故意树立一个假目标，明示自己的企图，吸引对方的注意力，而暗地里却积极进行另一个进攻计划。使用此计时，指挥者对局势的控制能力、战机的把握能力尤为重要。

此计与声东击西的区别在于：声东击西是一个打击行动，有真伪两个目标，重在击西，声东只是做表面文章，即我方先实施一个真实目的之外的行动，以此来调动对方，使对方混乱，之后再推出真实的行动。而暗度陈仓是同时采取真伪两个行动，在暗度陈仓的同时也在明修栈道，其明修栈道是真真正正地修，即展示常规甚至愚蠢的行动，使对方镇定而不行动，从而使"暗度"计谋得以实施。简单地说，击西而声东，只是做做样子，对方可能不受其惑。而暗度陈仓则必须踏踏实实地明修栈道。而且，当你声东时，对方可能料到你会击西；当你明修栈道时，对方却并不知道你正打算暗度陈仓。

两计策的共同点是：它们都运用了手段与目标的相互背离，两者都是虚张声势，制造一种假象迷惑人，然后在假象的掩盖下采取真实的行动。敌方都必须被我方蒙蔽，如假象被识破，敌方没有进入我方预计的状态，就一定要取消行动，否则就是自取灭亡。

【事典辑录】

韩信佯攻擒魏豹

魏豹，战国时魏国公子。其兄魏咎是原魏国宁陵君，秦灭魏后，魏咎被放逐外地废为平民。陈胜起义称王，魏咎前往追随。陈王派兵夺回原魏国土地，封魏咎为王。秦国大将章邯消灭陈胜不久，又大败魏咎，魏咎自焚而死。魏豹逃往楚国集合旧部，连克二十多座城池，被西楚霸王项羽封为西魏王。

三秦战争，汉军大胜。汉王刘邦向东发展，主力军攻入西魏境内，西魏不战而降。魏豹率领西魏军随同汉军向东推进，但魏豹及其军队并未受到刘邦的重视，这使得魏豹心生不满。不久，魏豹趁刘邦彭城失败之机叛汉附楚。

魏豹的叛变使汉军的形势变得十分严峻。汉军在彭城大败后，刘邦重新编组军队与楚军对峙，当时荥阳以东的形势很不稳定，刘邦暂时无法抽调兵力进攻西魏。于是刘邦遣谋士郦食其去做魏豹的争取说服工作。魏豹因早已对汉王心怀不满，同时又慑于楚之强大，遂谢绝郦食其。无奈，刘邦只好派遣韩信率军进攻西魏。

大将军韩信受命率领大军进至黄河渡口临晋关（今陕西大荔东），魏豹获悉，派重兵把守临晋关对岸的蒲坂（今山西永济西），并凭借黄河天险，封锁临晋关河面，壁垒森严。

韩信深知，如果从临晋关渡河强攻，势必造成较大的损失，而且难以成功。于是，他决定再施暗度陈仓之计。韩信佯装准备从临晋关渡河决战，表面上调集人马赶造船只，命士兵推船入水，并不断擂鼓呐喊，似乎强攻之势一触即发。但暗地里，韩信却派人沿黄河上游察看地形。经过调查权衡，韩信决定从黄河上游夏阳（今陕西韩城南）渡河，因为那里地势险要，西魏的守兵守备空虚。西魏无论如何也没想到，就在汉军佯装准备在临晋关大举强渡的时候，另一支汉军已在韩信的率领下从夏阳渡河，并直取西魏都城平阳（今山西临汾）。等到魏豹得到消息派兵堵截汉军时，已经来不及了。最后，汉军生擒魏豹，占领了西魏。

大将军韩信在三秦作战时已经使用过暗度陈仓的计谋，一般来说，一个将领实施某一计谋成功之后，敌方会吸取教训，防止再次上当。但是韩信偏偏要故技重演，二施暗度陈仓，将敌人玩弄于股掌之上，显示了其非凡的军事才能，堪称一绝。

韩信调集人马赶造船只，命士兵推船入水，并不断擂鼓呐喊，强攻之势似乎一触即发。

三十六计　第二套　敌战计

邓艾辟径度阴平

　　三国后期，魏国实力最强。司马昭任大将军时，魏国已做好了灭蜀的准备。263年，司马昭派出三路人马：邓艾和诸葛绪各统率三万大军，钟会带领十万大军，分路出击。

　　魏军攻势凶猛，连连获胜，不久就攻占了蜀国的多座城池。邓艾一路攻到阴平一带；钟会合并了诸葛绪的人马，兵力更加强大，直逼剑阁。蜀军统帅姜维带领将士凭借着剑阁的险要地势，顽强地抵挡住了钟会大军的进攻。钟会兵力虽强，却对姜维无可奈何；再加上大军长途跋涉，后继军粮供应跟不上，钟会萌生了退兵的想法。

　　这时，邓艾从阴平赶来。当时，邓艾手下只有三万兵力，而钟会却统领着十三万大军。钟会自恃兵多将广，根本没把邓艾放在眼里。邓艾早已闻知钟会在剑阁受阻。他心里暗自盘算：既然剑阁过不去，能否找到其他通道通往蜀国都城呢？于是，他派出许多探马，让他们仔细勘察当地的地形、环境，终于探得一条从阴平通往成都的小路。这条小路的两侧是险峻的山岭，路面崎岖不平，很难行走。据说这条路是汉武帝南征时开凿的，至今已有三四百年无人通行了。邓艾闻报，心中暗喜：真是天助我也！此路如此艰险，那蜀军必定想不到我会率军从此路偷袭成都，更别提加以防范了！于是，邓艾马上带领大军返回阴平，派其子邓忠率五千精兵手执斧头、铁锹，做开路先锋。他自己则带领大军备足了干粮、绳索，紧随其后。这一天，负责开路的邓忠匆匆忙忙地跑来向邓艾报告说前方遇到一座陡峭的悬崖，恐怕难以通过。邓艾带领将士前去查看，果然看见那座悬崖十分陡峭，崖下山谷深不见底。

　　邓艾见状，转身下令让大家先把行装、兵器扔下悬崖，然后自己拿过一条毡毯，裹住身体高喊声道："大家照我的样子，滚下悬崖！"随后，他带头滚了下去。将士们深受感动，都像邓艾那样，纷纷滚到崖底，未伤一兵一卒。邓艾重新集合队伍，继续前进，先后拿下了江油、绵竹，逼近成都。蜀国皇帝刘禅接到战报，想调回驻扎在剑阁的姜维大军，但已经来不及了，无奈之下只得出城投降。

　　邓艾另辟蹊径，暗度阴平，一举灭亡了蜀国。

狄青欢宴候捷报

　　北宋皇祐四年（1052年），南方的侬智高发动叛乱，宋仁宗派狄青率军前去征讨。狄青是北宋有名的猛将，他身长七尺，浓眉大眼，一表人才，虽然出身很苦，但从小就志存高远，16岁便从军杀敌。狄青骁勇善战，每战必披头散发，戴铜面具，一马当先，并多次充当先锋，立下了累累战功，声名也随之大振。

　　这一次，狄青奉命平叛，责任重大。仔细考察敌情后，他下令在昆仑关下扎营,命令将士坚守不出。有一个名叫陈曙的将领,立功心切,未经允许便带兵去向敌人挑战,结果被杀得狼狈不堪,仓皇逃回了营寨。狄青依照军法,将相关的将士全部斩首示众。此后,再也没人敢劝狄青出战,叛军得到消息也暗自欢喜。当时正值元宵节,老百姓家家张灯结彩,欢度佳节。狄青也在营中大摆筵席,犒赏三军。他宣布:第一夜宴请高级将领,第二夜宴请中下级军官,第三夜犒赏全体士兵。

  第一夜,将领们如约赴宴,在席间饮酒行令,尽情欢乐,直到天明才散。第二夜,军官们酒至半酣,狄青称身体不适提前离席,余下众人依旧尽情吃喝。待到天亮时,忽有军卒来报:"元帅已攻破昆仑关,特请诸位到关上吃早饭去。"大家听了,都为之愕然。

  原来,狄青连夜欢宴将士的消息被侬智高获悉。侬智高自以为高枕无忧了,便也设宴犒赏部下。却不料,明里大开筵席的狄青暗中早已挑选了一部分悍将精兵,趁侬智高不备时发起偷袭。侬智高大军一时仓皇失措,纷纷逃散,狄青轻而易举地攻下了险要的昆仑关。

郑成功择路收台湾

  台湾曾被荷兰殖民者统治数十年,民族英雄郑成功立志收复台湾。南明永历十五年(1661年)四月,郑成功率两万五千名将士顺利登上澎湖岛。当时,如果要占领台湾岛、赶走殖民军,就必须先攻下赤嵌城(今台南安平)。但攻打赤嵌城只有两条航道可进:一条是直接从南航道进军,这条航道港阔水深,船只可以畅通无阻,又较易登陆。但荷兰殖民军在此设有重兵,工事坚固,炮台密集。另一条是攻北航道,直通鹿耳门。因这条航道十分狭窄,海水很浅,而且礁石密布。所以,在这条水道港口上,荷兰人只派驻了少数的巡查人员。思考再三,郑成功决定采用"暗度陈仓"之计。

  郑成功传令大船不动,以吸引敌人的注意力;小船则在夜间集合待命。郑成功选出数千勇士,亲自带队,登上小船从北航道冒险挺进。一路上,由于浪急礁多,不少小船都被撞翻,郑成功乘的船也几次遇到险情,但最后终于成功登岸。

  负责巡查北航道的荷兰兵万万没有想到郑成功会从这里冲上来,慌乱中正要跑去报信,却被郑成功的手下一刀砍倒在地。郑成功一面组织手下在滩头设立据点,一面下

郑成功派兵向禾寮港一带进发,从背后打了荷兰兵一个措手不及。

三十六计　第二套　敌战计

令其余大船前进登陆,同时又派兵向禾寮港一带进发,从背后打了荷兰兵一个措手不及。随后,他又接应大船上的军士登陆,很快便占领了台南地区,并一举攻下荷兰人的总督府,成功收复了台湾。

李允则筑城御契丹

李允则是北宋名臣,出生于将门之家,从小就显示出过人的聪明与才干。景德二年(1005年),宋真宗任命"有武干善镇静"的官吏负责河北边防,李允则受命知雄州兼河北安抚使,成为雄州最高长官。

李允则十分注重边防工作,也着意改善当地兵、民的生活与生产环境,规划并建设了许多一举多得的防御设施。当时雄州北门外的民房极多,城中地面狭窄,他打算向北扩展城墙,以防御北方契丹大军的突然进犯。但是此时的辽宋正处于修好期间,边关安宁无战事,倘若公开修城筑墙,恐怕契丹会以此为借口进行武装挑衅。于是,李允则想出了一个"明修栈道,暗度陈仓"的办法。

李允则首先在城北修建东岳祠,并花费百两黄金购置了许多祭祀器具,同时让吹鼓手们在路旁吹吹打打,以引起当地百姓和契丹人的注意。过了几天,李允则暗中让手下人将东岳祠中的祭祀器具全部运走,然后放出风说这些器具被贼人盗走了。之后,李允则煞有介事地下令捉拿盗贼,一时间闹得满城风雨。最后,李允则表示:盗贼横行妄为,必须筑起一道城墙来保护祠堂。于是,他开始大张旗鼓地修城筑墙,并把原来在旧城居住的人全都转移到新修的大城中。由于此墙宣称是为防盗而修,契丹人并没有起疑。

李允则在城北修建东岳祠,并花费百两黄金购置祭祀器具,同时让吹鼓手们在路旁吹吹打打,以引起契丹人的注意。

城墙筑好后,李允则又下令在城墙四周挖掘壕沟,筑起一道弯月形的堤防,每年的祭神大典,李允则都在边境的河道上组织划船比赛,并欢迎契丹人随便观看。这一举动,明里是举行划船比赛,实际上是在偷偷演习水战。

在雄州的北面曾挖有许多陷马坑,还有很多用来瞭望敌情的土堡。李允则对外宣称:"宋与契丹既然已经讲和了,还留着这些东西做什么?"随后,他下令填平陷马坑,拆除土堡,让人在上面开垦菜田,在田地的四周还修建了一道道的矮墙并种植了大片的荆棘。于是,这个地方比以前更加难以行走了。

接着,李允则以理佛事之名在北部修建了一座高高的佛塔。在塔上,方圆三十里的景象可尽收眼底,李允则常常以拜佛为借口登塔眺望契丹人的动向。李允则还命令在两国的边界地区广种榆树，久而久之，这一地区树木林立。李允则曾暗地里对同僚说："长起来的榆树是最好的障碍物，即使敌人的骑兵来了也没有用武之地。"就这样，李允则把修筑战备工事巧妙地贯穿于生产、生活之中，使守御工事日臻完备。

李允则筑城设防可谓煞费苦心。他制造种种假象，使敌方认为他的所作所为仅仅是为了百姓有个良好的生活环境，而绝无其他企图。在这种迷雾的遮掩下，李允则公开筑城设防，在不知不觉中，一座足以与契丹对峙抗衡的防御堡垒便建成了。

温馨的纸巾服务

在日本东京街头，每天早晨都可以看到一些热情大方的姑娘，向过往的路人发放一方湿润且带有香水的小纸巾。

初到日本的人，乍一碰到这些鞠躬、微笑的姑娘，也许会迷惑不解，但当人们接过香气袭人的湿润小纸巾，擦拭略带倦意的脸时就会感到，这是多么细致的服务。人们没有理由不记住印在纸巾上的公司名称，以便事后向朋友、亲戚叙述这样一件美好的事情。

原来，这是日本公司在向人们做广告。他们采取的是迂回战术，向社会提供人人都乐意接受的服务，把真实的意图隐藏在服务的背后，让人们在不知不觉中接受了公司的宣传。

诸如这一类的活动，不少企业都绞尽脑汁去设计、去寻找。其实，做到这一点并不难，只要掌握了"暗度陈仓"的谋略思想，善于发现人们的需要，就可以构思出巧妙的形式。

兄弟商人演"双簧"

在美国费城，一位老板开了一家商店，名叫"纽约贸易商店"。不久，又来了一位老板，好像故意要与前一位老板作对似的，竟然墙挨墙地又开了一家同样的商店，名叫"美洲贸易商店"。真是冤家路窄，两家从开始时的互相竞争，很快演变成互相"竞骂"。

"纽约贸易商店"挂出招牌："新到爱尔兰亚麻被单，质量上乘，价格低廉，每套6.50元。"这时，"美洲贸易商店"立即针锋相对地挂出招牌："只有我们的被单才货真价实，每套5.95元，大家要擦亮双眼，谨防假冒。"接着，双方对骂，然后又竞相降价。最后，"纽约贸易商店"支持不住了，只好败下阵来。于是人们争相到"美洲贸易商店"抢购，直到抢走最后一条床单为止。大家都以为买到了最便宜的商品。

许多年以后，其中的一位老板去世了，另一位老板也停业搬了家。人们觉得很奇怪：本来竞争对手失去了，可以独占市场，为什么要停业？后来人们才知道，两位老板是亲兄弟，他们所进行的互相"竞骂"原来是在演戏，所有的竞争价格都是骗人的，一方竞争失败，会使另一方的商品全部售出。

兄弟俩明里是在互相竞争，而暗中的目的却是招徕顾客。所以说，互相竞争是"明修栈道"，招徕顾客则是"暗度陈仓"。

白兰地打入美国市场

法国的白兰地公司生产的白兰地酒在国内虽然盛名卓著、畅销不衰，但在美国却一直难以打开销路。为此，公司曾制定了许多销售计划，都收效甚微。后来有人献上一计，提出利用美国总统艾森豪威尔67岁生日之际，来个锦上添花。公司接受了这个建议，决定淡化白兰地的销售色彩，转而通过媒体向美国人宣扬两国的传统友谊，让白兰地以友好使者的身份进入美国。

为引起两国国民的注意，公司宣布了赠送程序：先由专机送往美国，再由身着法国传统服饰的法国青年带着礼品进入白宫，然后在白宫的大草坪上举行隆重的赠酒仪式。消息传开，立刻成了热门话题，人们都争相一睹这名贵礼品的风采。

艾森豪威尔生日这天，在大量表示两国友好的宣传标语的烘托下，这两桶窖藏67年的白兰地酒终于亮相，几乎把总统的生日宴席变成了白兰地的发布展示会。于是，争相购买法国白兰地的热潮在美国骤然掀起，法国的白兰地终于昂首阔步进入美国市场。

日本传奇探险家

1892年的一天，日本驻德武官福岛与一群德国军官聚在一起喝酒。趁着酒兴，福岛吹起牛来："柏林到海参崴可没多远，我骑马就能穿过。"一语惊四座，惹得大家开始热火朝天地讨论。

"福岛君，您在讲笑话吗？"一位手端酒杯的德军中校嘲笑福岛。

"柏林到海参崴，最少要走成千上万里路。途中有数不清的穷山恶水，以及糟糕的天气。就算你骑上千里马，也不一定能到终点，更何况是你这条瘦得皮包骨头的老马！老兄，这种牛皮可不能瞎吹，哈哈……"

"福岛就是在吹牛，别说是他，连探险家都不敢应承，就他？简直就是天方夜谭！"

"真能如此，岂不成了神话？"

"谁会相信这些鬼话？不过是福岛君酒后信口开河罢了。"

……………

"各位！我们口说无凭，还是找个中间人来，大家各下赌注，咱们谁胜谁负，过几个月就能见分晓。"有人这样提议。

一旁的福岛早已被酒精烧得脸红脖子粗了，连握酒杯的手也在不停颤抖。听说下赌注，他艰难地用喝得发硬的舌头吐出话来："谁怕谁——赌就赌……我下一万。"

"我一万二！"

德国军官们纷纷投下重注，他们心想，福岛这个酒鬼必输无疑！

福岛和德国军官们打赌探险的消息，立刻被新闻媒介机构大肆传播，各国报纸也开始争相报道。成千上万的人们好奇地睁大双眼，密切关注事态的发展；对福岛此次壮举，德国与俄国政府声明将尽全力为之提供各种方便和资助。福岛在人们一片敬仰和祝愿声中，骑着他的瘦马，开始了此次举世瞩目的探险。一路上，福岛就像一位传奇式的英雄一样，所到之处，无不受到人们的热情款待和膜拜，男女老少都以能一睹这位探险家的风采为荣。

福岛进入俄国后，受到俄国政界和军界的热烈欢迎。因为这位日本"探险家"的此次行程的绝大部分都在俄国境内，他想从柏林骑马到海参崴的奇迹，究竟能不能成为现实，将在这里揭晓。在好奇心和虚荣心的驱使下，人们守在福岛必经的路上等待他的到来。为了迎接这位英雄，人们举行各种各样的欢迎仪式，还举办了数不清的大小宴会。他们以能陪同这位骑士参观自己的家乡为荣，而且满腔热情地为这位探险家介绍本地的概况。福岛原本就精通俄语，这使得他能方便和俄国上下各界人士交流，增进了对俄国各方面情况的了解。福岛走走停停，四处拜访，一路得到盛情款待，尝尽了天下美食。就这样，福岛用了15个月的时间，骑着他的马畅通无阻地穿过西伯利亚，顺利到达了海参崴。

当东京各界为福岛的成功热烈庆祝的时候，德国军官为自己的赌注捶胸顿足时，一大摞重要的德国、俄国军事情报已悄悄送到了日军参谋总部的情报头子手里。人们不会知道，在他们狂热地迎接探险家的时候，一场以探险为烟幕的间谍活动，正在他们眼皮底下悄然进行。

俄军攻陷喀山

16世纪初，与俄国毗邻的喀山汗国具有较强的实力。因此，沙皇政府一直希望颠覆喀山汗国的政权，以剪除威胁自己的一个重要力量，但一直未能获得机会。伊凡四世当权之后，俄国军事力量迅速膨胀，而此时喀山汗国国内却争权夺利，政局混乱。于是沙皇政权决定乘机远征喀山。伊凡四世亲率俄军于1552年6月向喀山推进，40天后，俄军集结于喀山城下。

喀山城位于陡峭的高山上，周围有河流、湖泊，城边还有坚固的护城木墙，易守难攻。喀山城中有守军四五万人，人人勇敢无畏，准备以身殉国。

面对喀山城这种状况，伊凡四世制定了攻城方略。他在城边架设重型火炮，猛烈轰击城墙；在城的正面挖掘战壕，以隐蔽俄军，用各种武器向城中开火并不时发起冲击；另外，俄军还架设木制活动攻城塔，塔上装上火炮，居高临下向城内军民射击。但是，这一切只是为了吸引城中喀山守军的注意力。与此同时，伊凡四世命令俄军在炮火掩护下，偷偷在喀山城墙下挖掘深洞，洞内埋设大量火药桶，准备实施爆破，一举炸毁城墙，破门而入，攻陷喀山城。沙皇还秘密破坏了地下水道，给城内军民用水造成重大困难。俄军正面进攻了40天，喀山城岿然不动，城内军民严正拒绝沙皇的劝降。

10月12日。沙皇军队一切准备就绪，开始发动总攻。次日拂晓，连续不断的巨响震撼了喀山城内军民，这是俄军偷埋的炸药爆炸了。喀山城墙被炸毁数处，大批俄军蜂拥而入。城内守军英勇奋战，激烈鏖斗。由于众寡悬殊和预先没有料到俄军采取暗度陈仓的策略，喀山城守军全部牺牲，喀山汗也被俘虏。

真假蒙哥马利

1944年春，世界反法西斯盟军准备在欧洲登陆，登陆地点选在诺曼底。这是一项重大的军事行动，需要调遣大批部队，但军队调动一旦被德军发现，会使德军进一步加强在诺曼底的防守，那盟军登陆成功的希望就很渺茫了。为迷惑敌人，盟军决定采用疑兵之计，设法使德军相信盟军真正登陆的地点选在加莱海岸，于是精心策划了一个冒名顶替的欺敌行动——由陆军中尉杰姆士扮演英国登陆部队司令官蒙哥马利元帅。杰姆士相貌酷似蒙哥马利，并且是一位有着丰富表演经验的演员。

5月15日，这位"蒙哥马利元帅"搭乘首相专机飞往直布罗陀和阿尔及尔，与此同时，英军故意放风说蒙哥马利元帅到直布罗陀和阿尔及尔的重要使命是组编英美联军，可能在法国南部海岸登陆。德国开始半信半疑，派两名高级间谍去侦查，由于杰姆士的表演十分逼真，使德国间谍深信不疑。英国的这一冒名顶替的欺骗行动，收到了非常好的效果。德军误认为盟军要在法国的加莱地区登陆，从而把防守诺曼底地区的两个坦克师和六个步兵师抽调到加莱地区，大大减少了盟军在诺曼底登陆时的压力。

不仅如此，英国还煞有介事地派人前往中立国去收购加莱海岸的详细地图。盟军又假装将一支兵力达100万人的集团军，驻在英东南沿海一带，佯装准备进攻加莱。其实蒙哥马利的第21集团军，早已秘密地隐伏在英国南部海岸，等候渡海进攻诺曼底了。一系列假象最终骗过了希特勒，他以为盟军在英国东部已经集结了92个师的兵力，准备在7月份进攻加莱，因此，他把德军最精锐的第15集团军集中在加莱地区，而诺曼底只有一个装甲师驻防。英美盟军以假隐真，迷惑住了敌人，终于达到了目的。

日本人英国偷师学艺

16世纪工业革命后，英国纺织工业一直处于世界领先地位，为了能永执牛耳，他们对自身的技术和工艺严格保密，让别人无法效仿。

19世纪中期，英国纺织业厂商布拉泽公司开始崭露头角，他们技术先进，效益良好。这家纺织厂有很多工人，他们经常去附近的英国餐馆吃饭，尽管那里饭菜不好吃，而且价格昂贵，因为附近就这一家餐馆，工人们也没有其他办法。

不久，几个日本人在布拉泽公司的旁边开了一家餐馆，这些日本服务员的英语水平很差，但服务非常热情，最重要的是饭菜物美价廉，把布拉泽的职工都吸引了过来。隔壁那家英国餐馆老板却对此不屑一顾："这样做买卖，不赔本倒闭才怪，我倒看看他们能支撑多长时间。"

这些日本人似乎真的不懂经营餐馆，从他们这里买食品比家里做饭还要省钱，于是布拉泽的工人吃完饭后，还买菜打包带回家。这样一来，日本人很快就与布拉泽人成为无话不谈的朋友，其中不乏一些高级职员。

英国餐馆老板的预言果然不假，不久这些日本人开始郁郁寡欢，私底下不停地唉声叹气。布拉泽的员工觉得很奇怪，就问他们："难道你们遇到不开心的事吗？"

"没，没什么，别耽误了你们用餐。"

看到日本人欲言又止的样子，英国人更加好奇了。他们最终知道了答案：原来日本人的餐馆一直在赔本，餐馆现在已经经营不下去了。

"难道你们不能适当提价吗？"布拉泽的员工好心提醒道。

"那可不能，会给诸位增加负担的。"日本人急忙说，"再说已经没时间了，餐馆马上就关门了，我们连回日本的钱都不够了。"

这番话深深打动了布拉泽人，恻隐之心油然而生，他们纷纷劝说："你们既然回不去日本，就来我们公司上班吧，我们那儿正招工呢。"

布拉泽公司明文规定禁止招收外国工人，但在众多员工尤其是那些高级职员的游说下，董事长破格招收了餐馆的日本人，但只允许他们做杂工粗活。这些日本人进厂后，十分卖力地工作，而且特别能吃苦，不怕累，不怕脏，渐渐地，其中的一些工人晋升为技术工。他们也懂得回报，时常宴请帮助他们的高级职员，大家越走越近。

没过几年，这些日本人就攒够了回程的路费，于是他们向公司请假。公司当局很快就批准了他们的假期，并表示希望他们早日回来。但是，这些日本工人一去不复返。其实，他们都是日本首屈一指的纺织专家，开餐馆是"明修栈道"，真正的目的是进厂学艺。在几年的时间中,他们摸透了布拉泽公司的纺织工艺和生产过程,待回国后,经过改良,制造出了比当时英国还要先进的纺织设备。

就这样,英国的纺织工业的竞争对手诞生了。

饭店的后花园

美国得克萨斯州的"东方咖啡"饭店开业许久,由于没有什么特色,顾客不多,饭店惨淡经营,难以为继。后来,这家饭店的老板觉得,饭店后面的大花园可以开发成菜园,以自产的新鲜蔬菜来吸引顾客,局面也许会有所改观。

于是,老板聘请来一位有13年菜园工作经验的菜农,将花园改造为菜园。没多久,饭店花园就变成了一座菜、果、花三合一的综合园。各种蔬菜、果树、花草相互间种,布置得很美观,既可食用,又可观赏。菜园的四角种了果树,园中有土豆、南瓜、菠菜、洋葱、韭菜,还有百里香、万寿菊等花和草药。

顾客到这儿,不仅可以吃到刚从饭店菜园里采摘来的新鲜蔬菜、水果,而且可以到菜园里去散步,观赏菜盘中的食物是怎样生长的,还可采摘园中的果蔬来品尝。"在别的饭店吃南瓜,却不知南瓜是什么样子,吃茄子,不知道茄子有多大。到我们饭店可以边吃边看,十分有趣。"饭店的老板和伙计经常这样向客人们介绍。很快,当地的报纸就介绍了这家颇具特色的饭店:"夏夜,远处萤火虫在跳舞,人们在花园里边乘凉边品尝着佳肴,每一口都有不同的风味,每一盘都是园中的鲜物。"

由于主要靠自己园中的蔬菜供应顾客,"东方咖啡"饭店可以不受市场上菜价猛涨的影响,始终让顾客感受到这里蔬菜的价廉物美,因此,生意越做越好,店里的利润也越来越可观。

第九计　隔岸观火

【本计旨要】

"隔岸观火"意同"坐山观虎斗",此计的正确使用方法是"待逆",即静止不动,以静观变,随变而动,使敌人内部自相残杀。当两股敌对势力相争时,我方既不盲目援助,也不鲁莽干涉,而是静观其变,直到事情发展到有利于自己的地步,才相机行动,坐收渔利。

【计名探源】

此计名最初见于唐代僧人乾康的诗:"隔岸红尘忙似火,当轩青嶂冷如冰。"而其思想主张则最早见于《战国策·燕策二》中"鹬蚌相争,渔翁得利"的故事:蚌张开壳晒太阳时,长嘴鸟去啄它的肉,蚌合上壳夹住了鸟的嘴,二者争持不下,互不让步,结果被渔翁一同捉住。

【古文玄览】

阳乖序乱①,阴以待逆②。暴戾恣睢③,其势自毙。顺以动豫,豫顺以动。

【说文解字】

①阳乖序乱:阳,指公开的。乖,违背,不协调。此指敌方内部矛盾激化,以致公开地表现出多方面秩序混乱。

②阴以待逆:阴,暗下的。逆,叛逆。此指暗中静观敌变,坐待敌方更进一步的局面恶化。

③暴戾恣睢:戾,凶暴,猛烈。睢,任意胡为。

【古文今译】

当敌人内部产生争斗、秩序混乱时,我方应静观其变。敌人穷凶极恶,自相残杀,必将自取灭亡。静观敌方内部发生有利于我方的变动,以便顺势而制之。

【计谋评点】

此计使用的先决条件,一是有"火"可观,二是有"岸"可隔。一般说来,在自己不宜出战、无力出战或者不便出战时,均可采取"观"的态度。"观"的方法有很多种:一是袖手旁观,二是静而暗观,三是退而远观,四是顺而动观。隔岸观火要根据具体情况灵活运用,"观"不是消极地看,除了"观"之外,还要想办法让火烧得更大,甚至还要找机会趁火打劫、从中渔利。当然,当火未烧起时,即敌人内部矛盾尚未激化时，没有隔岸观火就直接去趁火打劫的做法是错误的，因为这时火候不到，一旦有第三方施加压力，敌人就会暂时消除内部矛盾，团结起来一致对外。隔岸观火有以下三种含义：

（1）先为不可胜。《孙子兵法》说："昔之善战者，先为不可胜，以待敌之可胜。"在"火"烧得正旺时，切不可草率趋近取"栗"，否则会引火烧身。应当先"隔岸"观察"火"的动向，这样可以确保自身的安全。待到时机成熟，再采取行动，定能一举成功。

（2）坐山观虎斗。在通常情况下，外部矛盾的加剧会促使内部矛盾的缓解，外部矛盾的缓解会导致内部矛盾的加剧。在两虎相争时，可以坐山静观，让它们互相撕咬，直至两败俱伤。

（3）坐收渔利。"观火"不是最终目的，"观火"是为了取利。因此，在鹬蚌相争之时，要抓住双方不能自拔的有利时机，收取渔人之利。一旦贻误时机，恐怕"利"就会为他人所得。

【事典辑录】

陈轸借虎谏惠王

秦惠王时，韩魏两国战争不断。惠王想阻止两国的战争，便召集群臣商议此事。恰逢陈轸来到秦国，于是惠王想先听听陈轸的想法。

陈轸给惠王讲了《卞庄子刺虎》的故事：一天，卞庄子看到两只老虎正咬住一头牛不放，于是他拔剑就要上前刺杀老虎。站在一旁的馆竖子一把拉住他说："且慢！两只老虎争斗，必然会互相搏杀。死的一定是那个小虎，而大虎也肯定会受伤。到时候你再刺杀那只受伤的大虎，岂不轻而易举？"于是卞庄子静候一旁，等待时机，最后果然一箭双雕，获得了刺杀双虎的美名。陈轸讲完了这个故事，对惠王说道："现在韩魏相攻，结果必定是强国元气大伤，弱国最终灭亡。到时候，大王出兵讨伐元气大伤的强国，不就是出一次兵消灭了两个国家吗？这和卞庄子刺虎是一样的道理。"

秦惠王听罢，连连称妙。于是，秦国坐山观虎斗，静观天下形势的变化。后来，韩国战败，魏国元气大伤。秦惠王看准时机立即出兵进攻魏国，轻而易举地获取了胜利。

曾国藩按兵延勤王

1860年第二次鸦片战争时，在八里桥战役中，英法联军相继打败了天津的僧格林沁部和北京的胜保部，直逼北京城下。咸丰帝命恭亲王奕䜣守住北京城，准备与英法议和；自己则带着嫔妃和亲信前往热河避难。在逃亡途中，咸丰帝一连发了几道圣旨，命各地督、抚、将军即刻前往北京勤王。没过多久，圣旨到了曾国藩手中，咸丰帝令他速派鲍超率领两三千湘军日夜行军，前往京城。

此时，曾国藩正独守祁门，太平军的不断袭击攻打已经令他心力交瘁，哪里还有精力顾及其他？再者说，鲍超乃湘军中的得力干将，其率领的霆营是湘军的精锐之师，曾国藩根本舍不得让他离开战场。但曾国藩心里也很清楚，如果自己拒绝派兵救援，势必会被扣上"不忠"之类的帽子。怎样才能既不用出兵，也不会涉嫌抗旨呢？最终，曾国藩采用了李鸿章的建议，即"按兵不动，请旨定夺"。曾国藩上奏朝廷，恳请皇帝选派自己或胡林翼其中一人领兵北上勤王。曾国藩的打算是：从祁门往返京城，至少需要一个月。在这一个月的时间中，清政府很有可能已经与英法联军议和，或者外部局势会有所变化，那样的话，曾国藩就不用兴兵赶赴北京了。果然不出他的所料，一个月后，朝廷发来圣旨，说议和成功，湘军不需北上了。

曾国藩是清代著名的军事家、政治家和文学家，曾领导湘军镇压太平天国运动，挽救了清王朝的统治。

曾国藩在自己不便出战之时，对清廷采取"观"的态度，最终既保全了自己的利益，也没有落下抗旨不遵的把柄。

曹操用计杀三袁

东汉末年，割据一方的袁绍病逝。袁绍临终前立三子袁尚为大司马将军，其长子袁谭深为不满。恰在此时，曹操进攻黎阳。袁谭迎战大败，只好派人向袁尚求救。袁尚担心袁谭降曹，倘若袁谭、曹操两军联合，将对自己极为不利。于是，袁尚亲率大军救助袁谭。不久，袁绍的次子袁熙、袁绍的外甥高干也带领救兵来到黎阳城下。

曹军在黎阳城外久攻不下，正在一筹莫展时，谋士郭嘉献策说："袁绍废长立幼，而袁谭、袁尚二人势力相当，各树党羽，互相争斗。如果进攻太急，他们就会团结一致对付我们；如果暂缓攻击，他们之间必定会相互争斗火并。我们不如暂且举兵南下，等其内乱发生后，再进击他们，到时候可以一举平定河北之地。"曹操认为很有道理，便下令向荆州进兵。

果然如郭嘉所料，曹操撤军不久，袁谭与袁尚即大动干戈。袁谭不敌袁尚，便派人向曹操求救。曹操乘机挥军北上，先打败袁尚、袁熙，后又消灭袁谭和高干，一举平定了河北。

三十六计

第二套 敌战计

七七

袁尚、袁熙被逐出冀州后，连夜奔往辽西投靠乌桓去了。后来曹操的军队在白狼山与袁氏兄弟及乌桓王冒顿的大军相遇，冒顿大败被杀，袁熙、袁尚率数千人逃向辽东。曹操并不追赶，而是退军易州，按兵不动。大将夏侯惇说："辽东太守公孙康久不宾服。现在袁氏兄弟前往投靠，必为后患。不如乘其未动，火速往征。"曹操笑道："不用急，几天之后，公孙康定会自动将二袁的脑袋送来。"果然，没过多久，公孙康就派人将袁熙、袁尚的首级送到。

原来，郭嘉因病不便随军征战，曹操带领大军出征前，郭嘉留给曹操一封信，信中说："公孙康一直担心遭袁氏吞并，今袁熙、袁尚前去投奔，心中必然怀疑。如果我们派军攻打，他们势必并力迎击，而我军恐怕一时难以得手；如果我们暂缓出兵，公孙康与袁氏兄弟就会火并。"事情正如郭嘉分析的那样，公孙康听说袁熙、袁尚要来投靠，当即与手下人议定：若曹操前来征讨，便留下他们，合力抗曹；否则，就将他们杀掉，献给曹操。所以，当得知曹操屯兵易州时，公孙康立即设计将二袁杀掉，并且派人将首级送到易州。

就这样，曹操运用隔岸观火之计，不费一兵一卒，既得了二袁的人头，又得了公孙康的降书，真可谓不举而两得。

果然，没过多久，公孙康就派人将袁熙、袁尚的首级送到。

孙膑缓兵救韩国

公元前342年，魏国出兵进犯韩国。韩国的兵力远不如魏国，韩昭侯只好派人向齐国求救。

齐威王召集群臣商议。孙膑说道："魏国倚仗雄厚的兵力，接连进攻邻国，说不定哪天就会讨伐我国。如果大王对韩国坐视不管，岂不是助长了魏国的气焰？但现在，魏国讨伐韩国的气势正盛，而韩国并没有受到重创，此时派出援兵，我国势必会遭受挫伤，而让韩国坐享其成，所以即刻出兵救韩也不足取。既然如此，大王可先答应坚决救韩，鼓励韩国全力抵抗魏军，等韩魏激烈拼杀后，再派兵攻打疲惫的魏国，这样一来，既救援了韩国，也不会损伤我国的兵力，岂不两全其美？"

齐威王采纳了孙膑的计策，先派遣使者到韩国，承诺一定出兵相救。韩国倚仗齐国会来救援，便与魏国殊死搏杀。结果两败俱伤。韩昭侯见齐国仍不来救，无奈之下只好表示只要齐国出兵，韩国愿意听命于齐。于是齐威王发兵直扑魏都大梁。

孙膑的这一隔岸观火的计谋，既使韩国臣服于齐，又达到了以韩国之兵削弱魏国军队的目的，真可谓一石二鸟，一箭双雕。

阿骨打轻取辽阳城

1115年，女真领袖完颜阿骨打建立金国后，展开了灭辽计划。辽将高永昌奉命带兵屯驻到东京辽阳城外抵御金国入侵。

第二年正月，辽阳城内发生暴乱，高永昌率军入城平叛，乘机起兵反辽，占据东京，自称大渤海王，建国号为大元。高永昌知道大辽肯定会派兵前来镇压，遂向完颜阿骨打求援，试图联合金国一道攻打大辽。完颜阿骨打决定先稳住高永昌，于是他表示金国愿意派出援兵，无奈近期国内兵力匮乏，爱莫能助。其实，完颜阿骨打是想坐山观虎斗，他想利用高永昌削弱辽军的势力，等时机成熟再一举灭掉高永昌，然后全力讨伐辽国。

两个月后，辽将张琳率两万人马讨伐高永昌。高永昌派出精兵强将，大败辽军。

就在这时，金兵乘虚轻取辽阳城。高永昌无奈之下，表示愿意对金俯首称臣，期望谈判解决争端。完颜阿骨打表面应承，暗中却派人收买了高永昌手下的部将，将其杀死。

高永昌没能识破完颜阿骨打隔岸观火的计谋，为完颜阿骨打做完"嫁衣"后，落得个国灭身亡的下场。

计除白起

战国后期，秦将武安君白起在长平一战，全歼赵军40万，赵国国内一片恐慌。白起乘胜连克赵国17城，直逼赵国国都邯郸。赵国情势危急，平原君的门客苏代向赵王献计，愿意冒险赴秦，以救燃眉。赵王与群臣商议，决定依计而行。

苏代带着厚礼到咸阳拜见应侯范雎，对范雎说："武安君这次长平一战，威风凛凛，现在又直逼邯郸，他可是秦国统一天下的头号功臣。我可为您担心呀！您现在的地位在他之上，恐怕将来您不得不位居其下了。这个人不好相处啊。"苏代巧舌如簧，说得应侯沉默不语。过了好一会儿，他才问苏代有何对策。苏代说："赵国已很衰弱，不在话下，何不劝秦王暂时同意议和。这样可以剥夺武安

白起伏剑自刎时说："我何罪于天而至此哉？"良久，又说："我固当死。长平之战，赵卒降者数十万人，我诈而尽坑之，是足以死。"

君的兵权，您的地位就稳如泰山了。"

范雎立即面奏秦王。"秦兵劳苦日久，需要休整，不如暂时宣谕息兵，允许赵国割地求和。"秦王果然同意。结果，赵国献出六城，两国罢兵。

白起突然被召班师，心中不快，后来知道是应侯范雎的建议，也无可奈何。

两年后，秦王又发兵攻赵，白起正在生病，改派王陵率十万大军前往。这时赵国已起用老将廉颇，设防甚严，秦军久攻不下。秦王大怒，决定让白起挂帅出征。白起说："赵国统帅廉颇，精通战略，不是当年的赵括可比；再说，两国已经议和，现在进攻，会失信于诸侯。所以，这次出兵，恐难取胜。"秦王又派范雎去动员白起，两人矛盾很深，白起便装病不答应。秦王说："除了白起，难道秦国无将了吗？"于是又派王陵攻邯郸，五月不下。秦王又令白起挂帅，白起伪称病重，拒不受命。秦王怒不可遏，削去白起官职，将其赶出咸阳。这时范雎对秦王说："白起心怀怨恨，如果让他跑到别的国家去，肯定是秦国的祸害。"秦王一听，急派人赐剑白起，令其自刎。可怜，为秦国立下汗马功劳的白起，落得如此下场。

当白起围邯郸时，秦国国内本无"火"，可是苏代燃起范雎的妒忌之火，制造秦国内乱，文武失和。赵国隔岸观火，使自己免遭灭亡之祸。

苏代巧论鹬蚌斗

战国末年，七国为了争当霸主而打得不可开交，其中秦国的势力最强，野心勃勃地想吞并其他六国，从而一统天下。

赵国和燕国虽然弱小，彼此却战争不断，致使民不聊生，百姓们怨声载道。这一年，赵惠王又准备讨伐燕国。苏秦之弟苏代得知后，决定进谏赵惠王，阻止这场残杀。见到惠王后，苏代并未引经据典地讲大道理，而是先讲了一个故事：有一天，一只河蚌爬到岸上晒太阳。这时，一只鹬鸟俯冲下来，用长长的尖嘴伸过去啄河蚌露出壳外的肉。河蚌受到突袭，迅速夹紧坚硬的外壳，把鹬鸟的长嘴巴紧紧夹住了。鹬鸟作了一番挣扎，仍然无济于事，于是恨恨地说："我看你能在岸上待多久！如果今天不下雨，明天不下雨，你不干死、晒死才怪！"河蚌也不服输，嘲笑鹬鸟说："我就夹住你的嘴不松，今天不放你，明天不放你，你也非渴死、饿死不可！"鹬和蚌就这样对抗

这时，走过来一个渔夫，伸手把鹬鸟和河蚌逮住，然后心满意足地回家了。

着，谁也不肯相让。这时，走过来一个渔夫，伸手把鹬鸟和河蚌逮住了，放进了鱼篓，然后心满意足地回家了。

赵王津津有味地听着，苏代趁机转入正题："燕赵两国势力相当，已经厮杀数年了。赵国几年之内都没有打败燕国，势必会长期对峙下去。强大的秦国看到燕、赵疲惫不堪，一定会像这个渔夫那样趁机捞利。发兵攻燕之事，望大王三思而后行！"赵惠王觉得苏代的话十分有道理，便打消了攻打燕国的念头。

砖瓦工

第二次世界大战以后，美国建筑业开始蓬勃发展，砖瓦工价码看涨，这对失业者来说是个难得的机遇。

一个叫迈克的人为了生计，也由明尼亚波利来到芝加哥。他看到招工广告后，却没有投入应征当砖瓦工的竞争洪流中，而是先冷静地观察了一番。他发现去应征砖瓦工的人，大多数都没有学过技术，或者技术达不到要求，因而在竞争中失败。于是迈克灵机一动，在报纸上刊登了一则"你能成为砖瓦工"的广告。

迈克租了一间店铺，请来一位瓦工师傅，买来1500块砖头和一堆沙石作教材，开展培训业务。许多工人蜂拥而至，纷纷出高价参加培训。结果，迈克10天内就获利3000美元，等于一个瓦工大半年的收入。

企业竞争如战场角逐。当一种为众人共得的大机遇出现时，往往也可以给自己带来盈利的契机。能否抓住这一契机，关键在于能否"隔岸观火"。只有静观形势，耐心等待，不忙于一时竞争，才能冷静决断，抓住时机，实现自我追求的目标。

美国"隔岸观火"

1937年7月，中日战争爆发。起初，美国一方面提供物资援助支持中国抗日，一方面又纵容日本的侵略行为。毛泽东曾一针见血地指出：美国实行两面政策的目的，就是为了坐收渔翁之利。

日本帝国主义雄心勃勃地想做亚洲的霸主，妄图吞并中国。美国对日本的野心非常不满，根本不支持日本侵略中国，因此声援中国抗日并提供经济援助；但从自身利益方面考虑，美国又不愿得罪日本人，只是冠冕堂皇地说"让美国出面调解中日纠纷"，绝口不提中国抗战的正义性。同年11月，中国代表在布鲁塞尔会议上提出仲裁日本侵略者的要求，美方代表采取明哲保身的态度，只用诸如"双方协商、和平解决"等官话敷衍。

美国还对日出口了大量的作战物资，大发了一笔战争财，这无疑是在帮助日本攻打中国。据悉，单单1937年美国就向日本输送了高达2.9亿美元的物资，而战前是平均每年1.7亿美元。这其中包括大量的石油、石油产品、钢和废钢材，占到物资总量的60%；而1938年美国向日本输送了总值达1745万美元的飞机材料，是1937年的2倍。据美国商业部证实，战时日本所用的飞机材料全部都是从美国进口的。

正是由于美国这种既援助中国又向日本出售作战物资的做法，助长了日本的气焰，直至日本转而偷袭珍珠港时，美国才意识到已养虎为患。

英迪拉的登龙术

1966年1月，印度总理夏斯特里突然去世。消息传出，印度政坛各派纷纷出马，试图在角逐新总理职位中一举成功。

当时，争夺总理职位的最有实力的人是国大党中最有资历的德赛和代总理南达。而英迪拉就其政治实力而言，却算不上强大。英迪拉向她的幕僚们表示了参加总理职位角逐的决心。然而，对手十分强大，如何才能实现政坛登顶的夙愿呢？在冷静分析之后，英迪拉决定不过早地投入角逐，等到政敌们两败俱伤时再予以出击。主意已定，她表面上显得很超脱，好像无意参加角逐，而暗地里却在静观形势的变化，等待时机到来。

形势的发展果然如英迪拉所料。德赛骄横固执，以唯一候选人的身份自居，不愿与人分享权力。德赛的表现大伤人心，尤其伤害了党内辛迪加派的感情。辛迪加派在党内和政府中有较大的势力，并且擅长幕后操纵。辛迪加派对德赛的表现很不满，决定阻止德赛上台，并开始物色新的候选人。当时的代总理南达也不甘示弱，四处奔走为其升任正式总理摇唇鼓舌，与其政敌明争暗斗。各派争斗愈发激烈，互相攻击，各不相让。

在一旁静观的英迪拉由于没有过早地出击，政坛各派以为她无意问津，因而无人向她发难。在公众心目中她仍是一个有谦恭风范的政治家。在局势快要明朗的情况下，英迪拉不失时机地开始行动。她凭借大名鼎鼎的尼赫鲁之女的特殊身份，党内各派及社会舆论对她无恶感等有利条件，施展其卓越的政治才华。她说服了辛迪加派和担心专横的德赛上台的人，并得到了他们的支持。接着，她又利用政治手腕把国大党的多数党员笼络在自己的麾下。经过辛迪加派的疏通，国大党执政的10个邦的首席部长表示愿意支持英迪拉。南达见称雄政坛无望便退出了竞选。唯有德赛欲与英迪拉决一死战。德赛对英迪拉大肆攻击和谩骂，意在抓住英迪拉反击时露出的破绽而大做文章。而英迪拉仍然保持谦和的风度，令公众舆论大加赞赏。大选结果表明：英迪拉以明显的优势当选为印度总理。

英迪拉的成功之处在于她处于劣势时善于守拙，深藏不露，隔岸观火。当政敌互相倾轧而元气大伤时，她果断出击，巧妙地周旋于各派政治力量之间，利用矛盾，寻求支持。最后，她终于如愿以偿，登上了最高权力的宝座。

复印机厂的计谋

一架豪华客机徐徐降落在东南亚某国首都机场。从机上走下的乘客中，有一位个子不高、戴着金丝眼镜、身着黑色西装的中年男子，只见他表情庄重，步伐稳健，眉宇间透露出精明与干练。他就是日本富士现代办公用品公司驻该国的业务代理藤野先生。

此次前来，他肩负着一项重大的历史使命，即与该国的泰恒公司签订一个有关进口日本某型复印机的合同。复印机在这个经济刚刚起飞的国家，还完全是个新事物，有着广阔的发展前景，占领这一市场对公司的发展无疑有着十分重要的意义，藤野先生就是带着公司"只许成功，不准失败"的指令来的。

走出机场，藤野先生却惊奇地发现，泰恒公司并没有如约派人来接他，心里不由得犯起了嘀咕：难道对方工作疏忽，记错了日子，可两公司签约这么大的事怎么能忘记呢？那是车子在路上抛了锚？藤野先生敏锐地觉察到事情有变，他来不及细细思考下去，就迅速叫了出租车赶往泰恒公司，以弄个水落石出。

果然，泰恒公司的老板见到他，只是冷冰冰地抛过来一句话："对不起，藤野先生，我公司已有新的打算，不准备签订这项合同了，很遗憾。"说完，一摊手走开了。面对这迎面而来的打击，藤野先生黯然神伤。想到临行前公司的嘱托，藤野先生果断决定，不能再沮丧、抱怨下去，唯有冷静头脑，振奋精神，查清事实真相才能解决这个大问题。

在他看来，泰恒公司绝对不会轻易放弃复印机这个大生意不做，无缘无故松开财神爷的手，那他们现在拒绝签合同，又该做何解释呢？难道又有了新主顾？对，很有这个可能。哪儿的呢？其他国家的？可能性不大，因为就目前国际市场上的复印机来说，只有日本产品才是一流的，泰恒公司绝对不会杀鸡取卵，不为公司的长远发展及信誉着想而贪图便宜买进现已淘汰的产品。那么，与泰恒公司做生意的肯定也是一家日本公司。他们是以什么样的优惠条件吸引泰恒公司更张易辙，舍此适彼的呢？所有这些问题都要一一搞清楚。

藤野先生理清思路，谋划好了行动方案。他首先向国内公司汇报了有关情况，并请公司协助查清事情原委。不久，公司有了回音，证明国内确实有一家公司在从中作祟，暗中与泰恒公司取得联系，要为其提供价格更低、性能更先进的另一种型号的复印机，致使泰恒公司改变初衷并拒绝签合同。

目前，要战胜竞争对手，需立即着手解决两个问题：一是赶在对方前面尽快与泰恒公司签约；二是立刻与生产此种型号复印机的厂家联系，无论如何都要取得此种复印机在该国的经销权。作战计划已定，公司便兵分两路，仍由藤野先生负责与泰恒公司签订合同。公司另派人马去复印机生产厂家联系进货业务。

事实上，这个复印机生产厂家从富士公司的举动中，也隐隐感觉到了什么。他们暗中做了一番调查，这才知道，原来富士公司正在与另一家公司争夺复印机客户及东南亚的独营权。厂家暗自高兴，想出了一个坐收渔翁之利的发大财的方法。他们对富士公司谎称已经和其他公司达成协议，授予其在该国的经销权，为了自己的信誉，不能再与富士公司签约。之所以这么说，是因为他们清楚地知道富士公司很在乎这项生意，一定愿意在这场独营权争夺大战中加大筹码，那么到时候自己就可以把价格抬高，狠赚一笔了。

这一边，藤野先生第二次来到了泰恒公司。他见到泰恒公司老板时，还未等对方开口，就开门见山地说："总裁先生，别来无恙，我未约而至，您不会介意吧？我这次来是与您专门洽谈关于某型复印机的进口问题，我想您一定是感兴趣的吧？不错，此打印机确实比其他机子优越，所以，我们决定向贵公司出售这种型号的复印机，而且我还要高兴地告诉你，我们提供给贵公司的产品比贵公司前些天联系的那一家价格要低3成。"

听罢此言，泰恒公司老板好生奇怪，"怎么只短短的3天，这个日本人就什么都知道了？不过，这与自己又有何关系呢？只要有利可图和谁做生意还不一样，既然富士公司价格比那家公司优惠得多，我又何乐而不为呢？"他马上笑容满面地上前与藤野先生握手成交，并随即签订了进口1500台此机的合同。

待合同一到手，藤野又马上飞回日本，找到那个复印机生产厂家。藤野先生告诉他们说，富士公司已拿到合同，抢先占领了该国市场，请厂家把复印机及辅助材料与设备的经销权授给富士，富士愿意把其进价全部再加一成。

又经过一番讨价还价，复印机生产厂家认为近来一段时间的"坐山观虎斗"这场好戏该收场了，现在对方出价已足够高了，超过了自己的预期目标，若不趁势取利，"时不再来"。于是，便爽快地答应与富士公司签了约。

当然，精明的富士商人也不会吃亏，他高买低卖复印机倒赔的差价也最终从随后的高价卖出的辅助材料与设备中得到了补偿。

回顾整个过程，复印机厂家之所以能以较高的价格与富士公司成交，就在于他巧妙地运用了"隔岸观火"的谈判技巧。先是坐山观虎斗，富士公司与另一家公司竞相抬高价格；继而又煽风点火，以种种借口迫使买方提价，最后看准时机已到，趁势坐取渔人之利。

第十计　笑里藏刀

【本计旨要】

"笑里藏刀"是一种表面友善而暗藏杀机的策略，表面上装出谦恭敦厚、和蔼可亲的样子，以假诚恳争取真诚恳，以假同情换取真同情，而实际上却使对方不知不觉陷入自己设的圈套中。

【计名探源】

此计的计名可追溯到唐代诗人白居易的诗作《无可度》："且灭嗔中火，休磨笑里刀。不如来饮酒，稳卧醉陶陶。"孔子曰："巧言令色，鲜矣仁。"意思是说，那种花言巧语、表面上装出一副伪善面孔的人很少讲究仁义道德。人是一种会笑的动物，笑有真假之分：真笑的人心胸坦荡，假笑的人腹藏利剑。所以，要提防笑面虎，勿信奉承言。兵法上说，敌人的言辞谦卑，是其包藏祸心的外露。此计是一种表面和善而内心狠毒的两面派手法。虽然人人厌恶它，但在特殊的情形下，善良之人也不得不用。

【古文玄览】

信而安之①，阴以图之②，备而后动，勿使有变。刚中柔外③也。

【说文解字】

①信而安之：信，使信。安，使安，安然，此指不生疑心。
②阴以图之：阴，暗地里。图，图谋，策划。
③刚中柔外：表面柔顺，实质强硬尖利。

【古文今译】

使敌方充分相信我方，并安然不动，麻木松懈，我方在暗中却谋划克敌制胜的方案，经过充分准备后，突然相机而动，不等敌人察觉便采取应变措施，这就是外表友善，内藏杀机。

【计谋评点】

此计的含义有三种：

（1）口蜜腹剑。嘴里讲的话比蜜还甜，心里却藏着一把杀人的利剑。

（2）刚中柔外。表面上谦恭和善，骨子里却阴毒无比。

（3）伪装顺从。一方面对别人表示诚心服从，按别人的意愿行事；另一方面却心怀异志，等待时机。

运用此计的关键在于一个"笑"字。笑必须自然真实，使敌人"信而安之"。"笑"的目的是"藏刀"。无论何时何地，"刀"要藏在"笑"里，千万不能暴露出来，以防此计被人识破。

此计的要点是"备而后动"，即准备充分后立即行动。当准备不足时，有两种情况：当我方比对方实力强时，要"笑"，使对方有感激心理，从而放松警惕；当我方比对方实力弱时，要假痴发癫，假装我方什么都不知道，什么都没有做，其实在暗地里积极准备，等待时机成熟后便突然出刀。《三十六计》始终强调的是实际行动，而不是为计谋而计谋。所以在麻痹对方之后，一定要果断行动，不要等对方突然醒悟，发生变故。

【事典辑录】

晋灵公惨作刀下鬼

晋灵公是晋文公的孙子，荒淫无度，喜欢打鸟养狗，经常放狗咬那些他认为不听话的侍者。

当朝宰相赵盾担心长此以往，国将不国，便经常劝谏晋灵公。晋灵公嫌赵盾碍手碍脚，就想方设法杀害赵盾。赵盾无法，正想逃往他国避难，恰好遇到侄子赵穿。赵穿说："你不用逃走，待我去替你报仇。"

赵穿先装出一副痛心疾首的样子，主动要求晋灵公治他们赵家的罪。此举取得了晋灵公的信任。赵穿还投其所好，从各地网罗美女献给晋灵公。一天，赵穿又向晋灵公献计说："大王身边的卫士武艺不强，这怎么能保证大王的安全呢？不如让我精选一批强悍的甲兵，随您左右。这样，大王就不用担心有人图谋不轨了。"晋灵公不知是计，连连称妙。

赵穿挑选了200名忠于自己的甲兵，请晋灵公检阅。晋灵公兴致很高，一边检阅，一边饮酒助兴。酒至半酣，只见赵穿打了一个手势，200名甲兵同声呐喊，刀枪剑戟纷纷指向晋灵公，顷刻间，荒淫暴虐的晋灵公就成了一堆肉泥。正是：笑脸相迎赵穿得宠，暗藏杀机暴君毙命。

王熙凤两面三刀

《红楼梦》中，王熙凤总共出现了80多次，几乎每次亮相都是面带笑容。王熙凤好像不笑说不成话，而且笑法不尽相同，或"忙笑道"，或"冷笑道"，或"假笑道"，或"嘻嘻笑道"。即便是文中没有写到她笑，也让人觉得她是在笑。当然，其中最可怕的是笑里藏刀，这也是王熙凤最擅长的一种笑。

比如贾瑞、张金哥、守备公子、尤二姐、司棋等被王熙凤谋害的人，无一不是在她的笑声中死去的。尤其是贾瑞和尤二姐，是被王熙凤"笑里藏刀"害死的最突出典型。这二人的死是王熙凤卑鄙狠毒的最好体现，最符合世人对她"嘴甜心苦，两面三刀；上头一脸笑，脚下使绊子；明是一盆火，暗是一把刀"的评价。

王熙凤最能诠释"信而安之，阴以图之"八个字，她对贾瑞每次都是以笑相待，贾瑞临死前都觉得王熙凤在"招手叫他"。而对尤二姐，王熙凤一开始的笑脸相迎、登门造访，以及后来的置对方于死地的决绝，都做得无懈可击，直到尤二姐气绝时还将王熙凤视为知己姐妹。

王熙凤深得"笑里藏刀"之神韵，可谓集大成者。

公孙鞅诈和取吴城

战国时期，秦王派公孙鞅为大将，命其领兵攻打魏国。于是公孙鞅率领大军直抵魏国吴城城下。

吴城地势险要，工事坚固，正面进攻很难攻克，正在公孙鞅为攻城而愁眉不展时，他探察到魏国守将是与自己曾经有过交往的公子卬，不禁心中大喜，计上心来。于是，公孙鞅马上修书一封，主动与公子卬套近乎，信中说："虽然我们现在各为其主，但考虑到我们过去的交情，还是两国罢兵，订立和约为好。"他还在信中建议约定时间会谈议和大事。信送出后，公孙鞅便摆出主动撤兵的姿态，命令秦军前锋立即撤回。公子卬看罢来信，又见秦军开始退兵，便马上回信约定会谈日期。会谈那天，公子卬带了三百名随从到达约定地点，见公孙鞅带的随从更少，而且全都没带兵器，更加相信对方的诚意。会谈气氛十分融洽，公孙鞅还特意摆宴款待公子卬。

公子卬兴冲冲地入席，但还未坐定，就听到一声号令，伏兵从四面包围过来，公子卬和三百名随从反应不及，全部被擒。公孙鞅利用被俘的随从骗开了吴城城门，占领了吴城。就这样，公孙鞅用笑里藏刀之计轻取吴城。

李林甫口蜜腹剑

唐玄宗时，李林甫担任宰相之职。李林甫之所以能爬上高位，主要是依靠一套诌媚逢迎的本领。当时与李林甫同任宰相的张九龄才能

这时，李林甫又向玄宗进言："天子用人，何有不可？张九龄不过一文官，拘泥古义，不识大体，成不了大器。"

卓著，为官清正。李林甫生怕自己失宠，所以想方设法排挤张九龄。736年，玄宗欲加封牛仙客。张九龄认为牛仙客不过是一个庸人，不应加封，便约李林甫一起到玄宗面前"固争"。李林甫当面表示同意，觐见时却一句话都不说，回来后还私下把这事告诉了牛仙客。玄宗仍想加封牛仙客，但张九龄据理力争，弄得玄宗很不高兴。这时，李林甫又向玄宗进言："天子用人，何有不可？张九龄不过是一个文官，拘泥古义，不识大体，成不了大器。"于是，玄宗疏远了张九龄，后来又怀疑张九龄私结朋党，罢免了他的宰相职务。

据《旧唐书》记载，李林甫"貌状温恭，与人语必嬉怡微笑"，实则阴险毒辣，对于才名高和受到玄宗重视的官员，必设法排斥，表面上甜言蜜语相结，背后却阴谋暗害，时人称他"口有蜜，腹有剑"。

安禄山献媚策谋反

安禄山是胡人，早年曾在幽州节度使张守珪的手下谋事。安禄山当上平卢将军之后，便有了入朝奏事的机会。安禄山经常贿赂当朝权贵，让他们在玄宗面前替自己说好话。后来，他又找到了一个更好的献媚对象，即玄宗最宠爱的杨贵妃。

据说安禄山非常胖，体重达230斤，肚大如鼓，腹垂过膝，连走路都十分困难。有一次，杨贵妃开玩笑地问安禄山："你这么大的肚子，里面鼓鼓囊囊的，究竟装了些什么东西？"安禄山不慌不忙地反问道："你们大家猜猜看？"杨贵妃说："无非是肝脏之类的东西。"安禄山摇了摇头，说道："我肚子里装的是忠于大唐的一颗赤红的心啊！"唐玄宗、杨贵妃听后都为安禄山的忠心所感动。

后来，安禄山继任平卢、范阳两镇节度使，又兼任河北转运使、御史大夫、左羽林大将军，被封为东平郡王。他表面上对大唐服服帖帖，暗中却策划造反。755年冬，安禄山召集15万人马在范阳起兵反叛。

安禄山是一个嘴上放蜜糖，心里藏砒霜的阴险之徒，正是这个唐朝朝廷一手捧起来的宠儿，造成了大唐帝国由盛而衰、由兴而亡的势态。

安禄山摇了摇头，说道："我肚子里装的是忠于大唐的一颗赤红的心啊！"

李义府堆笑步青云

唐朝时的李义府虽然出身寒门,在官场上却青云直上,最后竟做了右丞相。他为何如此官运亨通呢?

原来,李义府表面卑恭谦让,对人说话时满脸堆笑,但内心却无比阴险毒辣。他平时装出一副温和善良的样子,但了解他的人都知道他笑里藏刀,因此背地里人们都叫他"李猫"。

李义府很会溜须拍马,善于钻营。唐高宗李治还是太子时,他就上奏了一篇《承华箴》,表面上是劝诫,实际上极尽奉承献媚之能事,因此得到重赏。李治即位后,他也跟着升迁。到武则天做皇后时,李义府又上书奉迎,于是又被加官晋爵。

李义府一面巧言献媚,讨好高宗和武则天;一面到处为非作歹,营私舞弊。他不仅敲诈勒索,收人财物,而且还买官卖官、干涉司法。李义府的家里总是门庭若市,而他也总是微笑着接受各种贿赂。

李义府从外表看来显得很温和,同别人说话时也总是面带微笑,但实际上他气量很小,喜欢猜忌,阴险狠毒,正是笑里藏刀的典型。

杨廷和和颜捕江彬

明武宗死后,大学士杨廷和主持朝政。杨廷和传遗诏,解散威武团练各营,将所有入京的边兵都遣回原地。

兵马提督江彬接到诏书后,急忙与心腹商议对策。原来,江彬早已怀有异心,他觉得此时正是起兵造反的好机会,但又觉得此事非同小可,不能莽撞行事。于是,江彬派许泰入朝探听虚实。

杨廷和知道许泰此来绝非善意,便笑道:"许伯爵来得正好。大行皇帝仓促驾崩,我等忙乱不堪,本欲请公来协理此事,但遗诏上偏让'罢团营,遣边兵'。此事还需仰仗江提督,因此一时未奉请,还望见谅。"许泰见杨廷和态度谦恭,顿时解除疑虑,如实回禀江彬。

许泰一走,杨廷和立即与幕僚商议,决定伺机拿办江彬。后来杨廷和再次见到江彬时,言辞依旧谦和,江彬心中大安,遂准备谋反。次日,江彬带着数名卫士入宫,守卫对他说道:"坤宁宫已落成,昨日奉太后懿旨派大员及工部致祭,江公来得正是时候。"江彬满心欢喜,忙换衣入宫致祭。祭毕,又遇到杨廷和的心腹张永。张永请江彬宴饮,江彬欣然前往。数杯下肚后,忽有人报太后懿旨到。这时,江彬才知道太后要捕他入狱,想逃已经来不及了。

杨廷和巧用笑里藏刀之计稳住江彬,使江彬贸然入宫,结果却被束手就擒。

皮革推销员的奉承话

弗雷德·罗杰斯是一位销售经理,为新泽西的某个皮革公司做推销,公司已经生产出即将出售的新产品,这是一种加工成带状的皮革制品。他拜访一个顾客,微笑着问他:

"你认为我们公司的产品如何?"

"啊,我非常喜欢它,但是我想它是非常贵的,我应该为它付出一个非常荒谬的价格,在您之前我就听说过。"

"请您告诉我,"弗雷德·罗杰斯微笑着说,"看来您是一个非常有贸易经验的人,您和别人一样懂得皮革和兽皮,您猜想它的成本是多少?"那人受了奉承,回答他说可能是45美分一码。

"您说得对。"弗雷德·罗杰斯用惊奇的眼光看着他说:"我不知道您是怎样猜到的?"结果,罗杰斯以45美分一码的价格获得了他的订货单,双方对事情的结果都很满意。弗雷德·罗杰斯决不会告诉他的客户,公司最初给产品的定价是39美分一码。

在销售中适当地奉承别人,让别人觉得他自己很聪明,这样最后做成生意的可能性是很大的。这正是"笑里藏刀"之计的运用。

日本人的"鸿门宴"

有一次,外国一家公司的总经理,为了一桩重要生意,亲自飞往日本参加商业谈判。经过十几个小时的飞行,这位总经理感到筋疲力尽,于是临下飞机时对随行人员吩咐说:"我们现在最需要的是痛痛快快地洗个澡,然后美美地睡上一觉。所以下飞机后,我们哪里都不去,直接去旅馆。"

出乎意料的是,他们刚走下飞机的舷梯,与他们谈判的那家日本公司的欢迎队伍早就站在那里等候了。一个公关小姐上前对总经理说:"欢迎您到日本来。我们公司的总经理已经为您准备了欢迎晚宴,现在已经恭候多时了,请您一定赏光。"她一边说一边不停地躬身施礼,其盛情使人实在难以推辞。无奈,外国总经理一行先去赴宴。

宴会上酒菜十分丰盛,而且东道主表现得极为热情,也不知哪来的那么多的部门负责人,一个个地来劝外国总经理喝酒。这位总经理喝得很痛快,直到深夜才到旅馆休息。

第二天一大早,外国总经理还在睡梦之中,日方便来人敲门,说日方代表已恭候多时了。这位总经理匆匆忙忙地洗漱、穿戴完毕,来到谈判桌前。日方代表准备充分，精神焕发，头脑清醒，口齿伶俐，而外国总经理和他的随行人员还酒醉未醒，满脸倦意。这场谈判以日方的胜利而告终。

日本人在谈判前安排的酒宴，实属"鸿门宴"。在笑脸和热情之中，暗藏着"杀机"，虽然不是置人于死地，却也是要引诱对方上当受骗。

巧妙的批评

卡尔文·柯立芝于1923年登上美国总统宝座。这位总统以少言寡语出名，常被人们称作"沉默的卡尔"，但他也有出人意料的时候。

柯立芝有一位漂亮的女秘书，人虽长得不错，但工作中却常粗心出错。一天早晨，柯立芝看见秘书走进办公室，便对她说："今天你穿的这身衣服真漂亮，正适合你这样年轻漂亮的小姐。"

这几句话出自柯立芝总统口中，简直让女秘书受宠若惊，她的脸上顿时笑开了花。柯立芝接着又微笑着说："我相信你的公文处理也能和你的外表一样漂亮的。"果然，从那天起，女秘书在公文上很少出错了。

一位朋友知道了这件事，就问柯立芝："这个方法很妙，你是怎么想出来的？"柯立芝得意扬扬地说："这很简单，你看见过理发师给人刮胡子吗？他要先给人涂肥皂水，为什么呀，就是为了刮起来使人不疼。"

在批评别人之前，先给予充分的赞扬，在对方正欣喜的时候委婉地进行批评，这是为了让自己的批评更有效，更容易被人接受。这正是"笑里藏刀"计谋在处世当中的应用。

孙传芳甜言蜜语骗王永泉

1922年秋，曹锟命令孙传芳带兵去抢福建这块地盘。曹锟是直系军阀，而当时福建的军政大权却在非直系的王永泉手里。

孙传芳屯兵在福建省界上，只带了少数随从进入福建，编造一大堆谎言，诉说吴佩孚如何排挤他，说得声泪俱下。他向王永泉表示，只要两人同心合力，一定能在福建保境安民。他的甜言蜜语使王永泉渐渐相信了他。他还与王永泉指天发誓结拜为异姓兄弟。这样，孙传芳就把两旅的兵开进了福建，王永泉不但不疑，还以为壮大了力量。

1923年3月，曹锟正式委任孙传芳为福建军务督理。孙一面仍和王永泉笑着周旋，一面暗中调兵遣将，在一个夜间突然将自己的军队开进了福建省城。王永泉这才知道上当，但为时已晚，只得声明下野，逃到上海。因此，人们都称孙传芳是"笑面虎"。

李尔王流落荒野

不列颠国王李尔王有三个女儿，分别是长女高纳里尔、次女里根和小女儿考狄利娅。长女和次女都分别嫁给奥本尼公爵和康华尔公爵，小女儿尚未出嫁，但法兰西国王和勃艮第公爵已同时向她求婚。

李尔王年近八十，繁杂的国事令他疲惫不堪。他决定选一继承人治理国家，自己则安度晚年。这天，他把三个女儿叫到跟前，想知道哪个女儿最爱他。长女和次女十分伪善，她们花言巧语以博得李尔王欢心，她们说她们爱父亲胜过爱世上的一切。小女儿考狄利娅听了两个姐姐的话感到十分厌恶，她知道她们这样说是为了骗取父亲财产，轮到她时，她诚实地说："我的爱不多也不少，我按做女儿的本分爱父亲。"李尔听了很生气，觉得考狄利娅不孝顺，于是他把国土平分给长女和次女，一切大事交由她们处理，而考狄利娅却什么也没得到。

大臣们对李尔王这样的决定大为震惊，但面对盛怒的国王，谁也不敢谏言。勃艮第公爵看到考狄利娅一无所有，便不再向她求婚，但法兰西国王却看到了考狄利娅的高贵品质，于是把她娶回了家。

高纳里尔和里根都是表面和善，内心奸险的人，当她们得到想要的一切后，就原形毕露。她们把父亲看作累赘不理不睬，还让仆人也对他十分冷淡。她们还要把李尔王的卫队减少，但李尔王死活不肯。

一个雷电交加的夜晚，李尔王终于被两个女儿赶出了宫，流落到一望无际的荒野。直到这时，李尔王才悔悟自己不辨是非，错怪了小女儿。他又气又恼，最后精神失常，最终尝到了自己种下的苦果。

"女武神"迷住希特勒

1944年，盟军在法国诺曼底登陆成功，德国法西斯日趋灭亡。德军内部反战、厌战情绪越来越高，只有希特勒还认为有取胜的机会。这时，36岁的授勋军官、希特勒柏林陆军部办公室参谋长施陶芬贝格想杀掉希特勒，以结束这场旷日持久的残酷战争。

施陶芬贝格曾在战争中失去了一只眼睛和一只胳膊，当上柏林陆军部办公室参谋后，他利用职务之便联络了许多志同道合的人士，为刺杀希特勒及接管德军工作秘密筹划。想要谋杀希特勒首先就要接近他，但希特勒住在名叫"狼穴"的地堡里，那里戒备森严，根本无法潜入。此时，希特勒正为集中营内数百万劳工暴动之事发愁，于是施陶芬贝格心生一计。他连夜拟定了一个镇压外国劳工的计划纲要，将其命名为"女武神"，并要求与希特勒面谈。他相信有这一计划，希特勒一定会接见他。果然不出所料，6月7日，"狼穴"来电，希特勒要见他。

施陶芬贝格一进门便用他那仅有的一只胳膊向希特勒行了一个标准的纳粹礼，并高呼："元首万岁！"然后把"女武神"计划交给希特勒。希特勒看完后大加赞赏，说道："很好，你尽快修改，在一个月内拿出详细方案。"面对这个已经为他的战争牺牲了一只眼睛和一只胳膊，现在又为他分忧的年轻军官，希特勒不由心生好感。就这样施陶芬贝格赢得了希特勒的信任，也更加坚定了他刺杀希特勒的信心。

一个月后，施陶芬贝格再次去见希特勒，但这一次他的包里除了"女武神"的详细方案外，还有一枚定时炸弹。希特勒热情接待了他，并肯定了他的方案。他也谦逊地回答"请元首指教、修改"等客气话。但这次希特勒的死党戈林和希姆莱没在场，施陶芬贝格想同时炸死这三个魔鬼，因此没有引爆炸弹。

7月15日，希特勒再次召见施陶芬贝格。但会议时间很短，只有半个小时，施陶芬贝格根本来不及夹破引爆炸弹。

直到7月20日，施陶芬贝格再次去"狼穴"参加会议。有了前两次的失败教训后，施陶芬贝格这次做了详细筹划，甚至连逃跑路线也想好了。会议开始前，施陶芬贝格借换衬衣为由到一间卧室，迅速夹破了引爆装置信管。会议开始，首先是豪格将军汇报东线形势，而施陶芬贝格就坐在豪格旁边，装有炸弹的公文包就放在桌子底下。施陶芬贝格将公文包尽量靠近希特勒。在距爆炸还有五分钟时，他偷偷溜出会议室，按原定路线逃离"狼穴"。

五分钟后，炸弹爆炸，但希特勒并没有死，只是双腿受了伤。这是因为有一位军官无意中将那个公文包移到了桌子另一边，才使希特勒死里逃生。

谋杀希特勒虽未成功，但施陶芬贝格的"笑里藏刀"的行动是值得肯定的。爆炸后，希特勒还以为是外国劳工偷偷把炸弹放入会议室，根本没想到竟是忠心耿耿的施陶芬贝格所为。

第十一计　李代桃僵

【本计旨要】

"李代桃僵"是一种舍小保大的计谋。在两军对峙时,获得全胜往往很难,甚至有时候需要付出一定的代价或做出一定的牺牲。在这种情况下,要尽量牺牲局部以保全大局,牺牲眼前以希图长远,牺牲小的利益以换取更大的利益。所以说,李代桃僵就是趋利避害,实施本计的关键之处,是要会"算账"。

【计名探源】

此计语出自《乐府诗集·鸡鸣》:"桃生露井上,李树生桃旁。虫来啮桃根,李树代桃僵。树木身相代,兄弟还相忘?"李代桃僵的原意是指李树代替桃树受虫蛀,用来比喻兄弟间的友爱互助,后泛指互相替代、代人受过等行为。此计用在军事上,指在敌我双方势均力敌,或者在敌优我劣的情况下,用小的代价换取大的胜利的谋略。李代桃僵很像象棋棋法中的"舍车保帅"战术,"程婴舍儿保赵孤"的故事就是李代桃僵的典型事例。

【古文玄览】

势必有损,损阴以益阳①。

【说文解字】

①损阴以益阳:阴,此指某些细微的、局部的事物。阳,此指事物带整体意义的、全局性的事物。这是说在军事谋略上,如果暂时要以某种损失、失利为代价才能最终取胜,指挥者应当机立断,做出某些局部,或暂时的牺牲,去保全或者争取全局的、整体性的胜利。这是运用我国古代阴阳学说的阴阳相生相克、相互转化的道理而制定的军事谋略。

【古文今译】

当局势发展到必然有所损失时,应舍弃细微的、局部的损失而保全大局。

【计谋评点】

李代桃僵有以下五种含义:

(1)丢车保帅。在象棋中,为了保住帅,宁可丢掉最有攻击力的车。此法适用于各个领域。

(2)弃子争先。在围棋中,古人有"逢危须弃"的要诀。弃子从表面上看是失去了一些棋子，但有利于占据先手，达到全盘棋活的目的。此法亦具有普遍适用性。

（3）忍痛割爱。壁虎在遇到敌害时，会猛力挣断尾巴，用断尾吸引敌人的注意力，自己则趁机逃之夭夭。壁虎折断尾巴肯定痛苦，但为了活命，这样做也是值得的。其实，人比壁虎更会忍痛割爱。

（4）抓替罪羊。本来自己有罪，却把罪名强加到别人头上，这样便能使自己逍遥法外。这是一种阴险的手段。

（5）代人受过。在与自己休戚相关的人即将遭难时，自己主动替他承担罪责。这是一种主动献身的行为。

此计以"李"表示做出牺牲的一方，以"桃"表示被保全的一方。因此，"李"与"桃"之间要具备内在的联系，否则无法完成替代任务。要注意"李"轻"桃"重，不能顾此失彼，更不能反向替代。"李"的角色具有悲剧性，若想避免"代桃僵"的命运，应注意这样三条规则：一是非己之过莫要揽，二是是非之地莫要留，三是不白之冤莫要忍。

【事典辑录】

皇甫讷侠义助子胥

春秋战国时期，各国间为了加强外交往来，通常会进行联姻。公元前518年，楚平王派太子少傅费无忌向秦国的公主求婚。费无忌见秦国公主美貌无双，为了讨好楚平王，就把这个本该属于太子的秦国公主偷偷地献给了楚平王。

做贼心虚的费无忌怕自己的这一行为遭到太子报复，惶惶不可终日。为了免除后顾之忧，他暗中联合秦国公主，鼓动楚平王废掉太子建。在他们的多次挑拨下，昏庸的楚平王终于决定杀掉太子。不料太子事先得到消息，侥幸逃脱。

太子流亡期间，太子太傅伍奢因指责楚平王夺儿媳、废太子，被楚平王杀害了。伍奢的次子伍子胥只身向吴国方向出逃。当时，伍子胥必须越过要冲之地——昭关，才能到达通往吴国的水路——长江。而昭关地处陡峭的山间，地形险要，有一夫当关、万夫莫开之势。楚国原本就已在此地设关把守，这次为了追捕伍子胥，楚平王又加派了很多巡查人员。

伍子胥在离昭关不远的地方偶遇隐居在此的东皋公。东皋公是一位忠勇之士，曾见过关口悬挂着的伍子胥画像，所以一眼就认出了伍子胥。他对伍子胥说："关口盘查很严，你这一去，岂不是自投罗网！不如先到我家，等我想办法送你过关。"一连七天，东皋公每日用酒肉款待伍子胥，却从不提过关的事情。这天夜里，伍子胥辗转寻思，反侧不宁。第二天早晨，东皋公叩门而入，发现正当英年的伍子胥在一夜之间愁白了头发。东皋公高兴地说："如今你的容貌变了，别人很难认出你来了。正好我请来一位朋友，今日就帮助你过关。"

东皋公请来的人叫皇甫讷,此人长相与伍子胥有些相似。在东皋公的安排下,皇甫讷扮作伍子胥,伍子胥扮作仆人。东皋公还用汤药给伍子胥洗了脸,使其改变了肤色,更加难以辨认了。一行人于第二天黎明时到达昭关关口。不出所料,他们刚到昭关,守关军士就把皇甫讷当成是伍子胥,并立刻报告昭关守将,守将闻讯连忙下令将皇甫讷抓了起来。其他守关将士听说抓到了伍子胥,争相前来观看,都顾不上再盘查出入的行人了。伍子胥则乘机混入过关的行人之中,逃出关去。

皇甫讷侠肝义胆,在伍子胥遭追捕时,代人受过,用自己的身陷囹圄换取了伍子胥的安然出关。

程婴舍儿保赵孤

公元前607年,势力强大的赵氏家族设计刺死了荒淫无道的晋灵公,为民除害。几年后,晋景公即位。晋景公宠臣屠岸贾进言说:"当年赵氏家族弑杀了灵公,如今又在密谋造反了。"晋景公闻言大怒,便命屠岸贾灭赵氏一族。事先躲入宫中的赵妻幸免于难,不久生下一子,取名赵武。但不知怎么走漏了风声,屠岸贾到处寻找赵氏孤儿下落,并下令把晋国一月以上、半岁以下的婴儿全部杀死,还宣称要对藏匿赵氏孤儿者处以极刑。

在此危急时刻,赵家两位门客程婴和公孙杵臼商议如何保护赵武。程婴自愿献出自己的儿子,以其代赵氏孤儿一死。公孙杵臼说:"你把你的儿子交给我,然后你去向屠岸贾告密说赵氏孤儿藏在公孙杵臼那里。屠岸贾必定会将我和你儿子一同杀死。之后,你要把赵氏孤儿扶养成人,日后让他为父母报仇!"于是,公孙杵臼和程婴的儿子皆被处死,而真正的赵氏孤儿则被安全送出宫,由程婴抚养成人。

公孙杵臼一边大骂程婴,一边佯装乞求:"杀我可以,孩子是无辜的,请留他一条活命吧!"

赵武15岁那年,晋悼公为赵氏家族平反。赵武便请求晋悼公允许自己杀死屠岸贾一家为赵家报仇。晋悼公同意了。

程婴、公孙杵臼用李代桃僵之计救了赵氏孤儿,才使赵家留下血脉,并最终报仇雪恨。

李牧佯败灭襜褴

战国后期，赵国北部经常受到匈奴襜褴国的骚扰，边境不宁。赵王派大将李牧镇守北部门户雁门。李牧上任后，日日杀牛宰羊，犒赏将士，并下令只许坚壁自守，不许与敌交锋。匈奴摸不清李牧的底细，也不敢贸然进犯。李牧趁机加紧训练部队，几年后，李牧的军队兵强马壮，士气高昂。

公元前250年，李牧准备出击匈奴。他先派少数士兵保护边寨百姓出去放牧，匈奴人见状，立刻派出小股骑兵前去劫掠，李牧的士兵与匈奴骑兵刚一交手，便假装败退，丢下一些百姓和牲畜。匈奴人得胜而归。匈奴单于心想："原来这李牧也不过是一个胆小之辈！"于是，匈奴单于亲率大军直逼雁门。李牧料到自己的骄兵之计必能奏效，早就兵分三路，部署好了消灭匈奴单于的包围圈。匈奴军轻敌冒进，被李牧的兵阵分割成几处，最后被逐个围歼。单于兵败，落荒而逃，襜褴国灭亡。

李牧用小小的损失，换得了全局的胜利，完全得益于弃子争先之谋。

曹冲剪衣救库吏

俗语道：乱世用重典。曹操深谙此道，所以他采用的刑罚极为严酷。

一天，库吏发现曹操的马鞍被老鼠咬坏了。当时有一种说法是：如果谁的东西被老鼠咬坏了，谁就会倒霉。因此，库吏十分害怕，不敢把此事告诉曹操。

曹操的儿子曹冲知道此事后，对库吏说："不必害怕，我先去见父亲，随后你再禀告此事，我保你无事。"说完，曹冲先剪破了自己的衣服，看上去就像是被老鼠咬坏的一样。然后，曹冲假装一脸愁容地去见曹操。曹操见状问他怎么了，曹冲回答说："人们都说衣服被老鼠咬坏了会不吉利，我的衣服被老鼠咬了，所以心情很沉重。"

曹操劝慰道："这是无稽之谈，不要放在心上。"不一会儿，库吏来禀报曹操的马鞍被老鼠咬坏之事，曹操听后不以为然地说："连我儿子的衣服都被老鼠咬坏了，何况是库房里的马鞍呢！"于是，库吏逃过此劫。

曹冲自愿当"李树"来为"桃树"库吏开罪，凭借一件剪破的衣服拯救了库吏的性命。

不一会儿，库吏禀报说马鞍被老鼠咬坏了，曹操不以为然地说："连我儿子的衣服都被老鼠咬坏了，何况是库房里的马鞍呢！"

完子殉国息干戈

公元前481年，齐国大夫田成子发动政变，杀掉齐简公，另立齐平公，掌握了齐国的朝政。不久，越国以田成子谋逆篡权为由，出兵攻打齐国。

田成子闻讯后十分惊慌，急忙召集幕僚商议对策。田成子的兄长完子献计说："请大王准许我带领一批贤良之士出城迎敌，这一仗我们一定要真打，而且一定要战败，甚至要全部战死。唯有如此，才能退越兵、保齐国。"

田成子疑惑不解地问道："这是为何？"

完子答道："你刚开始治理齐国，所以百姓一定不会为你卖命。只有那些认为齐国蒙受了耻辱的贤良之士才会冒死迎敌。"

田成子又问："那为何又要'战必败、败必死'呢？"

完子回答说："越国出兵是想在诸侯面前逞威风，以博取'正义'之名。他们明知道此次出兵是根本不可能吞并齐国的，所以我带贤良之士出兵，战而败、败而死，就是'以身殉国'。越国见已经杀死了你的兄长，其目的也就达到了。况且越国看到齐国有这样一批视死如归的勇士，必将有所畏忌，一定会班师回国。"

听完兄长的话，田成子感动不已。最后，他听从了兄长的建议。越国果然在杀死这批齐国的贤良之士后退兵，齐国转危为安。

完子权衡利弊，舍身为国，用李代桃僵之计，保全了齐国。

曹操借头稳军心

东汉末年，军阀割据，出身于贵族世家的袁术占据了淮南，并于197年在寿春称帝。袁术的做法引起了各路势力的普遍不满。割据兖州的曹操首先发难，兴兵讨伐袁术。

这一年，曹操与袁术在寿春一带相持达几个月之久，战争处于胶着状态。由于曹操远离后方，旷日持久的对峙使其军中粮草马上就要用尽了。为节省现存的一点粮食，曹操把典仓吏王垕召来，命他用小斗付粮以拖延时日。

过了几日，士卒因口粮不足，心生不满。曹操知道：军心不稳，必败无疑。于是，曹操把王垕叫到帐内，对他说："我想向你借一样东西稳定军心，不知你是否肯借？"王垕说："只要丞相需要，我在所不惜！"

曹操陡然变色，厉声说："就是你的项上人头！"王垕大惊失色，说："我无罪！"曹操说："我也知道你无罪，但若不杀你，恐怕军心就难以稳定。"说完，曹操手起刀落，王垕的头就落在了曹操手中。

曹操走出营帐，通告全军："典仓吏王垕故意克扣军粮，现已查实，特斩首示众。"士卒们都不知道其中详情，见到王垕的头，都认为曹操公正无私，不满情绪很快就消失了。

曹操采取李代桃僵的手段，舍弃他人，保全自己。典仓吏王垕在稀里糊涂之中做了替罪羊。

汉番联姻

汉高祖的时候，匈奴的冒顿单于率40万大军包围了韩王信的封地马邑（今山西朔州）。韩王信难以抵挡，便向冒顿求和。汉高祖知道后，派使者责备韩王信。韩王信害怕受到惩罚，干脆向匈奴投降，献出了马邑。之后，冒顿继续向南进攻。汉高祖御驾亲征，前去征讨，由于轻敌，他率领一队人马刚到平城（今山西大同东北），便被匈奴军围困在平城东面的白登山，七天七夜之后才解围。

这之后，汉高祖再不敢轻视匈奴的实力，他急召谋士刘敬询问对策。刘敬献计说："如果陛下肯把公主遣嫁给冒顿，召他为婿，他会慕德怀恩，立公主为后，将来生下孩子，必然是王位继承人，陛下若利用这种翁婿关系，可以问时问岁，馈赠珍宝。这样，就是最凶暴的老虎也可变坐骑的。"

高祖一听，面有愠色，说："堂堂中国皇帝，怎可以把公主配给周身散发着羊骚的野蛮人呢？不给人笑话吗？""当然，我也想到陛下不肯把爱女送给匈奴，不过事在人为，只要有此主意，有此决心，变通办法还是有的，可以来个李代桃僵呀！在宫里找出一个漂亮的宫女，冒称公主，把她嫁出去不就行了吗？"

高祖听了才反怒为喜，经过一番安排之后，便派刘敬为使，把美人送到匈奴去。果然冒顿欢喜非常，愿与汉朝结亲。从此以后，汉番代代联姻，世世相好，和平共处了很多年。

柯达的反击

1984年的洛杉矶奥运会前，富士公司为了从柯达公司手中夺取更大的市场份额，花了几百万美元，获得了此届奥运会胶卷的指定产品资格。富士压根儿就没有想到柯达会采取反击行动，所以便高枕无忧地等待着奥运会的开幕。

柯达发现，富士公司的"指定产品"营销活动，仅限于运动会举办的那两周时间和指定的体育场馆，在其他的时间和地点，富士并没有什么特殊的举动。于是，柯达公司将宣传的重点放在了奥运会举办前那狂热的六个月中。柯达公司赞助了美国田径队和奥运会田径预选赛，聘用有可能夺冠的几个热门运动员为其大力宣传，并且使整个洛杉矶充满了柯达的出版物、电视片和张贴广告。待到夏季奥运会来临时，很多人甚至没有注意到富士公司，反以为是柯达赞助了这届奥运会。

在获取奥运会指定产品资格一战中，柯达输给了富士，柯达能痛定思痛，采取"李代桃僵"的策略，抓住富士公司的薄弱点进行猛攻，尽管花费不少，但总算没有在奥运会的整体战役中彻底输给对手。

瓷器公司的经营之道

美国有一家瓷器公司，公司女老板把产品生产线分成三条：一条生产高档艺术品，精雕细刻，制作出来的产品非常精美；一条生产中档产品；一条生产低档产品。这三个档次的产品中，唯有中档产品挣钱，高档产品基本上是赔本的，而低档产品全部手工制作，利润十分微薄。

既然只有中档产品挣钱，那为什么这位女老板要保留两条不挣钱的生产线呢？原来，这位女老板很有头脑。当她接手这家公司时，就制定了一个战略目标：她的产品要以工艺精湛著称于世，成为艺术珍品，能为美国国家博物馆所珍藏，借此抬高产品的身价，提高企业的知名度。

为此，她采取了上述做法。高档产品不挣钱，目的是创名牌、扩大声誉；生产低档产品的目的是培养艺术人才，以手工制作的精细显示产品的艺术价值。实际上这位女老板是以牺牲两条生产线的代价，来保证中档产品大幅度盈利。后来的事实证明她是对的。

这位女老板将本可用于扩大生产的人力、财力投在创造声誉、提高知名度上，从长远上看，是明智的。许多经营者深知其理，却不敢应用于实际。毕竟，面对局部利益与全局利益、长远利益与眼前利益的困扰，"李代桃僵"的计策并不容易理解和推行。

女人戴男帽

曾经有一段时间，法国男子追求美式潇洒，不时兴戴帽子。市场上男帽滞销，帽商一筹莫展。

最后，帽商请出著名的服装设计大师做电视广告。他只说了一句话："女人戴男帽，俏上加俏。"有的女郎一试戴，果然别有一番风韵。立时一股男帽风席卷法国妇女群，刮得她们晕乎乎的，一个劲地猛掏钞票购买。

法国帽店因而门庭若市，不论是牛仔帽、鸭舌帽还是老式毡帽，多年的积存全部一扫而空。各时装店不得不临时增设帽子专柜，以接待潮涌而来的顾客，巴黎百货公司则干脆把男帽并入女帽部。帽商们大发其财，抹掉一身冷汗后，喜不自禁。

把男人的帽子卖给女人，把不利的生意转变成火红的生意，这就是"李代桃僵"的巧妙之处。

丰田公司进军美国市场

20世纪40年代初，日本只能生产卡车和公共汽车，没有生产小轿车的能力。但是，日本厂商对市场进行预测后发现，不久的将来，世界对小汽车的需求量将会剧增。于是，日本从1949年开始发展小轿车生产。

20世纪60年代中期，日本丰田公司在对美国汽车市场调查后发现，美国人把汽车作为地位和性别象征的传统倾向正在改变，对汽车的要求更趋实用化，许多人仅仅把汽车看作交通工具而已。美国人喜欢脚部活动的空间大、操作简便、行驶平稳的车，但同时又希望减少费用。因此，他们更倾向于购买停靠方便、转变灵活、消耗低、维修方便的小型轿车。而美国汽车制造商恰恰忽视了美国人的这一需求趋向，继续生产大型豪华轿车，在消费者中引起逆反心理。

日本丰田公司便利用这一分析，抓住机会，设计制造了大量小巧灵活、性能高、油耗低、价格廉的小型轿车，一举打入美国市场。同时开展售后服务，展开声势浩大的广告宣传，从而击败了美国对手，摘取了美国小型汽车市场销售的桂冠。

红军沉炮过河

红军一渡赤水时，要经过一座简易的木桥。几个红军战士抬着一门大炮颤巍巍地走上桥，桥被压得吱吱发响，眼看就要被压断了。战士们不知如何是好，进退两难，急得满头大汗。

正在这时，毛泽东及时赶到。他见此情景，急忙下令："沉炮！"但战士不忍心把心爱的大炮沉入水底，仍犹豫不决。毛泽东再次下令："沉炮！"战士们才使劲一推，将大炮沉入水中。桥保住了，红军们顺利渡了河。

毛泽东采用李代桃僵法，宁可损失为数不多的大炮，也要争取时间尽快渡河。因此，要考虑全局的胜利，就不要在局部问题上斤斤计较。

丘吉尔忍痛割考文垂

1939年8月，英国成功破译了德国代号为"迷"的超级密码。从那以后，英国人便能及时获得有关德国的准确情报，英国皇家空军总在关键时刻即时出动作战，屡屡挫败德国空军。后来，德国人开始怀疑"超级密码"泄密，并决定进行一次空袭试验。

1940年11月12日晚，英国人获悉，48小时后德军将空袭英国工业名城考文垂，这次行动代号为"月光奏鸣曲"。英国本有足够的时间加强考文垂的空中防务，但这样一来，德军就会知道"超级密码"已被破译。

最后决定落在首相丘吉尔身上。面对这种两难选择，丘吉尔反复权衡，认为"超级密码"是未来战争中英国人手中的法宝，它比一个城市的安全更重要。于是，为了全局利益和战争的最后胜利，丘吉尔决定牺牲考文垂来保住"超级密码"。

两天后，德国的"月光奏鸣曲"行动如期进行，考文垂没有任何防范，德国飞机在其上空袭击近10个小时，投下了5000多枚重磅炸弹，有600多人丧生，考文垂变成了一片废墟。

成功炸毁考文垂后，德国人不再怀疑"超级密码"被破译。在后来的阿拉曼战役中，英国人破译了希特勒与隆美尔之间的全部电报，为战争的最后胜利奠定了基础。

克里斯蒂智斗强盗

一天晚上，英国侦探小说家阿加莎·克里斯蒂从朋友家往回走。当她走到一幢大楼的阴影处时，突然跳出一个身材高大、手持尖刀的强盗。

"你，你想做什么？"克里斯蒂很害怕。

"把你的耳环摘下来！"强盗恶狠狠地说。

克里斯蒂不愧是优秀的侦探小说家，她很快便安定下来，并想出了对策。她努力用大衣领子护住自己的脖子，然后摘下耳环扔到地上，说："拿去吧！现在，我可以走了吗？"强盗看到她对耳环满不在乎，却一直用衣领捂住脖子，猜想她脖子上一定有条价值不菲的项链。于是，强盗并没有弯腰去捡耳环，而是厉声对克里斯蒂说："把项链拿来！"克里斯蒂极不情愿地摘下项链，强盗一把抢过来飞也似的跑了。克里斯蒂舒了口气，捡起耳环回家了。

原来，克里斯蒂的钻石耳环价值480英镑，而被强盗抢走的项链只是玻璃制品，只值6英镑。克里斯蒂采用李代桃僵的办法，巧妙地用一条玻璃项链保住了昂贵的钻石耳环。

第十二计　顺手牵羊

【本计旨要】

"顺手牵羊"原指在路上乘便牵走人家的羊。通俗地说，就是瞅准对方的空子，顺势"捞一把"的意思。顺手牵羊比喻在实现主要目的的过程中，伺机取利，赢得意外的收获。实施此计的关键在于"顺手"，即来去顺路，取之顺手，赢之顺时，得之顺便。如果在不顺手的情况下强行取利，不仅徒劳无功，而且会影响原有的主要目的的实现。

【计名探源】

此计语出《草庐经略·游失》："伺敌之隙，乘间取胜。"后人以顺手牵羊形象地比喻利用敌人的疏忽大意，向敌人的薄弱处发展，创造和扩大战绩的一种谋略。在战争史上，运用"顺手牵羊"之计的战例不胜枚举。如春秋时，晋献公途经虞国灭掉虢国，回师虞国时又乘其不备，灭掉了虞国；秦穆公攻打郑国，兵至滑国时，知郑国已有戒备，灭郑没有希望，就顺手灭掉滑国，然后班师回秦。这些都是典型的例子。

【古文玄览】

微隙在所必乘①；微利在所必得。少阴，少阳②。

【说文解字】

①微隙在所必乘：微隙，微小的疏忽。乘，把握、利用。

②少阴，少阳：少阴，指敌方小的疏漏，少阳，指我方小的得利。句意为，我方要善于捕捉时机，将敌方微小的疏忽转化为我方微小的胜利。

【古文今译】

再微小的疏忽，也必须加以利用；再微小的利益，也要努力争取。变对方的小疏忽为我方的小胜利。

【计谋评点】

本计的要点是"乘隙"，即抓住对方的漏洞。是人就会犯错，一支队伍在行动的过程中不可能不出现差错。比如，大军急于前进，各分队进军的速度可能不同、给养可能不足、协调可能不灵，战线拉得越长，其可乘之机一定越多。当对方出现差错时，一定会想办法尽快弥补。我方要做的就是抓住其疏漏，扩大其漏洞，不依不饶地给其攻击，直到对方的疏漏发展到不可收拾的地步。这个方法，胜利者可以运用，失败者也可以运用；强大的一方可以运用，弱小的一方也可以运用。在战争史上，一方经常派遣小股游击队钻进敌人的心脏，神出鬼没地打击敌人，通过攻击敌人的薄弱环节进而顺手牵羊的例子数不胜数。

顺手牵羊是为了充实自己的力量，其方式是和平攫取，比趁火打劫稍微高明一些。但毕竟和平攫取的机会并不常有，而如果想要创造攫取的机会也不会寄希望于和平。不管是明贪、暗贪，明动、暗动，其方法各不相同，但其目的却是一致的，即把别人的利益据为己有。因此，如果把顺手牵羊看作是仅凭运气，那就大错特错了。

【事典辑录】

弦高顺势解国难

春秋时，秦将孟明视率领大军准备偷袭郑国。就在秦军大举压向郑国时，忽然有人拦住了军队的去路，那人自称是郑国派来的使臣。孟明视大吃一惊，遂亲自接见他。那使臣说："我叫弦高。我们的国君听说将军要来郑国，特地派我送上一份微薄的礼物。"接着，他献上四张熟牛皮和十二头肥牛。

孟明视大惊："既然郑国派来了使臣，说明郑国早已有了作战准备，这样的话，想要偷袭就不可能成功了。"随后，孟明视收下了弦高的礼物，说："我们并不是准备到贵国去，你们何必这么费心。"弦高走后，孟明视对手下的将军说："郑国已经有了准备，我们偷袭不成了，还是转道回国吧。"

其实，孟明视上了弦高的当。弦高只不过是个牛贩子。他在贩牛的路上正好遇到了浩浩荡荡的秦军，知道情况非常紧急，便急中生智，冒充郑国使臣蒙骗孟明视，暗示郑国早有防备，使秦军移师他处。

弦高的本来目的是贩牛，却顺势以牛为礼物，替郑国解了大围，顺手所牵之"羊"可谓大矣！

弦高赶着牛，来到滑国，正好遇到秦军。他献上牛，说："听说将军要到郑国来，我们国君正恭候您的到来，还派我带了十二头牛来慰劳贵国的士兵。"

李愬借隙捉逆臣

唐朝中期，各镇节度使都拥有军事、经济大权，根本不把朝廷放在眼里。唐元和九年（814年），淮西节度使吴少阳病死，其子吴元济自领军务，拥兵作乱，率军在舞阳、叶县等地烧杀掳掠。元和十一年（816年）冬，李愬主动请缨征讨淮西，唐宪宗遂任命李愬主持攻取淮西的西路战事。

李愬到任后，散布言论说自己根本无心攻打吴元济。吴元济仔细观察了李愬的一举一动，见他毫无进攻之意，也就放松了警惕。其实，李愬早已擒获了吴元济手下的大将李佑，并对其优待有加，感动了李佑。李佑告诉李愬，吴元济的主力部队都部署在洄曲一带，以防止官军进攻；而防守蔡州城的不过是一些老弱残兵。蔡州是吴元济最大的漏洞，如果想要出奇制胜，应该迅速直捣蔡州，并活捉吴元济。

李愬在一个雪天的傍晚，率领精兵抄小路直抵蔡州城边。趁守城士兵呼呼大睡时，李愬命人爬上城墙杀掉守兵，随后打开城门，让部队悄悄涌进城。睡梦中的吴元济被活捉，其驻扎在洄曲的主力部队见大势已去，便纷纷向李愬投降。

李愬看准时机，不但生俘吴元济，还使其主力部队不战而降，将顺手牵羊之计运用得极为娴熟。

曹操奇兵袭乌巢

东汉末年，豪强拥兵割据，逐鹿中原。当时袁绍拥有冀、青、幽、并四州，他自恃兵多粮足，图谋相机消灭仅据兖、豫二州的曹操。建安五年（200年）一月，袁绍率精兵10万南下讨伐曹操。同年春，曹操于白马（今河南滑县境）击斩袁将颜良，大败袁军。袁绍初战失利，锐气受挫，改分兵进击为结营紧逼。两军对垒于官渡，相持数月。其间，袁绍谋士许攸投奔曹操，说袁绍新近在乌巢（今河南延津东南）囤积了万余车粮草辎重，并建议曹操出奇兵偷袭乌巢。曹操纳其言，亲率5000步骑，冒用袁军旗号，人衔枚马勒口，每人带一束柴草，借着夜色掩映从小路偷袭乌巢。曹操击败乌巢守将淳于琼后，烧毁其粮草辎重万余车。

火烧乌巢后，曹操率军行至偏僻小路时，与袁绍部将蒋奇所率的救援乌巢的军马相遇，此时躲闪已经来不及了。当袁军探问时，曹兵谎称："我们是淳于琼的部下，刚从乌巢败回。"袁军见对方打的是自家旗号，并未生疑。于是两军狭路擦肩而过。

曹操纳其言，亲率5000步骑，冒用袁军旗号，人衔枚马勒口，每人带一束柴草，借着夜色掩映从小路偷袭乌巢。

曹操大将张辽见蒋奇行至身边，趁其不备，挥刀将蒋奇斩杀。随后又遣人冒充蒋奇军兵，去袁绍处报信说："蒋奇已杀死乌巢曹军。"于是，袁绍不再派兵。

曹操火烧乌巢之后，其主要目的是尽快撤回营寨，未料途中遭遇敌将，曹操在顺利灭敌的同时，又成功地欺骗了袁绍，意外收获两重战果。

诸葛恪添字得驴

三国时期，东吴孙权身边有一位谋士，名叫诸葛瑾，字子瑜。他的脸很长，所以被人讥笑为"驴脸"。他的儿子名为诸葛恪，天资聪颖，被人称为"神童"。

这天，孙权摆宴招待大臣，酒足饭饱之际，孙权心血来潮，命人牵来一头驴，然后写了一张纸条贴在驴头上，上面是四个大字：诸葛子瑜。在场的大臣见了不禁哄堂大笑。诸葛瑾尴尬不已。站在一旁的诸葛恪看到父亲遭受到如此的侮辱，愤愤不平。他脑子一转，想出一个计谋。于是跪倒在孙权的面前请求道："请大王允许我再添上两个字。"孙权欣然应允。只见诸葛恪握着毛笔，在纸条后面加上了"之驴"两字，于是，纸条上的字变成了"诸葛子瑜之驴"。在场的人起初一惊，待领会其意后不禁暗暗点头赞许。于是，孙权将这头驴赐给了诸葛父子。

诸葛恪凭借自己的聪明才智，不仅为父亲轻松解围，挽回了面子，还白白得到一头驴，正是顺手牵羊的典型例子。

楚国施助得赵国

公元前354年，魏惠王派大将庞涓率精锐之师进攻赵国。形势危急，赵王慌忙派遣使者前往楚国求救。

楚王犹豫不决，于是召集群臣商议此事。楚相昭买不同意立刻出兵，他认为应当任凭魏国攻打赵国，待魏赵两国两败俱伤后，楚国可以坐收渔人之利。而景舍却反对昭买的提议。景舍认为应当以救援赵国为名趁机削弱魏赵两国的实力，并顺手牵羊，为楚国谋取利益。

最后，楚王采纳了景舍的建议，命景舍立即带领人马打着救赵的旗号，跨越赵楚国界，顺利进入赵国。

楚国运用景舍的"顺手牵羊"之计，最终达到了进入赵国的目的。尽管后来庞涓在围困邯郸城七个月后，仍旧占领了邯郸。但是不能否认，景舍的"顺手牵羊"之计还是成功地实施了。

郑和寻帝下西洋

郑和，原名马三保，自幼入宫做太监。明成祖继位后，郑和被选中总管出使西洋的事务。从1405到1433年，郑和率领船队七次下西洋，先后到过37个国家，走遍了印度洋沿岸各国，最远到达了东非海岸的摩加迪沙。

关于郑和下西洋的意义早有公论：郑和的船队满载着瓷器、丝织品、铁器等，与西洋各国开展贸易，换回了亚非各国的许多特产，广泛促进了明朝与亚非国家的经济交流。郑和下西洋还扩大了明朝在世界上的影响，扬威名于国土之外。

关于郑和下西洋，还有另外一种看法，认为上述这些成就也可以看作是郑和顺手牵来的"羊"。这种看法认为郑和下西洋的主要目的是寻找明惠帝。当年，明惠帝在位时定策削藩，各地封王一夜之间被废为庶人。这时，早有野心的燕王朱棣起兵造反，开始了长达三年的战争。最后，这场"靖难之役"以朱棣的胜利而告终。离奇的是，在皇宫被焚后，明惠帝却下落不明。

为了寻找失踪的明惠帝，朱棣派太监郑和出使西洋各国，以贸易往来为掩护，暗中搜寻明惠帝的下落。

燕王朱棣登上皇位后，非常担心明惠帝会卷土重来，于是，寻找失踪的明惠帝成为朱棣的头等大事。于是，朱棣派熟悉明惠帝相貌的太监郑和出使西洋各国，以贸易往来为掩护，暗中搜寻明惠帝的下落。结果，明惠帝没有找到，客观上却取得了经济和政治上的双丰收。

9名解放军生擒350名敌人

在解放石家庄的战役中，曾发生了一个9名解放军战士抓获350名俘虏的故事。

对石家庄发起总攻之后，晋察冀野战军第三、四纵队开始从东北、西南对角进攻，最后在石家庄守敌司令部大石桥处会合。在进军大石桥的途中，第三纵队下属一个班9名战士发现了一所别墅。从外表上看，这应该是一座国民党守敌改建的防御碉堡，因为这处别墅的窗户都被砖头堵死，上面是一排排马蜂窝似的射击孔。

眼看天色还早，班长张惠风便对战士们说："同志们，此时离我们汇合大石桥还有一个小时。咱们正好乘黑偷袭这所别墅，可不能放过这送到嘴边的肥肉啊！"于是，在班长张惠风带领下，战士们悄悄摸到别墅的墙根下，沿着墙根绕了一圈，发现一扇被砖头堵死的门。他们一块块地拆下砖头，赫然发现此门通往室内。整座别墅只有二楼的一个大房间灯火通明，守敌们正在开会。张惠风带领战士们迅速地冲进去，很快把枪口对准了这群猝不及防的敌人。其中一个反应机敏的军官开枪射向张惠风。子弹从张惠风的耳边飞过，没等他开第二枪，就被一个战士击毙。张惠风手持手榴弹，跳上桌子，大声喊道："我军早已包围了石家庄，消极抵抗只有死路一条。请立即放下武器，我军向你们保证：第一，绝不伤害你们的生命；第二，私有财产不没收；第三，善待俘虏；第四，愿意回家的提供路费。"张惠风字字掷地有声，一口气说完了上面的话。

别墅内刹那间安静下来，突然，"哐啷！"一声，第一支枪被扔到地上。接着第二支，第三支……没多久地上就堆起了一座小山。

"排队，一个接一个出去，到楼下集合！"张惠风厉声说道。于是，俘虏们排成一队，鱼贯而出。待到楼下清点时，居然有350人。

亚尔默的"矿苗"

一百多年前，美国西部掀起了一股淘金热。一个叫亚尔默的青年和许多淘金者一样，肩扛铁锹，怀着灿烂的黄金梦，千辛万苦地来到了加利福尼亚州的一个山谷。这里烈日炎炎，环境相当艰苦。在叮叮当当的铁锹声中，到处夹杂着痛苦的抱怨声："这鬼地方！一滴水都没有。"

亚尔默没有怨天尤人，而是心一动，问一个在此采金已久的淘金者："先生，在这里，这样的天气多吗？""怕了吧？小伙子，这样的日子多着呢，跟黄金一样，都是加利福尼亚的特产！"这番话使亚尔默感觉到，找到属于他的"矿苗"了。于是，他毅然把铁锹换了个方向，使之向远处的小河挖去。他终于挖通了一条小小的引水渠，把河水经过细沙过滤，变成了清凉的饮用水。然后，他再把水装在桶里卖给淘金者。

在很短的时间里，亚尔默就靠着那一桶桶的清水，赚了6000美元！而其他许多人因掘不到金子，不得不遗憾地退出了黄金战场。这个故事启示我们：无涓流不成江河，千万不要看不起"蝇头小利"，尤其是自己实力有限时，宁做"顺手牵羊"的亚尔默，也不做抱恨而去的淘金者。

系领带的客商

一天，在法国的一家著名的照相器材厂里，一批身着西服、系着领带的日本客商正在参观。给他们当向导的是实验室主任，他是一个细心的人，担心日本借访问之机窃取机密，所以一边热情地回答客人们提出的各种问题，一边暗暗地注意客人们的一举一动。

实验室主任注意到，有一个日本客商对一种新的显影溶液特别感兴趣。他的领带比一般的领带长一些，当他俯身观察显影溶液时，领带末端恰好浸入了溶液之中。

日本客商这一极平常的动作，没有逃过那位精明的实验室主任的眼睛。实验室主任心想：多么狡猾的日本人！他只需回去将领带末端的溶液化验一下，便可以轻而易举地获得这种显影剂的配方。这可是本厂最核心的机密啊！绝不能让日本人得逞。

实验室主任急忙叫来一位公关小姐，对她吩咐一番。不一会儿，公关小姐拿着一条崭新的领带出现在这位工于心计的日本客商面前，用她那甜润的嗓音说道："先生，您的领带弄脏了，给您换上一条新领带，好吗？"

"噢——好吧，谢谢你！"日本客商知道，拒绝主人的这番好意是不礼貌的，而且还可能引起怀疑。于是，他一边道谢，一边解下了领带。从他的神情可以看出，他为自己功亏一篑而感到惋惜。日本客商"顺手牵羊"的窃密图谋就这样落空了。

奥蒙德公爵的意外收获

1702年的一个晴朗的夏日，一支英国舰队突然出现在西班牙的加迪斯港。这支英国舰队此行的目的是夺取加迪斯港，以便控制地中海的入海口。指挥这支英国舰队的是奥蒙德公爵。当舰队临近港口时，由于不明敌情，他没有立即下达进攻的命令。事实上，港口的西班牙守军没有坚固的防御，如果英国舰队发动突然进攻，就会很顺利占据港口。当奥蒙德公爵下令登陆时，港口的西班牙守军已经做好了战斗的准备，结果英军攻打了一个月之久，港口仍牢牢地掌握在西班牙人的手里。乔治爵士向奥蒙德公爵建议说："再打下去我们可支撑不住了，不如收兵回国吧！保存一些兵力也好向国王交代。"奥蒙德公爵此时的情绪很低落，喃喃地说："事到如今，只有这样了。让各舰清点人数和食品、淡水储备量，计算好每天的消耗，马上启程回国。"

英国舰队正准备返航，有人向奥蒙德公爵报告：一批西班牙的运宝船，刚刚停靠在离加迪斯港不远的比戈湾。奥蒙德公爵一听顿时来了精神，心想：这次远征一无所获，如果抢了这批宝物，大家发财不说，回去在国王面前也好交代。于是，他命令舰队向比戈湾全速前进。英国水兵在发财欲望的刺激下，对西班牙运宝船进行了疯狂的洗劫。

奥蒙德公爵将劫得的100万英镑的宝物献给英国国王威廉三世，并添油加醋地描绘一番。由于奥蒙德公爵顺手牵了一头"大羊"，国王不仅没有责怪他督战不力，反而大大表扬他一番。

勃列日涅夫故弄玄虚

20世纪70年代初期，苏美两个超级大国的军事竞争呈现白热化态势，当时的美国舆论界有这样一种说法,苏联内部有"鹰派"和"鸽派"两大派别。"鹰派"指的是强硬派,他们主张与美国硬碰硬,用武力执行扩张政策;而"鸽派"则是温和派,他们主张和平谈判和裁军。舆论还指出,苏联的这两个派系目前争得不可开交,如果美国对苏联态度过于激烈的话,"鹰派"势必就会占上风,这样对美国没有任何好处。

事实上,苏联政府内部并未分所谓的"鹰派"与"鸽派"。然而,当勃列日涅夫听说这个传闻时,却决定推波助澜。1971年,美国国家安全事务助理基辛格出访苏联。当双方谈到军备控制的问题时,谈判进入僵局。这时,勃列日涅夫突然站起来,说:"我绝非有意刁难,你们大概也听说了,我们政府内部意见并不一致。我的压力也很大。如果我让步,反对派必会攻击我。不然这样好了,你们稍等一下,我去试着说服那些顽固派,也许事情会有转机。"

于是,勃列日涅夫走出了谈判大厅,在外面转了一圈后,又回到谈判桌。他无奈地朝基辛格耸了耸肩膀,说道:"唉,我尽力了,但还是没有说服他们。你们别把我逼得太紧,否则那些顽固派就会联合起来反对我,这可对美国极为不利。你们也应该做出适当的让步,帮助我战胜那些顽固派吧。"话已至此,基辛格也没有什么理由反驳了,接下来的谈判便开始向苏联所希望的方面发展。

微隙必乘的卖主

在一家组合音响的销售门市部里,一对正在筹办婚事的情侣看中了一台式样别致、功能齐全、音色柔美的高级组合音响。善于察言观色的营业员见两人踌躇不前,判断两人已产生了一定的购买欲望,便主动上前热情地为他们介绍该音响的特点、主要操作方法及市场上的销售状况、用户的反应等,以此证明该音响价廉物美,质量上乘,操作方便。看到二位有些心动,不住地点着头,营业员又乘胜追击,诚心诚意地说:"新婚家庭添置一台音响,将会增加一份温馨的甜蜜,更添一种浪漫、快乐情怀,是绝对少不了的呀!"紧接着又为他们进行了一系列的服务,所有的条件都得到满意答复后,两人高兴地以双方能接受的价格成交了。

事后,在场的人们无不佩服这位营业员乘隙而入、顺势而取的谈判技巧。实际上,他之所以能获得谈判的圆满成功,还在于他事先心中有"羊",否则,即使有了"顺手"之机,也牵不回羊,空留遗憾。

第三套 攻战计

第十三计　打草惊蛇

【本计旨要】

本计的要点是"叩实",即打探对方的真实想法和意图,再以此决定自己的行动。战争中,隐藏意图很重要。如果让对方察觉出自己的意图,计划就会泡汤。所以要先不露声色地打探对方的意图,抢先破坏对方的行动计划。

【计名探源】

打草惊蛇,语出段成式《酉阳杂俎》:唐时当涂县的县令叫王鲁。王鲁贪得无厌,见钱眼开,只要有利可图,他都不顾是非曲直,颠倒黑白。他在做当涂县令期间,干了许多贪赃枉法的坏事。

常言说,上梁不正下梁歪。王鲁属下的那些大小官吏见上司如此贪赃枉法,便也一个个变着法子敲诈勒索、贪污受贿,巧立名目搜刮民财。当涂县老百姓的生活苦不堪言。

一次,朝廷派员下来巡察地方官员情况,当涂县老百姓见有朝廷大员巡察,便联名写状子,控告县衙里的主簿等人营私舞弊、贪污受贿的种种不法行为。

状子最先被递送到了县令王鲁的手上。王鲁把状子粗略地看了一遍,立刻吓得心惊肉跳,直冒冷汗。原来,老百姓在状子中列举的种种犯罪事实,全都和王鲁干过的坏事类似,而且其中还有许多坏事都和他有牵连。虽然状子是控告主簿等人的,但王鲁觉得就跟告发自己一样。他越想越害怕:如果老百姓再这样继续控告下去,也许马上就会告到自己头上来。这样一来,朝廷知道了实情,查清了自己在当涂县的胡作非为,自己岂不是要大祸临头!

王鲁压抑不住内心的惊恐,不由自主地用颤抖的手拿起笔在案卷上写下了他此刻最真实感受:"汝虽打草,吾已惊蛇。"写罢,他的手一松,瘫坐在椅子上。

可见,干了坏事的人常常做贼心虚,当真正的惩罚还未到来之前,只要有一点什么声响,都会令他们闻风丧胆。

打草惊蛇作为谋略运用到战争中来,是指敌方兵力没有暴露、行踪诡秘、意向不明时,切不可轻敌冒进,应当查清敌方实情再作打算。

王鲁压抑不住内心的惊恐,不由自主地用颤抖的手拿起笔在案卷上写下了此刻最真实的感受:"汝虽打草,吾已惊蛇。"

【古文玄览】

疑以叩实①，察而后动；复者，阴之媒也②。

【说文解字】

①疑以叩实：叩，调查，查究。句意为，发现了疑点就应当考实查究清楚。

②复者，阴之媒也：复者，反复去做，即几次调查研究之后再采取行动。阴，此指某些隐藏着的、暂时尚不明显或未暴露的事物、情况。媒，媒介。句意为，反复叩实查究，而后采取相应的行动，实际是发现隐藏之敌的重要手段。

【古文今译】

怀疑就要查实，仔细观察后再决定行动；反复叩实查究，而后采取相应的行动，查清敌情是发现敌人意图的重要前提。

【计谋评点】

三十六计具有阳直与阴毒双重性，其中有一部分是纯阳直的善计，打草惊蛇便是其中之一。打草惊蛇作为一条计谋，指的是在敌情不明或敌情可疑时，先进行试探性的佯攻，诱使敌人将真实的意图暴露出来。在反复侦察、探听虚实之后，再采取相应行动，以防堕入敌人设置的陷阱。运用此计首先要明确何为"草"，何为"蛇"。显然，"草"与"蛇"是两种性质不同却相互联系的事物。"草"暴露于外，"蛇"藏于"草"中。"草"可迅速地向"蛇"传递信息。可见，"草"是指敌人的同类，"蛇"是指敌人自身。所以，"打草"之后必然会"惊蛇"。

打草惊蛇有以下三种含义：

（1）打草惊出蛇。这是一种间接的引诱之法。蛇隐蔽在广袤的草丛中，随时可能咬人一口。因此，在行进中要先打草，使蛇暴露在众目睽睽之下。这样一来，消灭蛇也就轻而易举了。

（2）打草惊走蛇。这是一种间接的驱敌之法。用棍子直接打草中的蛇，蛇有可能会攀棍而上；而用棍子先打蛇身边的草，则可能会吓跑草中的蛇。这是一种有效且无危险的策略。在不愿与敌方直接作战时，可以使用此法。

（3）打草惊醒蛇。这是一种间接的警告之法。甲和乙是两个相关的事物，如果甲受到打击惩处，乙就会感到恐惧的话，那么我们便可以用打击甲的办法来警告乙。

打草惊蛇之计，一方面是指对于隐藏的敌人，我方不能轻举妄动，以免被敌方发现我方的意图而占据主动；另一方面是指用佯攻助攻等方法"打草"，引蛇出洞，使其中我埋伏，随后我方聚而歼之。兵法早已告诫指挥者，在进军的路旁，如果遇到险要地势，如坑地水洼、芦苇密林、野草沟泽，一定不能麻痹大意，因为如果这时稍有不慎，就会因"打草惊蛇"而遭敌人伏兵的袭击。但是，战场上的情况复杂多变，有时我方巧设伏兵，故意"打草惊蛇"，让敌军中计的战例也层出不穷。

实际上，打草惊蛇基本上就是信息战。通过发布信息、释放信息，让对方得到虚假的信息，而这个虚假的信息却极有可能使对方采取错误的行动，从而为我方制造机会。打草惊蛇之计属于窥探虚实的侦查活动，"草"动"蛇"惊之后，必须根据不同情况及时做出应变的决策，否则只是徒然忙碌。

【事典辑录】

陆逊佯攻探蜀营

建安二十四年（219年），东吴偷袭荆州，蜀将关羽战死。第二年，刘备亲自带兵进攻东吴，以报孙权杀关羽、夺荆州之仇。孙权求和不成，便任命儒生陆逊为大都督带兵抵抗。陆逊率领东吴六郡八十一州兼荆楚诸路军马，即刻出发，水陆并进，兵至猇亭，与蜀军对垒。随后，陆逊传令诸将把守各个关口，不准出击。众将领都嘲笑他胆小怕事，对他的这一决定心生不满。陆逊手持尚方宝剑，宣布有违抗军令者按军法处置。诸将只得依令行事。

蜀军屡次前来挑战，但任凭他们怎样辱骂，陆逊都坚守不出。吴将韩当不知其意，遂询问陆逊，陆逊说："刘备带兵到东吴，一连打了十多次胜仗，士气正盛，如果我们此刻出兵，肯定于己不利。所以我下令坚守不出。况且，夏天就要到了，蜀军肯定会因为难耐炎热而迁移到树林中安营扎寨，到那时，我自有妙计。"

事情果然如陆逊所料，蜀军因为受不了炎热的天气，从平原旷野移到树林茂盛的地方扎营，而且营地紧挨着河边。蜀军准备过了暑天再大举攻击东吴。

刘备的谋士马良感觉不妙，便在征得刘备的允许后，带着两军扎营的样图飞速赶回四川呈报留守的诸葛亮。诸葛亮见图后，惊呼蜀军将败。马良不解，问其缘由，诸葛亮道："如此这般扎营七百里，又位于山林茂盛之地，如果陆逊采用火攻，可如何是好呢？"遂命马良连夜带奏章赶回，请刘备即刻改地安营。

此时，东吴陆逊已开始升帐议事，他把全部将士召集在一起，说："自任大都督以来，我从没有出兵迎战，如今时机已到，现在，我们首先要攻克蜀军的一个营寨，哪位将领敢去呢？"群将都争先恐后，表示愿意前往，但陆逊却选中了末将淳于丹，令他率5000名士兵夜晚去偷袭蜀军兵营。晚上，淳于丹率军杀向蜀营，蜀将傅彤带兵奋起抵抗，淳于丹不敌。最终，陆逊派去接应的徐盛、丁奉将淳于丹救回营中。淳于丹羞愧难当，请求陆逊降罪。陆逊却说："你并没有错。我只是借以窥探蜀营的虚实，用你去打草惊蛇而已。现在情况已经明了，我已知道该如何破敌了。你此战非但没有罪过，而且还有功劳呢！"

接着，陆逊定下火攻之计，下令放火烧山，将蜀兵打得落花流水。幸亏有关兴、张苞的拼死保卫和常山赵子龙的及时接应，刘备才保住了一条命，逃进白帝城。

此战中，陆逊先用淳于丹探清了敌方状况，然后决定采用火攻，从而一举大败蜀军。这正是打草惊蛇这一计策的灵活运用。

石达开陈兵水陆洲

1852年秋，太平军进攻长沙，西王萧朝贵战死。太平军翼王石达开为替萧朝贵报仇，亲率大军抵达长沙。

长沙西面是湘江，江面很宽，江心有一个小岛名为水陆洲，呈长条状。湘江两岸都是由这个小岛控制。石达开察看了长沙一带的地形后，令精兵安营扎寨于此。10月底，广西提督向荣带兵到达水陆洲的北面。石达开立即派人窥探到这是一支由3000多人组成的清军精锐之师，而当时太平军只有1000多人，敌众我寡。为了取胜，石达开决定出奇兵，他首先命令大部队埋伏在水陆洲南面的丛林中，接着派遣小分队前去引诱清军。向荣看到太平军队伍不整、人数不多，便令部队一面放炮，一面大步前进。太平军一路疾驰，将清军引到丛林前。这时，石达开借助树林的掩护，命部队分两路包抄了清军的后路。当清军冲进树林时，太平军猛然从两边杀过来，把清军打得落花流水，四处逃散。

在这个战例中，石达开先派人察看地形，打探敌情，即是"打草"；在占据了有利的地理位置后，又派遣小分队引诱敌人，即是"惊蛇"；待敌人中计后，再出奇兵一举破敌。

朱棣虚实败强敌

建文元年（1399年），明朝开国皇帝朱元璋驾崩后不久，燕王朱棣兴兵造反，四年后攻破南京城。建文四年，朱棣登上王位，是为明成祖，年号永乐。这就是历史上的"靖难之役"。

在靖难之役中，朱棣欲带兵进攻真定。这时，明将耿炳文的部下张保前来投降燕王。朱棣重重赏赐了张保，并让他重新回到明军中。张保不解，朱棣说道："你回到营中，就说你是被燕王俘虏后趁机逃跑的。然后你去拜见耿炳文，大肆渲染莫州兵败的消息，并说燕王的部队即刻就杀到真定了。"众将面面相觑，问道："这乃是我军中的机密，您为何让张保向敌军泄露我们的计划呢？"朱棣笑着回答说："战场上信息最重要，虚虚实实，实实虚虚，要让对方摸不清我军意图。耿炳文如果知道我军已经到了，势必会调集兵将，这样，我们就能将其一窝端。而且如果他们得知莫州惨败，肯定会士气不振，精神萎靡。而我军士气正旺，一定能一举消灭他们。"第二天，朱棣带兵进攻。耿炳文果然已把大军调往滹沱河北岸，朱棣令众将兵分几路同时进攻，明军恐慌不已，无心迎战，四散而逃。燕军士气正旺，一举歼灭了明军。

朱棣故意通过张保发布信息，引诱敌军中计，从而给自己制造机会，最终取得了胜利。

蒋恒依计判谜案

传说，贞观年间，湖南衡阳有一家叫作板桥的客栈。这天晚上，店主张迪的妻子回娘家探亲，张迪留守客栈时在睡梦中被人杀掉。张迪被杀后不久，有三个当晚住店的客人不辞而别，因此，店里的伙计怀疑张迪之死是他们所为。伙计们立即去追捕这三人，众人上前一搜查，发现他们身上带有砍刀，那个叫作卫三的人的刀子上还有血迹，于是伙计们将他们送到官府。

唐太宗李世民听说了这个案子，觉得疑点甚多。张迪和这三个客人并无深仇大恨，为什么会被他们杀掉呢？于是，唐太宗派遣御史蒋恒重审此案。

到达衡阳后，蒋恒亲自提审了这三位客人，初步断定凶手另有其人，随后，他上奏太宗说了自己的看法。

唐太宗回道："爱卿复查此案细致有加，朕深感欣慰。何不采用打草惊蛇之计去追查真凶？"至于打草惊蛇的具体内容，太宗并未细说。蒋恒明白这是皇上有意考验他。冥思苦想了一整晚，蒋恒终于有了主意。

第二天，蒋恒下令板桥客栈的所有人员到县衙说明案情。等众人到达县衙后，蒋恒又借口人数不够，责令次日再来，同时只留下一个80多岁的老婆婆。蒋恒问了老婆婆一些无关紧要的问题，一直到很晚才让她离开县衙。这时，蒋恒吩咐衙役暗中跟踪老婆婆，并说："老婆婆离开县衙后，肯定会有人上前搭话，你们一定要记住对方的长相。"衙役依命行事，果然看见有个人询问老婆婆："御史大人都问了你些什么？"老婆婆如实相告。接下来，蒋恒又两次传唤了客栈里的人，每次都单独留下老婆婆到很晚，而那个人总是截住老婆婆询问详情。

蒋恒立即派人彻查这个人的底细。原来，此人与张迪的妻子有染，并为此曾遭到张迪的斥责。于是，蒋恒下令逮捕此人。经审讯，这个人终于承认自己与张迪之妻通奸，为了霸店夺妻，他便决定杀害张迪。恰巧那晚有三个带刀的客人投宿客栈，于是他想到借刀杀人后再嫁祸他人。他先让张妻回娘家，然后半夜潜入客房，偷出卫三的刀杀死了张迪，再把带血的刀放回刀鞘。

依照唐太宗的打草惊蛇之计，蒋恒终于查明真相。唐太宗在赞赏之余，赐给蒋恒丝绸两百匹，并任命他为侍御史。

刘宰智审窃钗贼

刘宰，字平国，金坛人，生卒年月不详。宋宁宗年间，刘宰任泰兴县县令。

一次，一个大户人家丢失了一只贵重的金钗，四处寻找不见，便到县衙报案。

刘宰经过调查，得知金钗是在室内丢失的，当时只有两个仆妇在场，但她们谁都不承认自己拿了金钗。于是刘宰将这两个仆妇关在县衙。

天黑以后，刘宰拿着两根芦苇走进关押仆妇的房间，分给每人一根芦苇后神色威严地说："你们好好拿着芦苇，明天我要凭芦苇断案。倘若谁偷了金钗，芦苇就会长出二寸来。"说罢，他关门离开了。

第二天，两个仆妇被带上大堂。刘宰取过芦苇审视一番，果然有一支芦苇长出二寸。于是刘宰指着手持短芦苇的仆妇，大声喝道："大胆仆妇，竟敢偷盗主人的金钗，还不如实招来！"那个仆妇吓得战战兢兢，当即跪倒在地，口中讷讷道："是我一时鬼迷心窍拿了金钗。大人是如何知道的？"刘宰笑道："我给你们二人的芦苇是一样长的。你若心中没鬼，为何要偷偷截去一节？"仆妇方知上当，后悔不已。

刘宰巧施打草惊蛇之计，成功破案。

姚柬之装鬼惩真凶

姚柬之（1785~1847年），清代文学家。其出身名门，系著名书画家姚文燮的六世孙。

姚柬之在河南临漳县当知县时，断过一起凶杀案。被害者是一名姓姚的妇女，当时她的丈夫出门未归。

姚柬之仔细地勘察了案发现场，详细地了解案发当天姚氏邻居的情况。他发现案发之日正是县试复试的前夜，县试第一名的杨某在复试那天请了病假，而杨某正是姚氏的邻居。姚柬之立即派人把杨某找来进行询问。杨某的回答没有什么破绽，但神色有些慌张。姚柬之与杨某一直谈到天黑，才放杨某回家。

杨某回家路经一座城隍庙。当杨某走到城隍庙附近时，天已经黑得伸手不见五指。突然，从庙里跳出一个人影。杨某定睛一看，竟然是满脸血污的姚氏。杨某被吓得浑身发抖，双腿一软，跪在地上磕头求饶，还讲了

杨某被吓得浑身发抖，双腿一软，跪在地上磕头求饶，讲了一堆悔过认罪的话，把整个命案的过程交代得一清二楚。

一大堆悔过认罪的话，把整个命案的过程讲得一清二楚。

正在这时，城隍庙的四周亮起许多火把，一群衙役将杨某团团围住。杨某如梦方醒，知道自己上了姚柬之的圈套。

原来，姚柬之发现杨某身上的疑点很多，便让人装扮成"女鬼"姚氏在半路吓唬他，"草"中之"蛇"受到惊吓，终于使案情大白于天下。

围歼左良玉

1642年，李自成率部围困开封。崇祯皇帝连忙调集各路兵马，援救开封。李自成部已完成了对开封的包围部署。明军25万兵马和1万辆炮车增援开封，集中在离开封西南45里的朱仙镇。

李自成为了不让援军与开封守敌合为一股，在开封和朱仙镇分别布置了两个包围圈，把明军分割开来。又在南方交通线上挖一条长达百里、宽为一丈六尺的大壕沟，一断明军粮道，二断明军退路。明军各路兵马，貌合神离，心怀鬼胎，互不买账。李自成兵分两路，一路突袭朱仙镇南部的虎大威的部队，起到"打草惊蛇"的作用，一路牵制力量最强的左良玉部队。击溃虎大威部后，左良玉果然因被围困得难以脱身，人马损失过半，拼命往西南突围。李自成故意放开一条路，让败军溃逃。哪知左良玉退了几十里地又遇截击，面临李自成挖好的大壕沟，马过不去，士兵只得弃马渡沟，仓皇逃命。这时等在此地的伏兵迅速出击，明军人仰马翻，尸填沟堑，全军覆没。

商臣智探真情

楚成王为人优柔寡断，他立商臣为太子之后，又觉得有些不妥，想废黜太子。太子商臣听说了这个消息，但不知是否确实。于是，商臣向他的老师潘崇问计。潘崇对他说："你设宴招待江芈，要故意流露出对她不尊敬的神态，就可以看出传闻是否真实。"商臣依计行事。江芈是楚成王的妹妹，贵不可言，人们见了她全都毕恭毕敬，唯恐有半点闪失。但是，在这次宴会上，商臣的种种傲慢举动使她十分不快。江芈在离席时向商臣骂道："怪不得成王要废掉你，原来你果然是一个不争气的东西！"

商臣听到江芈的话，证实了楚成王要废掉自己

离席时，江芈骂道："怪不得成王要废掉你，原来你果然是一个不争气的东西！"

的消息确实无疑，便策划了一次宫廷政变，逼楚成王自杀，夺取了王位。在这里，商臣故意举止无礼，用"打草惊蛇"的方式试探出楚成王的真实意图，以决定是否采取宫廷政变的行动。可见，"打草惊蛇"的这一步至为关键。

阴姬做王后

阴姬和江姬是中山国国王的两个爱妃，她们都争着想做王后，私下里钩心斗角，互不相让。中山王有个叫作司马喜的谋臣，决定利用她们的争端来谋取私利。

于是，司马喜暗中找到阴姬，冠冕堂皇地说："争当王后可是一件严肃的事情。如果能成功，就会成为国中第一夫人，荣华富贵享用不尽；如果成功不了，恐怕你连自家的性命也保不住啊。因此，要么放弃，要么就一举成功。你打算怎么做？"

阴姬目光炯炯，说道："我要当王后，而且要一举成功！"

司马喜平静地说："好！微臣愿意帮助娘娘达成心愿。"

阴姬不胜感激："此事若成，我必定厚报先生！"

第二天，司马喜就开始实行自己的计划。他向中山王上书声称他已经找到了削弱赵国的办法。中山王于是召他进宫。司马喜请求中山王派他出使赵国，以便观察那里的地理形势、险要的关塞、人民的贫富、君臣的好坏，以及敌我力量的对比等情况，以此为凭据做出具体的对策。于是，中山王把他派到赵国。

到赵国后，司马喜拜见赵王，谈完公事便开始闲聊。

司马喜说："我听说，赵国是一个出产美女的国家。这次我来到贵国，走城过邑，遇见了各种各样的人，却根本没有看见国色天香的美女。我周游列国，去过很多地方，从未遇到一个像我国阴姬那样漂亮的女子。她的美丽不能用言语描画，简直就是仙女下凡。"

赵王的心被说动了，色眯眯地问道："我想要得到她，你能帮忙吗？"

司马喜无奈地说："这个阴姬虽然只是个妃子，但深得我们大王的宠爱。恳请大王不要把我的话泄露出去，否则我的性命难保。我会私下帮助大王做成这件事。"

司马喜回来向中山王报告说："赵王不是个贤明的君主。他不喜欢仁德礼义，崇尚暴力；不提倡道德修养，却沉迷淫声美色；他还私下向我打听阴姬的情况，想把阴姬弄到赵国做妃子。"

中山王听后脸色大变，气得大骂赵王。

司马喜连忙劝道："大王息怒。赵国的实力比我们强大，赵王若来要阴姬，我们也只有送给他，否则国家就难保了；但是如果把阴姬献给了他，不免会被诸侯耻笑。"

中山王忙问："那么怎么办才好呢？"

看见时机已到，司马喜忙献计说："倒是有一个解决的办法，大王若立阴姬为后，肯定就会断了赵王的念头。世上还没有人要王后作嫔妃的道理。"中山王连连称妙。就这样，司马喜顺利地把阴姬扶上王后宝座。

这个故事，正是运用了打草惊蛇之计，司马喜让赵王对阴姬心怀叵测是"打草"，激怒中山王恰似"惊蛇"，因此他才会立阴姬为后。

徐庶相马试主

东汉末年有一个名叫徐庶的谋士，非常有名。他听说刘备是一个贤明的君主，便想投靠他。但不知刘备是否如人们所说那样宽厚仁慈。于是，徐庶决定先去试探一下刘备。

这天，刘备正在聚精会神地看着自己的战马，徐庶上前搭话："我对相马术略知一二，让我帮您看看马。"徐庶绕着马转了几圈之后，故作惊讶地说："主公，您的马是一匹好马，但终究要伤害一人。只要先把这匹马送给您所憎恨之人，伤到他之后，您再骑它便可消灾。"一听这话，刘备面露愠色道："请先生教我一些救人的功夫，不要说这些害人的事。"徐庶听了刘备的话大喜，连忙道歉："望主公见谅！我早就听说主公宅心仁厚，今日特用这番话试探您，人们所传果然不假。"从此，徐庶尽心辅佐刘备，后来还向刘备举荐了旷世之才诸葛亮。

徐庶听了刘备的话大喜，连忙道歉："望主公见谅！我早就听说主公宅心仁厚，因此今日特用这番话来试探。"

徐庶运用"打草惊蛇"的策略，探得了刘备的真实人品。

高露洁牙膏的促销

美国的高露洁牙膏在进入日本这样一个大市场时，并没有采取贸然进入、全面出击的策略，而是先在离日本本土最近的琉球群岛上开展了一连串的广告公关活动。

他们在琉球群岛上赠送样品，使琉球的每一个家庭都有免费的牙膏。因为是免费赠送的，所以琉球的居民不论喜欢与否，每天早上总是使用高露洁牙膏。这种免费赠送活动，引起了当地报纸、电视的注目，把它当作新闻发表，甚至连日本本土的报纸、月刊也大加报道。

于是，高露洁公司在广告区域策略上就达到了这样的目的：以琉球作为桥头堡，使得全日本的人都知道了高露洁，以点带面，广告效应十分明显。

在不明确目标市场情况的时候，采取"打草惊蛇"的方式，先在其邻近地区展开宣传，逐步探知目标市场对产品的接受程度，并且让目标市场的消费者熟悉自己的产品，这确实是一条稳健可行的策略。

"冷冻干燥咖啡"的试销推广

"打草惊蛇"在现代商业中的典型应用，就是新产品的"试销"。特别是食品、饮料和化妆品等消费型产品，在上市之前都需要在试销方面多下功夫，而不能以经营者的直觉判断来轻率做决定。

例如美国通用食品公司，为了挽救咖啡市场的衰退，计划生产能保存咖啡原味的"冷冻干燥咖啡"。该公司投资数千万美元进行实验，经过八年的研究改进，终于将"冷冻干燥咖啡"开发成功。但是产品开发成功，并不表示能在市场上取代"喷雾干燥法"生产的咖啡。为了避免失败，通用公司开始进行商品试销，以了解各地市场的反应。这一试销期时间长达4年之久。换句话说，该商品从计划、研究、实验、生产到全面上市，总共花了12年时间，而"打草惊蛇"的试销期占了1/3。

由于"冷冻干燥咖啡"试销成功，所以商品上市一年之后，它的销售量就直线上升，不但挽救了一项已呈现衰退的商品，同时也使通用食品公司走出了经营困境。

新产品的开发是一个企业生存发展的命脉。但同时也是风险极大的投资。为了降低风险，产品在上市之前，最好像通用食品公司那样进行试销，以试销来了解消费者的意见和反应，作为修正、改善或放弃的参考。

克莱斯勒的敞篷车

1982年，美国第三大汽车制造商克莱斯勒公司，在艾科卡的领导经营下，从濒临破产倒闭的低谷走出，一举扭转了连续四年亏损的局面，开始盈利。但艾科卡仍要考虑如何让克莱斯勒重振雄风的问题。

艾科卡根据克莱斯勒公司当时的情况，决定首先出奇制胜，他把"赌注"押在敞篷汽车上。美国汽车制造业停止生产敞篷小汽车已经10年了，原因是时髦的空调和立体声收录机对于没有车顶的敞篷汽车来说是毫无意义的，再加上其他原因，使敞篷小客车销声匿迹了。虽然预计敞篷小客车的重新出现，会激起老一辈驾车人对它的怀念，也会引起年轻一代驾车人的好奇，但是克莱斯勒大病初愈，再经不起大折腾，为了保险起见，艾科卡采取了"打草惊蛇"的策略。

艾科卡指使工人用手工制造了一辆色彩新颖、造型奇特的敞篷小客车。当时正值夏天，艾科卡亲自驾驶着这辆敞篷小客车在繁华的汽车主干道上行驶。在形形色色的有顶轿车洪流中，敞篷小汽车仿佛是来自外星球上的怪物，立即吸引了一长串汽车紧随其后。几辆高级轿车利用其速度快的优势，终于把艾科卡的敞篷小汽车逼停在路旁，这正是艾科卡所希望的。追随者下车来围住了坐在敞篷小客车里的艾科卡，提出了一连串的问题。"这是什么牌子的汽车？""这车是哪家公司制造的？""这种汽车售价多少？"艾科卡面带微笑地一一回答，心里满意极了，看来自己的预计是对的。

为了进一步验证，艾科卡又把敞篷小客车开往购物中心、超级市场和娱乐中心等地，每到一处，就吸引了一大群人的围观，道路旁的情景又一次次重现。

不久，克莱斯勒公司正式宣布将生产男爵型敞篷汽车，美国各地都有大量的爱好者预付定金！结果，第一年敞篷汽车就销售了2.3万辆，是原来预计的七倍多。

艾科卡亲自驾车前去"打草惊蛇"，了解市场对敞篷汽车的接受程度，确定无疑后，才正式推出产品，结果成绩显著。"打草惊蛇"之计帮助克莱斯勒公司重新起飞。

鼓舞士气的假警报

1942年10月，美军特遣舰队与日本联合舰队在圣克鲁斯打了一场大海战。在作战中，一艘美舰遭到重创。自此以后，这艘舰上的官兵得了恐惧症，时刻担心日军的潜艇和飞机会突然出现，情绪越来越低落。舰长对此忧心忡忡，决定采取措施消除士兵对日军的恐惧心理。

一天，天色昏暗，乌云滚滚。突然，舰艇上的警报响了起来。指挥官通报说，右舷发现日军舰艇，要全体士兵做好迎敌的准备。美军士兵日夜担心的事情发生了，他们惊慌失措，乱成一团。正当他们忐忑不安地等待日军潜艇进攻时，警报解除了。广播里说刚才是一场误会。右舷发现的不是日军潜艇，而是一只海豚。美军士兵顿时松了一口气。他们对刚才与男子汉气概不相称的举动感到羞愧，恐惧紧张的心里顿时一扫而光，士气重新振作起来。原来，这是美舰指挥官精心策划的一次攻心战。先是"打草"（拉警报），以训练美军士兵的心理素质。"惊蛇"之后，美军士兵恢复了饱满士气。

第十四计　借尸还魂

【本计旨要】

作为一条计谋，"借尸还魂"指的是已经衰落或灭亡的事物借另一种形式重新出现。从引申的意义上来说，处于被动或面临失败的局面时，善于利用一切有利条件，扭转局势，争取主动，实现原先的意图，都可以看成是借尸还魂。

【计名探源】

"借尸还魂"出自元代岳伯川所写的杂剧《吕洞宾度铁拐李岳》，原文为"吕洞宾云，寿，谁想你浑家将你尸骸烧化了，我如今着你借尸还魂，尸骸是小李屠，魂灵是寿，休迷了本来面目。"后来在《东游记》中也有类似记载，只是情节不尽相同罢了。

相传铁拐李原名李玄，有的书中称其姓李，名洪水，隋朝峡人。还有的说他是唐玄宗开元、代宗大历之间的人，学道于终南山，后来因遇到太上老君而得道。相传有一次，李玄准备神游山川。临行前，他嘱咐徒弟看护好自己的躯体，随后就施展法术使灵魂出窍，飘飘然游荡于三山五岳之间。李玄的魂魄四处游山玩水，流连忘返，迟迟未归。徒弟们等久了，见师傅的躯体总是僵在那里活不过来，便误以为他已经死去，遂将其火化。待李玄神游归来，发现已经找不到自己的躯体了，其魂魄无所归依。这时，恰好路旁有一个刚刚饿死的乞丐，李玄只好将自己的魂魄附在了这具乞丐的尸体上。借尸还魂后的李玄面目全非，蓬头垢面，袒胸露乳，并跛一足。为了支撑身体行走，李玄向那个乞丐使用过的一根竹竿喷了一口仙水，竹竿立即变为铁杖，借尸还魂后的李玄也因此被称为铁拐李，而原来的名字却反被人们淡忘了。

后来，借尸还魂这一带有迷信色彩的民间传说被人们用来喻指某些已经灭亡的东西又借助某种形式得以复活的现象；有时也可以用来喻指某些新的事物或新的力量借助某种旧的事物或旧的形式求得发展的现象。而用在军事上，则是指利用、支配那些没有作为的势力来达到我方战略目的的策略。

李玄神游归来，找不到自己的躯体，其魂魄无所依附，只好附在一个刚刚饿死的乞丐身上。

【古文玄览】

有用者,不可借①;不能用者,求借②。借不能用者而用之,匪我求童蒙,童蒙求我。

【说文解字】

①有用者,不可借:世间许多看上去很有用处的东西,往往不容易驾驭并利用。

②不能用者,求借:此句意与①句相对而言,即有些看上去无甚用途的东西,往往有时我还可以借助它而为己发挥作用。犹如我欲"还魂"还必得借助看似无用的"尸体"的道理。此言兵法,是说兵家要善于抓住一切机会,甚至是看去无甚用处的东西,努力争取主动,壮大自己,即时利用而转不利为有利,乃至转败为胜。

【古文今译】

世间有许多看上去很有用处的东西,往往不容易驾驭并为我所用;而很多看上去没有什么用途的事物,常常还可以加以利用。利用没有作为的事物,并非我受人控制,而是我控制了别人。

【计谋评点】

此计的方法是"借尸",目的是"还魂",一般要在有尸可借、灵魂仍在的情况下使用。借尸的方式可归纳为四种:

(1)拣。别人抛弃不要的东西,即无主之尸,我方将它拣起来,加以利用,使它成为对我方有用的东西。

(2)偷。把别人的东西偷过来为我所用。

(3)抢。别人的东西一时没有机会偷到手,但又非要不可,便可以动手去抢。

(4)换。给对方一定好处,使其自愿将自己的东西转让给我方利用。

当"借尸还魂"用在军事上的时候,指挥官一定要善于分析战争中各种力量的变化,要善于利用一切可以利用的力量。有时,即使我方受挫,处于被动局面,但如果善于利用敌方矛盾,调动一切可以利用的力量,也能够转被动为主动,从而改变战争形势,达到取胜的目的。庞涓就曾运用这一方法扰乱齐国。当时庞涓刚刚打败秦军回师魏都,就听说郊师被杀的消息,于是他决定用借尸还魂之计扰乱齐国,然后乘机图之。随后,他找来一个貌似郊师的人,让他假冒郊师到齐国临淄密见太后。太后果然把这个人当作郊师,命他纠集余党,东山再起。假郊师带着余党潜入边城马陵,杀死守将后占领马陵,还扬言奉太后旨意,废除齐宣王,自立为王。一些不明真相的人纷纷前来投奔郊师。田忌带兵讨伐,来到城下,果然见到"郊师",士兵以为是鬼,吓得不敢攻城。田忌欲杀不战者,但被孙膑阻止了。庞涓正是用这一招使得孙膑的军队退后了三十里，扰乱了齐国的作战计划。

由以上事例可见，借尸还魂的关键在于有尸可借，而且灵魂仍在。对于自身能有所作为的人，往往难以驾驭和控制，因而不能借用；而那些自身无所作为的人，往往需要依赖别人求得生存和发展，因此就可以被借用。对其自身无所作为的人加以控制和利用，这其中的道理与幼稚蒙昧之人需要求助于足智多谋的人一样，也与垂帘听政有异曲同工之妙。

借尸还魂虽然不及其他计策高明，但因为可以利用没有自我控制能力但又有利用价值的人或事，而常常被兵家所用。

【事典辑录】

刘备乘胜据四川

东汉初平三年（192年）长安发生兵变，董卓被杀，关中地区陷入混战。到建安元年（196年）时，全国已经形成了许多割据区域：袁绍占据了冀、青、并三州，曹操占据了兖、豫二州，韩遂、马腾占据了凉州，公孙瓒占据了幽州，公孙度占据了辽东，陶谦、刘备、吕布先后占据了徐州，袁术占据了扬州的淮南部分，刘表占据了荆州，刘璋占据了益州，孙策占据了扬州的江东部分，士燮占据了交州。此外，张鲁以道教的组织形式占据了汉中地区。

建安十三年（208年），曹操领军南下，攻占刘表之子刘琮所据的荆州，依托于荆州的刘备向南奔逃，在柴桑（今江西九江西南）与孙权结盟，共抗曹操。孙、刘联军以少胜多，在赤壁大败曹操水师，迫使曹操退回中原，这就是促成三国鼎立局面形成的赤壁之战。

赤壁之战后，刘备势力增强，但仍不雄厚。他和孙权都把目光锁定在了益州（今四川），因为那里的地理位置非常好，资源也很丰富，是一个可以大展宏图的好地方。但是，曹操统一中原的决心已定，他对益州也虎视眈眈，并因此牵制住了孙权的力量，这导致刘备、孙权一时都无法对益州下手。

215年，曹操进攻汉中，张鲁投降曹操，益州的刘璋集团处于危急形势。这时，刘璋集团的内部因为争权夺利而分崩离析。刘璋生怕曹操进攻益州，便想请刘备前来共同抵御曹操。刘备闻讯后，认为这正是进军益州的大

刘备以刘璋拒绝助战为借口向刘璋宣战，直捣成都，完成了占领益州的计划。

好时机，于是他派关羽留守荆州，自己则亲率步卒万人进入益州。随后，刘璋推举刘备为大司马领司隶校尉，自己为镇西大将军兼益州牧。

一日，刘备接到荆州的来信，说曹操兴兵侵犯孙权。于是刘备请求刘璋派3万精兵、10万斛军粮前去助战。可刘璋怕因此削弱了自己的力量，只同意派3000老兵出川。刘备斥责刘璋："我为你抵御曹操，你却吝惜钱财，我怎能和你这种人合作共事！"于是，刘备开始向刘璋宣战，并直捣成都，完成了占领益州的计划。刘备就是借刘璋这个"尸"，扩充了实力，占据了益州，为自己以后建国打下了基础。

牧童号令秦天下

秦朝后期，暴政导致天下百姓"欲为乱者，十室有五"。陈胜、吴广揭竿而起，率先向腐朽的秦王朝发难，天下云集响应。起初，起义军节节胜利，所向披靡。可是没过多久，陈胜、吴广发起的农民起义就在秦王朝的疯狂围剿下失败了，陈胜、吴广均壮烈牺牲。

这时，楚国名将之子项梁在薛城召集会议，商量推举楚王的事宜。最初，项梁有自立为楚王的企图，但其谋士范增劝告说："数十年前，楚怀王被诱骗到秦国惨遭杀害，如今世人仍对此事铭刻于心。如果找一位楚怀王的后代来做楚王，不但可以笼络人心，而且各地起义军也会前来归附。"项梁听从了范增的建议，四处派人寻找楚王的后代。最后终于找到了楚怀王的后人———一个13岁的牧羊童。于是项梁拥立这个牧羊童登基，仍叫楚怀王，借楚怀王的名义号令天下。

这个新楚怀王的出现，激起了老百姓对秦朝统治者的反抗情绪，起义军信心倍增，士气大振，队伍不断壮大。范增主张立楚怀王的后代为王，实质上就是借尸还魂之计。楚国虽然已被秦国灭亡多年，但在当时仍有很大的号召力。举起楚国这杆大旗，有利于号令天下。借历史上楚国这具"尸"来还"魂"，最终是要达到灭亡秦朝的目的。

孟陀借威敛财

东汉时，宦官张让深得汉桓帝的宠幸，水涨船高，连张让家管理家事的家奴都身价倍增，甚至当地的富翁孟陀都不惜巨资巴结张家的一个家奴。这个家奴很受感动，便问孟陀有什么要求，他定会万死不辞。谁知孟陀却说："只要你带领张家所有的奴仆拜我一下就行。"

当时，朝中拜访张让的官员络绎不绝，他们的车子常常把张让家门前的路堵得水泄不通。这天，孟陀乘车去拜访张让，张家门前仍旧车水马龙，根本进不去。张让家的那位家奴远远地看到孟陀，便带着张让家的众多奴仆前往大路上迎接他，并作揖施礼，然后将孟陀带入张家大门。其他等待召见的官员见状，惊愕不已，都以为孟陀是张让跟前的大红人，便转而极力巴结贿赂孟陀，没过多久，孟陀便拥有了很多财富。

在这个故事里，孟陀借助张让的威望，达到了自己敛财的目的，可谓"借尸还魂"一计的灵活运用。

王莽居摄汉江山

王莽，字巨君，是元帝皇后王政君的侄子。王莽在政治斗争中很有权谋。在朝廷里，他抓住一切机会扩大自己的影响。由于自幼熟读儒家典籍，他有意模仿周公辅佐成王处理政事。相传周公摄政期间，曾感动得越裳氏千里迢迢来献白雉。王莽示意塞外的少数民族也自称越裳氏来献白雉。随后，王莽的党羽就到处宣扬，说这是王莽德政招来的符瑞，与周公摄政招致白雉之瑞有千载同符之效，从而把王莽推上了安汉公的宝座。

为了巩固地位，王莽又把自己的女儿推选为皇后。按照当时的礼制，后父应有百里封地。王莽之女刚被立为皇后，就有人请求将新野田地封给王莽，以达百里之数。在人为的舆论影响下，王莽成了当时的圣人。于是，王莽的得力干将王舜等人提议把古时伊尹的阿衡和周公的太宰称号合并为宰衡，作为王莽的称号，以表示王莽兼有这两位圣贤的功德。元始四年（公元4年），王太后下诏宣封王莽为宰衡，其母赐号为功显君，二子封为列侯。王莽的政治地位又进一步上升了。

元帝以来，兴复儒家典章制度成为习尚。王莽为点缀文治、粉饰太平，于元始四年按照书中记载的古代礼治模式建立起明堂、辟雍、灵台，并网罗天下学者和异能之士齐聚长安讲论儒家经典，制造出一派王道复归、制度隆盛的气象。那些御用文人因此又大事颂扬王莽的功德，提出用古书中所载"加九锡"的办法，来显示这位当代周公的荣耀。所谓九锡就是在服饰、车马、仪卫诸方面都采用与帝王相仿的标准，以示其地位仅次于帝王、高出诸侯之上。这一建议得到王太后的批准。于是王莽的仪仗、气派都已经相当于人主了。

此后，王莽篡位的野心越来越明显，其党羽为了把他最后推上权力的顶峰又开始紧张地忙碌起来。他们找来一块白色石头，假说是在井里汲水时所得，白石上面写着9个红字："告安汉公王莽为皇帝。"按照他们的说法，这些红字当然是代表天意了。于是，大臣玉舜马上求见王太后，表示支持王莽居摄践祚。公元6年，王莽成了皇帝，年号居摄。王莽就这样借古代"礼制"，成功地登上了王位，篡取了汉朝的江山。

孙武以水破敌城

孙武，即孙子，字长卿，生活在春秋末期，是古代著名的军事家。

春秋时，孙武带着《兵法》十三篇拜见吴王阖闾，吴王大为赞赏，拜其为大将。孙武率领吴军攻打楚国，接连取得胜利，最终兵至楚国都城郢（今湘北江陵）。楚国都城城墙坚固，楚军坚守不出，吴军几次强攻都没有成功。孙武只好另想他法，这时，他发现郢地势不高，北面是漳水，西面是赤湖，便命令吴军选择高地扎营，然后挖了一条水沟把漳河的水引入赤湖，这样一来，赤湖的水就满溢出来，溢出的水直冲向郢城，以至于水面与城墙持平，吴军将士乘坐小船竹筏顺水而下，直杀过来，楚国守军无力抵抗，孙武轻取楚国的都城。

孙武利用无作为的"大水"，扭转了战争的局势，争取到主动，最终达到了自己的目的，拓展了借尸还魂之计的外延，即利用、支配那些没有作为的势力来达到我方目的。

曹操挟天子争天下

东汉末年，由于群雄割据中原，导致民不聊生。曹操心怀大志，想要一统天下。当他正苦于师出无名时，谋士荀彧前来拜见说："在历史上，晋文公收容周襄王后，各地诸侯开始投靠他；由于汉高祖为义帝孝服东征，所以天下人都愿意支持他。当朝天子蒙难以来，您首先起义支持，对汉室可谓忠心耿耿。现在皇帝逃到洛阳，何不利用此次良机建功立业？若您肯迎奉天子到许都，将会有三大好处：第一是顺从民心，老百姓自然会归心于您；第二可以以辅佐天子为借口，降服各地；第三能够取义于天下，吸引谋士前来投奔效力。到那时，您必能称霸天下！"

曹操闻之大喜，于是立即亲自赶往洛阳，迎奉汉献帝进许都。当然，曹操名义上是"迎奉"，实际上则是"挟持"。于是，从建安二年（197年）起，曹操利用"挟天子以令诸侯"的政治优势，东征西讨，开始了他翦灭群雄、统一北方的战争。最后，曹操终于因为"挟天子""令诸侯"而权倾朝野，成为一代枭雄。

曹操将已经衰落的汉朝作为"尸"，而将自己称霸中原的行动作为"魂"，利用借尸还魂之计为自己的发展奠定了良好的根基。

独眼石人

元朝末年，白莲教广为流行。为了顺利地组织起义，白莲教领袖韩山童、刘福通采用"借尸还魂"的计谋来发动民众。

当时，元朝征发了20万民工正在修整黄河。韩、刘了解到黄陵岗这个地方是挖河道的必经之处，于是，他们偷偷凿了一个独眼石人，并把"莫道石人一只眼，此物一出天下反"这14个字刻在其背后，然后把石人埋在黄陵岗地下。同时，他们把这两句话当成歌谣，教给白莲教徒，并有意在民工中传唱。歌谣"天下反"这三个字，集中表达了深受压迫的广大民众要求推翻元朝黑暗统治的强烈愿望，因而在民工中流传甚广。

不久，民工们在黄陵岗挖出了那个独眼石人，因其背后的字与传唱的歌谣惊人地相似，顿时引起轰动。大家信服地说："歌谣灵验极了，看来要天下大乱了！"这样，韩山童、刘福通顺利地聚集3万多人，揭开了反对元朝统治大起义的序幕。

康有为托古改制

19世纪末，中华民族处于水深火热之中，帝国主义列强再次将侵略的魔爪伸向了中国。康有为、梁启超等一批有志之士倡导进行维新变法，以拯救中国。然而，在清政府长期的压制下，百姓并没有意识到维新变法的迫切性。清政府内部还有一批顽固派极力反对变革封建专制制度，他们宣扬"天不变，道亦不变"的陈腐教条，甚至有些人叫嚣："宁可亡国，不可变法。"在政治和社会的双重压力下，康有为等人的维新变法举步维艰。

为了尽快摆脱困境，康有为想出了借尸还魂之计，也就是托古改制。康有为撰写了一部名叫《孔子改制考》的书。在这本书中，他写道：由于上古时代没有文字和书籍，因此现在的人对上古时代的情况无从了解。然而，"荣古而虐今，贱近而贵远"的中国人对上古可谓追崇之极。春秋时礼乐不完整，社会动荡不安，孔子等诸子百家正是利用人们崇尚上古的心理，向人们鼓吹自己的政治理想在上古时代就已经实行过了，使人们相信并认可了自己的政治学说。中国历史上可能并没有尧、舜、文王、武王等圣明君主，这些人也许只是被孔子用来改制的假托对象罢了。在谈到写作《孔子改制考》一书的意图时，康有为说："若公开宣扬变法改制，必会遭到一般的平民百姓的谩骂和诅咒。所以，依托古代圣王来倡言变法改制乃是上策，才不会惹来非议，也不会惹来杀身之祸。"除了把历代统治阶级尊崇的孔子装扮成改制维新的先行者，康有为还利用清帝先王为自己的变法辩护。他道："若谓祖宗之法不可变，则我世祖章皇帝何尝不变太宗文皇帝之法哉？若使仍以八贝勒旧法为治，则我圣清岂能长治久安乎？"

康有为的鼓动和宣传，终于使得光绪皇帝痛下决心推行变法维新。尽管这次变法在慈禧镇压下夭折了，但变法前康有为的借尸还魂之计，让人不得不叹服。

梁启超为清政府当"枪手"

所谓"枪手"指的是那些代人写文章或者替人考试的人,梁启超就曾自愿做过清政府考政大臣的枪手。由于戊戌变法的失败,康有为、梁启超等人在国内没有了立足之地,于是逃亡国外宣传和推动变法改良。

1905年,清政府委派载泽、端方等五位大臣出洋考察宪政,以便遏制日益高涨的革命风潮。这些外派官员大都昏庸无能,随从参赞更是对宪政一无所知,只好偷偷寻找"西学通",帮助他们撰写考察报告和奏章。梁启超此时客居海外,辗转联系到这些考政大臣,表示愿意充当"枪手",替他们撰写考察报告和奏章。据说,梁启超为考政大臣写了20余万字的考察报告。回国后,考政大臣向清政府上奏了详尽的考察报告,呼吁政府实行君主立宪制。不久,清政府颁谕宣布实行宪政。然而,当时无人知道这一变革是梁启超呕心沥血而成。

其实几年前,康有为、梁启超等维新派领袖就提出了实行君主立宪政体的政治主张,但因戊戌变法失败而未能实现。载泽、端方等大臣出洋考察宪政时,梁启超还是清政府通缉的"要犯"。梁启超利用此次良机,自愿充当考政大臣的"枪手",利用他们成就自己的理想,实乃借尸还魂之计的绝佳体现。

美国的破烂王

美国有一位专门收买破产企业并以此为生计的人,他的名字叫保罗·道弥尔,是一位名副其实的"破烂王"。根据美国的法律,一家公司或企业一旦依法宣布破产,给其贷款的银行作为债权人,可以把企业拍卖。道弥尔经常到这类银行,收买破产企业。

他每买下一个破产的企业,都会全面分析研究这个企业各方面的情况,扬长避短地制订改造计划,采取强有力的措施,加强管理,这样一个企业就在破产的废墟上"借尸还魂",获得了新生。

任何产品和企业都有它的成长期、成熟期和衰落期。在走向衰落期间,抓住时机,充分利用一切有利条件,进行大胆投资,借用"借尸还魂"术,产品和企业就会得以新生,往往能收到事半功倍之奇效,这一谋略,很值得企业经营者在企业投资决策中借鉴。

派克公司重获新生

20世纪初,派克公司生产的钢笔在世界上最负盛名,加上新品种"自来水笔"的推出,使得该公司的销售额在四五十年代达到了高峰。

后来，匈牙利的贝罗兄弟发明了圆珠笔，打破了派克公司一统市场的局面。由于圆珠笔实用、方便、廉价，一问世就深受广大消费者的欢迎，使得派克公司的生产大受打击，身价一落千丈，濒临破产的境地。该公司的欧洲高级主管马科利认为，派克公司在与圆珠笔的市场争夺战中犯了致命的错误，不是以己之长，攻人所短；反而是以己之短，攻人所长。于是，他筹集足够的资金买下了派克公司，随即着手重新塑造派克钢笔的形象，突出其高雅、精美和耐用的特点，使它从一般大众化的实用品成为一种显示高贵社会地位的象征。

从这样的战略思想出发，马科利采取了两项战术措施。首先，削减了派克钢笔的产量，同时将原来的销售价提高了30%。其次，增加广告预算，加强宣传以提高派克钢笔作为社会地位象征物的知名度。由于英国女王是英联邦的元首，其所用物品无不显示其地位的高贵。因而，其用品的商标及生产厂家也就打上了高贵的烙印。马科利深知这一点，他煞费心机，再三努力，让派克钢笔获得了伊丽莎白二世御用笔的资格。由于方向对头，措施得力，马科利的战略目标终于实现了。新的派克钢笔以炫耀、装饰为标志的形式"借尸还魂"，派克公司随之也获得新生。

改头换面的吉普车

1988年，在一次全国汽车会议上，一些与会代表对北京212型吉普车的议论颇多，认为随着汽车工业的发展，212型吉普车的密封性、舒适性差，车型不美观等缺陷越发明显；况且大部分车已经到了大修甚至报废的程度。因为装配任务太大，这批数目可观的车辆简直成为"鸡肋"——弃之可惜，食之无味。

平顶山市的代表回去以后，想到既然这批旧吉普车存在缺陷，何不办一个改装总厂进行改造，来个"借尸还魂"？于是经过对212吉普车改装方案的可行性论证，平顶山汽车改装总厂成立了，厂里的第一批员工是从全国各地聘来的80多名技术人员。面对一辆辆停放在厂内待改装的旧吉普车，平顶山汽车改装总厂领导一班人仔细权衡经济效益和社会效益，经过多次论证，最终确定了改装方案。他们保留了212吉普车爬坡力强、涉水深等耐用特性，加长车身，并将原布篷车身改为金属冲压车身，以增加密封性；为了增加吉普车的舒适性，车内全部用软材料装饰，座椅改为半自动可调式高背全泡沫座椅，并增设空调机和收放机。该厂还规定，用户可以依据自己的喜好任选车型及车身颜色。

经过平顶山汽车改装总厂的"打扮"，一辆辆212吉普车顿生光辉，使用户大为满意，简直是"化腐朽为神奇"。由于改装后的212吉普车既保留了良好的越野性能，又增加了舒适性和密封性，故而大受欢迎。建厂不久，该厂已改装完毕200辆旧吉普车。采用旧车改造的办法，比买新车可节约费用60%以上。这也是该厂生意盈门的基本保证。

平顶山汽车改装总厂用"借尸还魂"的手法，在行销上以"再定位"的策略，使近乎报废的旧吉普车起死回生，重新赢得了市场的青睐。

神秘的领导者

第二次世界大战期间，德国法西斯占领了荷兰，不久在荷兰北部出现了一支很有影响力的抵抗力量。据说这支抵抗力量是由一个叫"约翰尼·斯皮特法尔"的英国皇家空军飞行员领导的，人们不断地传颂他的英雄事迹，却没有人亲眼见过他。他所有的命令、计划和有关飞行员的事情，都是由安妮姐弟俩传达的。盟军解放荷兰后，仍然没有这个著名战士的消息。其实，这个组织的真正领导人就是安妮姐弟，而不是那个英国皇家飞行员。

安妮姐弟的亲人们都是被德军杀死的，他们对德军恨之入骨。一天晚上，他们在自家门口发现了受了重伤的英国皇家飞行员约翰尼·斯皮特法尔。尽管安妮姐弟对他悉心照料，还请来医生诊疗，但约翰尼·斯皮特法最终还是由于伤势过重而去世了。为了掩人耳目，姐弟俩为飞行员换上了当地人的衣服，然后悄悄地掩埋了他。在整理飞行员的遗物时，他们突然产生了一个大胆的想法：何不以飞行员的名义成立一个抵抗组织，给德军以沉痛打击呢？于是，安妮姐弟俩打着英国皇家飞行员约翰尼·斯皮特法尔的旗号招贤纳士，在英雄的感召下，越来越多的人开始加入这个组织。安妮姐弟俩不断以斯皮特法尔的名义给抵抗组织下达命令和计划，人们团结在他的周围，对德军进行了一次又一次的打击。

利用死去的英国皇家飞行员的威望，建立了反法西斯的抵抗组织，安妮姐弟俩正是运用了借尸还魂计，把民众团结起来，沉痛打击了德国法西斯。

古井贡酒美名传神州

古井贡酒厂是安徽省某市的一家酒厂，该厂生产的"古井贡酒"驰名中外，其他"古井"系列白酒，质量也颇高，在市场上很是畅销，可以说，古井贡酒厂的古井牌系列白酒是"皇帝的女儿不愁嫁"，该厂的效益很好。但是，古井贡酒厂并没有因此而忽视公关工作，忽视广告宣传，该厂经常不断利用新闻媒介宣传本企业和古井系列白酒。但时间一长，厂领导感觉没有什么新意，想搞出点轰动效应，便想到了穿行于九州的"铁老大"。古井贡酒厂同铁路部门协商，把旅客列车命名为"古井贡酒号"，在"古井"号列车开出后不久，古井贡酒厂无论是在企业声誉上，还是在古井系列白酒的销售上，都收到了可喜的效果。

这一举措，就像是把一件没有生命的东西赋予了生命，让他穿行在神州大地上。这真是别出心裁，在公关宣传方面做到了出奇制胜，可以说是一举三得。

第十五计　调虎离山

【本计旨要】

　　老虎作为兽中之王，当它占据地形有利的高山时，必然肆无忌惮，难以捕获。如果引诱老虎离开高山，捕捉它就很容易了，正所谓"虎落平阳遭犬欺"，就是调虎离山的原意。从引申的意义来说，"虎"指敌人，"山"指敌人占据的有利地形或凭借的有利条件。使敌人离开有利地形，或者使敌人失去有利条件，然后施行袭击和包围，都可视为调虎离山之计。

【计名探源】

　　此计名最早出自《管子·形势解》。该篇中有这样一段话："虎豹，兽之猛者也，属深林广泽之中人畏其威而载之。人主，天下之有势者也，深居则人畏其势。故虎豹去其幽而近于人，则人得之而易其威。人主去其门而迫于民，则民轻之而傲其势。故曰：'虎豹托幽而威可载也。'"意思是说，虎豹是兽类中最凶猛的动物，当它们居住在深山大泽中时，人们就会因惧怕其威风而敬畏它们。君主是天下最有势力的人，如果君主深居简出，人们便会害怕他的权势。虎豹若是离开它们居住的深山大泽而走近人类居住的地方，人们就可以捕捉它并使它失去原来的威风。做君主的若是离开王宫而与普通人混在一起，人们就会轻视他并以傲慢的态度对待他。所以说，虎豹只有不离开它们居住的深山幽谷，其威风才会使人感到畏怯。这里虽然尚未使用"调虎离山"一语，但已经包含只有将老虎调离深山，才能将其制服的意思。

　　后来，在民间语言、文学作品中便逐渐出现了"调虎离山"的说法。如在明代吴承恩的《西游记》第五十三回中，孙大圣对如意真仙说："才然来，我使个调虎离山计，哄你出争战，却着我师弟取水去了。"明冯惟敏的《海浮山堂词稿·二上·玉芙蓉（共二）》中说："使不了调虎离山计，当不得将军八面威。"这些都是利用不利的天时、地利条件困扰敌人，用人为的方法诱惑敌人，虽然这种主动进攻的危险性很大，但诱敌来攻却能掌握很大的主动性。

【古文玄览】

　　待天以困之①，用人以诱之②，往蹇来返。

【说文解字】

　　①待天以困之：天，指天然的形势或条件。句意为，战场上我方等待天然的条件或情况对敌方不利时，再去围困他。

②用人以诱之：用人为的假象去诱惑他（指敌人），使他向我就范。

【古文今译】

等待天然的条件或形势对敌方不利时，我方再去围困敌方。用人为的假象去引诱敌方，使其丧失优势，处处碰壁，寸步难行，而我方则出其不意地发起攻击。

【计谋评点】

此计是调动敌人，以便将其消灭的一种计谋。"调"字是关键，也是难点。一定要审时度势，调得巧妙、灵活。大致说来，"调"有以下方式：

（1）乱之以虚。用虚虚实实的手法迷惑敌人，造成敌人在判断上的失误，使其如无头之蝇一样四处乱撞，然后伺机把敌人引诱到对其不利的地形上。

（2）激之以智。用智谋来激怒敌人，使其丧失理智，轻举妄动。这就是兵法所说的"怒而挠之"。

（3）诱之以利。以利益诱骗敌人离开其赖以生存之地。

（4）驱之以害。避害同趋利一样，是人的本性。如果在敌人的内部或外部制造祸害，敌人为了自保自然会逃离。

（5）晓之以理。如敌人较为明智，就要晓之以利害，使其自动退让。

《孙子兵法》认为：不动干戈之法是上策；不顾条件地硬攻城池是下策。敌方既然已经占据了好的地理位置，又做好了应战的准备，我方就不应在地理上与之争强。应该巧妙地用小利去引诱敌方，把敌方诱离坚固的防地，引诱到对我方有利的战区，这样，我方就可以变被动为主动，一定可以击败敌人。汉末虞诩智骗羌人的故事就是个好例证。

东汉末期，虞诩奉命平定北边羌人的叛乱。虞诩的部队在陈仓崤谷一带受到羌人阻截，此时羌人占据着有利的地势，且士气正旺，虞诩决定先骗羌人离开坚固的据点。他命令部队停止前进，就地扎营，并对外散布行军受阻，向朝廷请派增援部队。羌人见虞诩已停止前进，就放松了戒备，纷纷离开据点，到附近劫掠财物去了。虞诩见羌人离开了据点，马上下令部队急行军，日夜兼程，同时下令在行军沿途不断增加灶的数量。羌人见虞诩的灶数逐日增加，误以为朝廷援军已到，不敢轻易出击，虞诩一路顺利地通过了陈仓崤谷，转入外线作战。不久，羌人叛乱被平定。

从这里可以看出，"调虎离山"是上策，也是军事较量、政治斗争以及社会生活等其他方面常用的高招。而由于历史上各种势力集团无时不在巩固地盘或侵占势力范围，并且倚仗各自的地盘相互较量与争斗。所以调虎离山之计一直是一个集团消灭或兼并另一个集团最常用的手法。

【事典辑录】

孙策厚礼取卢江

东汉末年，群雄并起，各霸一方。孙坚之子孙策年少有为，继承父志后，其势力逐渐强大起来。199年，孙策欲向北推进，准备夺取江北卢江郡。但是卢江郡南有长江之险，北有淮水阻隔，易守难攻，而且占据卢江郡的刘勋野心勃勃，其势力十分强大。孙策知道，如果硬攻，取胜的机会很小，所以他和众将商议，定出了一条调虎离山的妙计。

刘勋有一个弱点，就是极其贪财。于是，孙策就派人给刘勋送去了一份厚礼，并在信中把刘勋大肆吹捧了一番。孙策还以弱者的身份向刘勋求救，信中说："上缭经常派兵侵扰我们，我们力弱，不能远征，请求将军发兵降服上缭，我们将感激不尽。"刘勋见孙策极力讨好自己，十分得意，遂发兵上缭。

孙策见刘勋亲自率领几万兵马去攻上缭，城内空虚，不禁心中大喜，说道："老虎已经被我调出山了，我们赶快去占据它的老窝吧！"于是，孙策立即率领人马水陆并进，顺利地控制了卢江郡。刘勋闻讯，后悔不已，但为时已晚，只得灰溜溜地投奔曹操。

这就是调虎离山的典型战例，所采用的就是利用敌方贪利的弱点加以引诱，最终取得胜利的方法。

孙策见刘勋亲自率领几万兵马去攻上缭，城内空虚，心中不禁大喜，说道："老虎已经被我调出山了，我们赶快去占据它的老窝吧！"

耿弇围城杀费邑

耿弇，字伯昭，扶风茂陵人，东汉中兴名将，"云台二十八将"之一。王莽篡汉以后，耿弇跟从刘秀起兵，任大将军。刘秀称帝后，耿弇任建威大将军，封好畤侯。

不久，刘秀下诏命耿弇进讨张步。得知汉军来攻，张步立即派出大将费邑迎战，双方大有决一死战的气势。见费邑的军队兵强马壮，士气正旺，耿弇决定放弃正面交手，实施调虎离山之计。于是，耿弇派兵将费邑的弟弟费敢镇守的巨里团团围住，并公开命令各部3天之内攻下巨里城，同时，他故意让俘虏有机会逃跑，以便让他们传话给费邑。得知耿弇要攻巨里，费邑率领精兵3万赶去援救。耿弇见费邑中计，高兴地对诸将说："我们大张旗鼓地打造攻城器械，就是为了引诱费邑到我们的埋伏圈。现在他来了，我们的战争开始了！"耿弇审度形势，当即决定留下3000

人牵制巨里,自己则率领精兵占据有利的地势,严阵以待。费邑的大军还没站稳脚跟,就遭到耿弇军队的迎头痛击,费邑大败,被杀死于乱战中。得知哥哥被杀,费敢惊惧万分,遂率兵弃城而逃。

耿弇假意进攻巨里,诱使费邑离开自己的巢穴前去增援。正是这样一个漂亮的"围城打援",歼灭了费邑的3万大军。但如果正面交手,胜负就难以预料了。

公子光调虎离山刺吴王

春秋末年,吴国的公子光想除掉吴王僚。但是,吴王僚的三个儿子均骁勇善战,他们时刻不离吴王僚左右,使公子光无机可乘。公子光为此事暗中着急。这时,伍子胥前来献计说:"目前楚国正处在动乱之中。如果你向吴王僚建议乘机进攻楚国,吴王僚一定会同意。然后你再推举吴王的儿子掩余和烛庸带兵前去攻打楚国。同时,建议吴王派他的另一个儿子庆忌出使郑国和卫国,去说服这两个国家共同伐楚。这样,就可以除去吴王僚的三个羽翼,只剩下一个吴王僚,自然就好对付了。"

公子光依计而行,吴王僚果然听从了公子光的建议,把他的三个儿子都派了出去。随后,公子光乘机命刺客专诸将短剑藏在烹好的红烧鱼肚子里,然后请吴王僚赴宴。在酒宴上,正当吴王僚要品尝红烧鱼时,专诸突然从鱼肚子里抽出短剑刺死吴王僚。吴王僚的三个儿子见国内发生变故,只得流亡他国。

酒宴上,吴王僚正要品尝红烧鱼,突然,专诸从鱼肚子里抽出短剑刺向吴王僚,吴王僚当即毙命。

诸葛亮连环胜司马

234年,诸葛亮领兵进军祁山。魏明帝命司马懿为大都督,领兵至渭水之滨迎战。

由于蜀军劳师远来,粮草供应颇为困难。司马懿看准了蜀军的这一弱点,便想设法使蜀军断粮,从而乘机取胜。而诸葛亮为了解决军队粮草问题则采取了一系列的措施,一是分兵屯田,二是令工匠造木牛流马,准备长途运粮。司马懿闻报大惊,企图破坏蜀军的计划。诸葛亮则抓住了司马懿的这一心理,一步步将其引入圈套:首先,诸葛亮在营外大造木栅,营内掘深坑,坑内堆满干柴,同时还在营地周围的山上虚搭营帐,制造出蜀兵分散结营的假象。接着,诸葛亮下令在上方谷内两边的山坡上虚置许多囤粮的草屋,屋内布置伏兵,专门引诱魏军前来劫营。随后,诸葛亮离开大营,引一支军马在上方谷附近安营,静待司马懿亲领精兵来上方谷烧粮时将其抓获。司马懿虽然烧粮心切,但也生怕被诸葛亮算计,于是他便使了个声东击西、调虎离山之计前来应战。司马懿亲领魏兵去劫蜀兵的祁山大营,让手下的部将冲锋在前、直扑蜀营,自己则在后方引援军接应。他这样做,一是担心中埋伏;二是此次劫蜀军大营本只是佯攻,他的真正目的是调动蜀军各营主力,想等诸葛亮领军前来营救时,自己趁机带领精兵奇袭上方谷,烧掉蜀军粮草。

然而,司马懿的这个调虎离山之计却未能得逞。诸葛亮早料到这一着。因而当魏军直扑蜀军大营时,只是那些由诸葛亮事先安排好的蜀军在四处奔走呐喊,虚张声势,装作各路兵马齐来援救的态势;暗地里还有一支精兵直捣渭水南岸的魏营;而此时诸葛亮自己则在上方谷等待司马懿前来"烧粮",以便"瓮中捉鳖"。司马懿果然中计。他见四处蜀军都奔向大营救援,便趁机急领司马师、司马昭及一支亲兵杀向上方谷。及至谷口,早已在此等候的蜀将魏延依照诸葛亮的吩咐用诈败的方法诱使司马懿进入谷中,并迅速截断谷口。一时间,山谷两旁火箭齐发,地雷突起,草房内干柴全部引燃,烈焰冲天。司马氏父子眼看就将葬身火海,幸亏突降一场倾盆大雨,他们才得以逃脱。

司马懿这只"虎"原本拿定了决不离山的主意,结果却仍被诸葛亮调下了山;他原想用调虎离山之计烧掉蜀军的粮草,却想不到反而中了诸葛亮的调虎离山之计,真是计外有计、天外有天,军机难测。

韩世忠灭刘忠

南宋时,刘忠坐拥数万精兵,占蕲阳白面山为王。朝廷于是派遣韩世忠去讨伐他。

韩世忠赶到白面山下,安营扎寨之后,并未发兵出战,而是与敌军对峙了很多天。韩世忠每日下棋喝酒,不提打仗之事,众将士对此迷惑不解。其实,韩世忠暗地早已派出侦察员,掌握了敌人的大部分情况。这天夜里,韩世忠亲自带领一名士兵悄悄来到敌营不远处。巡察过一圈后,韩世忠道:"皇天不负有心人,我终于找到破敌妙计了!"

回营后,韩世忠命令2000名精兵趁着夜色埋伏在白面山下。随后,韩世忠亲自率军向刘忠发起突然进攻。刘忠阵营大乱,慌忙之下将他的全部人马都调集过来应战。这时,南宋的2000名伏兵乘机占领了控制观察台,并插上了官军的旗帜。与官军正激烈作战的刘军士兵,听到观察台官军的喊叫,知道大势已去,军心很快涣散,士兵们争相逃窜。刘军大败,刘忠最后死于非命。

韩世忠巧施调虎离山之计,先使敌人后方易帜,内外兼攻,一举打败敌军。

聂荣臻将计就计

1941年秋，侵华日军以华北派遣军总司令冈村宁次为总指挥，调集数万名日、伪军，集中力量对晋察冀的北岳地区进行大规模"扫荡"，企图一举消灭八路军晋察冀的领导机关。

在日寇的大举进攻面前，晋察冀军区司令员聂荣臻果断地做出决定：军区领导机关留在中心地区牵制敌人，采取各种有效的战术与敌周旋；八路军主力部队及各分区部队迅速跳到外线去打击敌人，粉碎敌人的"扫荡"，从而也保卫军区领导机关的安全。按照这个决定，主力部队很快就转移到外线去了。剩下来的军区直属机关由聂荣臻亲自率领，在中心地区活动。为了牵制敌人，军区直属机关的行动必须时隐时现，忽东忽西，要吸引敌人来追，但又不能让敌人逮着。

一天，聂荣臻率领军区机关进行又一次转移时，被敌人的飞机捕捉到了目标。敌人的飞机如饿狼扑食一般，向聂部进行了疯狂的轰炸。在飞机的引导下，各路敌军尾追而来，企图一口吃掉八路军领导机关。聂荣臻命令部队加快速度，秘密转移。可是，当部队转移到沙河以北的雷堡村时，又一次遭到了敌人飞机的轰炸。这就奇怪了：我们在地上秘密行进，敌机在天上飞行，为什么我们转移到哪里，敌人的飞机便出现在哪里的上空呢？指战员们不理解，聂荣臻也感到疑惑不解。

聂荣臻是个头脑冷静、善于动脑筋的指挥官。他经过反复思考，发现敌机之所以能够准确地对我军转移部队迅速做出反应，是因为敌人熟悉晋察冀军区机关电台的呼号，采用电台测向的办法跟踪追击，自然能够及时准确地找到八路军军区机关转移的方位。找到了原因之后，聂荣臻也就找到了对付敌人的办法：将计就计，调虎离山。他立即命令军区机关的所有电台停止发报，同时命令侦察科长带领一支小分队，携带一部电台，悄悄地赶到距离军区机关所在地雷堡村东面60里外的台路，用军区机关的呼号不断地发出无线电信号，以示敌人军区机关已经转移至台路，把敌机的轰炸目标引到台路。

果然不出聂荣臻所料，没过多久，奇迹出现了：刚才还对雷堡村进行轰炸的敌机，突然转向台路实施狂轰滥炸，各路敌军也从陆上以进攻作战的队形直扑台路。聂荣臻将计就计，很快就把敌人从雷堡村引开了。这时，八路军的主力已经跳到外线，正在按照聂荣臻的部署向敌人实施拉网式的反包围……

毛泽东亲率"中路军"转战南北

1936年春，红军主力分兵南下北上，而由毛泽东率领的中央总部机关则从延安转移到山西西部。负责总部安全的是一支由一个特务团和几个参谋、警卫员组成的小部队，不足500人。

在毛泽东的指挥下，这支小部队不间断地行军，无论走到哪里，都发动群众打土豪，扩充红军。这天，毛泽东召集大家开会，他说："红军左右两路已经开始迎敌打仗了，我们这支'中路军'队伍虽小，但做的却是大事情。我们可能要在晋西一带兜几个圈子了。同志们，可要做好长期跑步的准备啊！"说完，毛泽东意味深长地笑了一下。

没多久，"中路军"就与敌人开战了。此后，敌人开始被这支小部队牵着绕圈子，只在孝义、灵石以西，中阳以南，石楼、隰县东面一带活动。等敌人追击部队赶到黄河边时，毛泽东率领"中路军"猛然穿过敌人的缝隙，向东面进发，急行一天半，一下子就甩开敌人老远。这时，前方的红军的捷报接连传来。红军北上的主力红十五军团与红二十八军胜利会师后，接连在康宁镇、金罗镇将阎锡山十几个团消灭。沿同蒲路南下到侯马的红一军团，一路也歼灭了许多敌人，红军的队伍不断壮大。

至此，大家才明白了毛泽东的良苦用心：以"中路军"牵制住敌人，使前线红军的压力得到缓解，保证左右路军顺利作战。

少剑波智取锅盔山

马希山是一个土匪首领，他手下有300多人，盘踞在锅盔山主峰的一个山洞里。此峰易守难攻，方圆几百里都是茂密的原始森林，只有一个叫作绥芬大甸子村的屯落位于土匪老巢10多里外。

解放军某部剿匪参谋长少剑波奉命前来剿匪，他思来想去，最后决定从绥芬大甸子村下手。于是他立即向该村派遣了一支小分队，试图用土改逼迫村里地主勾结马希山，引诱马希山出山。

没多久，绥芬大甸子村就开始了轰轰烈烈的土改。赵大发等三个地主的粮食、农具和牲口全部都被小分队没收了，这些物资被分给贫下中农。赵大发急忙逃往锅盔山，请求马希山帮忙。马希山觉得自己手下有300多人，打垮50人的小分队根本就是小菜一碟。当晚他就带队下山，妄图凌晨时偷袭小分队。

这些土匪做梦也想不到，他们刚一离开匪穴，少剑波就率领小分队沿小路爬上了锅盔山，于黎明时分一举将锅盔山的匪穴摧毁。

电梯间外的穿衣镜

某楼房自出租后，房主不断地接到房客的投诉。房客说，电梯上下速度太慢，等待时间太长，要求房主迅速更换电梯，否则他们将搬走。

已经装修一新的楼房，如果再更换电梯，成本显然太高；如果不换，万一房子租不出去，更是损失惨重。于是，房主想出了一个好办法。几天后，房主并没有更换电梯，可有关电梯的投诉再也没有接到过，剩下的空房子很快也租出去了。

原来，房主在每一层的电梯间外的墙上都安装了很大的穿衣镜，大家的注意力都集中到自己的仪表上，自然感觉不出电梯的上下速度是快还是慢了。

这是一种相对"消极"的危机营销方法，即用安装穿衣镜的方式，转移大家在等电梯时的注意力，让大家忽略了电梯慢这个事实，其实质正是"调虎离山"的谋略。

买卖大理石的谈判

某市的著名企业家王经理购得一块位置绝佳的宝地，准备建一个大商城。为了装修得尽量豪华一些，他打算从本市的某大理石加工厂购进一批大理石。王经理跟大理石加工厂的韩经理商定，三天后进行谈判。韩经理知道，王经理之所以选择他们这家大理石厂，是因为附近只有他们厂生产的大理石质量最好，足以和进口大理石媲美，当然价格要比进口大理石便宜得多。

韩经理是一个很有野心的人，他想在谈判时提出一些要求，作为销售大理石的交换条件。他不是想抬高价格，而是想入股王经理的企业。第四天，谈判开始了，寒暄之后，王经理转入正题，提出要从韩经理的厂里大量购进一批大理石。韩经理当即同意，并提出自己入股的想法，否则将不把大理石卖与王经理。王经理没有同意，结果谈判不欢而散。

王经理回去以后，正为大理石一事发愁，一个刚成立的大理石加工厂的经理找上门来，要以较低的价格卖给王经理大理石。王经理知道，这家大理石厂的产品质量肯定不如韩经理厂的，但他还是稳住这个人，并约定次日见面，然后放出风去，故意让韩经理知道这件事。韩经理立即着了慌，他没料到王经理会和别的厂家交易，只好立即答应一切条件，并再不提入股的事。

上述商业案例中，王经理成功地运用了"调虎离山"之计，调开了韩经理投资入股的野心，促使他为保住销路而和自己做这笔大理石生意。

范德比失去特权

19世纪40年代末，在美国的加利福尼亚州发现了金矿。这个消息传开后，不仅在美国掀起了黄金热，而且还有成千上万的欧洲人背井离乡到美洲淘金。当时，还没有横贯美国的铁路，所以去加利福尼亚淘金的人往往要坐轮船绕道南美的最南端。

一个名叫范德比的商人看到这是一个发财的机会，便亲自前往尼加拉瓜，与尼加拉瓜总统签订一项协议。该协议规定由范德比开辟一条横贯尼加拉瓜的航线，过往船只的"过境费"由范德比征收。航线开通后，几年工夫范德比就赚了好几百万美元。

商人华尔克十分嫉妒范德比，他想把这条航线夺过来，于是想出一个调虎离山之计：先设法让范德比出国，然后再乘其不备下手。华尔克用重金收买了范德比的私人医生，一天，私人医生对范德比说："您的心脏近来很不好，建议您到国外休养半年，否则的话有生命危险。"范德比平时最注重身体保养，他对医生的劝告坚信不疑，不久便起身到巴黎休养去了。

范德比一走，华尔克立即行动起来。他带领几百名荷枪实弹的士兵在尼加拉瓜登陆，与内奸配合攻占了尼加拉瓜的总统府。尼加拉瓜总统一气之下心脏病发作，一命呜呼。华尔克扶植了另一个人做了总统，自任尼加拉瓜军队总司令。不久，尼加拉瓜新政府便宣布将范德比在航线上的特权移交给华尔克。

玻利瓦尔假书欺敌

西蒙·玻利瓦尔是委内瑞拉的民族英雄，为拉丁美洲独立运动做出了卓越的贡献。

1812年，委内瑞拉第一共和国灭亡，玻利瓦尔流亡国外。1813年2月，玻利瓦尔带领一支400人的队伍回到祖国，杀向首都加拉加斯。此时，科雷阿将军带领的西班牙殖民军正埋伏在安第斯山下严阵以待。

面对强敌的阻击，玻利瓦尔决定运用调虎离山之计。他给附近的爱国司令卡斯提里奥写了一封救援信，请求卡斯提里奥从后方袭击敌人，并故意让这封信落到西班牙人手中。科雷阿将军看到信大吃一惊，命令队伍即刻撤离安第斯山脚。实际，这是玻利瓦尔导演的一出戏剧，目的是调"虎"（科雷阿）离"山"（安第斯山）。

就这样，玻利瓦尔顺利地带领队伍翻过安第斯山，一路歼灭西班牙殖民军，同年8月解放了加拉加斯，委内瑞拉第二共和国成立。

第十六计　欲擒故纵

【本计旨要】

本计是一种放长线钓大鱼的计谋,其中的"擒"和"纵"是一对矛盾统一体。在军事上,"擒"是目的,"纵"是方法。一般来说,"一时纵敌,百日之患"。但在特殊情况下,纵敌不仅无害,反而有益。

【计名探源】

此计的哲理源头可追溯到《老子》三十六章:"将欲歙之,必固张之;将欲弱之,必固强之;将欲废之,必固兴之;将欲夺之,必固与之。"

中国军事史上成功运用此计,并对此计的定名有重大影响的,是诸葛亮的七擒孟获。蜀汉建立之后,诸葛亮定下北伐大计。当时西南夷酋长孟获率10万大军侵犯蜀国,诸葛亮为了解决北伐的后顾之忧,决定亲自率兵先平孟获。蜀军主力到达泸水(今金沙江)附近后,事先在山谷中埋下伏兵,然后诱敌出战,孟获被诱入伏击圈内,兵败被擒。

诸葛亮考虑到孟获在西南夷中威望很高,影响很大,如果能让他心悦诚服,主动请降,就能使南方真正稳定下来。于是,诸葛亮决定对孟获采取"攻心"战,断然释放孟获。孟获拖走所有船只,据守泸水南岸,继续阻止蜀军渡河。诸葛亮乘其敌不备,从孟获不设防的下游偷渡过河,并袭击了他的粮仓。孟获暴怒,要严惩将士,激起将士的反抗。于是这些将士相约投降蜀军,并趁孟获不备将其绑赴蜀营。诸葛亮见孟获仍不服,再次将其释放。后来,孟获频繁施计,但均被诸葛亮识破,先后又四次被擒,四次被释放。最后,诸葛亮火烧孟获的藤甲兵,第七次生擒孟获。孟获终于输得心服口服。从此,蜀国西南安定,诸葛亮才得以安心举兵北伐。

对诸葛亮来说,七擒七纵皆手段,其目的只有一个:征服南蛮首领及百姓的"心"。因而这一战役取得胜利的意义,不仅体现在军事上,更体现在政治上,是诸葛亮在当时历史条件下成功实行的民族团结政策的一次伟大尝试。

孟获第七次被擒,诸葛亮故意要再放了他。孟获忙跪下起誓:以后绝不再谋反。诸葛亮遂委派他掌管南蛮之地,孟获听后不禁深受感动。

【古文玄览】

逼则反兵；走则减势①，紧随勿迫。累其气力，消其斗志，散而后擒，兵不血刃②。需，有孚，光。

【说文解字】

①逼则反兵，走则减势：逼，逼迫。走，逃跑。句意为，逼迫敌人太紧，他可能因此拼死反扑，若让他逃跑则可减削他的气势。

②兵不血刃：血刃，血染刀刃。句意为，不需经过血战便可获得胜利。

【古文今译】

如果逼迫敌人，敌人就会拼死反击；如果让敌人逃走，其气势就降低了。所以要紧紧地跟随，而不要太过逼迫，劳累敌人的气力，削弱敌人的斗志，等敌人分散、变弱后，再一一擒拿，无须交战即可取胜。依"需"卦所示，耐心等待，就可获得胜利。

【计谋评点】

使用欲擒故纵之计，必须要有过人的忍耐力和不惜牺牲的决心，表面上要做得干脆利落。在尖锐复杂的战争环境，要既能手到擒来，又能顺手放走，有时要冒着纵虎归山的危险，有时还要自吞恶果。所以使用此计一定要慎重。在敌人被打败但尚有一定实力时，不要急于进攻，防止敌人垂死挣扎，拼命反扑，给我方造成无谓的损失，这就是兵法上常说的"穷寇莫追"。实际上，也不是完全不追，而是看怎样去追。如果把敌人逼急了，敌人一定会集中全力，背水一战，这时失败的很可能是自己。因此，追击逃敌只需紧随其后，而不要过于逼迫敌人，要逐渐消耗其体力、瓦解其斗志，待其溃散时再进行捕杀，就可以不失一兵一卒而达到消灭敌人的目的。

诸葛亮七擒七放孟获，目的是使孟获心悦诚服，永无反叛之意，但其前提是局势掌控在自己手中。纵敌也须有节有度，否则放虎归山，也会埋下隐患。项羽在鸿门宴上放走刘邦，后来却被刘邦逼死在乌江边；明建文帝放走燕王朱棣，最后却被朱棣夺去了自己的皇位。这是历史上纵敌不当致使国破家亡的血淋淋的事实，后人不可不察。因此，纵敌不是无原则地放任不管，而是战略上的必要放松，以防狗急跳墙。纵敌的最终目的是擒敌。"纵"是手段，"擒"是目的，手段始终为目的服务。运用此计要铭记以下三点：

（1）跑累了再抓。对于刚刚逃跑的敌人，不要急于追赶，而要让他们继续逃跑。等到敌人跑得精疲力尽、毫无反抗能力时，我们再动手去抓，可谓手到擒来。

（2）养肥了再杀。养猪是为了吃肉，所以在杀猪之前，要千方百计地把猪养肥。舍不得精饲料，养不出肥膘猪。急于杀猪，则其肉必瘦。养肥了再杀需要忍耐的功夫。对于自己的宿敌和潜在之敌宜采取这一策略。

（3）吹大了再扎。捧杀犹如吹气球，等到气球吹得足够大时再扎破它，才会发出震耳的声响。在爆炸声中，被捧杀的对象则会身败名裂。历史上的许多"笑面虎"对付地位高、权势大的政敌多用此法。

由以上叙述可以看出，欲擒故纵的关键在于把握节奏与程度，"欲速则不达"，这也是兵家用此计策时常常需要注意和提防的要点。

【事典辑录】

苏无名信手捉盗贼

武则天执政时，她的女儿太平公主极受宠爱。武则天曾赏给太平公主细玩宝物两盒，价值百镒黄金。

一日，太平公主想取来宝物观赏。谁知打开柜子一看，发现两盒宝物不翼而飞。公主惊愕万分，立即向武则天禀明此事。武则天大怒，命令洛州令限期查出盗贼。

吏卒、巡捕们都很害怕，但又商量不出什么好办法。他们在路上遇到了湖州别驾苏无名。苏无名学识渊深，为官清廉自守，尤以善断盗案、长于擒贼闻名于朝廷内外。苏无名为官所到之处，可称政通人和，盗贼敛迹，夜不闭户，路不拾遗。吏卒、巡捕们久闻其名，就请他到县里帮忙。到了县衙，苏无名让县令和他一起去见武则天。

武则天问道："你有什么办法抓到贼人？"苏无名说："若让我抓盗贼，就不要限定日期，我一定能追回宝物。"

苏无名立下了军令状，却不慌不忙，反而叫吏卒们先等一个月。直到清明节那天，苏无名才把吏卒们全部召来，让他们5个人或10个人为一伙，在东门、北门等候。如果发现有十几个穿着葬服的胡人出城到北邙山扫墓，就跟随在他们后边，并随时回来报告他们的行踪。

吏卒们在东门、北门等候，果然看见十几个穿着葬服的胡人来到一座新坟前祭奠。撤下祭品后，他们沿着坟墓巡视了一圈，居然情不自禁地相视而笑。苏无名见状，高兴地说道："找到盗贼了。"随即派吏卒把那些胡人全部抓起来，然后掘开坟墓、劈开棺材一看，棺材里根本没有什么死人，而是装满了璀璨夺目的稀世珍宝！

后来，武则天惊奇地问苏无名："你怎么会这样料事如神？"

苏无名解释说：当他到达洛州时，正巧碰见那些胡人出葬。他们哭的声音很大，但看起来并不伤心，反而有些惊慌。于是，苏无名便猜到是盗贼在往城外转移赃物，但当时并不知道他们把偷来的东西埋在了什么地方。寒食节扫墓，苏无名估计盗贼一定会借机出城查看赃物。苏无名之所以刚开始并没有让官府抓贼，是害怕会打草惊蛇，倘若贼人一急，必定会取出宝物逃走。但如果官府不查，他们就放了心，所以才没有把宝物取走。

苏无名正是采用欲擒故纵的方法，先让盗贼放松警惕，然后在他们毫无戒备的情况下实行抓捕。

刘备坐取徐州城

汉献帝初平四年（193年），割据兖州的曹操派遣泰山太守应劭前往琅玡接其父曹嵩及家人百余口到兖州。途经徐州时，徐州牧陶谦为交好曹操特派都尉张闿护送曹嵩一行。不料张闿杀死曹嵩及其家人，席卷财物而去。曹操闻之勃然大怒，遂以为父报仇为名，发兵攻打徐州。

陶谦面对兵临徐州城下的曹操大军，自知难以抵抗，便采纳别驾从事糜竺的建议，请北海相孔融、青州刺史田楷前来相救。孔融请刘备同去救陶谦，刘备遂带数千人马奔赴徐州。

刘备率军在徐州城下与曹操于禁所部小试锋芒，初战告捷，使久被曹操大军围困的徐州暂时解除了危机。于是陶谦急令将刘备迎入城内，以盛宴款待。陶谦在席间主动提出将徐州让给刘备，刘备闻言愕然，急忙推辞说："我本是为了义气前来相助，您这样说，莫非是怀疑我有吞并之心？"陶谦表白说："这是老夫推心置腹之言，绝非虚情假意。"但刘备只是推辞，终不肯接受。糜竺见二人再三辞让，便说："现在兵临城下，且当商议退敌之策。待事平之后，再议相让不迟。"于是刘备写信给曹操，希望曹操撤走围困徐州的军队。恰好这时吕布进占濮阳，威胁曹操后方。于是曹操便顺水推舟，接受刘备的建议，退兵而去。

陶谦见曹操撤走，徐州转危为安，便举行宴会庆祝解围。饮宴既毕，陶谦再次向刘备提出让出徐州。刘备说："我应孔融之约前来救援徐州，是为义而来。现在若无端据有徐州，天下将认为我是不义之人。"陶谦推让再三，见刘备终不肯受，便说："如您坚持不受，就请暂时驻军于近邑小沛，以保徐州，何如？"刘备方才同意。

不久，陶谦染病，日渐病重，便派人以商议军务为名，把刘备从小沛请到徐州。陶谦躺在病榻上对刘备说："今番请您前来，不为他事，只因老夫病已垂危，朝夕难保，万望您以汉家城池为重，接受徐州牌印，老夫死亦瞑目矣！"刘备还是辞让，陶谦便以手指心而死。至此，刘备才同意接受徐州大权，担任徐州牧。

刘备欲擒故纵，他通过再三推辞，使自己在陶谦心目中的地位越来越高，最终如愿得到徐州。

石勒假和诛王浚

西晋末年，幽州都督王浚企图谋反篡位。晋朝名将石勒闻讯后，打算消灭王浚的部队。王浚势力强大，石勒恐一时难以取胜，于是决定采用欲擒故纵之计。

石勒派门客王子春带了大量珍珠宝物前去敬献给王浚，并奉上一封书信。信中说："现在社稷衰败，中原无主，只有你威震天下，有资格称帝。"同时，王子春还在一旁不断恭维，说得王浚心里喜滋滋的，开始飘飘然起来。

这时，王浚手下有一个叫游统的背叛了王浚，想投靠石勒。石勒却杀了游统，并将游统的首级送给王浚。这样一来，王浚对石勒更加放心了。

314年，石勒探听到幽州遭受水灾，老百姓无粮度日，而王浚却不顾百姓生死，使得民怨沸腾、军心浮动。于是，石勒借机亲自率领部队攻打幽州。这年春天，石勒的部队抵达幽州城，王浚还蒙在鼓里，以为石勒是来拥戴他称帝的，所以根本没有准备应战。当王浚突然被石勒的手下将士拿住时，他才如梦初醒。王浚中了石勒的欲擒故纵之计，最终身首异处，做皇帝的美梦成了泡影。

王莽谦让成国丈

汉平帝时，王莽权倾朝野。当时只有十几岁的汉平帝还未立后，王莽想把自己的女儿嫁给汉平帝，这样他就成了国丈，他的地位就更加无人能及了。因此，王莽采用欲擒故纵之法，设计了一个立女为后的阴谋。

王莽先向太皇太后建议："皇上已登基三年，我们应该给皇上选一位皇后了。"太皇太后也正有此意，便马上答应下来。随后，众多名门望族纷纷把自己的女儿推荐上来。王莽却对太皇太后说："我无才无德，女儿相貌一般，不敢和其他女子同时应选，就不要选她了。"太皇太后被王莽的一番话所蒙蔽，就答应了他的请求。

朝野上下顿时被王莽的"谦让"态度感动。王莽集团的一些官员则在王莽的授意下纷纷上书说："安汉公（王莽的封号）德才兼备，功勋卓著。现在选立皇后，怎能排除安汉公之女？我们力主安汉公之女为皇后！"王莽请求把他的女儿排除在外，实际上是让他的女儿显得更加突出。于是，太皇太后也认为王莽之女与众不同，再加上各位大臣纷纷上奏，王莽之女终于被选立为皇后。

就这样，王莽用欲擒故纵之计将自己的女儿推上了皇后的宝座。

晏子悖理得信任

晏子，即晏婴，春秋后期著名的政治家、思想家和外交家。

有一年，晏子被齐景公派去治理东阿。三年后，有关晏子的坏话传入宫中，景公听后非常生气，就想免去晏子的官职。晏子向景公恳求说："臣知错了，请让臣再在东阿三年。到时若还有人说我的坏话，您再免去我的官职不迟。"景公应允。三年后，果然没有人再说他的坏话，反而有人开始赞扬他了。

景公感到很满意，就想奖赏他，但晏子不接受任何赏赐。景公问他原因，晏子回答说："我在东阿的头三年，出钱出力者埋怨我让他们修路，懒汉刁民忌恨我倡导勤俭，权贵乡绅怨恨我严惩他们的肆意胡为，我周围的人责怪我不帮他们办事。于是，关于我的坏话就传入了您的耳中。后三年我采用了另外一种治理方法，有钱有力者因为我不派他们修路而顺心了，懒汉刁民也因为我的铺张浪费而高兴了，权贵乡绅因为我纵容他们胡作非为也非常满意，周围的人因为我有忙必帮也对我赞赏有加，这就是您为什么能听到别人赞赏我的原因。所以您不仅不应赏赐我，还应惩罚我。"

景公这才明白晏子的用意，意识到晏子是位贤臣，便任命他为宰相。

晏子通过后三年所做的有悖于原则的事，达到了说服景公的目的。这种欲擒故纵之法，使晏子取得了景公的信任。

马娘娘出招禁赌博

明朝开国皇帝朱元璋的皇后马娘娘长得人高马大，行事干脆利落。她曾为朱元璋提出了许多勤政治国的好建议。当时南京城赌博成风，甚至还有一些官员沉溺于赌博。马娘娘为了禁赌，命人建造了一座"逍遥楼"，这座楼炎夏关紧门窗，能把人憋死；寒冬打开门窗，能把人冻死。马娘娘命人将那些赌徒关进"逍遥楼"中，让他们放手豪赌。但楼里没有座位，只能站着赌，而且也没有茶水和食物。如果他们停下来不赌，站在一边的守兵就挥舞皮鞭抽打他们。这样的日子一两天还能忍受，但几天之后，即便是那些嗜赌如命的赌徒，也都饥饿难忍，头晕目眩，纷纷跪

"逍遥楼"里没有座位，赌徒们只能站着赌，而且也没有茶水和食物，一旦他们停下来不赌，守兵就挥舞皮鞭抽打他们。

在地上痛哭求饶。马娘娘便让他们写下悔过书，然后将其释放。经过"逍遥楼"的分批"训练"后，参与赌博的人越来越少，南京城猖獗的赌博风气就这样被马娘娘用欲擒故纵之计刹住了。

颜师伯以钱钓官

南朝宋孝武帝刘骏有赌博的嗜好，而且每次所押的赌注都很大。因为他是皇帝，所以别人都会故意输给他一些钱。每次都是赢多输少，因此刘骏就通过赌博来聚敛财富。

颜师伯是朝中的一员大臣，中饱私囊，收受了很多贿赂。刘骏听说后羡慕不已，便请他来赌博以趁机赢取他的钱财。颜师伯也深谙为官之道，想通过赌博来讨刘骏的欢心，以得到更高的官职。因此他故意让刘骏连赢两局，刘骏高兴异常，赌博的兴致也越发高涨。此后，刘骏就经常请他来一起赌博。

有一天，他们又在一起赌博。刘骏掷出了一个很难掷到的上乘"雉"点，马上喜上眉梢认为自己必胜无疑，可颜师伯接着却掷出一个比"雉"点更大的"卢"点。刘骏失望至极，心想自己肯定输了这一局。可颜师伯却不慌不忙，假装没看见就抓起骰子，还故作失望地说："我差点儿掷出了'卢'点。"

这样，刘骏就赢了颜师伯100万钱。刘骏也马上领会到颜师伯的用意，就愉快地把钱收下了。很快，颜师伯被刘骏任命为宰相。他一上任就开始毫无顾忌地搜刮钱财，赢回了更多的100万钱。

颜师伯满足了刘骏的占有欲，也得到刘骏的很多庇护，因此他的权势很大。百姓们都说，颜师伯以钱钓官，是大赢家。

长绳缴械斩叛军

唐宪宗年间，北方的戎族和羯族入侵中原。唐宪宗决定调南梁兵马来保卫京城，可南梁士兵却在赴京途中背叛了唐军。唐宪宗对此忧心忡忡，京兆尹温造便毛遂自荐请唐宪宗派他去解决此事。来到南梁的温造只把唐宪宗的安抚诏书宣读了一下，根本不提造反之事。南梁士兵见温造是个文弱书生，也就没有提防他。因此，温造很快和这些南梁士兵打成一片。

一天，温造和他的几个侍卫把两根长绳拴在长廊前面。叛军操练完后来到长廊边吃饭，就随手把刀剑拴在了长绳上。他们一开始吃饭，温造和侍卫们就把两根长绳两头齐力拉平，那些刀剑随即悬在了三丈多高的半空中。拿不到武器的叛军成了一盘散沙。温造早已安排好的伏兵趁机杀进去，不费吹灰之力就处斩了这些叛军。

温造先稳住敌人，待敌人放松警惕后再趁机突然进攻，出其不意，这是成功运用"欲擒故纵"之计的典型事例。

包拯杀牛破案

宋仁宗时，包拯在天长县做知县。县里的一个农民看到自家耕牛口里流血、喘着粗气，仔细一看才发现牛的舌头被人割掉了，于是他立即跑到县衙告状。

包拯认为，这肯定是农民的仇人干的，但抓人要靠证据，现在只能设计把割牛舌的人引诱出来。包拯对农民说："牛没了舌头也不能活了，你回去杀掉它卖了吧！"农民说："我家的田地全靠这头牛来耕种。大老爷要为草民做主，抓住凶手。"包拯假装生气地说："一个牛舌头有什么大不了的，也值得告状，回去吧！"包拯生气的样子吓得农民不敢再说话，只得回去把牛杀了。

几天后，有人来县衙告农民私宰耕牛，按宋律，私宰耕牛是违法行为。包拯听后，非常愤怒地说："你为何割了他家牛的舌头，又来陷害他？"这人没想到包拯这么快就戳穿了他的把戏，吓得哑口无言、连忙磕头认罪。

凶手的目的不是割掉牛舌，而是以私宰耕牛为名加害于农民。包拯看到了问题的本质，知道凶手肯定会等农民杀完牛后来告状，便欲擒故纵诱使凶手自动送上门来，从而侦破此案。

<small>包拯是历史上著名的清官，以断狱英明著称于世，人称"包青天"。</small>

"万事发"香烟的经营谋略

一种新商品，如果它在市场上知名度并不高，消费者也一定很少，为打开销路，降价销售甚至免费赠送是必要的。国际市场上曾有一种叫"万事发"的日本香烟，销售量在世界名列前茅。令人称奇的是，这种香烟是通过亏本经营逐渐打开销路的。

为试销"万事发"香烟，这家卷烟厂首先在世界各国的大城市物色代理商，通过代理商向当地一些著名政客、作家、律师、艺人等按月寄赠香烟，并声明如果不够的话来函即寄。每隔一段时间，代理商还给他们寄去一份表格，征求对"万事发"香烟的意见。当然，厂家的"慷慨"是为了吊"瘾君子"的胃口。等到这些人抽"万事发"香烟上了瘾，代理商便不再寄赠。这些"瘾君子"只好自己掏腰包买"万事发"香烟。这样，"万事发"香烟很快在上流社会树立起良好的形象，在各国的销路都很好，获得了巨额利润。

"万事发"香烟以血本无归的赠送为起点，最后达到了巨大赢利的目的，就在于使用了"欲擒故纵"的谋略。

友尼利福公司渡难关

英国友尼利福公司经理柯尔在企业经营中，有一个基本的信条，即"不拘束于体面，而以双方获利为前提"。依据这一信条，他在企业经营和生意谈判中常常采用退让策略。

友尼利福公司早年在非洲东海岸设有大规模的子公司，那里有丰富的肥料，并适合于栽培食用油原料花生，是友尼利福公司的一块宝地，也是其主要财源之一。

第二次世界大战结束后，随着非洲民族独立运动的兴起和发展，非洲国家逐步没收了友尼利福公司这些肥沃的花生栽培地，使得该公司面临极大的危机。针对这种形势，柯尔采取了一系列互相受益的政策，以逐步寻求生存之道。他指示非洲子公司执行如下具体措施：第一，非洲各地所有公司系统的首席经理人员，迅速启用非洲人；第二，取消黑人与白人的工资差异，实行同工同酬；第三，在尼日利亚设立培训机构，培养非洲人干部。柯尔在与加纳政府的交涉中，为了表示尊重对方的利益，主动把自己的栽培地提供给加纳政府，从而获得加纳政府的好感。后来，为了报答他，加纳指定友尼利福公司为加纳政府食用油原料买卖的代理者，这就使柯尔在加纳享有一定的特权。在同几内亚政府的交涉中，柯尔表示自行撤走公司。他的这种坦诚的态度反而使几内亚受到感动，因而允许柯尔的公司留在几内亚。

柯尔这种在一定情况下甘愿妥协退步的做法，结果可能是退一步，进两步，赢得了时机发展自己，实质上还是自身获益，这正是"欲擒故纵"之计的妙用。

日本公司"家丑外扬"

一天，日本各大报刊同时刊出了明治糕点股份公司的"致歉声明"，大意是这样：因操作疏忽，本公司最近生产的一批巧克力豆中，碳酸钙的含量超过规定标准，请购买者向销售点退货，公司将统一收回处理，特表歉意。据这家公司事后统计，为这点区区小事来公司或向公司各销售点退货的顾客并不多。但明治公司却因此而声名鹊起，顾客更愿意购买它的产品了。

其实许多人都知道，碳酸钙多一点对人体并没有多大影响，所以顾客都不愿为此麻烦。明治公司对这件事如此认真，兴师动众，无非是在表白企业对待产品的求实态度，并借此提高产品的可信度。

日本还有一家美津浓体育用品公司，在其生产的运动衣口袋里，无一例外都有一张这样的说明书：

"这件运动衣采用的是日本最上乘的染料，用最先进的技术加工而成，但是我们仍觉得遗憾的是，茶色的染色还没达到完全不褪色的程度，还是会稍微褪色的。"

在日本，"美津浓"一度成为体育用品的代名词，可想该公司是如何享有盛名了。

揭产品之"家丑"，扬经营者之真诚，一时可能限产，降低效益，这是"纵"，但正是这一"纵"，打消了顾客的担心和不信任感，"擒"得了顾客对企业和产品的信赖。企业从而扩大了产品销路，日后长久增产，更大幅度地提高效益就可想而知了。

饭店悬赏捉"金毛鼠"

一天晚上，在一家四星级饭店的走廊里，一个女房客突然冲出来大喊大叫，引来了其他房客的询问。原来，这位女房客晚间上厕所时发现了一只老鼠，就如临大敌，吓得慌了神。

四星级饭店房间里有老鼠，此事若传出去，对于生意本不兴旺的饭店来说，无疑是雪上加霜。老板一时慌了手脚，召集公关部全体人员商量对策。有一个公关人员认为，这件事已经传播出去了，瞒是瞒不住的，不如将计就计，把它巧妙公开为好。

于是，公关人员设计出这样的广告："各位房客，为了给您的旅行生活增添乐趣，本饭店养有两只金毛鼠作为吉祥物。哪位房客有幸看到，可得奖励1000美元。若能将其抓获，可得奖励5000美元。"

这样一来，那些知道这件事情的人以为错过了发财的大好时机，不知道这件事情的人则时刻用心捕捉"金毛鼠"。还有一些好奇者纷纷前来投宿，使该饭店一时门庭若市。当然，饭店里根本没有"金毛鼠"。于是该饭店又获得了"无鼠饭店"的美名。

大饭店里发现了老鼠，这本是一件见不得人的事。但该饭店为隐瞒这件事，变了一个花样来大肆宣传这件事，结果收到了意想不到的效果，这就是"欲擒故纵"之计的妙用。

婆罗门智惩荡妇

古印度有个叫那若达多的婆罗门，他的妻子总是和别的男子鬼混。因为她常给情夫做奶油点心，所以时间一长，婆罗门就发觉了此事。

有一天，他的妻子正拿着奶油点心出门，那若达多这时回来了。那若达多问："你要拿奶油点心去哪里？"她骗那若达多说："我要去女神庙摆斋。"那若达多跟踪她来到庙里，藏到了女神像后面。

她在水池里沐浴完，又开始焚香、摆斋，然后在女神像前祈祷说："女神！怎样做才能弄瞎我丈夫的眼睛呢？"藏在女神后面的婆罗门说："常给他吃奶油点心。"她深信不疑，回去后就天天给那若达多做奶油点心。有一天，那若达多佯装痛苦地对她说："我看不见东西了？"妻子高兴极了，于是大胆地把情夫带到家里来。婆罗门叫来一群人，当场抓住了这对男女。他们最后被处死，可谓罪有应得。婆罗门在没有证据时，装作盲人有意对老婆的行为不加约束，以达到当场抓获的目的。这正是"欲擒故纵"之计。

拿破仑兵败别列津河

1812年6月，拿破仑进攻俄国。库图佐夫将军率领俄军退出莫斯科，不和法军正面交战，同时派出少量兵力对法军展开突袭战。占领了莫斯科的拿破仑因得不到后方的长期支援，决定于10月19日撤出莫斯科。

埋伏在沿途的俄军正时刻准备歼灭法军，所以拿破仑只得时常改变行军路线。11月22日，拿破仑获悉俄海军上将奇恰戈夫占领了法军的重要补给站明斯克，便决定向维尔纳撤退。别列津河上的一座大桥是去往维尔纳的必经之地，但俄军已在几天前烧毁了这座桥。别列津河的河面此时浮冰涌流，拿破仑决定重新架桥。

11月25日，两座长达160码（约146.24米）的高架桥终于屹立在了别列津河上。法军潮水般涌向大桥，夺路而逃。拿破仑下令尽量减少辎重，丢掉部分马匹和车辆，以免压塌架桥。就在法军走到桥中间时，俄军以迅雷不及掩耳之势从三面包抄而来，向法军展开了猛烈的进攻。法军毫无招架之力，束手就擒，两万多法国士兵被歼灭。其实，俄军早已掌握了法军突击建桥的情报，但他们不予干涉，而是暗地在桥周围埋伏了大量士兵，以待法军过桥时进行突袭。以有利地形进攻处于不利地形上的敌人，往往能获得意想不到的胜利。

英国一网打尽德国间谍

英德两国在第一次世界大战前矛盾很深。德国为在其即将发动的战争中先发制人，向英国派遣了很多收集军事、政治情报的间谍。这时，弗农·凯尔所领导的英国军事情报第五处，因侦破多起间谍案件而在英国家喻户晓。

弗农·凯尔发现一个德国间谍的联络站就隐藏在一家理发店里。凯尔阅读完这个理发店寄往国外的信后，才知道这个德国间谍网已遍布全国。有人主张立即破坏掉这个德国间谍网，有丰富反间谍经验的凯尔却不赞同，他说："现在我们只是得到一些间谍的名字，而且很多只是联系人。假如我们现在就消灭他们，肯定会让那些没暴露的间谍成为漏网之鱼。我们最好静观其变，等时机成熟再一网打尽。"然后，凯尔对此做了周密的部署。他们拆开这个理发店的来往信件进行阅读，然后根据情况编出一些假情报，再维持原样寄走。这样，他们既掌握了德国的情报，又控制了整个间谍网的活动，同时还能利用假情报破坏德方的行动。凯尔等人做得小心谨慎，不留丝毫痕迹，所以德国间谍在这段时间里就一直传递着英国军情五处的假情报。

1914年8月4日，凯尔在英国对德宣战的那一天抓获了包括理发店师傅在内的21名德国间谍，这一行动把德国在英国的情报工作摧毁殆尽。可见，凯尔的"欲擒故纵"之计非常成功。

可口可乐的甜头

美国可口可乐公司为了打开中国市场，不是一开始就向中国倾销商品，而是采取"欲将取之，必先予之"的办法。先无偿向中国提供价值400万美元的可乐灌装设备，花大力量在电视上做广告，提供低价浓缩饮料，吊起你的胃口，使你乐于生产和推销美国的可乐，而一旦市场打开，再要进口设备和原料，他就要根据你的需要情况来调整价格，抬价收钱了。

10年来，美国的可口可乐风行中国，生产企业由1家发展到8家，销量、价格也成倍增长。美国商人赚足了钱，无偿给中国设备的投资早已不知收回几倍，这就是先让你尝到些甜头割舍不掉，然后再实施自己的计划，这种欲擒故纵之术，在商场中比比皆是。

制药公司计诱假药上钩

1966年，武田制药公司推出了一项看似刺激消费的活动——"武田制药爱福彩卷"抽奖。此次抽奖设1600多个贵重奖品，参加的条件非常简单，只要消费者购买维生素E一盒，便可参加。具体要求是，消费者要在空盒上注明自己的姓名与住址，以及药房的店名地址。在空药盒雪片般寄来参加抽奖时，武田制药公司动员了许多专家来鉴定盒子的真伪。

通过这一活动，他们达到了预期目的，就是使假药上钩，这些假药和出售假药的商店多数都成了武田制药公司的瓮中之鳖。

第十七计　抛砖引玉

【本计旨要】

"抛砖引玉"是指用类似的事物去迷惑、诱骗敌人,使其懵懂上当,进入我方的圈套,我方乘机击败敌人的计谋。"抛砖",从广义上说,包括做示范、抛诱饵、发布烟幕、放小道消息等行为;"引玉",是指引发共鸣、引诱上当。所以抛砖引玉的作用主要有两点,一是引诱,一是示范。

【计名探源】

公元前700年,楚国发兵攻打绞国(今湖北郧县西北)。绞国城池地势险要,易守难攻。楚军的多次进攻均被击退。两军相持一个多月。楚国大夫屈瑕仔细分析了敌我双方的情况后,向楚王献上了一计。

屈瑕说:"趁绞国被围月余,城中缺少薪柴之时,我们可以派些士兵装扮成樵夫上山打柴运回来,敌军一定会出城劫夺柴草。头几天,让他们先得一些小利,等他们麻痹大意,派出大批士兵出城劫夺柴草时,我们就可以先设伏兵断其后路,然后聚而歼之,乘势夺城。"楚王依计而行。

绞侯听探子报告说有挑夫进山,连忙问这些樵夫身边有无楚军保护。探子说:"他们三三两两进出,并无兵士跟随。"于是,绞侯马上布置人马,待"樵夫"背着柴火出山之机,突然袭击,果然顺利得手,抓了三十多个"樵夫",夺得不少柴草。一连几天,绞侯都收获不小。看见有利可图,出城劫夺柴草的绞国士兵越来越多。楚王见敌人已经吞下钓饵,便决定迅速钓起大鱼。第六天,绞国士兵像前几天一样出城劫掠,"樵夫"们见绞国士兵又来劫掠,假装吓得没命地逃奔,绞国士兵紧紧追赶,不知不觉被引入楚军的埋伏圈内。绞国士兵进入埋伏圈后,忽然发现周围伏兵四起、杀声震天,他们见势不妙慌忙撤退,但为时已晚,因为后路早已被楚王派人阻断了。楚王绞杀了无数绞国士兵后,趁机攻城。绞侯自知中计,但已无力抵抗,只得出城请降。

屈瑕用薪柴这一点蝇头小利,取得了整个国家,是抛砖引玉策略最典型的运用。

"樵夫"们见绞国士兵又来劫掠,假装吓得没命地"逃奔",绞国士兵紧紧追赶,不知不觉进入了楚军的埋伏圈。

【古文玄览】

类以诱之[①],击蒙也[②]。

【说文解字】

①类以诱之：类，相似，类似。指为展示某些相似之物以诱惑敌人。

②击蒙也：语出《易经·蒙》卦。击，撞击，打击。句意为：打击蒙昧，不应使用过于激烈的手段，而应采取适当的方法。此处可指攻打受我方愚弄的敌人。

【古文今译】

用与对方所期待的现象相类似的假象来引诱他，使对方被蒙蔽，然后趁机袭击。《易经·蒙卦》说的"击蒙"，就是指要多利用对手的愚蠢与幼稚，打击那些受我方迷惑的愚昧之人。

【计谋评点】

古人云："诱敌之法甚多，最妙之法，不在疑似之间，而在类同，以固其惑。以旌旗金鼓诱敌者，疑似也；以老弱粮草诱敌者，亦类同也。"这是指在各种竞争中，迷惑敌人的方法多种多样，最妙的方法不是用似是而非的方法，而是用极相类似的手法以假乱真，欺骗敌人，解除敌人的疑心。举例来说，用旌旗蔽日、战鼓喧天的声势去诱引敌人，是疑兵法；用老弱残兵、粮秣去诱敌，是类同法。两者都可收到抛砖引玉的效果。当然，使用此计，必须充分了解敌方将领的情况，包括他们的军事水平、心理素质、性格特征，这样才能让此计发挥效力。

历史上最能具体诠释抛砖引玉示范作用的，当属商鞅南门立木一事。商鞅在变法之初，为了取信于民，发布了一项特殊的悬赏：谁能把一根木头从南门扛到北门，便可获得50金的赏金。这项悬赏引起了全城百姓的错愕和猜疑。最后终于有一个人抵抗不住重金的诱惑，在大家的怀疑和嘲讽中扛起那根木头从南门走到了北门，结果他真的获得了50金！对商鞅而言，取得百姓的信任是"玉"，50金是"砖"。当他达到了树立官府威信的目的后，其变法就更能广为秦国人民所接受。

到了现代，抛砖引玉计策仍广泛应用于现实生活中。抛砖引玉已经成为一个比喻，"砖"可以泛指一切质次的、价值低的或量小的事物。相对来说，"玉"可以指一切质优的、价值高的或量大的事物。发表粗浅的、不成熟的意见或者文艺作品，引出别人高明的、完美的意见或作品，常被称为抛砖引玉。在政治中，这种权术也很多见。例如政客们冒充士子的知己，用富丽堂皇的言辞诱使士子为自己服务。冠冕堂皇的空头支票是"砖"，以天下兴盛为己任的知识分子就是"玉"。在商业活动中，更是不乏此类的诱骗术、掠夺术和谋取术。人们经常可以看到大奖酬宾之类的活动，这其实也是一种抛砖引玉的计策。

【事典辑录】

常建题诗求佳句

　　据民间传说，唐朝时有一个叫赵嘏的人，他的诗写得很好，曾因一句"长笛一声人倚楼"而得到"赵倚楼"的雅号。与他同时代的还有一个叫常建的人，常建的诗写得也很好，但是他总认为自己的诗没有赵嘏写得好。

　　有一次，常建听说赵嘏要到苏州游玩，十分高兴，心想："这是一个向他学习的好机会，千万不能错过。可是要用什么办法才能让他留下诗句呢？"他转念又一想："赵嘏既然到了苏州，肯定会去灵岩寺，如果我先在寺庙里留下半首诗，他看到后一定会补全的。"于是他就在灵岩寺的墙壁上题下了"清晨入古寺，初日照高林。曲径通幽处，禅房花木深"的诗句。

　　后来，赵嘏果然到灵岩寺游玩，他看见墙上的半首诗后，诗兴大发，挥笔写下了"山光悦鸟性，潭影空人心。万籁此都寂，但余钟磬音"的美妙诗句，使之成为一首完整的诗。常建用自己不是很好的诗，引来了赵嘏精彩的补充。可谓是抛砖引玉。

王守仁智收徒弟

　　王守仁，字伯安，号阳明子，人称阳明先生，浙江余姚人。王守仁生活在明宪宗成化年间，其学识广博，是我国古代著名的哲学家、教育家、政治家和军事家。当时有很多人拜在他的门下，成为他的门下弟子。

　　一天，王守仁听说有一个名为王畿的年轻人才思敏捷、古道热肠，但此人放荡不羁，有些不可一世，而且嗜赌如命，好酒成性。王守仁惜才、爱才，便想见见王畿。但王畿每天都混迹于酒楼、赌场，王守仁一直没有机会得见。于是，王守仁想到一个方法，他让门下的学生每天会聚在自己的家里玩六博赌戏和投壶酒戏等，然后私下让一个学生暗中寻到王畿后，邀请其参加赌博。

　　王畿看到一名书生居然邀请自己赛赌，便讥讽道："书生也玩博戏，真是稀罕。"这位学生说道："这有什么奇怪的，我老师的门下每天都在玩这个。"王畿听了大吃一惊，便问他的老师是哪位，并表示自己想拜访一下这位先生。王守仁的学生便带着他去见王守仁，王畿见王守仁气度不凡，内心十分敬佩，便以学生自称，从此师从王守仁。

　　在这个故事中，王守仁采用抛砖引玉的方法，将王畿引到自己门下，成就了一段佳话。

丁斐诱敌救曹操

　　三国时，曹洪被马超打败丢失潼关后，曹操率领后续部队赶至潼关。在曹操与马超的首次交锋中，曹操大军溃败。马超统领庞德、马岱等横冲直撞，想亲自捉拿曹操。马超的凌厉攻势迫使曹操"割须弃袍"，狼狈而逃。在这危急时刻，幸好曹洪及时赶到，才救了曹操的性命。曹操逃回大营后，一面传令坚守寨栅，不许出战；一面谋划击败马超、韩遂的计策。他命令徐晃引4000精兵袭击潼关后路河西，自己则督军渡过渭水。准备两路夹击敌军一举消灭马韩诸部。得知曹军的意图后，韩遂建议马超按兵法中"兵半渡可击"的战术，陈兵南岸，待到曹军渡至一半时，乘机猛攻。他认为，此举足以使曹操大军死于渭河之中。马超依计而行。

　　当曹操的部分精兵渡至北岸，曹操亲自带领百余名护卫军将坐于南岸观看大军渡河时，马超突然率军杀来，冲到离曹操仅有百步远的地方。在这生死关头，曹操的虎卫军骁将许褚迅速扶起曹操急奔河边，二人跃上离岸边一丈多远的船上，撑船向河心划去，曹操趴在许褚的脚下不敢动弹，十分狼狈。马超赶到河边，见曹操已经撑船到了河心，就命令岸边的将士向曹操的座船射箭。刹那间，矢如急雨，船上的船夫和护卫士卒几十人都应弦而倒。许褚一边用左手举起马鞍挡住如飞蝗般的来箭，护卫着曹操，一边用双腿夹着船舵，以右手使篙撑船。正当二人拼命挣扎时，岸上射来的箭突然减少。于是，许褚乘机快速将船划至北岸，使曹操再次死里逃生。原来，当时的渭南县令丁斐正驻扎在南山上，当他看到曹操的境况十分危险时，就打开寨门，将所有的牛马都驱赶出来。一时间，漫山遍野到处是牛马，马超的手下士兵见状，都回过头来争抢牛马，无心顾及曹操，曹操也因此化险为夷。

　　曹操上岸后，连忙问是谁用"纵牛马以诱敌"的妙计救了他。有人报告说是渭南县令丁斐。曹操感慨地说："如果不是他用小利引诱敌人，我很可能会被俘虏啊！"于是，他立即提拔丁斐为典军校尉。

窦公小亏换大利

　　唐代有一个叫窦公的人很会做生意，"抛砖引玉"就是他生意兴隆的四字箴言。窦公在京城有一块和大宦官的土地相邻的空地，于是他把这块价值五六百缗的空地送给了大宦官。不久，窦公请大宦官给神策军护军写几封信，以方便自己去江淮做生意，大宦官欣然同意了。窦公因有神策军护军照顾，获利3000缗，生意越做越大。

　　后来，窦公买下位于市郊的一块积水很多的洼地。他让侍女带着馒头来到洼地边上对正在那儿玩耍的孩子们说："谁能把砖瓦片扔到洼地中的水坑里，谁就能得到一个馒头。"孩子们争先恐后地把砖瓦片扔到积水的地方,这块洼地很快就被填平了。窦公命人在上面铺了一层土,并在这里建造了一座专供波斯商人住宿的旅店,每天盈利一缗。

窦公正是以小亏换取大利,得到了长远的收益。

契丹假象骗唐军

690年,契丹攻占营州。武则天派曹仁师、张玄遇、李多祚、麻仁节四员大将西征,想夺回营州、平定契丹。契丹先锋孙万荣颇有计谋,他先在营州制造缺粮的舆论,并故意让被俘的唐军逃跑。唐军统帅曹仁师一路上见逃回来的唐兵面黄肌瘦,心中大喜,认为契丹不堪一击,攻占营州指日可待。

唐军先头部队张玄遇和麻仁节部想夺取头功,遂向营州火速前进。他们率部日夜兼程,赶到西峡石谷时,见道路狭窄,两边悬崖绝壁。按照用兵之法,这里正是设置伏兵的险地。可是张、麻二人误以为契丹士卒早已饿得不堪一击了,再加上求功心切,便下令部队继续前进。

唐军前有伏兵袭击,后有骑兵截杀,进退不得,不战自乱,张、麻二人也被契丹军生擒。

唐军进入谷中后,艰难行进。黄昏时分,只听一声炮响,绝壁上箭如雨下,唐军人马践踏,死伤无数。孙万荣亲自率领人马从四面八方进击唐军。唐军前有伏兵袭击,后有骑兵截杀,进退不得,不战自乱。最后,张、麻二人被契丹军生擒。孙万荣利用从他们身上搜出来的将印,冒充张、麻二人写信报告曹仁师,谎称已经攻克营州,请曹仁师迅速到营州处理契丹首领。曹仁师接到信后,马上率部赶往营州。大部队急速前进,在峡谷重蹈张、麻二人的覆辙,同样遭到契丹伏兵围追堵截,全军覆没。

契丹人故意示弱,用假象引诱唐军主力深入险地,最终获胜。

萧翼多谋盗真迹

唐太宗准备为从天竺取经归来的玄奘敕造一座慈恩寺大雁塔,并在塔上刻上一些"王体字",于是让各地州郡收集二王(王羲之和王献之)法帖。很快,就有1300余帖被呈献上来,但唯独没有王羲之的《兰亭集序》。御史萧翼奏道:"《兰亭集序》本是王家的传家之宝,现为辩才和尚保存,在湖南永欣寺收藏,从不示人。若陛下需要它，臣能取来。"唐太宗高兴地说："你若能取来，朕赐你万金，但不能抢夺。"萧翼向唐太宗要了两本"二王"的杂帖，以便抛砖引玉。

萧翼扮成书生乘小船来到永欣寺，结识了辩才和尚。萧翼多才多艺，琴棋书画样样精通。辩才和尚也通晓六艺，喜欢结交文人。两人很快就成了好朋友，常在一起切磋六艺。有一天，他们谈起书法。萧翼说："祖上传下几本'二王'杂帖，不知真假，请师父指教。"说完就把带来的"二王"杂帖拿给辩才看。辩才看后说："的确是真的，但不是上乘之作，贫僧也有一件真品——王羲之的《兰亭集序》。"萧翼见辩才正一步步走入自己的圈套，故意很吃惊地说："此帖年代久远，据说已经失传，您所收藏的该不会是假的吧？"辩才说："不瞒您说，这是智永先师临终前亲授予我的，怎会有假？你要是怀疑的话，我明天就拿给你看！"

第二天，辩才小心翼翼地从梁上取下一个铁盒，取出《兰亭集序》给萧翼看。萧翼见到《兰亭集序》后心里暗自高兴，却故意摇头说道："此帖缺点那么多，一定是假的！"辩才在萧翼的蛊惑下也对该帖的真假心存疑窦，便留下了萧翼的"二王"杂帖以便认真比对。萧翼则趁机记下了辩才存放《兰亭集序》的位置。后来，萧翼趁辩才出去办事时偷偷进入寺中，对守房弟子说："我来取住持的净巾。"弟子知道萧翼和辩才是好朋友，就让他进去了。萧翼立即取下了梁上的《兰亭集序》和"二王"杂帖，一出寺门就把东西交给手下，命手下日夜兼程将其护送回长安。辩才回寺后发现《兰亭集序》被盗，虽明知是萧翼所为，却奈何他不得。

太宗见到《兰亭集序》后高兴不已，任命用"二王"杂帖引出了书法真迹的萧翼为员外郎。

安陵缠得宠

春秋晚期，有个叫安陵缠的男子容貌很美，体态婀娜，因而深得楚共王的宠爱。大臣江乙去见安陵缠，说道："我听说，以钱财事人者，一旦钱财用尽，人们同他的交情就会疏远；以姿色悦人者，一旦人老色衰，她所得到的宠爱就会减退。今天你是一朵鲜花儿，但花总要枯萎，你要怎样才能让大王永远宠爱你而不嫌弃你呢？"

安陵缠连忙施礼说："我年少无知，望先生为我出主意。"

江乙说："人死不能复生，天下事没有比这更令人悲哀的了。如果你愿意为大王日后殉葬，大王一定会永远宠爱你。"

安陵缠点头道："敬听先生之言。"

有一次，楚共王带领安陵缠出外打猎。围猎时施放的野火如天上的云霓，森林中，虎哮狼嚎，声若雷霆。突然，一只发了狂的犀牛向楚共王这边冲来，旁边的弓箭手开弓放箭，一箭就射死了犀牛。楚共王满意地说："此次打猎，甚娱我心。"突然，他的脸色由喜转忧，"人生如白驹过隙，我千秋万岁之后，情形将是怎样呢？"

安陵缠见时机已到，便跪在楚共王面前，眼泪汪汪地说："大王千秋万岁之后，臣愿与大王同葬。"

楚共王听闻，深为感动，当即把一块领地赐封给安陵缠。

在这里，安陵缠陪葬的许诺是"砖"，楚共王的宠爱和一块领地则是安陵缠招来的"玉"。所以说，江乙善谋，安陵缠知时。

曹翰施计回京城

宋太宗时，大臣曹翰获罪被贬至汝州。曹翰是个很聪明的人，来到汝州后就开始想返回京城、重掌大权的办法。

有一次，宋太宗的钦差来汝州办事。曹翰想方设法见到了钦差，泪流满面地对他说："我到死也不能弥补所犯下的错误，不知怎样回报皇上的不杀之恩。我在这里改过自新，只求还能报答皇上，但我的家人却因我而衣食不继。我这里有幅画，请您帮我转交给我的家人，让他们卖掉它以求温饱。"钦差见曹翰如此情真意切就答应了他，回到京城后还把此事汇报给了宋太宗。宋太宗打开画一看，是曹翰画的《下江南图》，描绘了当年曹翰奉宋太祖之命任先锋官攻取南唐的情形。宋太宗看到此画，立即想起曹翰当年的汗马功劳，不禁对他动了恻隐之心，就下旨把他召回了京城。

一幅画帮助曹翰达到了"抛砖引玉"，返回京城的目的。

引来大生意的小铜牌

汉斯是一家美国罐头食品公司的经理，1957年，芝加哥市举办了一次全国博览会，汉斯申请参加。谁知，因参展的商品大多数名气较大，他的展品被安排到展厅最偏僻的阁楼里。

博览会开幕后，参观者络绎不绝，但光顾汉斯柜台的人却很少。汉斯为此苦恼了两天，经过苦思冥想，他终于有了一个好主意。

第三天，展厅的地面上突然出现许多小铜牌，上面刻着一行字："拾到此铜牌者可到展厅的阁楼上汉斯食品公司柜台领取一件纪念品。"于是拾到铜牌的人纷纷涌到阁楼上。本来没有多少人光顾的阁楼一下子门庭若市。市民们争相传诵这件新鲜事，记者对此作了专门报道，汉斯在这次博览会上赚了55万美元。

原来，在他的展品无人问津的情况下，他连夜制作了这些小铜牌，把它们遍撒展厅，把顾客吸引到他的柜台前。汉斯在这里运用的正是"抛砖引玉"之计。

柯达的"傻瓜相机"

美国柯达公司是摄影器材业的先驱,其所生产的照相机、相纸、胶卷及冲印服务,一度曾执世界同业之牛耳。但是,在专业的领域内,柯达公司真正傲视群雄的是胶卷和相纸。

不过,即使是胶卷、相纸和冲印业务,柯达公司也遭到强烈的挑战和竞争。日本的富士、樱花,西德的爱克发等名牌也积极开拓市场,而且以较低的价格争取市场占有率。

柯达面对着激烈的市场竞争,为了扩大胶卷冲印和相纸的市场,曾经使出一招"抛砖引玉"的计策,即发展出以容易操作为原则的全自动照相机。该机的特色是构造简单,使用方便,且无须测光对焦,只要对准摄影的目标按下快门,就完成照相的动作,是任何不懂照相原理的人都可使用的产品,因此有人称之为"傻瓜相机"。

这种"傻瓜相机",据说柯达公司曾投入庞大的研究费用才开发成功,照理它的售价应高于一般照相机。然而,这种照相机上市之后,却以出人意料的低价销售。柯达公司真正的目的,乃在于借便宜简易的相机为先锋,增加使用照相机的顾客,以便于扩大相纸和胶卷的市场开拓。相机的销售可能没有利润,甚至亏本,但相纸和胶卷方面却可获得更大的利润。柯达这种利用相机作为"先行的牺牲品",而掩护相纸、胶卷乃至冲印服务的行销策略,就是"抛砖引玉"。

音乐教室与乐器销售

1950年,川上担任日本乐器公司的董事长。他曾一度热心地开办山叶音乐教室,做积极的推广,收了数百名学生,且为这项教育意味浓厚的事业投入了巨额资金。山叶音乐教室分成好几级授课方式,从三岁娃娃到妈妈班都有,有特殊人才训练班、长笛班、电子合成乐的班级等。其师资相当好,资格考试也很严格。这是一项亏本的事业,但是川上仍坚持不辍,并且他还极力主张这是一项纯粹推行音乐教育的事业,希望不要沾上商业色彩,所以声明在课堂上,绝不做山叶乐器的宣传。

那么,川上果真只是为了音乐理想而开办教育的吗?难道他就不顾自己公司的利益吗?川上的葫芦里究竟卖的是什么药呢?

原来,尽管音乐讲师在课堂上绝不做山叶乐器的宣传,但是他们会将学员名单送到日本乐器公司的业务员手上,很显然,这些学员就成为业务员促销的主要对象了。

而且,电子琴的教育课程是由音乐振兴会(山叶财团的一部分)编排的,如果不用山叶的电子琴就无法弹奏出来,而层次越高的班级,越需要用山叶的乐器才能演奏出符合该阶层的水准。所以表面上虽然对外宣称纯粹是音乐事业,实际上却对日本乐器公司裨益良多。

川上先用音乐教室铺好通往成功的途径，巧用"抛砖引玉"，实在是老谋深算的赢家。

从天而降的西铁城表

日本的西铁城表质量优良，属于世界知名品牌。但在刚刚进入澳大利亚市场的时候却遭到了冷遇，因为澳大利亚人对西铁城表几乎一无所知。

西铁城钟表商为了让澳大利亚人了解西铁城表，提高产品的知名度，想出了一个绝妙的办法。他们首先在大众传媒上广泛宣传：某日将有世界上最精美的手表从天而降，谁拾到就归谁。好事者怀着侥幸的心理在这天来到指定的广场。

预定的时间一到，果然有一架飞机出现在广场上空，不一会儿，一只只晶光闪亮的手表从天而降。广场上的人兴奋地拾起落在地上的西铁城表，发现这些表居然完好无损。从此，西铁城表在澳大利亚声名大振，一个广阔的市场就这样被打开了。

在这里，西铁城钟表商从飞机上抛下来货真价实的"真砖"，这些"真砖"引来的是澳大利亚人对西铁城表的认可和由此带来的巨额利润。

打碎了的茅台酒

1915年，国际巴拿马商品博览会上的各国商品让人应接不暇，可中国的茅台酒却因陈旧的包装而一直默默无闻。为走出这种尴尬境地，一名中国工作人员想出一条妙计。他手拿一瓶茅台酒来到展览大厅人最多的地方，假装不小心把酒摔在地上。酒瓶落地后，酒水洒了一地，一股浓郁的酒香也立即在整个大厅弥漫开来，人们不禁赞叹："好酒！好酒！"这时，爱喝香槟和白兰地的外国人才品尝到中国茅台酒的香醇。茅台酒在这次博览会上被评为世界名酒，从此享誉世界。

这位中国工作人员的"抛砖引玉"之计使茅台酒成功跻身世界名酒之列。

德国人的"活饵"战术

第一次世界大战中，同盟国和协约国已将潜艇和飞机投入战斗。潜艇的隐蔽性很好，攻击力很强，虽然受当时的技术水平限制，潜艇还要经常浮出水面充电和换气，但仍是当时的秘密武器。

1915年，德国想出一个妙计来攻击英国潜艇。有一次，一架德国战斗机在博尔库姆海域上空盘旋飞行，这时的海里隐藏了数艘英国潜艇。德国飞机伪装发动机受损，慢慢降落。英国潜艇以为可以将其击落下来，马上浮出水面，用甲板炮轰击它。德国飞机把英国潜艇钓上钩后随即飞走。这时，埋伏在周围的德国潜艇以全部火力，射向英国潜艇。遭受突然袭击的英国潜艇，除一艘侥幸逃走外，其他的全被击沉。德军把这种诱敌之法称为"活饵"战术。

德国人先抛出一块"砖"引诱英国人上当，随即展开全面进攻。这说明"抛砖引玉"之计的欺骗性很强，在实战中往往能获得意想不到的效果。

赌场巧招赌客

拉斯维加斯是美国著名的赌城，每年都有数以万计的人来这里赌博。拉斯维加斯的赌场很多，它们为争夺客源，彼此的竞争也很激烈。一家赌场为吸引更多赌客，决定为每位客人无偿提供10万美元赌金。很多人为了这10万美元慕名而来。因为这10万美元是免费获得的，所以赌客们输掉它也毫不在意。当输光了10万美元后，急于翻本的赌客会继续赌下去，以致赌得越多输得越多，因此赌客的钱财就源源不断地流进这家赌场。

这家赌场成功运用了"以小易大"的策略，达到了"抛砖引玉"的结果，即以10万美元引来赌客在这家赌场所输掉的更多的钱。

第十八计　擒贼擒王

【本计旨要】

"擒贼擒王"一计的要点在于"夺魁"。既然孙子强调过应该"强而避之",那么对付实力强劲、防守坚固的魁首,为何还要坚持攻强呢?原因在于:当我方拥有奇兵,或者实力足以"夺魁"时,一定要先行夺取,这样可以起到事半功倍的作用。而实力不足以"夺魁"时,则最好首先削其羽翼,去其实力,再图"夺魁",也不失为一条良策。

【计名探源】

擒贼擒王一计最早见于《新唐书》。

安史之乱时,安禄山之子安庆绪派勇将尹子奇率10万劲旅进攻睢阳。御史中丞张巡驻守睢阳,见敌军来势汹汹,决定据城固守。敌兵攻城二十余次,均被击退。尹子奇见士兵已经疲惫,只得鸣金收兵。晚上,尹子奇刚刚准备休息,忽听城头战鼓隆隆,喊声震天,他急令部队准备与冲出城来的唐军激战。但待其准备停当,却发现城门紧闭,根本没有唐军出城,尹子奇的部队就这样反反复复地被折腾了一整夜,将士们疲乏至极,连眼睛都睁不开了,纷纷倒在地上呼呼大睡。这时,城中一声炮响,张巡率领守兵突然冲杀出来,尹子奇的大军从梦中惊醒,乱作一团。张巡下令全力擒拿敌军首领尹子奇,部队一直冲到敌军帅旗之下。但张巡从未见过尹子奇,乱军中更加认不出谁是尹子奇。突然,张巡心生一计,他让士兵把秸秆削尖当成箭,射向敌军。敌军中有不少人被秸秆射中,这些人本以为自己必死无疑,却突然发现自己中的居然是秸秆箭,遂心中大喜,以为张巡军中已没有箭了。于是,他们争先恐后地向尹子奇报告这个好消息。张巡见状,立刻辨认出了敌军首领尹子奇,便急令神箭手向尹子奇放真箭。尹子奇左眼中箭,鲜血淋漓,慌乱中仓皇逃命。尹子奇手下的兵士见头领逃走,遂溃散而逃。

擒贼擒王,就是捕杀敌军首领或者摧毁敌人的首脑机关,使敌方失去首领,陷于混乱,然后彻底将其击溃。

尹子奇左眼中箭,鲜血淋漓,慌乱中仓皇逃命,他的手下见头领逃走,也四散而逃。

【古文玄览】

摧其坚,夺其魁,以解其体。龙战于野,其道穷也①。

【说文解字】

①龙战于野，其道穷也：语出《易经·坤》卦。坤，卦名。本卦是同卦相叠（坤下坤上），为纯阴之卦。引本卦上六，《象辞》："龙战于野，其道穷也。"是说即使强龙争斗在田野大地之上，也会走向困厄之境。此处用以表明作战之时擒贼先擒王的妙处。

【古文今译】

摧毁敌人最强大的主力，消灭敌人的核心和魁首，才能彻底瓦解敌方的战斗力。用这样的计策对付拥有强龙般力量的敌人，一旦使其群龙无首，即使敌人在旷野作战也会陷入溃败的困境。

【计谋评点】

关于擒贼擒王的议论，最为著名的莫过于唐代大诗人杜甫的《前出塞》。诗中写道："挽弓须挽强，用箭当用长，射人先射马，擒贼先擒王。"此外民间"打蛇要打七寸"的说法说的也是这个意思。此计用于军事上，即指打垮敌军主力、擒拿敌军首领，使敌军彻底瓦解的谋略。

古人还这样谈论这条计策："攻胜则利不胜取。取小遗大，卒之利、将之累、帅之害、功之亏也。舍胜而不摧坚摘王。是纵虎归山也。擒王之法，不可图辨旌旗，而当察其阵中之首动。"

意思是说在战争中，打败敌人，利益是取之不尽的。如果满足于小的胜利而错过了获取大胜的时机，那是士兵的胜利，将军的累赘，主帅的祸害，战功的损失。只打了个小胜仗，而不去摧毁敌军主力，不去摧毁敌军指挥部、捉拿敌军首领，那就好比放虎归山，后患无穷。古代交战，两军对垒，白刃相交，敌军主帅的位置比较容易判定。但也不能排除这样的情况：敌方失利兵败后，敌军主帅会化装隐蔽，令人一时无法认出。

擒贼擒王还有一个关键性的问题，就是要认准对方的"王"，绝对不能被对方的假象所蒙骗，反而中了对方的擒贼擒王计策。在历史上，大将王世充就曾智用傀儡计，取得了一次重大胜利。

王世充出生于西域一带，自幼聪明伶俐、才智过人，得到了隋文帝和隋炀帝的重用。隋朝末年，天下大乱，烽烟四起，李密率领的瓦岗起义军一呼百应，成为朝廷的心腹大患。有一次，王世充奉命和李密率领的起义军决战。决战前，王世充找到一个和李密长得很像的人，把他藏在军中。当两军打拼到最激烈的时候，王世充派人把假李密绑到两军阵前，让士兵大声喊道："李密投降了！李密投降了！"王世充的士兵见对方敌首被捉，立刻士气高涨，而李密的士兵看到主帅被捉，马上群龙无首，成了一盘散沙。王世充率领军队乘胜追击，大败敌军。

王世充巧妙地运用了擒贼擒王之计。尽管只用了"假王",却达到了和抓到真统帅一样使敌人军心涣散的效果。

【事典辑录】

解元计擒黑头虎

解元是南宋名将韩世忠的部将,当年在黄天荡大战时,他只身跳上敌舟,活捉了一名金国千户(金国官名)。因他智勇兼备,韩世忠派他镇守重要关隘——承州。

有一次,金兵南下骚扰。解元在金兵到来之前,先在城外设下埋伏,轻松消灭了金国的先头部队。几天之后,金国万户(金国官名)黑头虎率领大部队赶到,当时承州城只有少量宋军,所以黑头虎根本没把宋军放在眼里,直接派人传话要求宋军立即投降。解元将计就计,假意打开城门投降,率领身穿便服的人马出城迎接。黑头虎见宋军身着便服出降,不免得意扬扬,以为兵不血刃便拿下了承州。解元乘金兵防备松懈之际,抓起事先藏在地下的兵器迅速冲杀过来,生擒了黑头虎。金兵失去了主帅,无法组织有效的进攻,只好仓皇败退。解元带领宋军一直追到城北的河边,金兵争先渡河,溺死者无数。

解元计擒黑头虎,导致兵力强盛的金兵因群龙无首而惨败,这正是擒贼擒王计谋的威力所在。

解元乘金兵防备松懈之际,抓起事先藏在地下的兵器冲杀过来,生擒了金军将领黑头虎。

马燧攻心降叛将

马燧是唐朝幽州经略军使,他博学多才,通晓兵法,文武双全。

784年,原朔方节度使李怀光兴兵造反,以河中为据点,派遣部将徐廷光重兵把守长春宫(在陕西朝邑)。长春宫与河中遥遥相对,中间隔着黄河,如果攻不下长春宫,唐军就不能渡过黄河攻克河中。于是,马燧带兵驻扎到长春宫附近后,便一个人骑马来到城下,大声呼喊长春守将徐廷光的名字。

徐廷光向来敬重马燧,听到马燧高呼自己的名字,便在城上对其施礼。马燧说道:"尔等都是朔方将士,自安史之乱以来的四十余年中,立下了汗马功劳,现在为何背弃祖宗的功德,起兵造反呢?这是株连九族之罪啊!"徐廷光和部下听到这番话都缄默不语。马燧接着说："如果你们觉得我说的话不在理，我现在就在你们城下，你们可以放箭杀我。"说完，马燧扯开上衣，做出任凭其射杀的样子。徐廷光见状，感动不已，哭着跪倒在地上，其余的将士也深受感染。最终，徐廷光带兵出城投降，马燧为了避免徐廷光等人起疑心，只带了几名亲信进城。就这样，唐军没费一兵一卒，轻松拿下长春宫。

正是因为马燧采用擒贼擒王的计谋，先攻破了守将徐廷光的心理防线，所以才能不战而胜。

刘秀一战定乾坤

公元23年初，绿林军立西汉皇族刘玄为帝，改元更始，定都于宛。刘玄以王匡为定国上公，王凤为成国上公，分派队伍攻城略地。王莽派王邑、王寻率大军42万，号称百万雄师，向宛城进发，妄图一举歼灭起义军。同年春，王莽大军包围昆阳（今河南叶县）。王凤、王常率义军八九千人坚守昆阳，同时派刘秀率13轻骑乘夜色突围，召集各地起义军支援昆阳。当刘秀率援军返回昆阳时，王莽的大军已将昆阳围得水泄不通。刘秀带来的援军数量不多，即使再加上守城的部队，与庞大的王莽军相比，也处于劣势。如果盲目地与王莽军队作战，无异于飞蛾投火，自取灭亡。经反复考虑，刘秀制定出擒贼擒王的作战方案：他先从援军中抽调精壮将士组成敢死队，率先进攻王莽军的统帅部——中营；接着大队人马紧随其后，捣毁敌人的指挥中枢，使敌人陷入混乱；然后通知守城部队出击配合，造成内外夹攻的局面。

当正式攻击的时刻到来时，刘秀亲率千名勇猛强壮的敢死队从昆阳城东迂回到城西，来到敌人中营的附近，出其不意地发动猛攻。王莽军统帅王邑、王寻被这突如其来的袭击打得手足无措，一时搞不清楚这支部队的真实来意，只好命令各营不许擅自行动。由王邑、王寻亲自带领一万人马前来迎战。他们本以为用一万人马足以应付刘秀，岂料刘秀手下的敢死队像狂风一样扑了过来，刀劈枪挑，勇不可当。王莽军的其他部队因没有接到出击的命令，只好眼睁睁地看着刘秀的敢死队和后援部队把中营打得落花流水。在混战中，王寻被杀，王邑逃跑。大部队因为失去了统帅而乱成一团。

这时，坚守昆阳的守军看到援军旗开得胜，信心倍增，立即打开城门呐喊着冲了出来，配合援军夹攻敌人。王莽军见势不妙，仓皇向江边逃窜。在抢渡过江时，恰遇河水暴涨，淹死者不计其数。王邑只带几千残兵败将失魂落魄地逃回了洛阳。

该战役中，刘秀之所以能以少胜多、反败为胜，就在于他在短时间内冲破了敌军统帅的阵营。如果按照常规的阵地战打法，在敌人的兵力是己方兵力数倍的情况下，则很难取得如此辉煌的大捷。

土木堡英宗被俘

明英宗时，宦官王振专断横行。当时北方瓦剌逐渐强大起来，有觊觎中原的野心。

1449年，瓦剌人入侵中原。瓦剌首领也先亲自率领大军攻打大同，进犯明朝。王振一意孤行，亲自挂帅并请明英宗御驾亲征。在粮草没有准备充分的情况下，50万大军仓促北上。一路上，又连逢大雨，道路泥泞，行军缓慢。等明朝大军抵达大同时，也先命令大队人马向后撤退。王振认为瓦剌军是因为惧怕明军而畏缩窜逃，于是下令追击瓦剌军。也先事先料到明军会贸然追击，早已派出精锐骑兵分两路包围明军。明军先头部队遭到伏击，全军覆没。明英宗无可奈何，只得下令班师回京。

明军撤退到土木堡时，已是黄昏时分。王振以千辆辎重未到为由，坚持在土木堡等待。也先下令紧追不舍，在明军抵达土木堡的第二天，就趁势包围了土木堡。土木堡是一处高地，缺乏水源。瓦剌军控制了当地唯一的水源——土木堡附近的一条小河。明军人马断水两天，军心不稳。也先又施一计，派人送信给王振，建议两军议和。王振自作聪明地认为这是突围的好时机，他急令部队往怀来城方向突围。但这正中了也先的诱敌之计，明军离开土木堡不到4里地，瓦剌军就从四面包围。明英宗在乱军中，由几名亲兵保护，几番突围不成，终于被生擒，王振被部下杀死。明军失去了主帅，乱作一团，最终全军覆没。

瓦剌人捉到英宗，如获至宝，立刻通知明朝政府送来一万两黄金赎回英宗，声称黄金一到即刻放人。明朝官员无奈，只得派人前往敌营献上万两黄金，但英宗却迟迟没有被送还。原来瓦剌人早已在前一天晚上挟走了英宗，白白骗得万两黄金。此后，瓦剌人屡犯边疆，每次都挟持英宗同行，使得明朝投鼠忌器，不敢奋力抵抗。有识之士认为长此以往，将对明朝极为不利。于是明朝另立新君，尊英宗为太上皇。这样一来，以英宗为人质的价值就大大降低了。明朝对瓦剌的口气越来越强硬。经过几番波折，瓦剌人终于同意将英宗送归明朝。

瓦剌人深知擒贼擒王的重要性，因此捉到英宗后，屡次要挟明朝。但是，后来明朝更立新君，英宗不再是明朝的皇帝，从而破了瓦剌人的计谋。

明英宗在乱军中由几名亲兵保护，几番突围不成，最终被生擒。

毛遂按剑逼楚盟

秦国在长平之战大胜赵国后，又来进攻赵国的都城邯郸。平原君奉赵王之命出使楚国，拥立楚王为盟主，约定合纵抵御秦国进攻。平原君挑选了20名文武双全的门客随他一同前往，主动请战的毛遂即在其中。其他19个人最初都觉得毛遂此举很可笑，后来他们发现毛遂才智过人，都非常佩服。

平原君和楚王商谈合纵事宜，但良久无果。门客们非常着急，就推选毛遂去协助平原君谈判。毛遂按着剑顺台阶走到堂上对平原君说："赵楚联合抗秦的利弊显而易见，三言两语就可说清，这么长时间却毫无结果，究竟为何？"

楚王非常不悦，手指毛遂对平原君说："他是何人？"

平原君说："我的一个门客。"

楚王听后非常生气，厉声喊道："退下！我正与你主君谈话，你为何上来？"

毛遂非但没退下反而按着剑对楚王说："因为你们楚国人多势众，所以大王才会不把我放在眼里。可现在我距你不足十步，能轻而易举地结束你的性命，你们的势力再大也无济于事！"

楚王被毛遂的架势惊得一时不知如何是好，毛遂接着说："楚国作为一个大国本应成为天下的霸主，可在秦国面前就败下阵来。当年，楚国被秦将白起率领的几万秦兵打败，他们不仅攻占了郢都，还破坏了你们的祖坟。我们赵国人都为你们所受的耻辱感到羞愧，大王您就没有任何触动吗？楚赵联合抗秦，真正获益的是楚国而不是赵国，这是显而易见的！有什么可呵斥的呢？"毛遂的话鞭辟入里，说得楚王频频点头："对！对！先生所言极是，我们这就联赵抗秦。"

毛遂又问道："一言为定吗？"

楚王说："一言为定！"

毛遂对楚王的侍从说："去拿鸡、狗、马的血来。"血拿来后，毛遂捧着盛血的铜盘，跪在楚王面前说："大王应先歃血定下合纵抗秦盟约，接着是我主人，然后是我。"

三人依次歃血，当场缔结了楚赵联合抗秦的盟约。接着，毛遂又端着盛血的铜盘让另外19个人在堂下歃血，见证了这一盟约。

毛遂按着剑顺台阶走到堂上对平原君说："赵楚联合抗秦的利弊显而易见，三言两语就可说清，这么长时间却毫无结果，究竟为何？"

岳钟琪平叛乱

雍正年间,青海的厄鱼特蒙古和硕特部首领罗卜藏丹津发动叛乱,严重地威胁了清朝在青海地区的统治。

1723年,清政府派四川提督岳钟琪等率领大军征讨叛军。岳钟琪认为青海地区广阔荒凉,敌军又有十万之众,不宜分兵攻打,而且等到草木生发时节出击,为时太晚。他主张应该用精悍的轻骑兵快速袭击其大本营,可以取得出奇制胜的效果。岳钟琪的建议被朝廷采纳。

二月,岳钟琪率领精兵五千、战马万匹,马不停蹄地直扑叛军的大本营。当时罗卜藏丹津为了掌握清军的行踪,曾经派出不少侦察骑兵四处活动,正好与岳钟琪的快速骑兵相遇。经过激烈的交锋,清军将这数百人全都歼灭,除掉了叛军放出去的耳目。接着清军以迅雷不及掩耳之势攻取了敌军在哈达河的据点,翻越崇山,顺利地抵达敌军大本营。在岳钟琪的指挥下,清军骑兵像一阵狂风般地冲入敌营,毫无戒备的叛军被这突如其来的攻击打得晕头转向,仓皇惊溃。罗卜藏丹津慌忙换上妇女的服装,带领残部逃走,余众纷纷伏地请降。岳钟琪见叛酋逃走,率军以日行三百里的速度追赶,一直追到桑骆海,除罗卜藏丹津只身北投准噶尔外,余众全被截获。

自出师至此,前后仅十日,岳钟琪凭擒贼擒王之计,以数千之众,快速出击,捣毁了敌人的大本营,平定了叛乱。

纸围裙的作用

某市有一家餐厅,外部和内部装修都极其平常,菜肴也比较一般,而价格并不低廉。总之,是一家普普通通的餐厅,生意总也兴旺不起来。餐厅的女老板煞费苦心地改善经营,但成果不大。她想改进设施,提高餐厅品位,怕花费太大;要丰富菜单,增加花色品种,则风险太大;偷工减料又会得罪顾客;降低价格又赚不到钱。似乎条条道路都走不通。

有一天,女老板带着九岁的儿子去一家百货公司买衣服。她在服装部试衣的过程中,竟被儿子拉到玩具部去了三次,什么变形金刚、电动飞船买了一堆,把她带去的现金都花光了。以至当付衣服款时,她只能将信用卡拿出来刷卡。

一路上,这位女老板就在考虑一个问题:明明自己到百货公司是去买衣服,为什么却带了一堆玩具回家呢?很简单,这说明家长总是愿意满足孩子的要求的。如果能使孩子拉着父母,就像儿子拉着自己到玩具部一样,到自己的餐厅来用餐,生意不就大大兴旺起来了吗?对,应该在孩子身上打主意!

晚上歇工后,女老板召集全店员工开会,商讨用什么办法来吸引孩子。大家议论纷纷，莫衷一是。这时，女老板的宝贝儿子也在店里，他当然不甘寂寞，一会儿玩这个，一会儿又玩那个，能玩的都玩遍了，他就把那些员工们脱下的围裙围在腰上，模仿大人们炒菜端饭的样子。女老板看到这情景，忽然灵机一动想出了一个主意。

三天后，餐厅给每位顾客带来的孩子都赠送一条纸围裙，上面画着一些稀奇古怪的动物，使孩子们异常高兴。他们把纸围裙带回家中，使得亲戚、朋友、邻居的孩子非常眼红，也拉着各自的父母来用餐，这样一传十、十传百，这个餐厅的生意果然兴旺起来了。

孩子们虽然小，但足以使家长们听他们的，这位女老板注意到这一点，巧妙利用孩子们爱玩的心理，擒住这群"小皇帝"的心，换来的就是滚滚的财源。

索尼彩电擒贼擒王

今天，日本索尼（SONY）公司的彩色电视机早已享誉全球。但是，20世纪70年代中期，在美国，它还是一种名不见经传、无人问津的"杂牌货"。当年，当卯木肇先生风尘仆仆来到美国芝加哥市，担任索尼公司国外部部长时，索尼彩电竟在当地寄卖商店里睡大觉，尘封土积，几乎无人光顾。

索尼彩电作为在日本畅销的优质产品，为什么一到美国就被人如此冷落呢？原来，公司前任国外部部长为了打开市场，曾多次在芝加哥市报刊登广告，削价销售索尼电视机。然而，即使一再削价，销路仍然不畅。而削价更使商品形象变得低贱，愈加无人问津。

经过仔细研究，卯木肇决定放弃原先的销售模式，转而采取"擒贼擒王"的策略，首先选定当地最大的电器销售商马希利尔公司为主攻对象。在经过多次的拜访碰壁之后，卯木肇终于见到了马希利尔公司的经理。卯木肇刚说明来意，那位经理就劈面来了一句："我们不卖索尼的产品，你们的产品降价拍卖，像只瘪了气的皮球，踢来踢去没人要。"

回到公司，卯木肇立即着手取消削价销售，并在当地报刊上重新刊登广告，再造商品的形象。卯木肇第二次再去见马希利尔公司的经理。那位经理又以"索尼的售后服务太差"为由，拒绝销售。卯木肇二话没说，回去后立即设立索尼彩电特约维修部，负责产品的售后服务工作，并重新刊登广告，公布特约维修部的地址和电话号码，保证顾客随叫随到。

后来又经过几个回合的较量，那位经理终于被卯木肇打动，答应试试销售索尼的产品。当时正值美国市场家用电器的销售旺季，索尼彩电一个月内竟卖出700余台。

马希利尔公司大获利市，因而那位经理立即对卯木肇刮目相看，亲自登门拜访，并当即决定索尼彩电为该公司下年度主销产品。双方联袂在芝加哥市各大报刊刊登巨幅广告，提高商品知名度。从此，索尼彩电在美国其他城市的销路也迅速打开。

卯木肇先生的观点正符合"擒贼擒王"的策略。马希利尔公司是芝加哥电器销售行业中的"王"。卯木肇以百折不挠的精神向马希利尔公司进攻，终于"擒"住了这个"王"。此后，一切问题迎刃而解，索尼彩电占领了芝加哥市场，进而进军美国市场。

在现代商战中，无论决策和处理问题都必须掌握重点。在众多竞争者中，要能分辨谁是主要敌人。对于本身的业务，则要判断何者为关键业务。只要能分辨主要敌人，掌握关键业务，就能成竹在胸，其他的细枝末节就不难处理了。

西安杨森的公关战

西安杨森是一家著名的医药企业。但在其产品上市初期，由于品牌不响，企业生存面临重重困境。但杨森人视困境为增强竞争力的机遇，凭借产品质量高、品种多、剂型全的优势，信心百倍地走向市场。

为了使自己的产品能打开销路，杨森公司设计了一个"摧其坚，夺其魁"的公关战术。他们紧紧抓住医药相连这根线，打出了"让每一个中国医生都了解西安杨森的产品"这一口号，并结合我国医药市场的特点，借鉴西方市场的营销策略，形成了一套独具特色的"三角形宣传模式"。位于"三角形"顶端的是医药界名流、权威组成的杨森科学委员会，对公司的产品、科研、管理等进行高层次的指导。在社会上，这些社会名流的介绍推荐令人可信，其宣传效果远非商业性广告可比。"三角形"的中间部分，面向所有的医务人员，特别是有处方权的中青年医生，他们知药、懂药，对药品可主动选择，直接接受。同时，杨森公司还通过报刊、电台、电视台进行广泛的宣传，吸引广大消费者，便构成了"三角形"雄厚坚实的底部基础。

这套宣传模式正是运用了"擒贼擒王"的策略，以医药界名流、权威为"王"，抓住了这个"王"，也就起了以点带面的作用，影响了社会的不同阶层，影响面之广为一般宣传形式所不及，这在树立公司良好形象、提高新产品知名度方面，发挥了积极有效的作用。在随后召开的全国医药订货会上，公司利用报纸、电视、路牌、车身巨幅标语、气球标语等大做广告，使西安杨森公司名声大振，一次订货就达1500万元。从此，西安杨森也逐步跨入了知名企业的行列。

张燮林打败日本乒乓国手

1961年第26届世界乒乓球锦标赛，中国男队战胜了五次蝉联世乒赛男团冠军的日本队，第一次获得了男子团体冠军。因为日本选手的弧圈球技术仍是中国快攻型选手取得胜利的障碍，所以中国男队并未被这次胜利冲昏头脑，一直在寻找战胜弧圈球的技术。当时的中国乒乓球男队队员张燮林，非常擅长直板削球，终于钻研出一套制服弧圈球的技术，准备在下次世乒赛上和日本队一决高低。

1963年，第27届世乒赛在贝尔格莱德举行，上届战败的日本队非常想再次夺回世界男团冠军。在此情况下，对战胜弧圈球志在必得的张燮林首先出场，迎战日本队的头号选手。张燮林变幻莫测的防守型打法和刁钻的削球让日本乒乓球队员无力招架，很快就赢下了这场球。张燮林战胜了日本最强的乒乓国手，也就意味着中国队即将赢下整场比赛。果然，中国队以绝对优势再次把世界男团冠军收入囊中。

庄则栋在其回忆录《闯与创》中，以此为例说明了打乒乓球与"擒贼擒王"之计的关系。

枉费心机的推销员

台湾省有位富豪林先生准备近日整修房屋，某建筑公司的推销员获悉了这一消息后，就来到林先生家。可家里只有林夫人，因为他急于见到林先生，好与其洽谈业务，所以和林夫人说了几句话就离开了。

推销员来到林先生上班的地方。林先生非常有涵养，耐心地听完了推销员的介绍，却不和他达成任何协议。推销员以为林先生主意未定，以后就经常来询问情况。但几天后，这位推销员听说林家已和另一家建筑公司签订了合同。他这几天都在林先生旁边，根本没见林先生和其他公司的人接触过。这是为何呢？后来，他才了解到，原来林夫人才是家里的最高决策者，她不仅拥有一笔数额庞大的遗产，薪水也比林先生高，而林先生只是上门女婿。

那家建筑公司"擒贼先擒王"，说服了林夫人也就抢走了生意。这位推销员选错了攻关对象，因而白费了心思。

泰王智斩缅甸王储

缅甸于1569年吞并了泰国。15年后，泰国王子长大并在肯城自立为王。缅甸王得知后就命王储率军前去征讨。泰王在战前会议上说："缅甸王派他的王位继承人亲自带兵攻打我们，是让他为国建立功勋以顺利登基。我们就擒贼先擒王，设法活捉王储，以此要挟缅军退兵。"

泰王在缅甸王储的必经之地埋伏下重兵。待缅军一走进包围圈，泰军就立即发起进攻，缅军顿时乱成一片。谁知泰王所乘的大象正值发情期，见缅军大象到处奔跑，立即追上前去。大象停下来时，泰王已落入缅甸军的包围之中，缅甸王储正和他的士兵站在一棵大树下。泰王大惊失色，偷袭不成，反倒被人偷袭。

泰王此时镇静下来，对缅甸王储喊道："皇兄！站在树下干什么，怕我了吧？敢与我单独比试一番吗？"缅甸王储原本可以命士兵杀掉或活捉泰王，但他自视甚高，决定杀一杀泰王的傲气。缅甸王储驾着坐象冲向泰王，泰王因坐象行动稍慢一些而被砍掉了头盔。泰王坐象又反身一撞，使缅甸王储的坐象横对着他。泰王立即举刀砍中缅甸王储的右肩，他随即血流不止，倒在了象脖子上。

缅军见主帅已亡，马上撤兵。缅甸王因王储被杀而后悔莫及。此后150年内泰国再也没有受到缅甸的侵犯。

马卡洛夫葬身鱼腹

1905年，日俄两国为争夺对中国东北地区和朝鲜的绝对控制权，在海上和陆上同时展开了激烈的较量。日军联合舰队总司令东乡平八郎和俄军太平洋舰队司令马卡洛夫在海战中斗智斗勇，东乡平八郎成了最后的赢家。

马卡洛夫著有《海战论》一书，堪称世界顶级的战略家。当时凡是想当海军司令的人，都会研读马卡洛夫的《海战论》。这本书出版发行时，东乡平八郎便弄到一本，认真研究直至倒背如流。东乡平八郎发现《海战论》中的观点也有不足之处，他认为只要痛击马卡洛夫的指挥失误之处，就能战胜强大的俄国海军。

马卡洛夫脾气非常暴躁，一旦受到挑衅就会失去理智。东乡平八郎就针对马卡洛夫的这一弱点开始下手了。他在头天晚上派人在马卡洛夫驻扎的旅顺军港周围布满水雷。第二天太阳刚升起来时，东乡平八郎又派了一艘战斗力较弱的战舰前去挑衅。马卡洛夫在前几日吃了败仗，现在又见日舰单独出海就丧失了理智，带领军舰去追击日舰。日舰边战边退，诱使俄舰进入了雷区。当马卡洛夫发现了前方的日舰主力时，意识到自己被骗了，就命令舰队返航。旗舰掉头时撞上了水雷而沉没，马卡洛夫也不幸葬身鱼腹。俄国海军士兵因主舰沉没和统帅牺牲，而无心再战，俄国海军也变得不堪一击。最后，俄国太平洋舰队和来增援的波罗的海舰队全军覆没。

东乡平八郎以"擒贼擒王"之计击沉了俄海军旗舰，消灭了俄国海军太平洋舰队司令，达到重创俄海军的目的，进而取得了海战的最后胜利。

第四套 混战计

第十九计　釜底抽薪

【本计旨要】

"釜底抽薪"指把柴火从锅底抽掉。比喻从根本上解决问题。在军事上，此计指切断敌人的供给来源，破坏敌人所依靠的有利条件，使敌方成为"无源之水、无本之木"，从而一举战胜敌人。

【计名探源】

199年，袁绍率领10万大军攻打许昌。当时，曹操据守官渡（今河南中牟北），兵力只有两万多人，两军隔河对峙。

由于两军相持了很长时间，双方粮草供给成了关键。袁绍从河北调集了一万多车粮草，屯集在驻地以北40里的乌巢。曹操探知乌巢并无重兵防守，便决定偷袭乌巢，切断敌军的粮草供应。他亲率5000名精兵打着袁绍的旗号，衔枚疾走，夜袭乌巢。乌巢袁军还没有弄清真相，曹军已经包围了粮仓。一把大火点燃，顿时浓烟四起。曹军乘势消灭了守粮袁军，袁军的一万车粮草化为灰烬。袁绍大军闻讯，惊恐万状。供应断绝，军心浮动，袁绍一时也没了主意。曹操此时发动全线进攻，而袁军士兵已丧失战斗力，10万大军四散溃逃，袁军大败。袁绍带领800名亲兵，艰难地杀出重围，回到河北，从此一蹶不振。

【古文玄览】

不敌其力[①]，而消其势[②]，兑下乾上之象。

【说文解字】

①不敌其力：敌，进攻、攻克。力，刚强之处。句意为，不能攻取敌人力量最强之处。
②而消其势：势，力量之源。句意为，应当消除敌人力量产生的来源。

【古文今译】

不与敌人的精锐力量硬拼，而要先消除他的势力本源。

【计谋评点】

此计的含义如下：

（1）先治其本。事物都分为"标"（枝节、表面）和"本"（根本、基础）两个方面。要彻底解决问题，就应当先治本后治标。

（2）去其所恃。世界上的事物都是相互联系而存在、相互依赖而发展的。一事物的存在和发展依赖于另一事物，那么后者便是前者的必要条件。如果坏了后者，前者就会自行消亡。

（3）攻心夺气。古人说："夫战，勇气也。"作战凭借的就是一股士气。士气不是实力本身，但它却能影响实力的发挥。在我们不能或不愿与敌人拼实力时，可以转而攻气，使敌人气虚、心乱、气消。这是一种心理战术。

（4）以柔克刚。硬碰硬如两虎相斗，最终会两败俱伤。而用柔和的办法去对付刚强的敌人，往往可以收到意想不到的效果。

【事典辑录】

田单散谣驱乐毅

战国时，齐国曾大败燕国。燕昭王对此耿耿于怀，时刻不忘报仇雪耻。但燕国弱小又地处僻远，昭王自忖凭一己之力不足以克敌制胜，于是便屈己礼贤，延聘贤能之士乐毅兴兵复仇。

乐毅率燕军半年内连下齐国七十余城，只有即墨城和莒城未下。不久，燕昭王去世，燕惠王即位。惠王做太子时，就与乐毅有隙，所以他即位以后，对乐毅用而不信。齐国大将田单探知此种情况，乘机进行反间，派人到燕国散布说："除莒城和即墨城两处之外，齐国大片土地全在燕国军队手里。乐毅能在短时间内攻下齐国七十余城，难道用几年工夫还打不下莒城与即墨城吗？其实他是想乘机收服齐人之心，为叛燕自立做准备。"燕惠王本来就猜疑乐毅，听了这些话便信以为真，下令派骑劫为大将前去齐国接替乐毅。骑劫上任后，田单几番用计，很快便尽复失地。

在这场战争中，燕军为"釜"，乐毅为"薪"，乐毅起着决定性的作用。田单正是意识到了这一点，用计促使燕惠王改派主将，从而反败为胜。

黎弥献女气夫子

鲁国重用孔子后，国政大治，百姓殷实。齐景公为此深感忧虑，便对大夫黎弥说："自孔子相鲁以来，鲁国日益强盛，对我国的威胁极大，这该如何是好？"黎弥沉思片刻，说："想办法逼走孔子。鲁国失去孔子，必然孱弱如初。这叫作釜底抽薪。"

齐景公问："孔子在鲁国正受宠，怎样才能逼走他？"黎弥便献计道："俗话说，饱暖生淫欲，贫穷起盗心。今日鲁国太平了，鲁定公必有好色之念。如果我们选一群美女送给他，让他日日夜夜沉湎于美色。这样一来，一定会把正直的孔子气走。"

齐景公连称妙计，即令黎弥挑选80名美女送到了鲁国。鲁定公乐得神荡魂飘，齿酸涎落。自此，鲁定公"春宵苦短日高起，从此君王不早朝"。孔子见鲁定公沉迷酒色，不理朝政，十分忧心，他几次劝说都毫无效果。孔子感到自己的抱负无法在鲁国施展，于是又带领弟子周游列国去了。

鲁国日渐强盛的根本在于"孔子相鲁"。齐景公借女色使鲁定公沉湎放任，气走孔子，鲁国这口大釜之下无薪可燃，于是逐步走向衰败。

秦王长平灭赵军

公元前262年，秦昭王派大将白起攻打韩国，占领了野王城，切断了韩国上党郡和国都的联系。韩国于是请赵国发兵取上党郡。

赵王派廉颇率军支援，两军在长平从4月到7月间交战多次，秦军兵强马壮，处于优势。廉颇认为，秦军长途跋涉，力求速战，而赵国应坚壁清野、以逸待劳。于是，廉颇便利用深沟、高墙这些有利地形避而不出，使秦军陷入进退维谷的尴尬境地。秦昭王闻此军情，立即和范雎商讨应对之策。范雎说："廉颇久经沙场，深谙兵法。我们要战胜赵军，必须从根源下手，实施釜底抽薪之计，让他人来代替廉颇。"昭王应允。

范雎派人前往赵国用重金买通了赵王身边的人，让他们散播谣言："廉颇老了，被秦军吓得不敢出战了！秦军实际上最怕赵奢的儿子赵括。"这些话很快就传入了赵王的耳朵里。他原本对廉颇避而不出就有些意见，听了传言后便决定派赵括去代替廉颇。

赵括上任后，一反廉颇的部署，废弃了军中原有军规，而且还大批撤换将领，致使赵军战斗力急剧下降。秦昭王和范雎见计谋奏效，立即命白起、王翦发兵攻打赵军。

白起率军兵临城下，赵括迎战。白起面对鲁莽轻敌、高傲自恃的对手，决定采用佯退诱敌、分割围歼的战术。他命前沿部队担任诱敌任务，在赵军进攻时佯败后撤，而将主力配置在纵深构筑的袋形阵地，另以精兵五千人，楔入敌先头部队与主力之间，伺机割裂赵军。8月，赵括在不明虚实的情况下贸然进攻。秦军假意败走，暗中张开两翼设奇兵挟制赵军。赵军乘胜追至秦军壁垒，而秦早有准备，壁垒坚固不得入。这时，白起命两翼奇兵迅速出击，将赵军截为三段。赵军首尾分离，粮道被断，战势危急，只得筑壁垒坚守，以待救兵。

赵括毫无实战经验，但谈起战法来口若悬河，自以为天下无人能抵挡。他一到长平，就改变了廉颇的部署。

到了9月，赵兵已断粮46天，饥饿不堪，甚至自相杀食。赵括走投无路，重新集结部队，分兵四队轮番突围，终不能出。赵括亲率精兵出战，被秦军射杀，赵军大败。

秦赵之战中，范雎从赵国的后方下手，使得赵王弃用廉颇，这样于侧面暗算，扯其后腿，拆其后台的兜底战术，正是釜底抽薪的经典运用。

勾践还粮做手脚

勾践是春秋时越国国君，越王允常之子。勾践即位不久，吴王阖闾乘机攻越。越军于槜李大败吴军，阖闾被创身亡。阖闾临终前嘱咐其子夫差："必毋忘越！"吴王夫差励精图治，准备攻越报仇。勾践不听范蠡劝阻，仓促之下抢先出兵攻吴，于夫椒大败。吴军乘胜占领越都会稽，将勾践围困在会稽山。范蠡提出屈辱求全，主张用卑辞厚礼向吴求降，如若不允，就由勾践亲自去吴国做人质。勾践采纳了这一建议，一面准备死战，一面派文种去向吴求和，并用美女、财宝贿赂吴太宰伯嚭。不久，夫差答应越国议和，率军返回吴国。勾践下诏罪己，去吴国给夫差做奴仆，终于骗得夫差的信任，于三年后被释放回国。

越王勾践回国后，卧薪尝胆，图谋灭吴。他鼓励农业生产，实行轻徭薄税的政策，国力渐强，老百姓吃穿不愁，家家积蓄余粮。为了麻痹吴国，勾践派文种求见伯嚭，向吴国求借1万石粮食，说越国遇到了灾荒，并允诺第二年一定将借的粮食全数归还。夫差听信伯嚭之言，打算借粮给越国。伍子胥得知此事，立即进宫劝阻，说越国并非真的遇到了灾荒，而是想借以盗空我国粮库。夫差不听，说越国已臣服吴国，肯定不会使诈。伯嚭也在一旁添油加醋，说只要要求越国按时还粮即可。最后，夫差还是将粮食借给了越国。

次年，越国粮食大丰收。到了归还粮食的日期，越王勾践征求大臣文种的意见，说："如果不还粮食，吴国可能会借口讨伐我们；如果把粮食归还，就会有利于吴国而不利于越国。怎样才能两全其美呢？"文种献计道："粮食还是要还的，但我们可以在其中做手脚，从粮食中精选出一部分，蒸熟了还给吴国。"勾践听后，依计行事。

夫差见越国按时还粮食，而且还回的粮食粒大饱满（其实已被蒸过了），大为满意。第二年春天，他命人把越国还回的

勾践给吴王夫差做了三年奴仆方被释回国。回国后，他励精图治，发愤图强，吃饭睡觉前都尝一尝苦胆，立志灭掉吴国。

粮食当作良种播种到了地里。结果可想而知，种子没有发芽，秋天颗粒无收，吴国发生了大饥荒，国力大大减弱。

国以民为本，民以食为天。勾践还蒸熟之粮，使吴国发生饥荒，真可谓釜底抽薪，不仅削弱了吴国的实力，还为他最终灭亡吴国提供了有利条件。

周亚夫荥阳败刘濞

公元前154年，吴王刘濞串通楚、赵、胶东等七国诸侯王，联合发兵叛乱。汉景帝派周亚夫率30万大军平叛。出兵前，汉景帝问周亚夫如何退敌。周亚夫说："叛军远离属地，粮草供应一定特别困难，我们如能断其粮道，叛军定会不战自退。"

荥阳是扼守东西二路的要冲，地理位置十分重要。周亚夫首先派重兵控制了荥阳，然后兵分两路袭击叛军后方：一路负责切断吴、楚等国粮草供应线；一路由自己亲自率领，攻打叛军后方重镇冒邑。周亚夫占据冒邑后，下令加固营寨，准备坚守。当刘濞率数十万大军气势汹汹地向冒邑扑来时，周亚夫避其锋芒，坚守城池，拒不出战。叛军数次攻城，但都被城上的乱箭射回。刘濞无计可施，数十万大军只得驻扎城外。几天后，粮草断绝。就这样又对峙了几天，周亚夫见叛军已饥饿不堪，丧失了战斗力。于是发起猛攻，大败叛军，斩杀了刘濞。

周亚夫之所以能够迅速平叛，就是使用了以柔克刚的釜底抽薪之计，避敌锋芒，切断其供给来源，使敌人士气衰弱、不战自乱。

韩世忠袭后平内乱

南宋立国之初，致力于平定内乱。湖南刘忠聚众白面山，凭借山势修筑堡垒。宋将韩世忠率兵讨伐，在距离刘忠部30里的地方安营扎寨，两军对峙。

韩世忠部下解元单骑渡河，潜入敌营探知军事部署，发现敌人在山顶上建了一座瞭望楼，居高临下，双方阵营一览无余，又另屯兵于四面小山上，而所有兵力全部听命于瞭望楼的指挥。解元立即将这一情况报告给了韩世忠。

当晚，韩世忠令部将率200精兵埋伏在白面山下，约定待刘军与官兵大部队交战时，攻进敌中军，夺下敌人的瞭望楼。伏兵开拔后，韩世忠即率全军向刘军发起了进攻。刘忠遭到官军的突然袭击，便将他的人马全都调去对付韩世忠。这时，伏兵见刘忠后方空虚，立即攻入中军，迅速控制了瞭望楼，插上官军的旗帜，并齐声呐喊。正与官军激战的刘军士兵，听到瞭望楼上官军的喊叫，知道大势已去，一齐逃散。刘军大败。

韩世忠谋而后动，先牵制住刘忠主要兵力，"抽薪"之后奇袭瞭望楼，使敌人后方易帜，形成前后合击之势，一举破敌。

巧换御状

唐朝时，李靖任岐州刺史之时，有人为了讨好皇帝，控告他有叛乱之心，要聚兵造反。唐高祖得知这一情况后，立即命令一个御史前去调查，并告诉御史："如果李靖真的要阴谋造反，可以当场处死。"这个御史知道李靖奉公守法，体贴百姓，不可能图谋造反。说他要造反，肯定是诬告、陷害。可是，怎么才能把这件事弄个真假分明呢？御史思前虑后，想出了个办法。他请求和那个控告人一块去办这个案子，皇帝答应了他的请求。御史领了圣旨，和那个控告人一起直奔岐州。

走了几百里地，管行李的随从向御史报告，控告人原来写的状子丢了。御史大为恼火，用鞭子狠狠抽打那个随从。随从惊恐万状，只顾磕头求饶，很是凄惨。看着随从可怜的样子，御史不忍心再打了，叹了口气，对那个控告人说："李靖谋反事实很清楚，我们奉旨去查办，谁曾想到，随从把状子丢了，这是要掉脑袋的。我们俩办不成此事，也有和李靖勾结的嫌疑，会受到严厉的惩罚。"控告人一听，觉得有些不妙，问御史怎么办才好。御史又摇头又叹气，表示事情非常棘手，踌躇了半天，说："要想我们都不受连累，救随从一命，我看只有一个办法，你再重新写一张状子，权当没有丢，我们还是照常去查办。"那个控告人也觉得再没第二个好办法了，就重新写了一张状子，给了御史。

控告人哪里知道，这是御史和随从定的一计，状子并没有丢，它就在御史的衣袖里。御史将它拿出来和重新写的状子一对照，发现内容很不相同。御史立即返回京城向皇帝报告了这个情况。皇帝一时也不明就里。御史说："如果李靖造反真有其事，控告人不管在什么时间，在什么地方，也不管是在什么情况下，写出的状子应该是一致的，现在出入很大，有些甚至是牛头不对马嘴，说明是控告人凭空捏造的。"皇帝立即对控告人进行审讯。果然是控告人捏造事实，进行诬陷。皇帝把那个控告人判为诬告陷害罪，杀了。

"铁钱"之战

宋仁宗至和年间，国家财政紧张，几种钱币同时流通，国家难以控制市场。于是，便有大臣上疏仁宗，请求统一钱币，特别是要罢掉陕西铁钱，由国家统一铸币流通。仁宗接到奏疏，交大臣们议论。大多数人觉得罢掉铁钱会造成市场混乱，所以并没有实行。然而，一时间，这个消息却从京都汴梁（今河南开封）不胫而走："朝廷要罢掉陕西铁钱了，赶快脱手出去，晚了就一钱不值了！"

就这样，一传十，十传百，不久消息便传遍了朝野上下。那时，陕西铁钱不仅在陕西，连京都附近都十分通行，存这种钱的大有人在。大家听说这辛辛苦苦挣来的血汗钱就要废了，十分恐慌，所以都纷纷拿铁钱到店铺中抢购货物。店铺老板也很精明，他们比别人更早得到了消息，因此纷纷挂出牌子：不收陕西铁钱。这家不收，那么就到那家吧！可百姓们串了几家店铺，走了几个集镇，都是如此。这下大家更着急了，有火暴性子的人竟到店铺中强行买货，吓得店铺竟相关门。一时间，市场大乱，人心惶惶。

各地纷纷将此事上报朝廷，仁宗听闻后大怒，一边追查是谁传出的消息，一边责令宰相文彦博迅速处理此事，稳定市场，安定民心。文彦博召集大家商量，大家都无计可施，提议只有让朝廷下令，辟拒谣言，方可稳定市场。可文彦博深知，单靠强令是不够的。仅有法令，大家还会将信将疑。特别是平民百姓，看重的是实例，而不是一纸公文。想到此，文彦博对大家说："这么办吧，先让我来独自经办此事。若我财力不足时，再麻烦各位。"

他回到家中，询问管家："丝绢缣帛还有多少？"管家说："还有500匹。"于是文彦博让管家找来京城中最大的绸缎铺主，托他代卖这些丝绢，并特别叮嘱："不要其他的钱，只收陕西铁钱。"店主照办，第一天买者蜂拥而至，简直挤破了门。别的店主也都来打听为何专收陕西铁钱，当他们得知是文丞相让代卖代收的后，就都放下心来，连丞相都要铁钱，看来铁钱是决不会废止了，于是各店也陆续收起了铁钱。

消息传扬出去，老百姓都放下心来，再没人急于脱手陕西铁钱去抢购货物了。一场市场动乱就这样让文彦博平定了下来。

小偷施计退齐军

有一年，齐国攻打楚国。楚王令尹子发领军迎战，楚军三战三败。子发绞尽脑汁，但对齐军还是一筹莫展。

子发正无计可施时，一个小偷前来求见。小偷郑重其事地说："国家正处于危亡之际，每个人都不能袖手旁观。我想今晚去敌营探探虚实，或许能助您退兵。"子发也只好答应了小偷的请求。小偷在夜里进入齐军营地，偷回了一个营帐。第二天，子发就派人把这个营帐送还给了齐军统帅。这天晚上，小偷又把齐军统帅的枕头偷了回来，子发又将其送了回去。第三天晚上，小偷又把齐军统帅的发簪偷了回来，子发还是原封不动地送了回去。齐军统帅颇为震惊，心想：说不定哪天会把我的脑袋偷去不成？于是立即撤退回国。

通常来说，两军通过交战才能一决高下，但这个小偷却凭借高超的偷技震慑了齐军统帅。这种以柔克刚之法正是"釜底抽薪"之计的妙用。

1英镑打败10万英镑

英国有位老人，因无儿无女，又体弱多病，于是他决定搬到养老院去。老人宣布出售他漂亮的住宅。购买者闻讯蜂拥而至。住宅底价8万英镑，但人们很快就将它炒到10万英镑。价格还在不断攀升。

这时，一个衣着朴素的青年来到老人眼前，弯下腰，低声说："先生，我也好想买这栋住宅，可我只有1英镑。"青年的表情并不沮丧，他继续诚恳地说："如果您把住房卖给我，我保证会让您依旧生活在这里，和我一起喝茶、读报、散步，让您天天都快快乐乐的——请相信我，我会用整颗心来关爱您！"

老人颔首微笑，挥手示意人们安静下来："朋友们，这栋住宅的新主人已经产生了。"老人拍着青年的肩膀，"就是这个小伙子！"

"贱买贵卖"虽然是最常见的生意原则，但商业里也还有感情的溪流和人性的光辉。在这个故事里，青年人避开了房屋的价值问题，而是直接用深情来打动老人，这招"釜底抽薪"的策略，熄灭了所有竞买者的希望之火，使他赢得了意想不到的胜利。

"现充现卖"的羽绒被

羽绒被在冬季自然应是畅销的时令商品，但有一年年初，上海的情况却并非如此。在一段时间内，全国上百家羽绒厂的数百种羽绒被源源不断地运往上海，其间难免鱼目混珠。随着消费者的不断投诉，羽绒被在上海的声誉大跌，市场销售自然由热变冷。

在这种困境下，浙江丽水羽绒厂使出了绝招。在上海市第一百货公司的柜台前，丽水羽绒厂的横标非常醒目，透明的玻璃窗内丽水羽绒厂正在"现场办公"。几名头上沾着白色羽绒的售货员正忙得不可开交，他们按照顾客中意的羽绒、面料及重量要求现充现卖。人们排队争相购买，问长问短的顾客不时加入队伍中。顾客们亲眼看着他们选中的羽绒经过电子秤精确计量，被充进他们中意的被套中，当场缝制完毕，然后心满意足地从人群当中挤出来。

把柜台当"车间"，现产现卖，这实在是丽水羽绒厂异想天开的绝招。该厂的决策者摸透了消费者害怕产品质量不过关、冒牌货太多的心理，开展了这种现场充填羽绒被的业务，让顾客可以全部看到充绒量、面料等，又可以自由选择，消除了顾客对羽绒制品的"恐劣症"，获得了顾客的信任。

较其他企业，浙江丽水羽绒厂的企业家多了一个心眼。他不效仿其他企业扩充广告宣传，四处游说推销，硬着头皮闯过市场疲软的"低谷"，而是抓住了现代企业经营的信条——"质量，产品的生命线"，来个"釜底抽薪"，抽走了顾客对产品质量的"恐劣"心理，因而取得了成功。

船王的"闪电外交"

1953年夏，一艘名为"克里斯蒂娜"的豪华游艇驶进了沙特阿拉伯的吉达港。人们都知道，这艘游艇为大名鼎鼎的希腊船王奥纳西斯所有。美国《华尔街日报》评论道："我们应该想到奥纳西斯在觊觎阿拉伯的石油，否则他到吉达一事就无法解释。但是他将怎样对付拥有石油垄断权的阿美石油公司呢？"

众所周知，沙特阿拉伯享有得天独厚的宝贵财富——石油。西方实业家争先恐后地来到沙特，意在争取沙特石油的开采和运输权。但阿美石油公司和沙特国王早订有明确的垄断开采石油的协议：每采出一吨石油，给沙特相当数目的特许开采费。石油采出后，由阿美石油公司的船队运往世界各地。阿美石油公司的这堵高墙，严密地保护着它的特权，几乎连一点缝隙也没有。其他公司只好望洋兴叹，含恨而归。

然而奥纳西斯在设法搞到合同复制件后，经过仔细研究，却发现合同并没有排斥沙特阿拉伯拥有自己的船队来从事石油的运输。这正是奥纳西斯完全有能力钻进去的缝隙。只要设法垄断沙特阿拉伯石油的海运权，形势就会对阿美石油公司大为不利，其势力就会大大削弱，从而可以迫使它转让出部分股份。

带着美好的憧憬，奥纳西斯在吉达港一下船，就直奔沙特阿拉伯首都利雅得，到王宫作了一次"闪电式"的访问。他对沙特国王说："阿美石油公司开采您的石油，通过运输又赚到两倍的钱。您为什么不自己买船运输呢？阿拉伯的石油理应由阿拉伯的油船来运输啊！"

听了船王这番话，年迈的国王变得极为兴奋。

几个月后，奥纳西斯和沙特阿拉伯国王签订了震撼世界的《吉达协定》。协定规定：成立"沙特阿拉伯油船海运有限公司"，该公司拥有50万吨的油船队，拥有沙特阿拉伯油田开采的石油运输垄断权，该公司的股东正是沙特阿拉伯国王和奥纳西斯。协定的签订宣告了奥纳西斯的成功。

奥纳西斯在沙特阿拉伯以"闪电外交"击败世界最大的石油公司——阿美石油公司，靠的就是"釜底抽薪"之计，他找到对手的弱点，成功地攻击了对手的生命线。

林肯一语胜罗根

亚伯拉罕·林肯成为美国总统前曾做过律师。

有一次，一个地主诬陷一个农民偷了他一匹马。地主为此请了能说会道的律师罗根。农民无钱请律师，有冤难辩。林肯得知后，主动提出做农民的辩护律师。

开庭那天天气很热，因此来到法庭的人都穿着衬衫。做事急躁的罗根，匆忙之中竟把衬衫穿反了。开庭后，罗根首先为原告陈述，他口若悬河地展现了自己关于马的认识和能言善辩的口才。接着，林肯开始为被告辩护。他一上台就说："罗根先生为了让农民多了解一些关于马的知识，而用了一个多小时谈论马。但他的话，怎能让人相信呢？他连衬衫都穿不正！"林肯话音刚落，众人哄堂大笑。最后，农民获得了这场官司的胜利。

林肯利用罗根穿反衬衫的失误，从而降低了罗根所言的可信度，这句话一举击败了罗根一个多小时的演讲。林肯从重点出发解决问题，达到了"釜底抽薪"的效果。

英国破坏德国的征兵计划

第二次世界大战初期，德国计划将新研制的几十艘潜水艇作为新式武器投入战争，以进攻敌国舰队。德国海军为招募这些潜水艇所需要的几千名水兵，向德国青年发出倡议，让他们加入战斗。潜艇水兵被当时的很多德国青年视为一种新鲜而高尚的职业，因此报名者很踊跃。

英国海军情报部门为破坏德国的征兵计划，针对德国青年幼稚而胆小的心理特点，向德国散发了一种图文并茂的传单。传单上煞有介事地描述了当潜水艇人员所面临的各种危险情形。英国还通过对德广播，向德国青年传授装病逃兵役的方法。

英国的这些宣传使德国青年产生了恐惧心理而放弃报名。德国也因此长时间招募不到潜水艇水兵。两国交战，本质是兵力多寡的较量，破坏敌方的征兵工作，恰恰是"釜底抽薪"之计的最佳体现。

麦克阿瑟的计谋

美国的五星上将麦克阿瑟，在第二次世界大战期间任西南太平洋地区盟军总司令。他常用的战术是截断敌人的增援补给线，即釜底抽薪。

莱城和萨拉莫阿是新几内亚北部、新不列颠和北所罗门群岛新防线中的要塞。1943年2月28日，日军为加强两地的防御，派出了一支庞大的运输船队。这支船队包括8艘运输舰，并载有7000名士兵和大量军用物资。

麦克阿瑟掌握了这个情报后，下令盟军飞机集结在巴布亚和澳大利亚东北部待命。他选择了一个有利时机，用29架轰炸机击沉了日军4艘运输舰。然后，他又陆续派出400多架飞机，组成巨大机群猛烈攻击其他舰船。

在这次海战中，日军运输船队几乎全被击沉，船上的军用物资也都沉入大海，日军士兵也几乎全被歼灭。日军最终也因弹尽粮绝，很快就失去了这两处要塞。

德国研制原子弹的计划为何落空

20世纪40年代能大量生产重水的工厂很少,而位于挪威弗穆尔克的诺尔斯克化工厂就是其中之一。重水是减缓原子反应堆中重要的减速剂和冷却剂,它通常被用来控制原子反应堆。

1942年,英国情报部门得知,从1940年挪威被纳粹德国占领后,诺尔斯克化工厂每年所生产的数吨重水都流向了德国。由此可见,德国正在研制原子弹。为破坏德国的这一计划,英军向挪威派出了两支突击队。可是,运送突击队的滑翔机中途出了故障,队员全部遇难。

接着,英国人又派出了一个六人突击队,开始第二次行动。1943年2月17日夜,突击队安全降落在哈尔唐吉高原,然后三人一组相互掩护,借着夜色躲过岗哨的巡查,进入了诺尔斯克化工厂。当时,厂房里机器声轰鸣,突击队员很快就装好了炸药,并成功引爆了重水罐。混在一起的机器声和爆炸声没有引起德国人的注意,突击队员也得以安全撤离。

这次突击行动被称为"重水之战",其意义非常重大,诺尔斯克化工厂因此停产达一年之久。因为没有足够的重水,纳粹德国直至战败前也未能研制出原子弹。

破坏敌方粮草供给被古代军事家视为兵法之根,胜敌之本。后勤补给对现代战争来说更加重要,"釜底抽薪"的外延也更广了。英国人成功运用了"釜底抽薪"之计,令突击队员深入到敌人后方,炸毁重水工厂,给纳粹德国研制原子弹的计划以致命性的打击。

银行最怕挤兑

任何事物都有它的弱点和缺陷,譬如猫是老鼠的天敌,七寸是蛇的要害部位,挤兑则是银行最怕的事情。银行一旦遭遇了挤兑就意味着倒闭。

《日出》中黑帮头子就是用挤兑的方法,逼死了银行家潘月亭。台湾省有家银行,储户很多,资金也很雄厚,其老板因此非常高傲,在银行圈树敌不少。另一家银行十分嫉妒,就动用十多万元的活动费,让本银行员工及家属到那家银行开了几千户活期存款户头。几天后,又叫这几千个储户同时去那家银行取款,并传言这家银行的资金出现了问题,其他储户因恐慌也纷纷前来取款。这家银行不到一周就因无法应付而倒闭了。

第二十计　浑水摸鱼

【本计旨要】

"浑水摸鱼"一词，起初是渔民们从捕鱼实践中摸索、总结出来的一句经验性俗语。原意是，把水弄浑浊了，鱼儿会晕头转向，此时乘机捕捉，往往易于得手。比喻乘混乱之机从中谋取利益。在军事上，指有意给对方制造混乱，或乘敌方混乱之机，消灭敌人，夺取胜利。在战场上，冒充敌人而蒙混过关是此计常用的手法。

【计名探源】

此计名出自《三国志·蜀志·先主传》。赤壁大战，曹操损失惨重，败归许昌。此时，刘备屯兵油江欲袭取南郡。周瑜闻之，先发制人，攻打南郡。诸葛亮见状，建议刘备按兵不动。

周瑜攻下彝陵（今湖北宜昌）后，乘胜攻打南郡，却中了曹仁诱敌之计，自己中箭而返。曹仁见周瑜受伤，便每日派人到周瑜营前叫战，而周瑜却坚守营门，不肯出战。

一天，曹仁亲率大军，前来叫战。周瑜带领数百骑兵出营迎战。开战不多时，忽听周瑜大叫一声，口吐鲜血，坠于马下，被众将救回营中。很快，周瑜箭疮大发而死的消息传了出来。其实这是周瑜设下的欺骗敌人的计谋。几天后，周瑜营中奏起哀乐，士兵们都戴了孝。曹仁闻讯，大喜过望，决定趁周瑜刚死、东吴大军没有准备的时机前去劫营，割下周瑜的首级，到曹操那里去领赏。

当天晚上，曹仁亲率大军去劫营，只留下部将陈矫带领少数士兵护城。曹仁大军趁着黑夜冲进周瑜大营，只见营中寂静无声，空无一人。这时，曹仁方知中计，急忙退兵，但是已经来不及了。只听一声炮响，周瑜率兵从四面八方杀了出来。曹仁好不容易从包围中冲出，退返南郡，却又遭东吴伏兵阻截，最后只得往北逃去。

周瑜大胜曹仁后，立即率兵直奔南郡。等周瑜率部赶到南郡，只见南郡城头已旌旗飘扬。原来赵云奉诸葛亮之命，乘周瑜、曹仁激战正酣之时，轻易地攻取了南郡。同时，诸葛亮利用搜得的兵符，连夜派人冒充曹仁救援，轻易地诈取了荆州、襄阳。周瑜这一回自知上了诸葛亮的大当，气得昏了过去。

【古文玄览】

乘其阴乱[①]，利其弱而无主。随，以向晦入宴息。

【说文解字】

①乘其阴乱：阴，指敌人内部。句意为，抓住敌人内部发生混乱的时机。

【古文今译】

趁敌人内部混乱、力量柔弱、没有核心主导之机，乱中取利。随卦说，要因势利导，就像人到晚上要睡觉一样。

【计谋评点】

浑水摸鱼讲究的就是"乱"、"浑"，"乱"能干扰对方的心智，使之无法做出应对；"浑"则是使情况变得复杂，"众人皆醉我独醒"，摸"鱼"的机会自然很多。

大凡水浑有两种情况：一是水本来就浑，我方抓住时机"乱而取之"（《孙子兵法》语）；二是水本来是清的，我方事先把水搅浑，然后再去"摸鱼"。后者的难度比前者要大。设计施谋不能坐等，所以尽管实行后者难度较大，但应用十分广泛。

鱼的游动性颇大，忽而东，忽而西，因此用它来代表急忙下手便可能、迟疑观望则必失的东西。具体来说，浑水摸鱼中的"鱼"指：①可制服的敌人；②可捞取的好处；③可争取的力量；④可利用的时机；⑤可凭借的条件。

本计的要点是"利弱"，即利用敌人力量虚弱，同时敌人没有意识到或不能行动的机会，取得利益，壮大自己。局势要"浑"，局面混乱不定，一定存在着多种互相冲突的力量，而那些弱小的力量这时都会考虑，到底要依靠哪一边。当他们一时难以确定，敌人又被蒙蔽难以察觉的时候，己方就要趁势行动，顺手得利。在古代兵书《六韬》中，列举了敌军力量虚弱时的征象：全军多次受惊、军心不稳、发牢骚、说泄气话、传递小道消息、散布谣言、不怕法令、不尊重将领……这时，可以说是水已浑了，就应该乘机捞鱼，取得胜利。

运用此计的关键是指挥员一定要正确分析形势，发挥主观能动性。由于乱生于内而形于外，因此，设谋乱敌最有效的方法莫过于进入敌人营垒内部，趁机搅浑水，以便从中摸鱼。但更多的时候，可乘之机不能只靠等待，而应主动去制造。主动把水搅浑后，一旦情况开始复杂起来，就可以借机行事了。

而对付浑水摸鱼的最佳办法，是保持机智、沉着、冷静的精神状态，不要让对方牵着你的鼻子走，对自己不熟悉的情况尤其不能掉以轻心，以防止对方钻空子。

在两军阵前，在政治舞台上，浑水摸鱼可谓较好的办法之一。因为施行此计可以轻易达到目的，代价也较小。混乱的局面不是经常出现的，所以一旦碰上，就要抓住机会。

【事典辑录】

诸葛亮草船借箭

周瑜是东吴孙权手下的大将，足智多谋，但心胸狭窄。他十分嫉妒诸葛亮的才华，认为诸葛亮辅佐刘备，不久必将成为东吴大患，因而对其起了杀心。一天，周

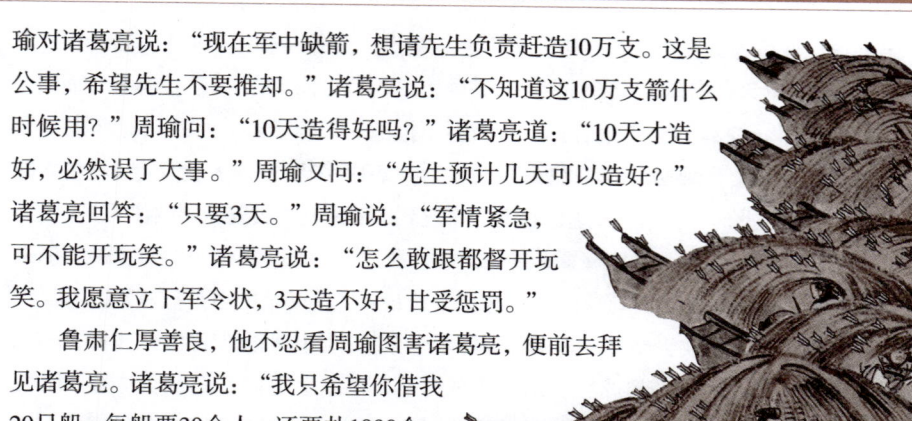

瑜对诸葛亮说:"现在军中缺箭,想请先生负责赶造10万支。这是公事,希望先生不要推却。"诸葛亮说:"不知道这10万支箭什么时候用?"周瑜问:"10天造得好吗?"诸葛亮道:"10天才造好,必然误了大事。"周瑜又问:"先生预计几天可以造好?"诸葛亮回答:"只要3天。"周瑜说:"军情紧急,可不能开玩笑。"诸葛亮说:"怎么敢跟都督开玩笑。我愿意立下军令状,3天造不好,甘受惩罚。"

鲁肃仁厚善良,他不忍看周瑜图害诸葛亮,便前去拜见诸葛亮。诸葛亮说:"我只希望你借我20只船,每船要30个人,还要扎1000个草人摆在船的两边,如此这般,你就可救我一命了。"鲁肃不解其意,但为了挽救诸葛亮的性命,便爽快地答应下来。

鲁肃依诸葛亮的要求送去船、人和草人。可诸葛亮那边却毫无动静。直到第三天的半夜,诸葛亮派人来请鲁肃,鲁肃见了诸葛亮问:"你要我来有何用意?"诸葛亮说:"特意请你来和我一起去取箭。"鲁肃更加迷惑不解,只听诸葛亮对他说:"你不要问了,跟我来便是。"随后,诸葛亮令人把20条船用长索连好,然后上船直往长江北岸开去。

此时天降大雾,长江之上雾气弥漫,能见度极低。鲁肃不安地说:"我们人单力孤,曹兵一旦杀出,怎么办?"诸葛亮回答:"雾这么大,曹操肯定不敢派兵出来。我们只管饮酒好了。"

曹操见为数不多的船竟敢乘雾驶来,料定后面必有埋伏,只命弓箭手开弓放箭。箭射到东吴的船上,皆入草人身上。

果然,曹操见为数不多的船竟敢乘雾驶来,料定后面必有埋伏,就下令让士兵们不可轻举妄动,只命令弓箭手开弓放箭。箭射到东吴的船上,皆入草人身中。待到日出雾散时,只见20只船已插满了箭,每船约有5000多支,总数10万有余。于是,诸葛亮下令收船速回,还让船上士兵高声呐喊:"谢曹丞相送箭。"鲁肃这才恍然大悟,赞叹诸葛亮的智谋高妙。周瑜得知后,也感慨道:"诸葛亮神机妙算,我实在不如他啊!"

诸葛亮草船借箭所使用的就是浑水摸鱼之计。江面大雾犹如"浑水",诓来的10万支箭相当于"鱼"。这条"鱼"使诸葛亮保住了性命,安全地离开东吴。

庞德趁乱破长安

建安十五年(210年),马超之父马腾被曹操设计杀害后,马超联合马腾结义兄弟韩遂，兴兵为父报仇。第二年，马超手下庞德、马岱，加上韩遂征调的程银、李堪、张横、梁兴、成宜等八部，共计十部兵马，20万大军，浩浩荡荡直奔长安而来。

长安郡守钟繇一面飞报曹操，一面引军拒敌，布阵于野。西凉州前部先锋马岱，率军一万五千，前来叫阵。钟繇出马答话，交手不多时，便大败奔走，马岱立即提刀追赶。而此时，马超、韩遂也都率大军赶到，很快就将长安团团围住了。

长安乃西汉旧都，城固壕深，易守难攻。所以，西凉兵虽经十余日攻战，仍未能破城。在这种情况下，马超的部将庞德分析说："长安城中多是盐碱地，不仅水不堪饮用，城内亦缺少柴草。大军已围困了十余日，城内军民俱已缺水少柴，不如暂且退军。"他主张马超改变长围硬攻的打法，并献上了取城之计。马超一听大喜，立即命令撤退，并亲自断后，各部军马渐渐退去。对西凉之军的突然退去，钟繇担心有诈，便派人打探，见马超大军果然已经远去，这才放下心来。钟繇于是下令大开城门，准许被围十余日的军民出城打柴取水。一连五天，城门大开，人来人往，热闹非常。到了第五天，哨探急报，马超大军复来，受惊的军民纷纷跑回了城内，钟繇立即关闭城门，坚守不出。这天晚上三更时分，由钟繇的弟弟钟进把守的西门突然起火。就在钟进忙于救火时，城边转过一人，举刀大喝一声："庞德在此！"钟进还没有明白怎么回事，已被庞德一刀斩于马下。接着，庞德杀散军校、斩关断锁、打开城门，马超、韩遂等人的兵马随即杀入城中。慌乱之中，钟繇弃城从东门逃走，马超、韩遂等遂轻取长安。

原来庞德根据城中极端缺水少柴的实情，设谋乱敌，先以撤军的方式麻痹钟繇，然后派人混于出城取水打柴的军民之中，再混入城内，从内部下手，里应外合，一举拿下了长安城。在中国漫长而丰富的战争史上，在夺取城池的斗争中，这种计谋曾被多次并成功地使用，其影响深远。

幽州兵奇袭弓高

唐穆宗长庆元年（821年），幽州兵反叛，这一消息震惊朝野。第二年，幽州兵气势汹汹，直扑弓高城（今河北东光西）。哪知，弓高城壁垒森严，幽州兵虽骁勇善战，也无法攻下这固若金汤的城池。幽州兵强攻不下，只能勉强退后，安营扎寨。这时，朝廷派来的特使，星夜兼程抵达了弓高城下。特使一行10人，勒马站在城下，他们高声呼喊："守城官兵，快快开门，我们是大唐使

特使进城后，气得暴跳如雷，刚踏进弓高城官衙，便破口大骂。

者！"大兵压境，守城的官员哪里肯相信，直到天亮才确认了特使的身份，放他们入城。特使进城后，气得暴跳如雷，刚踏进弓高城官衙，便破口大骂。弓高守将这才意识到问题的严重性，忙拱手作揖，赶紧赔罪。这事让潜伏在弓高城里的幽州兵奸细打听到了，他马上向幽州兵将领汇报了这一情况。统兵将军一听，连连大笑："好，天助我也！再攻弓高，不费吹灰之力！"

这一天，幽州兵派出一人装扮成朝廷使者，悄悄潜到弓高城下，幽州兵的大队人马无声无息地尾随其后。假使者在城下高喊："我是朝廷派来的使者，有急令传告弓高城守将！"一听"使者"两字，守城官员早已吓得魂飞魄散。他只稍探出头向下望了一眼，便马上高声答道："好，马上开城门！"城门打开后，假使者和他身后的大队人马立即涌进了城内。顿时，杀声震天，转眼间，毫无戒备的唐朝将士纷纷倒在了血泊之中。

幽州兵假扮朝廷使者是为"浑水"，守城官员不知是计，让敌方成功"摸鱼"，弓高城顷刻之间被幽州兵攻克。

梁山好汉劫法场

宋江因为在江州写了一首"反诗"，被抓进大牢。他的好友两院节级戴宗也因此受到牵连，两人都被判了死刑。吴用等人知道后，召集众人商议，最终决定采用浑水摸鱼之计，挑选出十七位好汉和上百个小喽啰分拨下山，赶赴江州救宋江。

行刑那天，六七十个狱卒早早把宋江、戴宗二人一前一后押到市曹十字路口，静等着午时三刻开刀问斩。

这时，法场东面有一群玩蛇的江湖艺人，硬要闯进法场看，官兵怎么也赶不走。正拉扯间，法场西面又闯进一干弄枪卖药的人，吵着要进入法场观看。官兵厉声斥责，正吵闹时，法场南面过来了一群挑担的脚夫，他们也要强行进入法场。只见法场北面来了一群客商，推着两辆马车，同样嚷嚷着要进法场，说是借道过去。可官兵哪会放路，于是这伙人就坐在车子上看行刑。

不多会儿，午时三刻到了，只听得一声高喊，刽子手拉开枷，手持执定法刀，准备行刑。那伙客商听到"斩"字时，便有个客商从怀中取出一面小锣，站在车上敲了两三下。这时，站在法场四周的艺人、脚夫们都大叫着冲进了法场。从十字街口的茶坊楼中也杀出了一个脸色黝黑、手握两把板斧的彪形大汉。他一声大吼，手起斧落，两刽子手还在惊愕间，双手已被砍断，接着他又挥斧砍向监斩官。

放眼望去，东面的那群玩蛇艺人，从身边抽出尖刀，看见官兵就杀；西面那一干弄枪卖药的，也在拼命厮杀；南面那群挑担的脚夫，正抢着扁担，冲着官兵和看热闹的人胡乱打着；北面那伙客商，这会儿都跳下了车，他们中的一个背着宋江，另一个背着戴宗，剩下的人有的用石头砸人，有的拿着弓箭来射去，也有的用标枪刺人。原来这群人都是梁山好汉乔装打扮的，他们抡起手中的武器，拼命地杀戮着。没过多久，众好汉就把宋江、戴宗救出法场，从江州杀到了扬子江边。

梁山好汉到江州法场救人，采用的正是浑水摸鱼之计。他们先混入法场，把水搅浑，有意给对方制造混乱，致使没有准备的江州官兵难辨敌我，既分不清哪些是百姓，哪些是梁山好汉，又不清楚对方总共来了多少兵马，再乘混乱之机救走宋江、戴宗，并斩杀了上百名官兵。可见深入对方内部，有意给对方制造混乱，或乘对方混乱之机，就能"乱而取之"，夺取胜利。

贺龙两顶花轿取尺八

尺八，即尺八镇，位于长江北岸的湖北省监利市南部。尺八镇面积虽小，但地理位置非常重要。它一面沿江，另三面是荆江堤岸，易守难攻，因此敌人就在此建立了反动据点。尺八镇里驻扎了敌人的一个中队，他们武器精良，弹药充足，并在此建造了大量碉堡。

贺龙掌握了有关敌人的可靠情报后，认为要攻下尺八镇，只能智取。贺龙正在冥思苦想之时，一阵锣鼓声传入房中。贺龙打开窗户，看见一顶正准备去迎亲的花轿。贺龙非常了解这里的风土人情，他看着花轿，想出了一条妙计。

一天，贺龙将部分战士装扮成两支送亲队伍的乐师和送亲人员，随两顶花轿从东西两个城门分别进入尺八镇。

老百姓看到两顶花轿进入镇里，都跑到街上来凑热闹。漂亮的花轿和动听的喇叭声，使得他们也跟着花轿由东西两头向镇中心聚集。在保安中队门前，两顶花轿相遇了。他们在挤满人的街道上互不相让，一队往东走，一队向西行。开始他们还互相讲道理，不一会儿就谩骂起来，最后竟大打出手，引起一阵骚乱。保安中队门口的哨兵见状，立即回去把此情况报告给了中队长。

中队长听说是两顶花轿争道打架，也想去看个究竟，就让哨兵马上回到哨位，防止人群冲进保安队里来，然后命部下陪他一起去看。他站在门口一看，两个花轿队的人还在打架。他觉得挺有趣，就走到一顶花轿前想看看新娘。当他正准备掀开轿帘向里探头时，坐在花轿内的贺龙操起大刀，砍死了这位敌方中队长。

贺龙的这一行动就是进攻的信号。这时，所有乐师和送亲人员从轿内拿出武器，跟着贺龙杀进了保安队的营房。来不及还击的敌人纷纷缴枪投降。

这时，贺锦斋指挥的部队从镇北发起进攻，周逸群指挥的部队也从镇南发起进攻。他们两头夹击，全部歼灭了碉堡里的敌人，很快就取得了这场攻城战的胜利。

岛村施诈得利

市场竞争中存在着错综复杂的关系，在这种情况下，经营一方可以利用这种错综复杂的关系，乱中取胜，坐收渔翁之利。对于这一点，北国粮油贸易公司的张经理深有感触。

1988年，北国粮油贸易公司刚刚成立，人手不多，交易额也不大。公司以经销东北生产的玉米为主要业务。由于省内外经销单位很多，所以销路不畅，效益也不好。为此，公司的张经理十分焦急，四处托门路，找关系，希望扩大公司的市场。最终，有人为他介绍来了一位日本客户——岛村一郎。

岛村是日本一家化工公司的业务经理，此次来华的目的正是订购玉米原材料。张经理遇到如此一位大买主，自然不肯怠慢，热情招待并表示愿意提供最优惠的条件。

岛村在与张经理交谈数次并看了样品后，表示愿意交易。张经理按照当时的市场价格报价每吨32美元，并没有要高价。谁料岛村听后却表现出一副惊讶的样子，认为张经理高价太高，不由分说便离席而去。在以后的几天里，岛村避而不见张经理，张经理捎话给岛村说价格可以商量，岛村仍予以推辞。张经理一筹莫展，不知所措。

一天，张经理接到大连某粮油公司的电话，询问日本岛村先生是否与他们公司商谈过进口玉米的事宜，张经理虽只听说过这家大连的公司，但并未直接接触过，也就直言相告是每吨32美元的价格。放下电话，张经理琢磨了一番，担心岛村要另找合作伙伴，于是赶紧驱车赶到岛村下榻的宾馆，表示愿意以每吨31美元每吨的价格成交。岛村不屑一顾地摇头，说张经理对这笔订货数量很大的交易没有诚意，再次拂袖而去。至此，张经理深感进退两难。

在随后的几天里，张经理又接到了来自辽宁、黑龙江的两家企业的电话，内容还是询问他与岛村谈判玉米的价格。张经理眼看着一笔数额可观的交易可能要被别人抢走，便下了最后决心，不管怎样也要完成这笔交易。

他又去找岛村，把价格压到了每吨30美元，这已经是价格最低点了。以此价格成交，利润微乎其微了。但岛村狡猾地说别家的最低报价可是每吨29.5美元。张经理大吃一惊，29.5美元一吨正是盈亏分界点的价格，若以此交易，这笔买卖等于是既不赔本也不赚钱。他开始盘算着岛村所要货的数量，目前他没有那么多库存，但若此次交易成交，再用稍低一点儿的价格购进一些，便会有一定的盈利。事已至此，张经理硬着头皮答应了岛村的要求。岛村呢，他要求回去请示老板才能最后决定，但保证只要请示得以批准，后天一早就签协议。总算把业务拿下了，张经理如释重负般地松了一口气。到了第三天早上，岛村并没有如约来签订合同。张经理又来到其下榻的宾馆。不承想，岛村先生已经于前一天退房走了。张经理顿时傻眼了。

事情过去了数月之后。张经理在一次洽谈会上结识了那家大连粮油公司的经理。谈起此事,他才明白,原来岛村在与张经理周旋的同时,其助手正在大连粮油公司那边讨价还价。事实上,岛村明白大连那家公司有现货,为了以最低的价格购进,他精心设计了与数家公司联系,借助各公司之间信息不通的契机来相互压价,从浑水中摸清了同行的底细,最终使自己坐收渔翁之利。这件事给张经理上了很好的一课,每每提起这件事情,他总是唏嘘不已。

虚假的报价单

我国某企业准备从美国厂商进口一套自动化生产线设备。当我方向美国厂商询问价格时,美国厂商欺负我方没有经验,故意提供一个过分详细的报价单。在这个报价单中,他们把设备主机、分机、配件、附件、安装调试、实习、运费、包装费等一一列出。为了增加开列的项目,他们甚至把主机上的主要部件也分开单独计价,这样他们竟拿出了长达几十页的印得密密麻麻的报价单。美国厂商利用虚虚实实、真真假假的手段,在每个项目中都暗中提高了售价。虽然每个单项加价的数目不大,不易引起注意,但其总和却是一个非常惊人的数字。另外,美方还在其中混进了很多根本不需要的备件及易损件,从而达到多推销多得利的目的。

我方人员看破了美国厂商的诡计,经过全面调查和详细核算,以及在谈判桌上的据理力争,美方不得不做出让步,以低于原报价40%的价格签订了合同。

美国厂商在这里使的就是"浑水摸鱼"的计谋。他们故意把报价单列得细密烦琐,使我方人员眼花缭乱,从而达到暗中提价的目的。这告诉我们,在商业谈判中,要保持清醒的头脑,不被对方的诡计所迷惑,以免上当受骗。

巧借商标扬眉吐气

1935年,我国民族工业正值艰难起步时期,美国奇异灯泡厂为挤垮我国民族工业,在上海采取了一系列手段。

这年,美国奇异灯泡厂生产了一种新牌的电灯泡,商标为"日光牌",英文名称Sun-Light,每只售价银圆0.1元,给零售商的放款期长达6个月。当时上海市场上的灯泡批发价为每只银圆0.2元多一些。奇异厂的日光牌灯泡,批发价低,放款期长,意在使中国的民营灯泡厂无法推销产品,迫使其倒闭。

面对这一情况,上海的民营灯泡企业在同业工会的领导之下,发挥团结保产的集体力量,在全体灯泡厂每天的产品中,按产量抽成捐献灯泡,将捐献出来的电灯泡,也同样加上日光牌Sun-Light的中外文商标,并遍登全国各地报刊广告,每只以银圆0.05元出售。之所以这样做,是因为他们探得当时美商奇异厂蔑视中国,没有将"日光牌"的商标向中国商标局注册,待发现两个"日光牌"灯泡的时候,奇异厂就无权提起保护商标的诉讼。

上海的民营灯泡企业采取"浑水摸鱼"的战略，以少数扰乱多数，造成市场上价格有相差一半的同样"日光牌"电灯泡的双包案，引起了全国各地贩卖商的疑虑，对这纠纷复杂的"日光牌"灯泡不敢进货。这一招妙在不但使美国奇异灯泡厂措手不及，而且美商除派外国律师登报恫吓，制造一些麻烦之外，毫无其他有效对策。从此，中国上海的民营灯泡企业开始扬眉吐气。

朝鲜开化派铲除政敌

1884年12月4日夜，以金玉均为首的朝鲜开化派在邮局宴请守旧派大臣，以伺机除掉他们。但一偶然事件的发生，使开化派错失了时机。金玉均见此计不成，又生一计。

一天夜里，他装作很着急的样子匆忙进宫。他向国王禀告说，造反的人已烧毁了邮局，请国王去景佑宫暂避。国王正犹豫不决时，一阵巨大的爆炸声传来，王宫上空被火光映得通红。国王见此，就跟着金玉均前往了景佑宫。

途中，国王批准了金玉均提出的请日军来护驾的建议，并用铅笔写了一道圣旨。金玉均就让手下带着圣旨前往日本使馆请救兵。这时，守旧派大臣韩圭稷、沈相熏、尹泰骏和宦官柳在贤也来觐见国王。柳在贤跟国王说，王宫外没有人造反。金玉均担心他的计划再次失败，急得手足无措。这时，剧烈的爆炸声从仁政殿方向传来，金玉均正好借机斥责柳在贤蒙蔽国王。守旧派大臣无言以对，只好跟国王一起前往景佑宫。

国王来到景佑宫后不久，两百多名日军在日本公使竹添的带领下也赶到了，并把景佑宫围得水泄不通。金玉均对韩圭稷等三人说："请日军来保护国王，是因为现在形势紧急，你们也应出宫带士兵来保护陛下。"三人被他蒙骗，就急忙离开了景佑宫。他们走到宫门时，埋伏在门两边的开化派杀手突然冲出来杀死了他们。接着，金玉均又以国王的名义，召见守旧派大臣闵泳穆、赵宁夏、闵台镐，他们也都在途中遭遇暗杀。第二天早上，金玉均又把宦官柳在贤处死了。至此，开化派全面战胜了守旧派，取得了政变的成功。

金玉均以有人造反为名把国王骗到景佑宫，搅乱了时局。接着又假托王命——铲除了守旧派大臣。金玉均"浑水摸鱼"之计的成功运用，为朝鲜实行资本主义改革奠定了基础。

苏联坦克兵抢占顿河大桥

斯大林格勒保卫战中，苏联红军第26坦克军负责从后面包抄，以形成两面夹击德军的攻势。在战前会议上，罗金少将说："德军现在正从彼列拉佐夫斯基附近向顿河方向撤退。我们的任务是今天夜里占领顿河大桥，阻断德军退路，为全歼德军创造条件。"

一位部将问："我们如何驶过德军几十公里的防御阵地呢？"

罗金少将答："我也想过这个问题。德军阵地的秩序现在非常杂乱，如果我们的坦克假装成德军坦克，应该可以顺利通过。最危险的地方也可能最安全。"

1942年11月22日3时，罗金少将命先头部队的一百多辆坦克全部打开车灯，一字排开大摇大摆地上路了。

4时，苏军已穿越了德军三道防线，距离顿河大桥不到5公里路程。

这时，前方一个德军哨卡的士兵拦下坦克部队，准备检查。行驶在队伍最前面的苏哈洛夫团长镇定地打开舱盖，把手中的德式钢盔向他们挥舞了一下，又指了一下后面的坦克部队，用德语喊道："前进！"德军看到这列坦克纵队排列整齐、车灯明亮、声势雄壮，以为是自己的部队在撤退，就让他们通过了。

苏军坦克部队在黎明时就占领了顿河大桥，阻断了德军的退路，形成了里应外合歼灭德军的态势。

克格勃导演的一场车祸

仲秋的一天下午，在苏联莫斯科郊外，一辆挂有外交牌照的小汽车从机场向市内疾驶。汽车里坐着的中年男子是西方某国驻苏使馆的高级官员，他身边的公文包里有一份机密文件。虽然汽车飞速行驶，但是这位外交官依然心急如焚，希望快些到达大使馆。

突然，这位外交官乘坐汽车的右侧冲来一辆汽车，司机骤然之间躲闪不及，两辆车"轰"的一声撞在一起。外交官和司机受了重伤，昏迷不醒。一群警察火速赶来，并将他俩送往医院。等外交官苏醒过来时发现自己的公文包不见了。警察告诉他混乱之中，他的公文包不知被谁偷走了。

过了几天，警察送还了他的公文包，说偷包贼已被抓到了。外交官明明感到此事蹊跷，知道其中必有阴谋，但因没有真凭实据，只好作罢。

其实，这场车祸是由克格勃一手导演的，外交官的公文包也是被克格勃偷去的。公文包虽然物归原主，但里面的机密文件早已被全部复印过。人为地制造事端，将"清水"搅成"浑水"，乘机浑水摸鱼，是达到目的而又不留痕迹的绝妙手法。

第二十一计　金蝉脱壳

【本计旨要】

"金蝉脱壳"是危急时刻采用的脱身之计。施行此计时,形势已万分危急,本身处于极端不利的地位,拼不得,退不得,不能不行险设谋突出重围,以便寻找机会东山再起。但不论是转移还是撤退,绝不是惊慌失措、消极逃跑,而是保持原来的形式,抽走内容,稳住对方,使自己脱离险境,达到己方的战略目的。

【计名探源】

"金蝉脱壳"原是一种生物现象,指蝉类昆虫在其生命进程中发生的一种蜕变。人们在树林中能经常见到蝉蜕,蝉的本体脱壳而去,却将蝉蜕留在枝头。

"金蝉脱壳"用于军事,是指通过伪装摆脱敌人,撤退或转移,以实现己方的战略目标的谋略。至于从何时开始将"金蝉脱壳"一语用来喻指军事计谋,目前尚难确证,但至少在元代时就有了,如元代惠施的《幽闺记·文武同盟》中写道:"曾记得兵书上有个金蝉脱壳之计。"后来在各类文章、作品中使用此语的就更多了,如元代马致远的《三度任风子》:"天也,我几时能勾金蝉脱壳,可不道家有老敬老,有小敬小。"明代吴承恩的《西游记》第二十回:"这个叫作'金蝉脱壳':他将虎皮盖在此,他却走了。"

【古文玄览】

存其形,完其势①;友不疑,敌不动。巽而止蛊。

【说文解字】

①存其形,完其势:保存阵地已有的战斗形貌,进一步完备继续战斗的各种态势。

【古文今译】

保持原有的形态,并进一步完善阵势;使友军不起疑心,敌人也不敢轻举妄动。巽卦说,要想隐蔽地转移主力,必须先要迷惑敌人。

【计谋评点】

本计的含义主要有两种:

(1)脱身。为了摆脱困境,先把"外壳"留给敌人,然后自己脱身而去。留给敌人的"外壳"是一个虚假的外形,对我方的实力影响不大,却能给敌人造成错觉。

（2）分身。在遇到两股敌人时，为避免腹背受敌，可以对原来的敌人虚张声势，使其不敢轻易来犯，然后暗中抽调主力去攻击后来之敌，待后来之敌被消灭后，再返回来进攻原来的敌人。

运用此计，关键在于"脱壳"，而"脱壳"时机的把握又尤为重要。一方面，"脱壳"不能过早。只要存在胜利的可能，就应继续下去，直至万不得已时才可"脱壳"而去。另一方面"脱壳"也不能过迟。在败局已定的情况下，多停留一分钟，就会增加一分的危险，减少一分生还的希望。

【事典辑录】

小白诈死登王位

公子小白，即春秋时期的齐桓公，他和公子纠都是齐襄公的兄弟。齐襄公暴虐成性，他执政时，齐国上下一片愤恨之声。公子小白几次劝谏，襄公都充耳不闻，小白无奈只能远走莒国，而公子纠不久也离开了齐国，前往鲁国。公元前686年，齐国内部发生暴动，齐襄公被杀。大夫高氏因与公子小白颇有交情，便派人到莒国迎接公子小白回来做齐国的国君。谁知公子纠也得到了风声，他寄居的鲁国派兵护送他回国抢夺王位，而且还派遣管仲带兵在小白回齐国的必经之路上进行拦截。

管仲马不停蹄地行军，到达莒国与齐国之间的即墨后一问，才知道小白早已乘车过去了，于是又急匆匆地向前追去。等到追上后，管仲询问小白去往何处。小白回答说回齐国为国君送终，管仲说："公子纠年长，理应主丧，您就不必辛苦了。"小白默不作声，但见其随从却个个虎视眈眈，严阵以待。管仲深知自己不是对手，便佯装撤退，没走几步，他突然转身拉弓搭箭，一箭射向小白。只听见小白惨叫一声，口喷鲜血，倒在了车上。管仲见已得手，便迅速带领随从远远离去。

公子纠及其随从听闻小白已被射死，就慢慢悠悠地前进，直到六天后才抵达齐都临淄。但这时，公子小白早已登上王位，做了齐国的国王。

这是怎么回事？公子小白不是早被管仲一箭射死了吗？怎么能登上王位呢？

其实，管仲的那一箭并没有射中小白的要害部位，而是射在了小白的衣钩上。虽然小白并没有因为这一箭而受伤，但小白害怕管仲接着射箭，于是自己咬破舌头，口喷鲜血，假装死去，以此来迷惑管仲，让管仲以为自己死了。待管仲一离开，小白就立即装扮成老百姓的样子，带着部下日夜兼程从小路逃回了齐国。

在进入都城临淄之前，小白派遣鲍叔牙先行进城劝服群臣。鲍叔牙进城后，历数了公子小白的贤德，最终得到诸位大夫的认可，然后他带领群臣出城迎接小白登上了王位。

公子小白最终能登上王位，凭借的是他的智慧。他通过装死摆脱敌人，从而全身而退，实现了自己的战略目标，这正是金蝉脱壳之计的灵活运用。

祖茂赤帻骗华雄

东汉末年，董卓废杀少帝，擅立献帝，自己专制朝政，引起朝臣和各地豪强的共愤。初平元年（190年），关东各州郡纷纷起兵反对董卓，共推出身世家大族的渤海太守袁绍为盟主。这时，长沙太守孙坚也举兵参加了讨卓联盟，并被盟主袁绍任命为讨卓联军的先锋。

孙坚率军在汜水关前旗开得胜，杀败董卓部将胡轸。初尝胜果后，孙坚即屯扎部队于梁东，进行休整。同时派人向袁绍报捷并向联军粮草官袁术处催粮。袁术是袁绍的弟弟，他是一个志大才疏且嫉贤妒能之人。其部下谋士见孙坚前来催粮，便为袁术出谋划策说："孙坚乃江东猛虎，若攻破洛阳，杀了董卓，犹如除狼而得虎。今不发粮草给他，其军必败。"这一建议正中袁术下怀，他便故意不发粮草给孙坚。孙坚军中缺食，自然慌乱起来。董卓细作探知这一情况后，飞马报知汜水关大将华雄。

华雄手下大将李肃出计："趁孙坚缺粮军心不稳之际，夜袭军营，必会取得胜利。"华雄采纳了李肃的计策。当夜，月白风清，华雄与李肃兵分两路突入孙坚营中。孙坚部队措手不及，乱作一团，被杀得大败。孙坚与部将祖茂杀破重围，纵马而逃。华雄带领部下兵马紧追不舍。孙坚连发两箭，都被华雄躲过，再发第三箭时，因用力过猛拽断了弓，只得弃弓而逃。孙坚头上戴着赤帻（红色头巾），十分醒目且很好辨认，所以他跑到哪里，华雄就带领部将追到哪里。危急中，祖茂为了保护孙坚，便让孙坚脱下赤帻，换上自己的头盔，而自己则戴上孙坚的赤帻，与其分路而逃。此时，华雄及其部下仍只瞄准戴赤帻的追赶，孙坚因此得以脱险。

祖茂为了引开追兵，拼命向前跑。敌人快要追上时，他便将赤帻挂于一处未烧尽的庭柱上，然后躲进了树林中。华雄率领追兵远远望见赤帻，因畏惧孙坚英勇而不敢近前，只远远用箭乱射。射了一会，不见动静，方知是计，遂向前取下赤帻。这时，躲在附近林中的祖茂从林中冲出，挥刀欲劈华雄。华雄手疾眼快，一刀将祖茂斩于马下。

祖茂忠义，换上孙坚的赤帻以吸引敌人的注意力。华雄被赤帻迷惑，在其穷追不舍时，孙坚趁机脱险。

这时，躲在附近的祖茂从林中冲出，挥刀欲劈华雄。华雄眼疾手快，一刀将祖茂斩于马下。

诸葛亮死后挥军撤退

三国时期,诸葛亮率军六出祁山,北伐中原,但却一直未能成功,最终在第六次北伐时,积劳成疾,病死在五丈原军帐中。迫不得已,军队全面撤退。此前,诸葛亮已经料定自己时日不多,为了不让蜀军在退回汉中的路上遭受损失,于是,在临终前,诸葛亮向姜维密授退兵之计。姜维遵照诸葛亮的吩咐,在诸葛亮死后秘不发丧,装作一切如故的样子,对外严密封锁消息。他带着灵柩,秘密率部撤退。司马懿派部队密切跟踪并追击蜀军。姜维则命令工匠仿诸葛亮模样,雕刻了一个羽扇纶巾之木人,使其稳坐车中,由将士推车前行,悄悄退兵。同时,姜维还派杨仪率领部分人马气势汹汹地向魏军发动进攻。魏军远望蜀军,其军容整齐,旗鼓大张,又见诸葛亮端坐于车中,指挥若定,颇为疑惑,不知道蜀军到底要耍什么花招,因此不敢轻易进攻。司马懿知道诸葛亮一向"诡计多端",不禁怀疑诸葛亮此次退兵实乃是诱敌之计,于是,他命令部队后撤,密切观察蜀军动向。姜维趁司马懿退兵的大好时机,迅速指挥主力部队转移,从而安全撤回汉中。等司马懿得知诸葛亮已死,再进兵追击,已为时晚矣!

氏叔琮锦囊退追兵

氏叔琮,五代时后梁的开国将领,以替后梁太祖灭唐、杀唐昭宗而闻名。

902年,氏叔琮围攻晋阳。但就在晋阳城即将得手时,因军中突然流行大疫,将士们四肢无力,再无斗志,氏叔琮不得不紧急退兵。晋阳守将李嗣昭、周德威远远望见攻城队伍如潮退去,立即率兵猛追。

氏叔琮退到石会关(今山西榆社西)时心急如焚,忙带领随从察看地形。突然,氏叔琮计上心来,他将30多位随从叫到身边,让他们按照他的布置去做。过了一会,高高的山冈上插上了一排排整齐的旗帜,一些战马也被系在了刚钉好的木桩上……

李嗣昭、周德威亲率人马气势汹汹地扑来,只见眼前一座地势凶险的山冈上旌旗飘扬,且听到一阵阵战马嘶鸣。两人不禁心生疑惑:"莫不是氏叔琮设了圈套,先假装退兵,然后在此埋伏?"想到这,他们再也不敢向前追击,只得乖乖地撤退了。

在危急关头,氏叔琮用旌旗、战马制造了设有伏兵的假象,趁敌人犹疑之时,带领大队人马安然撤离。这种分身逃遁法正是金蝉脱壳的绝妙运用。

起义军金蝉脱壳

清乾隆四十九年（1784年），甘肃回族人田五等因不堪忍受朝廷压迫，揭竿而起。起义军很快就攻下了安西州（今甘肃瓜州），朝廷忙派出宁夏固原提督刚塔前去镇压。刚塔指挥清兵大举进攻，起义军出战不利，田五力战阵亡。起义军只得退据马家堡，刚刚安营扎寨，刚塔兵将又如潮水般卷来。

夜深了，起义军的新首领盼咐手下说："与其死守，不如设计撤走。要是等到天亮，我们就没命了。大伙赶快行动，按照我说的去做！"起义军们立即按照新首领的命令分头准备。很快，他们就在营垒四周并排立起了许多木杆，然后把士兵们的衣服、帽子悬挂在上面。夜色中，风一吹，那些立着的木杆看上去就像一个个守卫的士兵。而真正的起义军则借着夜色的掩护，翻山撤走了。

刚塔的将士远远望见起义军营垒四周站着许多士兵，以为起义军正在调兵遣将，就没有怀疑。过了好长一段时间，刚塔失去了耐心，命令手下发动进攻。当他们逼近起义军营垒时，才发现原来他们看见的都是悬挂着的衣帽，而起义军早已不见了踪影。

王守仁遗诗避劫杀

明武宗正德年间，宦官刘瑾专权。御史戴铣因上书弹劾刘瑾，被发配边疆。兵部主事王守仁愤愤不平，上书为戴铣求情。谁知奏折竟被刘瑾截获，王守仁遂被贬为贵州龙场驿丞。

龙场驿离京师有万里之遥，其地荒凉不堪、人少山多。王守仁行至钱塘时，他的仆人向他告密，说刘瑾派了刺客，准备在半路劫杀他。王守仁听后，不以为然地说："不必过虑，我想刘瑾不会这样做。"他嘴里虽然这么说，可心里却早有了另一番打算。翌日，仆人起床后发现王守仁失踪了，在其枕边留有一首绝命诗："百年臣子悲何极，夜夜江涛泣子胥。"仆人猜想主人一定是投江了，他立即赶到江边，只见江水上浮着冠履，捞起一看果然是王守仁的东西。因此，远近的人都知道王守仁投江自尽了。追杀王守仁的刺客听到了这个消息后也信以为真，便拿着王守仁的冠履回京复命去了。其

是夜，王守仁留下一首"绝命诗"，又把自己的冠履扔到江里，然后换上道袍，悄悄离开了钱塘。

实，王守仁并没有死，正当他的好友在江边祭奠他时，他已换上道袍，藏身于武夷山中了。

王守仁施用金蝉脱壳之计，用一套冠履稳住刺客，趁机脱身而去，远离了险境。

司马绍弃鞭

东晋明帝时，大将军王敦起兵造反，顺江东下，进攻建康（今江苏南京），谋图篡夺君位。消息早传到明帝司马绍那里，为了平灭叛乱，司马绍亲率大军迎敌。

两军相遇在鄱阳湖畔。司马绍自恃勇力，换了一身便装，策马到王敦大营来打探虚实。守营将士见有一器宇轩昂之士在营外转悠，觉得蹊跷，忙报告主帅王敦。王敦听军士们描述了一番，觉得那人很可能就是明帝司马绍，忙令人备马前去捉拿。王敦看见5名军士正在骑马巡营，忙令他们先出去拦截追击那营外之人。

司马绍正在观察敌营情况，见营门大开，5名军士策马向自己扑来，知道大事不好，忙打马往回奔。那5名军士见此，催马急追过来。

5名军士紧追不舍，司马绍怕万一马失前蹄，非被他们擒住不可，便想法拖住他们。跑着跑着，他来到一柳林边，有一老太婆在茶馆前卖水，茶馆前有几条岔路。司马绍心想，机会来了。他忙把手中的马鞭子扔在老太婆跟前，然后催马拐到林子后跑了。

老太婆听见马蹄"嘚嘚"，忙抬头看时，见一条耀眼的东西落在眼前，忙弯腰捡起，却是一条马鞭子。这马鞭子不同寻常，上面嵌满了宝石、金银、翡翠。老太婆正在细细端详，追赶的5名军士冲到面前，发现不见了目标，忙下马询问，却见老太婆在看一条名贵的马鞭子，一把夺过观看起来。那些普通士兵哪里见过如此名贵的马鞭子，个个争相观看，早把追人这事丢在脑后，直到王敦带人追来了，才想起自己的任务。但再打马追赶时，司马绍早已跑得临近自己的大营，追不上了。气得王敦夺过马鞭，一人"赏"了他们几鞭。

司马绍急中生智，用常人难以见到的稀有之物吸引追兵的注意力，终于赢得了一点宝贵时间，脱离了险境。

击鼓惑金兵

宋朝开禧年间，金兵屡犯中原。宋将毕再遇与金军对垒，打了几次胜仗。金兵又调集数万精锐骑兵，要与宋军决战。此时，宋军只有几千人马，如果与金军决战，必败无疑。毕再遇为了保存实力，准备暂时撤退。金军已经兵临城下，如果知道宋军撤退，肯定会追杀。那样，宋军损失一定惨重。毕再遇苦苦思索如何蒙蔽金兵，转移部队。这时，只听帐外马蹄声响，毕再遇受到启发，计上心来。

他暗中作好撤退部署，当天夜半时分，下令兵士擂响战鼓，金军听见鼓响，以为宋军趁夜劫营，急忙集合部队，准备迎战。哪知只听见宋营战鼓隆隆，却不见一个宋兵出城。宋军连续不断地击鼓，搅得金兵整夜不得休息。金军的头领似有所悟：原来宋军采用疲兵之计，用战鼓搅得我们不得安宁。好吧，你擂你的鼓，我再也不会上你的当。宋营的鼓声连续响了两天两夜，金兵根本不予理会。到了第三天，金兵发现，宋营的鼓声逐渐微弱，金军首领断定宋军已经疲惫，就派兵分几路包抄，小心翼翼靠近宋营，见宋营毫无反应，金军首领一声令下，金兵蜂拥而上，冲进宋营，这才发现宋军已经全部安全撤离了。

原来毕再遇使了"金蝉脱壳"之计。他命令兵士将数十只羊的后腿捆好绑在树上，使倒悬的羊的前腿拼命踢蹬，又在羊腿下放了几十面鼓，羊腿拼命踢蹬，鼓声隆隆不断。毕再遇用"悬羊击鼓"的计策迷惑了敌军，利用两天的时间安全转移了。

刘邦逃出荥阳城

公元前204年，刘邦与项羽两军对峙于荥阳。楚军多次袭击汉军运粮通道，使汉军粮草不济，被围于荥阳城。

当时，韩信、张耳刚刚率军在井陉口大败赵兵，杀成安君陈余，活捉赵王歇，刘邦封张耳为赵王。楚军多次派兵袭击赵国，韩信、张耳忙于往返救援，以稳固刚刚取得的胜利，所以无暇顾及荥阳。

刘邦派使者到项王营中，要求与项王讲和，项王不许。而楚兵围困一日紧于一日，形势真是万分危急。

此时，陈平为刘邦出谋划策，利用反间计使项羽对亚父范增起了疑心。范增建议迅速强攻打下荥阳，项羽不予采纳，一心要困死刘邦。范增知道项羽不信任自己，一气之下要求告老还乡，项羽同意了。结果，范增在途中发病身亡。

范增虽然除掉了，但荥阳的围困并没有解除，城中眼看就要断粮了。刘邦万般无奈，日思夜想突围的办法，陈平也绞尽脑汁。军中上下恐慌，军心日益涣散。

一天，陈平看到将军纪信，眼前一亮，顿生一跳。原来，陈平发现纪信长得与刘邦十分相像，尤其是身材，极为相仿。

这天晚上，陈平首先派出2000多名女子从城东门出去，楚兵一看，连忙四面围住进行攻击。然后，纪信坐着汉王的车驾也驶出东门，一副汉王的打扮。身边的兵士大喊，"城中已无粮食，汉王请求投降！"楚兵一见，连声欢呼，庆贺胜利。四周的楚兵都争先恐后地涌向城东观看汉王投降。趁着这当儿，刘邦只带了随从几十人从城西门悄悄出去，一路快马加鞭，仓皇而逃。

田豫浓烟欺敌

魏文帝派田豫去镇压代郡的鲜卑人。鲜卑人当时已分裂成十多个小部族,互相残杀。田豫怕这些鲜卑人联合起来,就决定深入腹地,先讨伐兵力最强的一支。因长途奔袭和寡不敌众,田豫军很快就陷入十分不利的境地。

田豫驻扎在距敌不远处,并令士兵多捡一些柴草和牛马粪便,放在一起点燃。很快股股浓烟升上半空。鲜卑人看见田豫军驻扎的地方一直有浓烟弥漫,以为他们会长时间停留在那里,就没有在意。当鲜卑人偷偷来到田豫营地时,看到这里只有柴草和牛马粪便在燃烧,士兵早已无影无踪。

田豫成功运用了"金蝉脱壳"之计。他点着柴草和牛马粪便后就带领军队离开了那里。鲜卑人到来时,田豫大军早已走出了几十里。

懿贵妃诛杀八大臣

1860年,英法联军入侵北京时,咸丰帝与皇后、懿贵妃逃往承德避难。皇后膝下无子,懿贵妃因生有皇子而欲立子为帝,夺取政权。咸丰帝怕遗留后患就想赐死懿贵妃,皇后为她求情,她才免于一死。咸丰帝驾崩前给皇后写了一份遗诏,说懿贵妃日后成为太后,若图谋不轨,可在满朝文武大臣前宣读此诏书,将其诛杀。

英法联军从北京城撤走了,而咸丰帝却病死在了承德。懿贵妃的儿子,6岁的载淳继承了皇位。

因小皇帝只有6岁,载垣、端华和肃顺等八人受咸丰帝临终之托为顾命大臣,处理朝政。

回京途中,懿贵妃以皇帝年幼为由,决定和载垣、端华等七大臣由小路提前回京,让肃顺护送咸丰的梓宫走大路。

临近北京时,懿贵妃和皇后商议,决定让两个宫女扮成她们的样子坐在马车里,她们和小皇帝化装成百姓,乘小车从近路飞奔回京。懿贵妃一进京就拘捕了载垣、端华等人。肃顺也在路上被懿贵妃派去的人捉住押回京,并以谋反罪被斩首。

懿贵妃运用"金蝉脱壳"之计成功脱险。回京途中,她让宫女扮作自己,躲过肃顺等人的监视而尽快返回北京,最终诛杀了肃顺等人。

懿贵妃就是历史上赫赫有名的慈禧太后,为清朝同治、光绪两朝实际最高统治者,独揽大权近50年。

刘少奇巧使空棺计

1941年，刘少奇和通讯员外出开会，不料被日本特务发现。日伪军为生擒刘少奇而倾巢出动。

刘少奇来到建阳县马庄的一家农户门前。一个中年男子打开了门，他一眼就认出了刘少奇，问："你是胡服（化名）同志？"刘少奇也认出对方："你是马玉甫！"原来这名中年男子是抗日民主政府的代表马玉甫，他和刘少奇在盐城见过面。

两人正说着，杂乱急促的脚步声和此起彼伏的狗叫声从远处传来，日伪军进村了。刘少奇说："老马，我们要马上设法藏好我带的机密文件，现在村里有没有空棺材？"马玉甫一时没明白刘少奇的用意。刘少奇接着说："把文件藏在棺材里，不就万无一失了吗？"

马玉甫恍然大悟："我们把棺材封死，然后在上面贴上灵柩纸，我们再穿上孝衣装作发丧的样子，一定能蒙混过关。"

刘少奇说："是！来个空棺计。"

于是，大家忙活起来，很快就找来了棺材和孝衣，一支"送葬"队伍就组成了。他们穿着孝衣把棺材抬上了船，刚准备划船，日伪军追了过来，下令搜查。刘少奇镇定地说："家里的人得霍乱死了，有什么可搜的，小心传染啊！"说完，就装出要吐的样子。日伪军一听见霍乱，就赶紧捂住鼻子，让船快点开走。

刘少奇巧施"空棺计"，不仅保住了机密文件，还成功摆脱了敌人的跟踪。

蔬果店的突围策略

和田一夫是日本八佰伴蔬果供应店的老板，他努力经营着自己名下的众多店铺，并逐步扩展他的领域。但是，当时商品销售业非常不稳定，国际性的连锁店随时有可能会入侵他的势力范围，也就是说除非本身实力雄厚，否则必须承担沉重的竞争压力。

在强敌环伺的情况下，和田摸索着生存之道。他最初考虑和连锁店联营，认为这样可以增加资金，防止更大的组织渗入。但是他又一想，联合弄不好就成了合并，如果被对方吃掉，八佰伴的字号就将永远消失了。面对这样棘手的局势，和田想："何不在被大组织吞并前，先到国外去发展，巩固自己的基础，这样，就能产生雄厚的力量，八佰伴就可以长存了。"于是，和田立即着手计划到国外开设地方性超级市场的事宜，先在巴西，再到新加坡等地。短短几年，八佰伴的国外分公司扩展至12家，员工多达6000人，年营业额高达2.5亿美元，单单靠国外这些雄厚的资本，八佰伴就可稳固地生存下去。

和田一夫深知一旦陷入敌人的重围，除了采取"金蝉脱壳"之计突围之外，别无其他生存之道。后来的事实证明，这一策略果然奏效。

波音冲出"死亡飞行"

在过去的20年里，始终没有一个对手能够取代波音公司在商用喷气式客机市场上一枝独秀的地位。不少企业家都羡慕波音公司的成功，其创始人威廉·波音却不会忘记，他的"波音"是如何陷入，又如何冲出"死亡飞行"的。

波音公司创立于20世纪初，起初制造金属家具，以后转向专门生产军用品。第一次世界大战期间，波音公司生产的C型水上飞机颇得美国海军的青睐，波音也在美国飞机制造业中担当起一个重要的角色。然而好景不长，战争结束后，美国海军取消了尚未交货的全部订单，整个美国飞机制造业陷入瘫痪状态。波音也不例外，困入了"死亡飞行"中。威廉·波音并没因此垂头丧气，而是进行了深刻的反思。造成"死亡飞行"虽然有形势大变的因素，但也是自己过分依赖军方的结果。

亡羊补牢，犹未为晚，他果断地调整经营方向并采取了相应的措施：一方面继续保持和军方的联系，随时了解军用飞机发展的趋势、军方的需求，以便加以满足。这样一旦有机会，可以先其他飞机制造商一步与军方合作。另一方面威廉·波音考虑到军方暂时不会有新的订货，完全可以抽出主要的人力财力，开发民用商业飞机。

为了保证这一策略的顺利实施，波音公司还十分注意吸收和培养人才，并授予他们充分的权力，把主要的力量投入民用飞机的研制，从单一生产军用飞机的旧壳里脱颖而出。战后经济的复苏刺激了民用飞机的需求，波音公司推出的40型商用运输机以及波音707、727客机正好满足了市场的需要，从而冲出了"死亡飞行"。以后又陆续推出了波音737、747、757、767，同时替陆军、海军、海军陆战队设计制造了各式教练机、驱逐机、侦察机、鱼雷机、巡逻轰炸机和远程重型轰炸机等，波音公司日益发展壮大起来。

波音公司如果不"金蝉脱壳"，摆脱单一的军用飞机的经营，就无法冲出"死亡飞行"，那只有飞向死亡。企业在面临竞争的压力和生死攸关的考验时，一定要想办法求新求变，而不可墨守成规，故步自封，否则就无法避免被淘汰的命运。

斯巴达克化险为夷

2000多年前古罗马发生了一场大规模的奴隶起义，斯巴达克就是这支起义军的领导者。他能谋善断、卓尔不群，带领起义军沉重打击了奴隶主政权。

起义军的根据地在背靠大海、两侧是峭壁的维苏威山上。克劳狄乌斯受命带兵前去镇压，他将进出维苏威山的唯一道路围得严严实实，又设下好几道防线，妄图使起义军弹尽粮绝、不战而败。斯巴达克发现维苏威山上有很多野葡萄藤,立即想出一条妙计。他让士兵用野葡萄藤编成梯子,然后沿着梯子爬过悬崖到敌人背后进行突袭,来不及反抗的罗马士兵落荒而逃。

接着,罗马皇帝又派瓦涅带领两支军队前来。起义军因连续战斗而粮草供给不足,很多士兵还得了重病,情况非常危急。斯巴达克为杀出包围圈,让士兵把尸体绑在营前装成哨兵,又把几个号兵留下按时吹号,所以从外面看,整个军营毫无变化。而斯巴达克已带领士兵从罗马兵认为难以通行的山路杀出重围。

气急败坏的罗马皇帝又派克拉苏率军前来镇压。克拉苏在维苏威山近处的半岛狭窄处挖了一条很长的壕沟,并在沟边建了一座高高的城墙,企图将起义军困死在岛上。在一个下雪的晚上,斯巴达克让起义军在壕沟边点燃篝火,并吹起笛子,敲鼓跳舞。当时,奴隶在临死前会进行一次娱乐。罗马士兵以为他们是在做最后的狂欢,也就放松了戒备和警觉。斯巴达克就在敌人睡觉时指挥起义军用随身带的木头、沙土等填平了壕沟,杀出了包围圈。

斯巴达克多次运用"金蝉脱壳"之计战胜敌人。这说明"金蝉脱壳"是摆脱敌人、转移或撤退的好方法。

大雀命逼死王兄

日本应神天皇驾崩前选定小儿子宇迟能和纪郎子为皇位继承人,而让四儿子大雀命管理国家内政外交事务,二儿子大山守命管理农林海防事务。应神天皇死后,宇迟能和纪郎子本应顺利登上皇位,可大山守命却妄图夺取政权而暗中起兵。

大雀命得知此事惊讶不已。他随即在皇宫的护城河边部署了大量士兵,准备在大山守命进攻时将其一举消灭。大雀命让佣人装成自己的样子,在百官面前,堂而皇之地坐在胡床上。他则穿上了划船人的衣服,并让士兵在船板上涂满五味子的根捣碎后所浸出的润滑汁液。

大山守命率军来到河边,望见远处坐在胡床上的大雀命,就准备渡船过河。船行驶到河中央时,划船人故意把船斜向一边,大山守命脚下一滑落进河里。大山守命高喊"救命",可划船人根本不予理会。其实,划船人就是大雀命。

这时,岸边的士兵从左右两边一起冲出来。大山守命的士兵见主帅死了,根本无心再战,纷纷落荒而逃。这次战斗以大雀命获得胜利而结束。

大雀命成功运用了"金蝉脱壳"之计,他让佣人扮成自己,自己却装成划船人,以伺机除掉乘船的大山守命。一般来说,"金蝉脱壳"多用在撤退时,而大雀命却将其用在了两军交战时。所以,"金蝉脱壳"之计在特殊情况下也用于攻战。

乔治五世改姓息公愤

英国现在的王朝叫温莎王朝。在此前，它的原名是萨克斯·科堡王朝，直到1917年才改为现名。改换朝代的名称与乔治五世有关。

1910年，乔治五世继承爱德华七世成为英国国王，当然也继承了他父亲王朝的名称——萨克斯·科堡王朝。这是根据德国一家贵族的姓氏命名的。

1914年，第一次世界大战爆发，英国人民饱尝了战争的痛苦，对这场战争的发动者德国统治阶级深恶痛绝。在这种民族对立情绪中，英国王朝仍沿用具有浓厚德国色彩的名字，不能不引起英国人民的愤怒和不满。再加上乔治五世还有许多亲戚在德国，当时的德国皇帝就是他的表兄弟，因此，英国人中纷纷传说乔治五世是亲德分子。消息传到乔治五世的耳朵里，他感到很震惊。为了避嫌，他鼓励英国人民同德国作战，并毅然决定放弃原王朝的名称，另外取一个带有鲜明英国色彩的名字。

经过集思广益，大家最后确定以"温莎"作为皇家姓氏。温莎是一座自然风光十分优美的城镇，那里有欧洲最大的城堡，历史上有许多英王在此居住过。温莎与英国王室有着千丝万缕的联系，若用它作为王朝名称再合适不过了。

乔治五世的"金蝉脱壳"之计果然很奏效。他把德国姓氏这个"壳"脱掉之后，英国人消除了对他的疑虑和愤恨，并赢得了人们的爱戴和尊重。

第二十二计　关门捉贼

【本计旨要】

"关门捉贼"原指在盗贼入室偷盗时,要关起门来把他捉住。在军事上,泛指在我方掌握主动权的前提下,遇到诡诈难防的亡命之敌时,要首先断其退路,将其严密包围起来,一举全歼。

【计名探源】

公元前262年,秦昭王派大将白起攻打韩国,占领了野王城,切断了韩国上党郡和国都的联系。韩国上党郡守冯亭不愿降秦,请赵国发兵占领上党郡。于是,赵王就派廉颇驻兵于长平一带。秦军不肯撤退,与赵军多次交战,双方僵持四个多月后,秦军仍未拿下长平。秦王就采纳了范雎的建议,用离间法让赵王怀疑廉颇。赵王中计,调回廉颇,派赵括到长平与秦军作战。赵括到长平后,完全改变了廉颇坚守不战的策略,主张与秦军对面决战。秦将白起故意让赵括尝到一点甜头,使赵括的军队取得了几次小胜。赵括果然得意忘形,派人到秦营下战书。此举正中白起下怀,他立即分兵几路,指挥形成对赵括军的包围圈。

第二天,赵括志得意满地亲率40万大军与秦兵决战,他哪里知道敌人用的是诱敌之计。这次,秦军依然佯装败退,赵括果然又率领大军追赶,且一直追到秦壁。秦军坚守不出,赵括一连数日也攻克不了,只得退兵。这时,赵括突然得到消息,自己的后营被秦军攻占,粮道也被截断,秦军已将赵军全部包围。一连46天,赵军绝粮,赵括只得拼命突围。在白起的严密部署下,秦军多次击退企图突围的赵军。最后,赵括中箭身亡,赵军全军覆没。赵括正是中了敌军关门捉贼之计,损失40万大军,使赵国从此一蹶不振。

关门捉贼,其意义从字面上就可以看出,是一种围困并歼灭敌人,特别是小股敌人的计谋。当然,此计运用得好,决不只限于包抄小股敌军。如果将帅能统观全局,因势用计,因情变通,捉到的也可能不是小贼,而是敌军的主力部队。长平之战正是如此。

一连46天,赵军绝粮,赵括只得率众拼命突围,但在白起的严密部署下,突围一直没有成功。最后,赵括在一次突围中中箭身亡,赵军全军覆没。

三十六计　第四套　混战计

【古文玄览】

小敌困之①。剥,不利有攸往。

【说文解字】

①小敌困之：对弱小或者数量较少的敌人,要设法围困并加以消灭。

【古文今译】

对付弱小或者数量较少的敌人,要设法去围困他,将其消灭。剥卦说,不利于去急追或者远袭。

【计谋评点】

众所周知,军队战斗力的大小,不一定取决于兵士人数的多少,而取决于兵士力量的发挥程度。小股的军队,如游击队之类,如果能够得到山野天然屏障的掩护,就可以做到声东击西、神出鬼没、且战且隐,最终可击败十倍、百倍于自己的敌人。这正是"一人投命,足惧千夫。"关门捉贼计的核心就是不与这种山野游兵交战,不去追击这种散兵游勇。对待小股的敌人,一定要围困他们,歼灭他们。如果不能围歼他们,便不予理睬,任其逃往山野,任其自生自灭,以免劳神费力。大部队如果受到围困,断了粮草给养及后援部队的支持,便无法发挥其战斗力,也就成了"小敌"。因此,关门捉贼之计也是歼灭大部队的好办法。

此计先"关"后"捉","关"法百种,"捉"法千样。"关"有早关和晚关、急关和缓关、明关和暗关。"捉"分惊捉、疲捉、诱捉、困捉、斗捉。在战斗中,确定使用哪种"关"法和"捉"法,要根据敌人的情况和具体环境而定。施行此计要注意以下三点：

（1）关弱不关强。关门所捉之"贼"一般是弱敌。如果将强敌围在"屋"里,一定会闹得天翻地覆、墙倒门破。

（2）关牢大门。"贼"被关之后一定会拼死抵抗,而大门肯定是重点突破的目标。如果关门不牢,"贼"会撞开逃走。

（3）抓准时机。把握准"关门"和"捉贼"的时机,这是取胜的关键因素之一。

总的来讲,本计的要点是在于"困",即围困。孙子说："用兵的方法是,十倍于敌就包围它,五倍于敌就攻击它,两倍于敌就分散它……"集中使用兵力是军事常识,目的在于对敌形成数量优势。关门捉贼,首先得布置好围困圈,敞开门让敌军进来。如果敌军徘徊不前,则设法用诱饵引诱他们进来,再关门痛击。实力弱小的"贼"之所以敢来骚扰,依仗的是它的隐秘性和机动性。如果我方发现并切断它的退路,它所依仗的优势就会荡然无存,在主力部队强大的实力面前只有死路一条。但是切记"饵兵勿食"。当敌军的目的在于引诱我方出动,使我方力量分散时,最好还是按兵不动,放弃追击就可以了。

【事典辑录】

诸葛亮智擒张任

　　三国时期，著名谋士庞统被刘璋手下大将张任射杀于落凤坡。诸葛亮听说后，便决定亲自统兵前往四川，并派张飞先行。张飞到达雒城后，见到了刘备。刘备、张飞几次与雒城守将张任交锋，各有胜败，但雒城依旧掌握在张任手中。正在这时，诸葛亮率大队人马来到雒城，询问了雒城的情况后，他决定先捉张任，然后再攻取雒城。

　　在雒城东有一座桥叫"金雁桥"，诸葛亮到桥边绕河看了一遍后，对黄忠、魏延说："离金雁桥南五六里，两岸都是芦苇丛，可以埋伏。魏延带领一千枪手伏在左面，主攻敌军的骑兵；黄忠率一千刀手伏在右边，主攻敌骑兵的坐骑。如杀散了敌军，张任必定从东面小路逃走。张飞率一千人马，埋伏在这条路边，擒捉张任。"接着，又令赵云埋伏在金雁桥北："等我诱引张任过桥后，你就把桥拆断，然后列兵于桥北，使张任不敢往北走，逼他向南撤退，进我们的埋伏圈。"调兵遣将完毕后，诸葛亮便亲自去诱敌。

　　张任得知诸葛亮前来攻城，忙命令张翼等人守城，自己则与卓膺分别率领前队和后队，出城退敌。只见诸葛亮带着一支零零散散的队伍，过金雁桥来与张任对阵，他还远远地指着张任说："曹操仗着百万军队，听到我的名声，都吓得望风而逃。你是什么人，敢不投降？"

　　张任见诸葛亮军伍不齐，在马上冷笑道："人说诸葛亮用兵如神，原来是有名无实。"说完，把枪一摆，率军一齐杀了过去。诸葛亮丢下四轮车，上马向桥后退走。张任从背后追赶过来，一直追过金雁桥。这时，只听一阵大喝，刘备从左边，严颜从右边，一齐冲杀过来。张任知道自己中计，急忙回军，却见金雁桥已被拆断。他想朝北退却，只见赵云率军隔岸摆开，于是不敢北去，直往南绕河逃走。走了不到几里，突然，魏延一军从芦苇丛中杀了出来，长枪直刺马上骑兵。埋伏在另一侧的黄忠一军也杀了出来，长刀直剁马蹄。手下骑兵纷纷摔倒被俘，张任只得带着剩下的几十个骑兵沿山路撤退，却不知张飞早已等候在了那里。前有强敌，后有追兵，张任还想夺路而逃，张飞哪里容他放肆，大喝一声，众军齐上，便将张任活捉了。

　　智勇双全的张任因一时大意，最终折损在了诸葛亮关门捉贼的手段之中。

马谡大意失街亭

　　三国时期，诸葛亮伐魏，先后攻下了魏国的南安、天水、安定三郡。

　　魏明帝曹睿命司马懿带领大军前去解围。诸葛亮得知后，决定在司马懿攻占秦岭西侧的要塞街亭之前，先行派人前去抢占。马谡毛遂自荐，诸葛亮于是命他率二万五千名精兵，同副将王平一同前往。他们两人来到街亭后，王平主张在路口扎营，马谡却不听王平的建议，执意在山上扎营。

司马懿率军来到，惊讶地发现街亭已被蜀军占据。正当他自愧谋略不如诸葛亮时，忽又看到蜀兵竟把大营扎在了旁边的山上。司马懿窃喜，随即决定采用关门捉贼的战术，命令大军包围了那座孤山。

马谡指挥士兵向山下冲杀，却根本冲不出魏兵的包围圈，只好又退回山上。就这样被围困了整整一天，蜀兵弹尽粮绝，士气十分低落。午夜时，驻扎在山南的蜀兵打开营门下山投降。紧接着，司马懿又派兵在山上放火，蜀兵乱成一团，马谡只得率兵杀下山，向西逃跑。尽管王平和魏延率军及时赶来，却仍被魏兵打得溃不成军。最终，街亭失守，马谡兵败被斩。

司马懿只用了一条巧妙的围兵之计，即夺得了要塞之地街亭。

司马懿见蜀兵竟把大营扎在旁边的山上，心中不禁窃喜，随即命大军包围了那座孤山。

黄巢回师破长安

880年，黄巢率领起义军攻克唐朝都城长安。第二年，唐军出兵企图收复长安。凤翔一战，义军将领尚让中敌埋伏之计，被唐军击败。这时，声势浩大的唐军，乘胜进兵，直逼长安。黄巢见形势危急，当即决定，部队全部退出长安，往东开拔。

唐朝大军抵达长安后，不见黄巢迎战，先锋程宗楚便下令攻城，气势汹汹地杀进长安城内，这才发现黄巢的部队已全部撤走。唐军毫不费力就占领了长安，众将士欣喜若狂。唐军将领也被胜利冲昏了头脑，成天饮酒作乐，欢庆胜利，士兵们则到处抢劫百姓财物，长安城内一片混乱。

黄巢派人打听到城中情况后，高兴地说："敌人已入瓮中。"当天半夜时分，他急令部队迅速回师长安。此时，还沉浸在胜利的喜悦中的唐军正呼呼大睡。于是，起义军以迅雷不及掩耳之势，冲进了长安城内，只杀得毫无戒备的唐军尸横遍野。黄巢正是运用关门捉贼之计，重新占据了长安城。

俞大猷围歼倭寇

倭寇，一般指13至16世纪期间，以日本为基地，活跃于朝鲜半岛及中国大陆沿岸的海上入侵者。他们的抢掠对象并不是船只，而是陆上城市。倭寇的组成并非仅限于日本海盗，只是由于这批海盗最初都来自日本（当时称为"倭国"），所以被统称为"倭寇"。

明嘉靖三十三年（1554年），两万多名倭寇聚集于拓林，骚扰沿海。右都御史张经受明世宗之命前往拓林剿灭倭寇。苏松副总兵俞大猷对张经说："拓林地势险要，且倭寇擅长流动作战。如果我们与其正面交锋，他们定会乘船逃往海上。我军集合不久，恐怕不是他们的对手。不妨先将倭寇外逃的必经之地予以封锁，再派部分人马包抄到敌后，堵死水路。这样，形成包围之势，定能将其一网打尽。"张经依计而行，命俞大猷、邹继芳和汤克宽分别镇守金山卫、闵港和乍浦，又令永顺军和保靖军联合围剿。

一声炮响之后，各路人马一起杀向倭寇，将他们包围在王江泾。最终，两千余名倭寇被剿灭，其余的落荒而逃。

太平军三河大捷

太平天国在天京事变后，处于非常不利的境地，清军意图趁机将太平军一举歼灭。1858年，李续宾率湘军主力攻占了九江、太湖、桐城、舒城等地，其前锋直抵三河镇。三河镇守将吴定规因兵力有限而频频向太平军将领陈玉成告急，陈玉成立即率军星夜兼程赶往三河镇救援，并在行军途中想出了一个关门捉贼的妙计。

陈玉成先率军迂回到清军后方，并令庐州守将吴如孝和捻军一起南下，阻断李续宾和舒城清军的联系，而此时李秀成也正率军向三河镇赶来。太平军的这番兵力部署，把湘军团团围住，可将其一举歼灭。

湘军到三河镇后，连续突破了太平军依河而建的九道防线。

11月14日，陈玉成和李秀成开始两面夹击李续宾部。第二天，李续宾部突破了陈玉成的包围圈。但当时浓雾笼罩，能见度仅有几米，根本不熟悉三河镇地形的李续宾部很快就被太平军消灭了，李续宾也兵败自杀。然后，陈李联合全力进攻湘军，吴定规此时也率军从城内杀出，与援军里应外合，形成了对湘军的包围态势。在此有利形势下，太平军连续攻破了湘军7座大营，把他们打得落花流水。

三河大捷使走下坡路的太平军再次强盛起来，陈玉成和李秀成乘胜收复失地，控制了整个皖北地区。

叶旺筑冰墙歼劲敌

明朝初年，天下初定，百废待兴，退居到漠北的元朝残余势力趁机举兵南侵。1375年，明将叶旺奉命镇守辽东都司，以抵御元军。元军将领纳哈出率兵攻打辽东都司，见叶旺严阵以待，不敢攻城，便带兵转而攻打金州（今辽宁金州），结果大败，只好撤退。纳哈出害怕叶旺，不敢按原路撤退，便带兵沿柞河而行。叶旺看出了纳哈出的意图，早早地就派兵扼制住了柞河，并派人沿河用冰块砌成墙，再在上面泼上水。北方的冬天天气严寒，这些冰块一晚上就冻得连在了一块儿，如同城墙般坚硬而结实。叶旺还命人在附近河滩中设置了陷阱，埋伏了伏兵。纳哈出率领的元军刚到，明军的伏兵就杀了出来。元军惊慌不已，可高大的冰墙挡住了他们的去路，墙面光溜溜，别说骑着马不能过，就是士兵徒手爬，也爬不过去。纳哈出忙领兵从旁边绕道而行，结果士兵们却落进了明军的陷阱，被杀以及冻死者不计其数。纳哈出狼狈地逃回了漠北老巢，再不敢举兵南侵。

叶旺运用关门捉贼之计，将元军引入预先设置好的冰城之中，围困起来，轻而易举地消灭了敌人。

雅克萨瓮中捉鳖

雅克萨是黑龙江省的一座小城，清朝初期被沙俄军队无理侵占。为了收复失地，康熙皇帝组织了两次雅克萨战役。第一次雅克萨战役，沙俄大败，主动撤出了雅克萨城。但沙俄不甘心失败，又派托尔布津率领700俄军卷土重来。俄军再占雅克萨，康熙皇帝决定二次出兵。

1686年，清军出动数千人，在萨布索将军的带领下开往雅克萨。清军依靠兵力众多的优势，包围了雅克萨，向托尔布津发出撤走的最后通牒。托尔布津认为自己武器装备精良，不仅不撤，反而向清军开火。双方打了四天四夜，俄军损失100多人，托尔布津也被炸身亡。但俄军仗着工事坚固，火药充足，仍不肯投降。为了避免伤亡，清军指挥官下令停止强攻，决定用关门捉贼的战术对付敌人。清军在雅克萨城外挖了壕沟，切断了雅克萨与外界的联系。不久，城内的水和粮食严重不足，俄军伤病员一批批死去。到年

清军在雅克萨城外挖了壕沟，切断了雅克萨与外界的联系。城内俄军缺少水和食物，无以为继，只得出城投降。

底时，城中剩下的俄军只有150多人。沙俄政府派出使节乞求解除雅克萨之围，表示愿意进行和平谈判。1689年，中俄两国签订了著名的《尼布楚条约》。

在这一战役中，清军使用关门捉贼的办法，既保存了自己的实力，又瓦解了敌人的力量，还顺利地收复失地，并签署了对中国相当有利的停战条约，真可谓是一举四得。

"口袋阵"痛击日军

抗日战争时期，刘伯承指挥一二九师在山西昔阳以南的伏击战斗中，充分运用了关门捉贼之计。1937年11月2日，日军一〇九师团经北界都、黄崖底向昔阳进犯，刘伯承指挥部队日夜兼程，迅速向昔阳方向调动兵力，在地势险要的黄崖底布置口袋，七七一团设伏于正面山头，七七二团设伏左侧山头，徐向前副师长率七六九团从右侧堵塞。日军进至黄崖底后，对西侧高山林立的险要地形存有很大戒心，进村前，调集了大炮和机关枪实施火力侦察。八路军不还一枪，以虚形示敌。日军以为没有伏兵，便扬扬得意地向黄崖底前进。当日军进至黄崖底河谷时，八路军集中火力，组成密集火网，给日军以突然袭击，打得敌人乱作一团，丢下300多具尸体，200余匹战马，仓皇逃命。

红军活捉张辉瓒

1930年10月，蒋介石打败阎锡山和冯玉祥后，马上开始着手"围剿"红军。不久，以鲁涤平为总司令、十八师师长张辉瓒为总指挥的11个师，共10万人向中共苏区发动了第一次军事围攻。

毛泽东和朱德率领红军实行诱敌深入的方针，主动撤退，使敌人疲惫不堪、士气低落。12月底，形势开始朝有利于红军的方向发展，红军适时转入了战略反攻。

12月28日，鲁涤平命令已进入中共苏区的5个师进攻黄陂和小布地区。于是，张辉瓒派十八师的一个旅留守东固，同时令二十八师从东固向约溪前进，自己则率领两个旅进攻龙冈。毛泽东闻讯后，派红军主力于29日晚开向龙冈，并派部分红军去引诱张辉瓒进入伏击圈，以一举歼灭敌十八师。毛泽东等敌十八师全部走进伏击圈后下令总攻，4万红军战士潮水般杀向敌军，数小时后，全部歼灭了敌十八师并生擒张辉瓒。十八师全军覆灭后，其他敌军慌忙撤退。红军乘胜追击，又打了一场大胜仗，从而取得了第一次反"围剿"的胜利。

药店的"三角经营法"

樋口俊夫刚开始经营"樋口药店"时，生意十分清淡，勉强维持生活。苦苦经营之余，他经常深思发展之计。一天，他受到一本书的启发，忽然想到：假设有三个不在一条直线上的小店，其地理位置处于一个三角形的三个顶点上，它们之间的连线就构成了一个三角形。

如果这三个小店是统一领导经营的，互相保持密切的联系，形成连锁形式，那么其中任一个店某种药品缺货，只要一个电话打到附近的两个店，立刻就得到支援。任何一个小店就会都让顾客感到药品充足，无所不备。

药品是一种有统一质量标准的特殊商品，一旦需要，必有一种紧迫感，会尽可能就近购买，而不会考虑药店是大是小，是否装潢富丽。三角形内的消费者处于被包围状态，"无路可走"，肯定会在这三角形的连锁店系统中购买，这三个小店就会有较大的覆盖面，生意不好才是怪事呢！

从此以后，樋口热情待客，勤奋节俭，买下了附近的两家小店铺，第一个三角形连锁店终于形成了。很快，樋口的三角经商法发挥了令人吃惊的威力。除了原先预计的以外，他还发现，三角形的连锁店中任何一个店做广告宣传，等于其他两个店也在做广告宣传。而且三个店可以联合一起进货，这样一次进货量多了，进货成本就可以降低了，从而价格竞争的能力也就增强了。加上品种齐全、调货及时、服务态度好，药店的生意日益兴旺起来。

樋口并没因此满足，接着进一步发挥了他的三角经商法，以任何两个老店为基础，发展一个新店，使这三个店构成一个新的三角形连锁系统。由于有两个老店的支援，新店和老店一样富有实力。这样每建立一个新店，就可以扩大一个新的覆盖面，一个能有效控制的、竞争对手无法进入的覆盖面了。

不久，樋口成立了樋口药品连锁商店，他把经营扩大到全国，连锁店一家又一家地出现在日本各地。樋口的三角经营法，正是"关门捉贼"计在经营中的灵活运用。古为今用，依然威力无穷。

斯航公司请君入瓮而成名

1980年，当瑞典的斯堪的那维亚航空公司处境艰难之时，卡尔崇出任该公司总裁。这时，第二次石油冲击使世界经济深受其害，而斯航则由于连续两年亏损而声誉日降。

为了改变这种局面，卡尔崇推行了一系列改革措施。其中一项就是在空中、地面推行一整套新的服务标准。首先，他决心以优质的服务来吸引因公出差人员。他对因公出差人员的心理进行了分析，认为他们对机票价格的高低不太在乎，因为反正都要报销，而对服务质量却颇为挑剔。只要服务好，使他们感到满意，就从心理上征服了他们。为此，卡尔崇决定取消大部分航班的头等舱而开设欧洲舱。欧洲舱位于飞机前部，设有皮座椅，座位宽敞，前后排间隔大，环境舒适，以满足因公出差人员要求服务好的心理。在斯航的大部分洲际航线上，欧洲舱占30%，而在斯堪的那维亚半岛到欧洲其他地区的一些热门航线上，欧洲舱高达60%。

为了进一步招揽顾客，卡尔崇还对公司雇员进行一轮又一轮的培训，反复向他们强调，要招来回头顾客，就必须在"关键时刻"向乘客提供关键服务。在卡尔崇看来，所谓"关键时刻"主要是办理登机手续时、登机时以及出现问题时。卡尔崇发现，乘客一旦在飞机上落座，可为他们提供服务的机会就寥寥无几了。而这时的服务，其他航空公司也会做得一样好，乘客不会产生什么特别的心理感受。在关键时刻的关键服务，才会使乘客在心理上打上烙印。为了推行这一服务，卡尔崇实行了权力下放。普通职员无须履行繁文缛节的手续，就可以为感到不满的乘客换票或发放优惠券。如航班误点，机上服务人员可以不经许可就为乘客提供免费饮料等等。

为了进一步提高服务质量，卡尔崇还与世界上131家旅馆组成了一个服务网。比如，搭乘斯航的乘客在伦敦下机后，将其行李交给机场任何一个办理斯航登机手续的柜台，就可去办事了。当他到达所下榻的斯航所属的旅馆时，行李已在房间。离开旅馆时，只需将行李交给旅馆前厅的斯航工营业柜台，领了登机牌，即可直接上飞机。

卡尔崇这种迎合乘客心理的优质服务，实质上就是请君入瓮的具体应用。所获也匪浅，斯航从一家名不见经传且毫无赢利的公司，一跃成为全球闻名的公司。1989年，该公司收入为46亿美元。

请君入瓮，关键是要摸清顾客的心理，并根据顾客的心理，采取相应的措施。

朱可夫关紧"大门"

第二次世界大战期间，德军曾有12个师驻扎在科尔松地区。苏军已包围了这支德军的北、东、南三面，但还没有能力截断它与驻乌克兰的十几万德军相连的西面。

1943年，斯大林命令朱可夫元帅歼灭科尔松地区的德军。朱可夫为取得这一战役的胜利，与他的将领们召开了多次军事会议。最后他决定实施"关门捉贼"的战术，先派两支军队进入乌克兰，从南北两端正面进攻科尔松德军背后的兹维尼戈马德卡，截断它和西面乌克兰德军的联系，从而把德军西撤的大门关死，接着再实施包围战。

这道"西门"有130多公里长，而且德军在这里修建了坚固的碉堡，并有重兵守卫。其东边有德军十几个师的精锐部队，西边有战斗力更强的德军主力。所以，苏军要想关紧这道"门"得下一番功夫。

朱可夫并未被这一困难吓倒，命苏军于1944年1月24日首先发动进攻。德军误以为进攻的是苏军主力，立即派科尔松地区的德军前来增援。朱可夫趁机命令突击队袭击兹维尼戈马德卡的德军，两军展开了激烈的战斗。德军派来大量援军，试图将这只"关门"的大手斩断。

朱可夫镇定自若，在德军防守的疏忽处，让坦克第六集团军前往兹维尼戈马德卡包抄德军的后路，与突击队联合截断了科尔松地区德军与其主力的联系。然后，苏军沿着突破口迅速将德军一分为二并将其压缩至伏击圈内。

德国立即派十几个师的援军来营救陷入伏击圈的十余万德军，被围的德军也在为杀出重围不断挣扎。这时，朱可夫调来坦克第二集团军实施反突围。经过一周的连续激战，苏军终于抵御住了德国援军，将其阻挡在被围德军12公里之外。2月17日，苏军按时发起总攻，将被围德军一网打尽。

多数服从少数

在美国西部一个城镇的法院里，有个由12名农民构成的陪审团。他们有判定犯罪嫌疑人是否有罪的权利，但陪审团全体成员的意见必须统一，实行一票否决权。也就是说，如果只有一个人反对，法院也不能做出最终的裁决。

有一次，12个人中的11人都认为犯罪嫌疑人有罪，但剩下的那个人认为他无罪。这11个人纷纷向那个人讲解他们认为犯罪嫌疑人有罪的原因，让他也做出和他们一样的决定，但那个人依然坚持自己的意见。

几小时后，乌云遮盖了天空，大风也刮了起来，一场大暴雨即将倾盆而至。这12个人都是农民，今年刚收割的麦子还在院子里晒着，假如麦子被暴雨淋湿了，今年的心血也就付诸东流了。法律规定，如果他们不做出最后决定，法院是不能退庭的。这11个人急得如热锅上的蚂蚁，那个人的态度却更加强硬，对他们说："你们若不同意我的意见，谁都别想走。"

这时那11人中的其中一个坚持不下去了，大声说："那我同意你的意见好了！"急着回去收麦子的其他成员也纷纷同意了那个人的意见。最后，犯罪嫌疑人无罪释放。

一般来说，少数服从多数是常态。但那位坚持到底的农民利用机会，以暴雨即将来临而大家又急于回家作为坚持自己意见的砝码，最终使另外11人全部服从了他的意见。这说明，"关门捉贼"不仅能用于空间中，也能用在心理上。

第二十三计　远交近攻

【本计旨要】

本计的要点是"近攻"，即进攻近处的敌人，而不要舍近求远地攻打远处的敌人。这是按照地理原则来说的。但是远交近攻的策略核心在于"先重后轻，先急后缓"，即当另一个原则高于地理原则时，不必死板地因循守旧。因为心腹之患不除，一味贪图小利，最终只有失败。

【计名探源】

远交近攻，出自《战国策·秦策》中，是著名的谋士范雎说服秦王的一句名言。范雎曾经进言："王不如远交而近攻，得寸，则王之寸；得尺，亦王之尺也。"这句话最终让范雎成为秦国的第一谋臣，对秦的强大和统一天下起了重大作用。

范雎本来是魏国人，后辗转入秦。当时秦国国势强盛，以宣太后、穰侯为中心的宗亲势力专权专利，把持着朝政。而在位的秦国君主秦昭襄王却深居宫中，并无实权。

有一次，穰侯为了扩大自己的封地，想要率领秦兵跨过韩、魏去攻打齐国。范雎抓住这一良机上书昭王，请求面谈。昭王应允。在这次谈话中，范雎指出穰侯跨越韩、魏攻齐并非正确决策。首先，如果出兵过少，不足以败齐；出兵过多，又会给秦国带来沉重的负担。其次，如果打了败仗，将极大地损害秦国国力；打了胜仗，由于所占领地不便于君王直接管理，也只会让穰侯增加实力。所以近交远攻对秦王有百害而无一利，最好的办法应该是远交近攻，这样就能够扩大秦国的地盘，最终达到统一六国的目的。这一席话让秦昭襄王茅塞顿开，遂采取了范雎远交近攻的谋略，把周围的韩国、魏国作为主要的进攻目标，并开始逐步消减太后、穰侯的力量。

后来范雎出任秦相，成为秦国历史上继往开来的一代名相。

数十年后，秦始皇嬴政继续奉行远交近攻的策略方针，远抚齐、楚，近攻韩、燕、赵、魏。用了十年的时间，先后平定韩、魏，攻破赵、燕，统一了北方。然后征服楚国，一举灭齐，实现了统一中国的大业。

范雎对秦昭襄王说："齐国离秦国很远，中间还隔着韩国和魏国。如今，大王却要出兵打齐国，这实非良策啊！"

【古文玄览】

形禁势格①，利从近取，害以远隔②。上火下泽。

【说文解字】

①形禁势格：禁，禁止。格，阻碍。句意为，受到地势的限制和阻碍。

②利从近取，害以远隔：句意为，先攻取就近的敌人有利，越过近敌先去攻取远隔之敌是有害的。

【古文今译】

如发展的形势受到地理等原因的限制和阻碍，就攻击近处的敌人获得利益，越过近敌先去攻取远敌是有害的。火焰向上蹿，泽水向下流，应使敌人相互背离。

【计谋评点】

在古代封建割据的兼并战争和近代列强实行扩张政策的战争中，远交近攻的谋略经常得以运用，通常都表现为结交远方国家的同时，猛烈攻取邻近国家。这是一种制造和利用矛盾，分化瓦解敌方联盟的计谋，有助于集中力量应付眼前的敌人，并将其置于孤立无援的境地。其实质是为避免树敌过多而采用的外交诱骗，最终目的是将敌对势力各个击破。其实从长远来看，所谓远交也绝不可能是长期友好。消灭近邻之后，远交之国便成了近邻，新一轮的征伐也就不可避免了。

古人对这条计策评价说："混战之局，纵横捭阖之中，各自取利。远不可攻，而可以利相结；近者交之，反使变生肘腋。"大意是说，当局势混乱的时候，各种势力都会陷入联合与分裂，频繁变换，以争取自己的利益与发展。这时，不要去攻打远处的势力，可以用利益来结交；如跟近处的势力结交，则容易使变故发生在贴近自己虚弱或要害的地方。战国时期几个大国的战略，多半就是以地理位置的远近来作为结交或攻击的准则，其道理是很正确的。

社会生活中也常常自觉或不自觉地出现许多远交近攻现象。"人无千日好，花无百日红""外来的和尚会念经"等俗语，都曲折地反映出了远交近攻的社会意识。所以这种思想不只是运用在军事上，实际上还更多地体现在政治战略中。例如诛杀开国功臣、罢免长期任职的将相、起用没有根基的新人等，都是常见的手段。开国功臣与开国君主并肩战斗、出生入死，关系可谓紧密。但功臣大都威望很高，有一定的感召力和凝聚力，因此在帝王看来，只有除掉他们才可以增加中央集权的安全系数。长期任职的将相权臣，对帝王来说也是颇具威胁的人物，最好都除掉才能防止生变。而起用那些没有根基的新人，不可能构成对主上的威胁，所以新人是安全人物。起用新人，他们会感恩戴德、尽心尽力地效忠帝王，还可以捞取诸多好名声，笼络人心。所以与领导关系较远的下属，在时机成熟时，很有可能会因此得到提拔。

【事典辑录】

刘邦封地得支援

秦国灭亡后，刘邦和项羽争夺天下。汉高帝五年（前202年）十月，刘邦率大军追击楚军至固陵（今河南太康），并在此安营扎寨，派人与大将韩信、彭越约定日期会师，企图一举歼灭楚军。可是到了约定日期，韩信、彭越的军队并没有来。

项羽知道后，遂发起反击，大破汉军。刘邦慌忙率军退入陈下。得不到韩信、彭越的支援，刘邦又急又怒，向张良问计，张良说："韩信和彭越没有得到封地，当然不会前来助战。如果现在您允诺灭楚给韩信、彭越封王，他们必定前来助战。"

刘邦依计而行，派使者分别向韩信、彭越承诺，等击败楚军后立即给他们划定封地。听到这个许诺，韩信很快就率兵从齐地出发，彭越也从寿春出发，几路大军在垓下（今安徽灵璧南）会师，对项羽形成合围之势，一举消灭了项羽的残部，逼得项羽自杀。刘邦终于一统天下。

在歼灭楚军的关键时刻，张良灵活地运用了远交近攻的谋略，用封地的允诺换得韩信、彭越的支援，从而取得了战争的胜利。

赵匡胤定计成大业

赵匡胤陈桥兵变、黄袍加身以后，即开始用远交近攻的战略统一中原。面对当时混乱的政治形势，赵匡胤根据自己的实力，制定了"先南后北、先易后难"的平定策略。即先吞并富裕的江南，在获得充分的人力、物力、财力资源后，再挥兵北上，消灭北汉，收复辽朝占领的燕云十六州。

当时北汉政权的范围不大，不可能吞并大宋政权，但由于在京畿附近，而且长期以来一直与北方强族契丹相勾结，契丹把他们当成深入中原的触角，他们也把契丹作为强大的军事后盾。因此，平定北汉对于羽翼未丰的北宋来说，还有点难度。深思熟虑以后，赵匡胤认为要先易后难，当务之急是迅速扩大自己的实力，于是南方就成了首当其冲的蚕食目标。赵匡胤计划先取荆湖，再夺后蜀，之后是南汉，最后才是南唐。

基于这样的计划，赵匡胤加快了南侵的步伐。971年，南汉灭亡。此时的南方除了吴、越等不足为患的小国之外，仅剩下了南唐。直到此时，还向宋称臣纳贡的南唐后主李煜才真正明白了赵匡胤远交近攻的策略和自己的命运。

铁木真横扫天下

铁木真，即成吉思汗，是蒙古历史上的杰出政治家、军事家。1206年，铁木真登上蒙古帝国大汗的宝座，统一了蒙古各部。元朝建立后，铁木真被尊为元朝开国皇帝。

历代王朝凭借武力征服顽敌的过程中，采用的战略常常有所不同。不过秦朝和元朝都曾有效地运用了远交近攻与近交远攻相结合的战略，收到了很好的效果。

远交近攻作为一种具有战略眼光的政治谋略和军事手段，无论是在铁木真统一蒙古各部落时，还是在他征服欧亚其他多个国家的历程中，皆产生过巨大的作用，甚至可以说是大放异彩。铁木真早年为了集中力量解决蒙古内部的纷争，一度向远方的金朝称臣纳贡，并不断利用大金的力量打击自己的敌手。例如，在灭亡离他很近的蔑儿乞惕部时，铁木真联合了友邦客列亦惕部和札答兰部的力量，并同金国取得联系，多方出击，一举成功。统一蒙古后，他又开始谋划着进攻金国。由于担心西夏与金国合力从西面牵制蒙古，早在建立蒙古国的前一年，铁木真就对西夏多次发动掠夺性袭击，最终逼得西夏国王纳女请和、称臣纳贡。而铁木真也不想过早地树敌过多，便答应了西夏的求和，等到蒙古联合南宋一同灭了金国以后，西夏自然而然就成了蒙古人的囊中之物。

在成吉思汗临死前，他还曾预言蒙古大军应该运用远交近攻的策略分别灭金灭宋。他断定宋朝因"靖康之耻"绝对不可能给予金国任何协助，反而会给蒙古国帮大忙，而灭金之后再灭宋也就只是时间问题了。事实再一次证明了他的战略远见，在这方面，成吉思汗对"远交近攻"的策略也可以算得是活学活用了。当蒙古大军压境之后，金国皇帝便多次派遣使者向南宋求和，并请求援助和通好。而宋朝不仅不予理睬，还与蒙军结成了同盟。金国在左右夹攻之下，挣扎了三年，最终于1234年灭亡了。随后蒙古大军一路南下，由忽必烈统一南北，建立起了一个疆域无比辽阔的广大帝国。

铁木真即成吉思汗，是一位杰出的政治家、军事家，他统一了蒙古草原，建立起幅员辽阔的大帝国。

郑庄公称霸

春秋初期，周天子的地位实际上已经被架空，群雄并起，逐鹿中原。郑庄公在此混乱局势下，巧妙地运用"远交近攻"的策略，取得了霸主的地位。

当时，与郑国邻近的宋国、卫国与郑国积怨很深，矛盾十分尖锐，郑国时刻都有被两国夹击的危险。郑国在外交上采取主动的策略，接连与邾、鲁等国结盟，不久又与实力强大的齐国在石门签订盟约。

公元前719年，宋、卫联合陈、蔡两国共同攻打郑国，鲁国也派兵助战，将郑国东门围困了五天五夜。虽未攻下，但郑国已感到本国与鲁国的关系还存在问题，便千方百计想与鲁国重新修好，共同对付宋、卫。

公元前717年，郑国以帮邾国雪耻为名，攻打宋国。同时，向鲁国积极发动外交攻势，主动派使臣到鲁国，商议结盟。果然，鲁国与郑重修旧谊。齐国当时出面调停郑国和宋国的关系，郑庄公表示尊重齐国的意见，暂时与宋国修好。齐国因此也对郑国加深了感情。

公元前714年，郑庄公以宋国不朝拜周天子为由，代周天子发令攻打宋国。郑、齐、鲁三国大军很快地攻占了宋国大片土地，宋、卫军队避开联军锋芒，乘虚攻入郑国。郑庄公把占领宋国的土地全部送与齐、鲁两国，迅速回兵，大败宋、卫大军。郑国乘胜追击，击败宋国，卫国被迫求和。郑庄公的势力迅速扩张，霸主地位逐渐形成。

阿姆卡公司的联合竞争

现代高科技的迅速发展对电气材料不断提出新的要求，大量的新材料应运而生。制造节能变压器铁芯的新型低铁矽钢片就是其中一种。一开始，美国电气行业执牛耳的美国通用电气公司和西屋电气公司以及实力不很强的阿姆卡公司都在研制新型低铁矽钢片，而竞争的结果却被阿姆卡公司拔了头筹。

这正是阿姆卡公司"远交近攻"的结果。

阿姆卡公司十分重视信息情报工作。在研制超低铁省电矽钢片的过程中，发现"通用"和"西屋"也在从事同类产品的研制。远在地球另一端的日本钢厂也有此意，而且准备采用最先进的激光囊处理技术。阿姆卡公司分析形势后认为，以自己的实力继续独立研制，极可能落在"通用""西屋"之后，风险极大。若要走合作研制之路，就必须选择合作者。

与"通用""西屋"联手，是"近亲联姻"，未必有利于加快研制过程，再者将来只能与之分享美国市场，还得考虑崛起的日本钢厂。与日本钢厂并肩合作，是

"远缘外交"，生命力旺盛，研制过程自然会加快，而且将来的市场之大不可限量。

阿姆卡公司选择了日本钢厂为合作者，结果比预定计划提前半年研制成功。阿姆卡运用"远交近攻"的策略，战胜了"通用""西屋"两大强劲对手。

雀巢远交近攻度危机

雀巢公司是全球规模最大的跨国食品公司，至今已兴盛发展了100多年。它所生产的食品，尤其是速溶咖啡，风靡全球，是其拳头产品之一。然而，就是这样一个饮誉世界的雀巢帝国，在20世纪70年代却险些信誉扫地，"一命呜呼"。当时，世界上出现了一种舆论，说雀巢食品的热销，导致了发展中国家母乳哺育率下降，从而导致了婴儿死亡率上升。由于当时雀巢的决策者忽视舆论影响，继续我行我素，加上竞争对手的煽风点火，到了20世纪80年代，竟形成了一场世界性的抵制雀巢奶粉、巧克力及其他食品的运动。雀巢产品几乎在欧美市场上无立足之地，给雀巢公司带来了严重的危机。

在残酷的事实面前，雀巢公司不得不重金礼聘著名的公共关系专家帕根来商量对策，帮助雀巢公司度过这一难关。帕根受此重托后，立即着手调查分析。结果，他发现，造成这场抵制雀巢食品运动的根源，就是在于雀巢公司以大企业、老品牌自居，拒绝接受公众的意见。另外，由于雀巢公司的推销活动，对公众是保密的。这使得雀巢公司与公众之间的信息交流不通。所有这一切，都犯了公共关系的大忌，也就难怪误解、谣传遍起。帕根根据调查分析的结果，制定出了一个详细周密的公共关系计划，呈报给雀巢公司。

帕根的这一计划，把行动的重点放在了抵制最强烈的美国，虚心听取社会各界对雀巢公司的批评意见，开展大规模的游说活动，组织有权威的听证委员会，审查雀巢公司的销售行为等，使舆论逐渐改变了态度。在"近攻"取得初步胜利的基础上，帕根建议雀巢公司总经理开辟发展中国家的市场，把它作为雀巢产品的最佳市场。在开拓市场过程中，雀巢公司吸取了以往的教训，不是把第三世界的发展中国家单纯看作雀巢产品的市场，而是从建立互利的伙伴关系着手。雀巢公司每年用60亿瑞士法郎，从发展中国家购买原料，每年拨出8000万瑞士法郎，来帮助这些国家提高农产品的质量。同时，还聘请100多名专家，在第三世界国家举办各种职业培训班。这一系列的活动，使雀巢公司在发展中国家里树立起了良好的形象，因而销路大增，又取得了"远交"的胜利。很快，雀巢公司的年营业额雄居世界食品工业之首。

汉谟拉比统一两河流域

公元前1792年，汉谟拉比继承王位，成为古巴比伦王朝的第六任国王。当时的巴比伦疆域狭小，国势很弱，而周边却是强国如林：西北有玛里，东北有埃什努那，南边有伊新、乌鲁克，东南有拉尔萨，北面是亚述，东面是善战的伊兰人。

为使巴比伦强盛起来，汉谟拉比致力于发展经济，几年后巴比伦便财茂物丰。雄才大略的汉谟拉比不满足于此，他的奋斗目标是吞并诸国，统一两河流域。为此他采用了远交近攻的战略。

汉谟拉比把南方的近邻伊新确定为第一个吞并目标。为达到这一目的，他向强大的亚述帝国俯首称臣，极尽讨好之能事，同时又和拉尔萨建立密切友好关系。其后，汉谟拉比联合拉尔萨一举灭亡了伊新，并顺势吞并了乌鲁克。后来，汉谟拉比又联合饱受亚述欺凌的玛里，共同对付亚述。公元前1783年，亚述国王沙玛什亚达德一世去世，汉谟拉比乘机帮助原玛里国王吉摩里利姆复位，接着两国军队开向亚述，占据了亚述的南部地区，亚述帝国从此一蹶不振。

为进一步拉拢玛里，汉谟拉比出兵帮助玛里击退了西边游牧部落和东邻埃什努那的进攻，使玛里国王吉摩里利姆同他结为刎颈之交。看到巴比伦北部再无强敌，汉谟拉比又把吞并的矛头指向昔日的盟友拉尔萨。公元前1763年，汉谟拉比联合玛里军队打败了拉尔萨。当玛里国王吉摩里利姆深感自己处境不妙时，汉谟拉比已将大军摆在玛里城下，原为"兄弟"的吉摩里利姆被迫向汉谟拉比称臣。两年后，吉摩里利姆发动叛乱，被汉谟拉比诛杀。

公元前1755年，汉谟拉比又征服了最后一个邻国埃什努那。这样，经过30年的征战，汉谟拉比终于统一了两河流域。

在这里，汉谟拉比采用远交近攻的谋略，先后吞并了诸国。他总是集中力量攻打一个目标，在时机不成熟时决不轻易放弃任何盟友，这就是他成功的奥秘所在。

西山军联郑攻阮

1771年，阮文岳、阮文惠兄弟领导西山军在越南平定省发动了一场农民起义。当时，郑氏政权统治着越南北方，阮氏政权控制着南方。西山军经过一年的激战，消灭了阮军主力。这时郑氏政权想趁火打劫，就命黄五福率军入侵阮朝首都富顺。西山军因势单力薄而不敌黄五福，只好退守归仁。

为避免两面受敌，西山军决定利用郑阮之间的矛盾，采用远交近攻的策略。西山军提出愿意与郑军修好。郑军此时因军中瘟疫肆虐，而战斗力严重削弱，也表示同意与西山军互不侵犯。于是，郑氏政权封阮文惠为"壮节将军"，阮文岳为"前锋将军"，其实，他们仍握有西山军的兵权，并保持了军队的独立性。西山军与郑军修好后，开始休养生息，巩固归仁根据地，并集中全力进攻南方阮氏政权。

1776年和1778年，西山军两次进攻阮军，都取得了胜利。于是，阮文岳自封为西山王，从郑氏政权中独立出来，废弃了当初的各种封号。1778年，阮文岳自称为帝，并于1786年灭亡了郑氏政权。

西山军将郑氏视为"远敌"，采取暂时修好的策略，将阮氏视为"近敌"，不断兴兵讨伐，最后陆续消灭了阮氏和郑氏。"远交近攻"之计，正是西山军成为最后的胜者的原因。

拿破仑拉拢俄国

拿破仑在做法国皇帝期间，始终将英国视为强劲的竞争对手。为全面战胜英国，他想方设法和远方的俄国建立友好关系，对俄政策成为其外交战略的重要组成部分。

拿破仑刚刚执政时，就利用英俄之间的矛盾，寻求与俄国的合作机会。他时刻关注着英俄在马耳他的战争形势，将其作为一个拉拢俄国的好时机。

1800年7月，俄国沙皇保罗一世收到拿破仑外交部部长的一封信，信中说法国可以马上释放6000名俄军战俘，而且每个战俘都可以配备武器和军服。随后，保罗一世又收到拿破仑所写的第二封信，说法国永远是俄国的盟友，坚决支持俄国占有马耳他。

保罗一世对法国的印象一直不好，如今俄国战俘竟受到拿破仑如此友好的对待，他们占领马耳他也得到法国人的极力支持，因此保罗一世就把拿破仑视为朋友。俄国随即表示愿意成为法国的盟国，并且不会干涉法国的任何事务。在拿破仑的大力支持下，保罗一世又禁止英国船舶进入俄国港口，还把路易十八驱逐出境，并提出俄法联合将英国人赶出印度的计划。不久，保罗一世的使者就到巴黎签订了俄法友好和约，两国从此开始密切合作。

在这里，拿破仑以马耳他问题为突破口，同俄国建立友好关系，借以孤立和打击近敌英国，可谓是成功运用"远交近攻"之计的典型事例。

礼萨·巴列维驱走外国势力

20世纪初，帝国主义国家纷纷在伊朗划分势力范围。1915年，英俄两国完全占领了伊朗。

伊朗近卫军哥萨克师师长礼萨·巴列维渴望伊朗也能像土耳其那样从殖民统治中解放出来，成为一个独立的国家。巴列维认为，俄国离伊朗很近，始终是他们最大的敌人，而英国则离伊朗很远。尽管伊朗同时被英俄占领，但英俄之间的矛盾也很深。假如先联合英国赶走俄国，然后再集中全力对付英国，就能为自己减少一个敌人。于是，巴列维为他的崇高理想行动了起来。

当时，英国也正想寻找一个伊朗人，协助他们赶走俄国，以获得对伊朗的绝对控制权。巴列维计划的第一步正好跟英国人不谋而合，于是巴列维跟英国人联手赶走了俄国。1921年2月，礼萨·巴列维成为哥萨克师师长和武装部队总司令，亲英的塞·齐亚丁被任命为伊朗新首相。其实，巴列维才是伊朗的真正掌权者。他利用自己的权力进行改革，增强了伊朗国力。

巴列维在自己的地位稳固后，开始进行他计划的第二步。他先将军队中的英国人和亲英派分子全部清除，然后逼迫亲英的塞·齐亚丁退位，自己做了首相，一步步削弱了伊朗的英国势力。

1925年10月，巴列维授意伊朗国会建立了巴列维王朝。伊朗终于从殖民统治中解放出来，走上了真正的民族独立发展之路。

保加利亚工人党分化敌人

1941年，德国法西斯在欧洲大陆横行肆虐。保加利亚反动政府对外卖国投靠希特勒，让德军进入保加利亚；对内则疯狂镇压人民民主运动，大搞独裁专制。

保加利亚工人党一面领导人民进行反法西斯的武装斗争，一面不断瓦解保加利亚政府内部，争取进步士兵加入人民武装中来。

第一次世界大战前，保加利亚军队内部有一个"军事同盟"军官集团组织。这些军官对国王斐迪南的独裁统治和一味投靠德国的政策极为不满。"军事同盟"组织严密，在保加利亚军队中长期存在，并得到广大士兵们的拥护与支持。

为分化敌人，保加利亚工人党与"军事同盟"取得了联系。在保加利亚工人党帮助下，"军事同盟"认识到反法西斯斗争的重要意义，于是在争取进步士兵加入反独裁斗争方面做了许多工作。1943年下半年开始，许多士兵都自愿参加保加利亚工人党组织的游击队，一些政府军士兵还偷偷将武器、子弹等送给游击队。与游击队作战时，他们故意放空枪，消耗子弹；撤退时，又故意把弹药扔在游击军必经之路上。1943年12月，一批政府军士兵焚毁了司令部，主动投降游击队，后来被编入了游击队伍中。

保加利亚工人党争取政府军中进步士兵，共同对付顽固派这一对敌策略是远交近攻之计的灵活运用。

第二十四计　假道伐虢

【本计旨要】

"假道伐虢"意指先利用甲作跳板，去消灭乙，达到目的后，回过头来连甲一并消灭；或者以向对方借道为名，行消灭对方之实。总之是为了将兵力顺势渗透进去，控制对方，突出奇兵而取胜。此计的关键在于"假道"，要善于寻找"假道"的借口，善于隐蔽"假道"的真实意图，突出奇兵，才可以取胜。

【计名探源】

此计最早见于《左传·僖公二年》。春秋时，晋国想吞并邻近的两个小国——虞国和虢国。但这两个国家之间关系不错，一旦一方遭受攻击，另一方就会出兵相助。于是，大夫荀息向晋献公献计说："要想攻占这两个国家，必须先离间他们，使他们互不支持。虞国的国君很贪心，我们可以投其所好。"他建议献公拿出心爱的两件宝物屈产良马和垂棘之璧送给虞公。献公便忍痛割爱，派荀息带着宝物去往虞国。荀息面见虞公说："现在虢国野心勃勃，不断派部队滋扰我南方边境，所以贵国可不可以借出道路，让我们过去讨伐虢国。"虞公得到良马美璧，十分高兴，便答应了晋国的要求。虞国大夫宫子奇再三劝说虞公，虞虢两国，唇齿相依，虢国一亡，唇亡齿寒，晋国是不会放过虞国的。但虞公得到了宝物，对宫子奇的话根本不以为然。

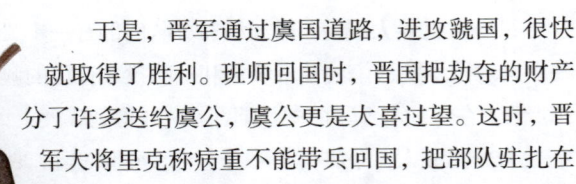

于是，晋军通过虞国道路，进攻虢国，很快就取得了胜利。班师回国时，晋国把劫夺的财产分了许多送给虞公，虞公更是大喜过望。这时，晋军大将里克称病重不能带兵回国，把部队驻扎在了虞国京城附近，而虞公对此却毫不怀疑。之后，晋献公亲率大军前去，虞公还亲自出城相迎。献公约虞公前去打猎，过了一会儿，只见虞国都城中火光冲天。当虞公赶到城外时，京城已被晋军里应外合强占了。就这样，晋国又轻而易举地灭了虞国。

虞公得到良马美璧，不禁心花怒放，不顾大夫宫子奇的劝告，立刻答应了晋国的要求。

【古文玄览】

两大之间，敌胁以从，我假①以势。困，有言不信。

【说文解字】

①假：借。

【古文今译】

处在两个大国中的小国，当敌威胁其屈从时，我方立刻救援，借机把军事实力渗透进去。小国受困，只有空话而无实际援助，是不能取得信任的。

【计谋评点】

古人曾经这样评价这条计策："假地用兵之举，非巧言可诳，必其势不受一方之胁从，则将受双方之夹击。如此境况之际，敌必迫之以威，我则诳之以不害，利其幸存之心，速得全势，彼将不能自阵，故不战而灭之矣。"大意是讲借道采取军事行动，不是巧妙的言辞可以欺骗的，形势必然是这个小国不受一个强国的威胁，就将受到两方的夹击。在这种很微妙的情况之下，敌人必定用武力来逼迫它，而我方则应该假装许诺不加害它，利用小国侥幸生存的心理，迅速地控制局势。当然，对处在夹缝中的小国，只用甜言蜜语是不会取得它的信任的，我方应多以"保护"为名，不断渗透势力，使其丧失自主权。然后再乘机发动突然袭击，这样，就可以轻而易举地获得胜利。

在军事、外交、政治上，假道伐虢都是一种"以假示真"法，真真假假施计于人，方可取胜。此计的实践运用，在古今中外历史上都不罕见，并且总有新意。如三国时，张鲁曾对西蜀的益州牧刘璋多次挑衅，刘璋怒而杀其母及其弟，二人成为仇敌。为了抵御张鲁的入侵，刘璋想到请同族的刘备穿过西蜀去前线帮忙。刘备闻讯后大喜，决定假借帮助刘璋攻打张鲁的名义，堂而皇之地将自己的势力渗入益州，达到最终以较小的代价霸占西蜀的目的。后来因为刘备的内应泄漏了机密，刘璋才恍然大悟。但为时已晚，刘备早已派人占领了西蜀各地的交通要道，并且将大队人马驻扎在了益州。可怜的刘璋根本阻止不了局势的发展，刘备轻而易举就围困了成都，而刘璋只好出城请降。于是，刘备兵不血刃，就得到了大量地盘。在这一战役中，张鲁类似于虢国，刘璋则类似于虞国，而刘备就仿佛是强大的晋国，他打着"假道"的旗号，控制了关键地带，这才一举占领了地势险要的巴蜀地区。

在现代商业活动中，假途伐虢之计的应用也十分常见。有些人遇到经济危机或其他不利于自己的因素时，便想出种种策略和计谋来争取一切有利于自己的时机，或者找出合情合理的借口，取得有关部门和群众的支持及信任，从而获得长久发展，达到自己的真正目的。

【事典辑录】

苻坚借机灭燕国

339年，东晋大将桓温举兵讨伐燕国。燕王慕容玮力量不支，于是派使臣到秦国，以将虎牢关以西地区送给秦国为条件，请求秦国出兵援助。

秦王苻坚与群臣商议此事。大臣王猛分析说："如果我们不救燕国，桓温势必会占领燕国，那他的力量会更加强大，这对秦国是极为不利的。如果我们与燕国合兵一处，攻打桓温，桓温将不是我们两国的对手，必然败退而去。这样一来，燕国的力量会在战争中大大削弱，到那时我们可以就地占领燕国。"苻坚听从了王猛的计谋，派兵两万去救燕。

在燕秦联军的顽强抵抗下，桓温被迫退出燕国。秦军在从燕国撤退之前，向燕王索要虎牢关以西地区。燕王此时一味用言语搪塞，有意抵赖。这样正中苻坚的下怀，他以燕王不守信用为由，一举吞并了燕国。

苻坚先救燕后灭燕，使用的正是假道伐虢的谋略。

息侯引贼遭灭亡

东周初期，各诸侯国都乘机扩张势力。楚文王时期，楚国势力很强大。但小国蔡国根本不听从楚国，楚文王于是想灭掉蔡国。

蔡国和另一小国息国关系很好，经常往来。但是，有一次息侯的夫人路过蔡国，蔡侯没有以上宾之礼款待，息侯夫人十分生气，大骂蔡侯，息侯也因此对蔡侯产生了不满。

楚文王知道这个消息后，立刻派人联系息侯。息侯想借刀杀人，向楚文王献上一计，让楚国假意伐息，他就向蔡侯求救，蔡侯肯定会发兵救息。这样，楚、息合兵，蔡国必败。楚文王依计而行，假意攻息。蔡侯得到息国求援的请求，果然马上发兵救息。可是蔡兵到达息国城下，息侯竟紧闭城门，蔡侯方知是计，急欲退兵，但此时楚军已借道息国，把蔡国围困起来，终于俘虏了蔡侯。

蔡侯被俘之后，痛恨息侯，便故意对好色的楚文王说，息侯的夫人息妫是一位绝代佳人。楚文王击败蔡国之后，息侯在息国都城为楚王设宴庆功。宴会上，楚文王趁着酒兴，说："我帮你击败了蔡国，你怎么不让夫人敬我一杯酒呀？"息侯只得让息妫出来向楚文王敬酒。楚文王一见息妫，果然天姿国色，就想据为己有。第二天，他举行答谢宴会，并提前布置好伏兵，席间将息侯绑架，轻而易举地灭了息国。

息侯主动借道给楚国，让楚国灭蔡，却不料引狼入室，招来了灭顶之灾。

诸葛亮将计就计气周瑜

三国时，刘备统管荆州诸郡。曹操为离间孙、刘关系，特上奏汉献帝封周瑜为总领南郡的太守。但此职不过是个虚名，荆州仍被刘备所占。周瑜一心想收复失地，便命鲁肃前去向刘备索要荆州。

刘备闻听鲁肃前来索要荆州，十分惊慌。诸葛亮在一旁劝说道："主公不必忧虑，亮自有良策。鲁肃一提荆州之事，主公大哭便是，我自会与他周旋。"

鲁肃到来后，果然提及索要荆州之事，刘备二话不说，放声大哭。鲁肃不知何故，诸葛亮便解释说："先生不知，当初我主向吴侯借荆州时，允诺得西川便还。但益州刘璋是我主同胞之弟，若兴兵取其城池，恐被外人唾骂；若不取，归还荆州又无处安身；若不还荆州，又于吴侯面上不好看。我主实进退两难，故大哭。"鲁肃很宽厚，见刘备这般哀痛，便答应了诸葛亮提出的延期归还荆州的请求。鲁肃回去告诉周瑜，周瑜一听雷霆大怒，痛斥诸葛亮诡计多端。但转念一想，又生一计，派鲁肃再去荆州。

鲁肃到了荆州，按周瑜吩咐对刘备说："吴侯十分同情您的处境，众议后决定替您夺取西川，然后换回荆州，西川就当是吴侯送您的礼物。军马路过时，只需提供些草粮即可，别无他求。"刘备听完心中生疑，但又不好显露出来，一直犹豫不决。诸葛亮在一旁连忙点头，回答说："难得吴侯一片好心。军队到来后，一定远接犒劳。"鲁肃听后，十分高兴。

鲁肃走后，刘备询问诸葛亮东吴的真正用意。诸葛亮回答："此乃周郎小儿的'假道伐虢'之计，名为收西川，实则夺荆州。"

后来，周瑜果真率军五万，浩浩荡荡来到荆州城下。周瑜本以为刘备会打开城门，准备酒宴迎接他，到时他就趁机夺回荆州。但只听一声梆子响过，城上竟有无数士兵持刀举枪，严阵以待，背后也杀声四起，扬言要活捉周瑜。周瑜知道被人看穿了计策，反中了诸葛亮之计，怒气涌胸，旧伤复发，不幸坠马身亡。

周瑜的失策在于谁都知道周瑜一心想要夺回荆州，所以他提出假道荆州取西川，目的太过明显。假道伐虢固然是妙计，但被识破后就会被人将计就计，导致损失惨重。

安禄山借名反唐

安禄山是安史之乱的罪魁祸首，他手段狡诈，善于谄媚逢迎，深得唐玄宗、杨贵妃等人的宠信和支持。天宝十四年（755年），安禄山在范阳发动叛乱，以讨伐杨国忠为名，攻陷洛阳。次年正月，安禄山在洛阳称帝，建元圣武。同年六月，攻陷长安。至德二年（757年），被其子安庆绪谋杀。

安禄山造反之心刚出现苗头时，杨国忠便察觉到了。他上奏玄宗，玄宗也有些不放心，于是派中官辅璆琳前去探察。

安禄山知道辅璆琳来意后便极力贿赂他。辅璆琳接受贿赂后，便回奏玄宗说安禄山一贯忠于朝廷，并无谋反之心。

杨国忠对唐玄宗说："谋反的人最善于掩饰，辅璆琳肯定是接受了贿赂才这么说的。若要试探安禄山到底是否忠于大唐，有一法可行。"唐玄宗忙追问是什么办法，杨国忠说道："现在召安禄山进京，如果他要造反，必做贼心虚不敢前来。他若肯来，证明他确实没谋反。"于是唐玄宗下旨召安禄山进京。

安禄山猜出唐玄宗和杨国忠的用意，为不引起怀疑，他冒险进京。酒宴上，安禄山跪到玄宗面前痛哭流涕："臣本胡人，受人歧视，蒙吾皇圣明，不嫌弃我，此恩臣万死难报。臣不知什么地方得罪了杨国忠，他总借口杀掉臣，请皇上为臣做主！"唐玄宗听后，很是同情，便不再以为他谋反，并封他左仆射的官职。

安禄山回到范阳后，庆幸自己逢凶化吉。他认为造反宜早不宜迟，否则良机一失，追悔莫及。当时，杨国忠结党营私，残害忠良，正义之士无不对他恨之入骨。于是，安禄山想出一计，打算借讨伐逆贼杨国忠的旗号起兵反唐。775年11月，安禄山率兵15万，高举讨伐杨国忠的大旗，以每天60里的速度直奔都城长安，安史之乱爆发。

安禄山起兵讨伐杨国忠得到了许多人的赞同。但他讨伐杨国忠只是个借口，实际上他真正目的是反唐。杨国忠好比是"虢"，而唐朝好比是"虞"，"虢"被消灭后，"虞"自然也就难以保全了。

林则徐祈雨

林则徐是中国近代著名的爱国人士，也是一位体察民间疾苦的清官。他任湖广总督时，湖北发生特大旱灾，庄稼枯死，米价飞涨，百姓们流离失所，饿死荒郊。于是，林则徐号召各级官员捐钱，从外地买粮平价出售。谁知无人响应，林则徐虽心中恼怒，却不露声色。他贴出告示："为解民苦，定于三日后设坛祈雨，上自督府，下自县官，一律斋戒三日，以示诚心敬天之意。"

三日后，林则徐亲率众官登坛焚香祷告。礼毕，林则徐命大家坐在芦席上，说道："我们平日养尊处优，今日我们皆不张伞打扇，体验一下民生疾苦如

林则徐是清朝后期著名的政治家、思想家，因主张严禁鸦片、抵抗西方侵略而深受人们敬仰。

何？"众官不敢违命，在烈日下坐了三炷香工夫，个个汗流浃背，叫苦连天。这时，林则徐说："天气炎热，拿茶来！"于是茶到，每人喝了一碗。不久，大家便呕吐起来。林则徐严肃地说："将呕吐之物交由侍官一一检查，看看我们是否诚心敬天！"检查结果，除林则徐所吐为粗饭青菜外，其他人皆为蛋肉荤腥。

林则徐大怒，说道："斋戒祈雨是何等重要之事，你们竟如此不诚。天不降雨，实因你们触怒上天所致，现在你们还有何话可说！"众官皆恐惧惭愧，纷纷表示愿意捐钱买粮。于是，林则徐很快筹到一笔巨款平抑粮价，赈济灾民。

其实，林则徐早已让人在茶中放入了催吐药，而众官吐出之物正充分说明了他们生活富足，完全有能力捐钱救灾。他巧用假道伐虢之计，以祈雨为名使众官捐钱赈灾，可谓用心良苦。

聪明的买主

有一个商人打算以5000美元的价格卖掉一所房子，于是他就在报纸上做了广告。不久，来了很多买主，但有的愿出3000美元，有的愿出3500美元，最多的愿出4000美元。

正当这个商人与出价4000美元的买主进一步商谈的时候，突然来了一个人称愿意出4500美元，商人对4500美元的价格基本上是满意的，所以就欣然同意了这位买主的要求，同时拒绝了其他所有买主。只要这位买主开出保付支票，交易就正式完成了。

在所有的买主不再登门的时候，这位出价4500美元的人却迟迟不来找商人。这时，商人急不可耐地打电话给这位买主，没想到这位买主却说："我的夫人认为这个价格不合理，她能够在别处买到更便宜的房子。如果我们还继续合作的话，是否可以再商量一下房子的价格？"

商人一听叫苦不迭，但他还是强忍下来与这位买主讨价还价。因为现在商人只剩下一位买主了，如果谈不妥，将失去卖房的最后机会。最终，两个人以3000美元的价格成交。

这位精明的买主首先报出高价来吸引商人，使商人打发走了其他买主。在这种情况下，他再施加压力，迫使商人以较低的价格卖掉房子。这种先战胜竞争对手，再来战胜卖主的策略，是"假道伐虢"之计在商业交往中的典型体现。

佳能"假途"美国走向世界

第二次世界大战结束以后，美国在西方世界市场上处于绝对的主导地位，各国的产品要进军世界市场，首先就要在美国市场"打响"。但是，要在美国市场上出人头地，实在是难上加难。

日本的佳能公司为了进军世界市场，也在积极地"假途"于美国。1955年，佳能在美国成立了分公司。它与美国一家富有销售经验的贝尔·哈威尔公司合作，以"贝哈·佳能"的商标，把照相机推向美国市场。几年以后，佳能又将其首创的自动电子曝光照相机投放美国市场，在喜新厌旧的消费者中大出风头。佳能则利用这一契机和贝尔·哈威尔公司脱钩，正式以"佳能"的名牌商标，在美国市场上独领风骚。佳能公司挟在美国畅销之余威，直逼瑞士的日内瓦，不久在那里取得了法人地位。

就靠以上几手"假途"之招，佳能公司力挫群雄，到20世纪90年代初，年产相机数百万架，约占全日本产量的三分之一，且绝大部分行销世界各地。

在当今错综复杂的商战中，智高一筹的经营者，由于善于"假途"，常可收到"与人分利己得利"的效果。

沙俄蹂躏波兰

1700年，沙俄与瑞典为了争夺北欧霸权，爆发了战争。而波兰的地理位置刚好在沙俄和瑞典之间，因此，波兰的态度对于俄、瑞双方的胜败极为重要。

沙俄想把波兰拉到自己的阵营中，一起对抗瑞典，因此一直拼命拉拢波兰。其实沙俄这样做，是想为以后吞并波兰打下基础。波兰禁不住沙俄的威逼利诱，答应与沙俄结盟。

于是，沙俄军队进驻波兰境内，在波兰的国土上与瑞典军队展开了激烈的战争。1715年，沙俄终于将瑞典打败了。而波兰在这十几年中饱经战乱，经济蒙受了巨大损失，无异于引狼入室。

战争结束后，俄国军队却丝毫没有撤军的意图。在和瑞典作战的15年中，俄军占据了波兰的重要城市和军事要地，波兰已无法将其驱逐出去。无奈之下，波兰国王只好同意让俄军继续留驻波兰，这就为后来俄国占领波兰打开了方便之门。

在这里，波兰就相当于"虞国"，而瑞典则是"虢国"。沙俄假借波兰之地与瑞典开战，在打败瑞典后又不把军队撤走，实际上是为吞并波兰做准备。沙俄运用假道伐虢之计打败瑞典，蹂躏波兰，充分暴露了它妄图称霸世界的野心。

第五套 并战计

第二十五计　偷梁换柱

【本计旨要】

"偷梁换柱",作为一个比喻,从字面上理解,就是用偷偷替换的办法,暗中改换事物的内容和本质,以达到蒙混欺骗的目的。与之意思相近的计谋还有"偷天换日""偷龙换凤""调包计"等等。

【计名探源】

秦始皇称帝后,自以为江山一统,便是子孙万代的家业了。因为他身体还不错,就一直没有立太子,所以宫廷内部存在着两个实力强大的政治集团,长子扶苏、蒙恬集团和幼子胡亥、赵高集团。长子扶苏恭顺好仁,为人正派,在全国有很高的声誉。秦始皇本意欲立扶苏为太子,为了锻炼他,还派他到著名将领蒙恬驻守的北线为监军。而幼子胡亥早被娇宠坏了,在宦官赵高教唆下,只知吃喝玩乐。

公元前210年,秦始皇第五次南巡,到达平原津(今山东平原附近),突然一病不起。此时,秦始皇也知道自己的大限将至。于是,连忙召丞相李斯,要他传达密诏,立扶苏为太子。当时掌管玉玺和起草诏书的是宦官头儿赵高。赵高早有野心,看准了这是一次难得的机会,就故意扣押密诏,等待时机。

几天后,秦始皇在沙丘平台(今河北广宗县境)驾崩。李斯怕太子回来之前,政局动荡,所以秘不发丧。赵高特地去找李斯,告诉他皇上赐给扶苏的信还扣在自己这里,现在立谁为太子,他们两人就可以决定。狡猾的赵高又对李斯讲明利害,说:"如果扶苏做了皇帝,一定会重用蒙恬,到那个时候,丞相的位置你还能坐得稳吗?"一席话,说得李斯果然心动,于是他们二人合谋制造了假诏书,赐死扶苏,杀了蒙恬。

赵高未用一兵一卒,只用偷梁换柱的手段,就把昏庸无能的胡亥扶为秦二世,为自己今后的专权打下了基础,也为秦朝的灭亡埋下了祸根。

【古文玄览】

频更其阵,抽其劲旅,待其自败,而后乘之,曳其①轮也。

李斯是秦朝杰出的政治家,在秦王嬴政统一六国以及秦朝建立后巩固中央集权的过程中发挥了很大作用。

【说文解字】

①其：句中的几个"其"字，均指盟友、盟军言之。

【古文今译】

频繁地更换友军的阵营，抽调他的中坚力量，等到他形势将败时，趁机行动，就像拖住了轮子，车辆就无法行驶一样。

【计谋评点】

本计最初的本意是指趁友军作战不利，借机兼并其主力为己方所用。在军事上，多见于联合对敌作战时，反复变动友军阵线，借以调换其兵力，等待友军一败涂地之时，一举将其全部控制。后来这条计策的重点逐渐转移到对敌军的"频更其阵"上了。也就是通过多次佯攻，促使敌人变换阵容，然后伺机攻其弱点。这种调动敌人的谋略常常能收到很好的效果。而无论是古代或是近代，都不乏用小股部队频繁变阵，从而达到隐蔽军事主力去向的先例。最后经过己方的偷梁换柱，以奇兵出击，收到良好效果，这是偷换门庭的又一种做法了。

古人在阐释这条计策时，说："阵有纵横，天衡为梁，地轴为柱。梁柱以精兵为之，故观其阵，则知精兵之所有。共战他敌时，频更其阵，暗中抽换其精兵，或竟代其为梁柱；势成阵塌，遂兼其兵。并此敌以击他敌之首策也。"这段话主要是从军事部署的角度讲的。古代作战，双方要摆开阵式，列阵都要按东、西、南、北方位部署。阵中有"天横"，首尾相对，是阵的大梁；"地轴"在阵中央，是阵的支枕。梁和柱的位置都是部署主力部队的地方。因此，观察敌阵，就能发现敌军主力的位置。如果与友军联合作战，应设法多次变动友军的阵容，暗中更换它的主力，派自己的部队去代替它的梁柱，这样一定会使它的阵地无法由它自己控制，这时就可以立即吞并友军的部队。

因为此计中包含尔虞我诈、趁机控制别人的权术，所以也常常被用于政治谋略和外交谋略。在封建社会里，所谓"友军"，不过只是暂时的联合而已，因而兼并盟友也是常事。本计的要点就在于"换柱"，即用自己的力量代替对方的主要力量，从而兼并对方。本计实施的前提，首先是要和兼并之敌成为盟友，解除对方的防备。然后在对抗另一个敌人的时候，巧妙地在盟友队伍里安插力量，将其"同化"，当它的主要力量丧失时，就无法决定自己的命运了。不通过战斗就消灭敌人、壮大自己，这才是上兵伐谋。

【事典辑录】

刘妃狸猫换太子

宋朝真宗统治时期，宫中的两位妃子刘妃和李妃都怀了孕。很显然，他们二人谁生了儿子，谁就有可能被立为正宫。刘妃先生下一女，她担心李妃生了儿子被立为皇后，于是与宫中总管郭槐定下一条偷梁换柱之计。

不久，李妃果然生下一个男孩。在接生婆尤氏的配合下，郭槐趁李妃分娩时因血晕而人事不知之机，用一只剥去皮毛的狸猫换走了刚刚出世的太子。随后，刘妃命宫女寇珠勒死太子，寇珠不忍心下手，暗中将太子交付给了宦官陈林。陈林又悄悄地将太子转移到了南清宫抚养。

真宗见到血色狸猫，以为李妃产下了一个妖物，大惊之下将她贬入了冷宫。不久，刘妃再次临产，生了个儿子，被立为太子，刘妃也被册立为皇后。但天有不测风云，六年后，太子夭折，当刘皇后得知李妃生的儿子并未死时，就将他收来抚养，并且让他补了太子之缺。太子渐渐长大成人，当他清楚自己的身世后与生母李妃见了面。刘后得知此事，十分不安，她在真宗面前进谗言，骗得真宗下旨将李妃赐死。小太监余忠生性正直，将李妃放走，并以身殉难。另一个太监秦凤将李妃接出，送往陈州，秦凤也自焚而死。于是，李妃一个人在陈州孤单地生活，住在破窑里，以乞食为生。当时包拯正在陈州放粮，得知了事情真相后，与李妃假认作母子，将她带回开封。此时，真宗已经死去，太子继承皇位，史称宋仁宗。包拯趁进宫向狄皇后贺寿之机，将李妃带入宫中。李妃与自己的亲生儿子仁宗见了面，并道出了真相，母子团圆。后来，包拯又施计逼迫宦官陈林说出真相，已成为太后的刘妃得知阴谋败露，惊厥而死。包拯也因为审出了狸猫换太子一案，替宋仁宗找回了自己的亲生母亲，遂被民间传为"包青天"。

狸猫换太子是民间传说中非常著名的一个故事。到了近代，历史学家纷纷考证史实，学术界普遍的观点是否认狸猫换太子一事。虽然这个案件难辨真假，但却是一个不折不扣的偷龙换凤之计。

袁子才撮合姻缘

清朝名士袁子才在江宁做知县的时候，碰上了一桩案子。有一个姓陈的女子，已许配给李某，但因李某家贫，女家索礼又很重，以致两人无法成婚。后来，陈氏女被一个风流和尚设计奸污了，又在这个和尚的威逼利诱之下不得已做了他的情妇。乡间有几个无赖得知此事，便想借故勒索和尚。一晚，和尚和陈氏女在一起时，被无赖们当场捉住，送往县衙。

袁子才问清了事情的由来，很同情陈氏女的遭遇，决定帮她摆脱和尚的纠缠，与李某结成秦晋之好。

袁子才半夜提审了和尚，申斥一顿之后，剥下他的和尚袍，让他离开。然后在自己家中找到一个做粗活的女仆，把她的头发剃掉，让她穿上那件和尚袍，并将其送进监牢。

第二天，袁子才升堂，只见他把惊堂木一拍，喝道："可恶的秃驴，出家人竟敢与黄花闺女同居，天理难容！来人，与我打80大板！"衙役们不由分说，当堂剥下"奸夫"的裤子，大家一看傻眼了，和尚竟是个女子！袁子才故装惊讶："怎么是个尼姑！原告竟敢与本官开玩笑，本官定要追究。现在把被告放了吧！"几天后，袁子才把李某找来，将陈氏女无辜受辱的经过如实说明。李某感动得热泪盈眶，回去后即向女家纳聘，不久李某就与陈氏女结为了夫妇。

袁子才运用偷梁换柱的计谋，不仅帮助陈氏女挽回了名誉，更使得李某与陈氏女终成眷属，真是好事一桩。

方志敏化装擒豪绅

1929年11月，方志敏在信江领导农民进行"打土豪，分田地"的斗争。一些豪绅地主在反动武装支持下反攻倒算，迫害分田农民。于是，方志敏打算要灭一灭他们的嚣张气焰。

一天傍晚，方志敏化装成白军军官，骑着大马，带着十几个"卫兵"进村来。豪绅们大献殷勤，设宴款待"长官"。宴上，方志敏俨然一副"长官"派头，他对豪绅们说："你们不用怕方志敏，方志敏有什么可怕的！等明天我大军一到，我就让他脑袋搬家，保你们平安无事！"方志敏见豪绅们对自己深信不疑，继续说道："为配合大军行动，今晚8点在周家祠堂商议军事，通知各村要人，务必准时参加！"

当晚8点，豪绅们果然聚集在周家祠堂。忽然一阵哨声响，门外涌进一群手持梭镖的赤卫队员。豪绅们一片惊慌。这时，方志敏出现了，他正色道："你们反攻倒算，罪大恶极，人民要公审你们！带走！"此时，豪绅们才知道原来那位"长官"就是令他们谈之色变的方志敏。

方志敏巧用偷梁换柱之计深入敌人内部，将37个村庄里的77个豪绅一举擒获。

日本为IBM大开"绿灯"

在信息传播速度不断加快的当今社会，先进技术产品层出不穷。一个有头脑的经营者，不但要眼睛向内，牢牢把握自己的经营之道；更要眼光向外，密切注意他人之长，并取而用之，使自己的技术和产品质量跳跃式地提高，这样才能使企业永葆青春。

日本在20世纪后期，通常还不准外商在日本独资经营。但当时为了发展电子计算机工业，日本破例给IBM公司开了绿灯，让它在日本独资经营，甚至把国内的市场让给它。

几年之后，在IBM工作的那些日本人从IBM学到了技术，加上自己的创新，使得日产电子计算机才逐渐崭露头角，获得了巨大的发展空间。

"偷梁换柱"之计在商战中的最普遍应用，就是要多方搜罗和掘取有用的人才、情报和设施，甚至"偷换"竞争对手阵营里的"栋梁"之才和核心技术。日本坚持大量引进国际先进技术，尤其在高技术领域里，至今引进势头有增无减。这种取人所长，补己之短的做法，无疑能大大推进自身技术的进步。

燕子向房客道歉

环抱在青山之间的日本古都奈良，既有金碧辉煌的名胜古迹，又有迎春摇曳的樱花，加之现代化的文化娱乐设施和世界一流的旅馆，使得这里每年一到春夏两季，就有观光客潮水般涌来。

奈良的春天，一过4月份，就有大量的燕子从南方飞来，它们争相在旅馆的房檐下筑窝栖息，繁衍后代。可是，招人喜爱的燕子有随便排泄的习惯，刚出壳的雏燕把粪便溅在明净的玻璃窗上和整洁的走廊里。尽管服务员们不停地擦洗，但蜂拥而至的燕子总会使旅馆留下污渍。于是，房客们纷纷抱怨此事。奈良的旅馆普遍面临着一场效益危机。

这时，一家旅馆的公关小姐灵机一动，她以燕子的名义给房客写了一封信，并广为张贴和宣传。这封信是这样写的：

女士们、先生们：

　　我们是刚从南方赶到这儿过春天的小燕子，没有征得您的同意，就在您的窗前安了家。我们的小宝贝年幼不懂事，我们的习惯也不好，经常弄脏您的玻璃窗和走廊，致使您很不愉快。我们为此很过意不去，请您多多原谅。

　　还有一件事恳求您的谅解。请您千万不要埋怨服务员小姐，她们是经常擦洗的，只是擦不胜擦，这完全是我们的过错。请您稍等一会儿，她们很快就会来擦洗。

您的朋友小燕子

旅馆的房客们见到这封妙趣横生的信，明白了事情的原委，心里的怨气顿时消散了。这家旅馆的公关小姐使用"偷梁换柱"的策略，让燕子代旅馆向房客们道歉，收到了意想不到的效果，避免了一场效益危机。

"阿根廷香蕉"

有一个家境贫寒的小伙子好不容易找到一份卖水果的工作，但就在他工作的第一天，发生了一件不幸的事情：水果店冷库起火了！等救火队员迅速将火扑灭时，发现有18箱香蕉已被火烤得有点儿发黄，香蕉皮上还有许多小黑点。老板将这18箱香蕉交给小伙，告诉他只要卖出去就行，价钱低些也无所谓。

接过这些香蕉，小伙子犯难了：这可怎么办呢？谁会买这些难看的香蕉呢？这么棘手的任务该怎么完成呢？尽管如此，他还是不得不将这些发黄的香蕉摆了出来。尽管他以很低的价格拼命叫卖，仍只有寥寥可数的几个人来到摊位前，都是只看一眼就又转身走开了，因为香蕉确实太难看了。

小伙子喊累了，琢磨着应该怎么办。突然，他想出一个好主意，于是大声吆喝起来："美味的阿根廷香蕉，风味独特，独此一家，快来买呀！"吆喝声吸引了不少人围过来，他们盯着这些皮稍微发黄，还带着小黑点的"阿根廷香蕉"，犹豫不决。

"这真是阿根廷香蕉吗？"其中一人问道。"当然是，"小伙子肯定地说，"要不您尝尝。"说完，他剥开一根香蕉塞到那人手里。那人尝完以后点点头，然后掏出钱来购买香蕉。这时，围观的人也纷纷掏钱购买"阿根廷香蕉"，不一会儿，18箱香蕉就被抢购一空了。

小伙子在保证香蕉质量的前提下，利用人们喜欢新奇事物的心理，运用"偷梁换柱"的计策，顺利地完成了任务。

俄舰易帜胜土军

1853年，克里米亚战争爆发。英、法、撒丁王国和奥斯曼土耳其帝国联合对俄开战。11月中旬，联军主力从黑海撤回博斯普鲁斯海峡，只留下一支土耳其海军分舰队负责往高加索西岸的巴统运送粮食和弹药。途中，土耳其舰队却遇俄舰围截，只好退入锡诺普湾躲避，等待联军救援。

11月30日清晨，海上大雾弥漫。土耳其舰队指挥官奥斯曼下令将军舰停靠在海岸附近，以借海岸上的大炮作掩护，防止俄军偷袭。中午，雾渐渐散开，奥斯曼看见有6艘战列舰和2艘巡航舰扬帆驶向港口，舰上挂着英国的"米"字旗。奥斯曼看到友军舰队非常欢喜，立刻不再担忧了。就在这时，6艘战舰突然同时转身，将炮口对准土耳其舰队。瞬时，"米"字旗落下，俄军白"十"字旗升起，奥斯曼赶紧命令全军备战，但为时已晚。

土耳其16艘战舰上的510个小口径炮还没准备好，俄舰的720门大、中口径炮就已开火。霎时，浓烟四起，响声震天。俄舰凭借舰身的三层护甲和猛烈的火力以及顺风、背光等有利条件，猛烈攻击土耳其舰队。海面上一片火光，碎木横飞，土军死伤无数。这时，土耳其岸上的炮台连忙反击，但俄舰早已躲入死角，土耳其大炮对它丝毫不起作用。结果，土耳其损失舰只15艘，官兵伤亡3000余人；而俄军只有几艘舰只受了微创，死亡37人，伤235人。战势明显偏向俄方。

俄军采用偷梁换柱之计，用英国国旗迷惑了土耳其战舰。这就是兵书上所说的"兵不厌诈"。

赖利假扮德国军官

西德尼·赖利是第一次世界大战期间英国的著名间谍，他智勇兼备，神通广大，曾在刺探德国军事情报的活动中留下赫赫功名。

有一次，赖利空降在德国曼海姆城附近，伪装成一名德国工匠，并携带了证明他因病退役的证件。赖利在这里逗留了三周，机智地搜集到了德国人将于1918年春发动攻势的情报。赖利立即将这一情报转送到英国情报机关，协约国军事指挥部根据这一情报制定出应对措施，使德国的企图未能得逞。赖利还成功地参加了德军，当上了列兵，没过多久便晋升为军官。赖利穿着德国军官服来到东部前线，与那里的德国人同吃同住。他的德语和俄语都十分地道，因此能不露痕迹地伪装成德国人和俄国人。由于赖利总能及时地把德军东部前线的情报送到英国，这为英军的战略部署提供了可靠依据。

赖利从事间谍活动可谓有勇有谋。有一次，他听说德国皇帝要在德军统帅部亲自主持召开军事会议。为了取得参加这次会议的"入场券"，赖利果断地杀死一名德军上校，然后把尸体投入沟中，自己穿上这个德军上校的制服，冒名顶替参加了会议。果然，不出他所料，他在这次会议上得知了德军将用潜艇对协约国发动新攻势的计划。赖利立即把这个情报送回国内，使英国及时采取了应付德国潜艇的措施。

偷梁换柱，冒名顶替，这是间谍活动中被广泛采用的手段。当然，要做到像赖利这样娴熟也是很不容易的。

第二十六计　指桑骂槐

【本计旨要】

此计的比喻意义应从两方面理解。一是要运用各种政治和外交谋略，"指桑"而"骂槐"，施加压力配合军事行动。二是这条计策是讲对待部下将士，必须恩威并重，刚柔相济。

【计名探源】

春秋时期，齐景公任命田穰苴为将，带兵攻打晋、燕联军，又派宠臣庄贾作监军。穰苴与庄贾约定，第二天中午在营门集合。第二天，穰苴早早到了营中，命人装好作为计时器的标杆和滴漏盘。约定时间一到，穰苴就到军营宣布军令，整顿部队。可是庄贾迟迟不到，穰苴几次派人催促，直到黄昏时分，庄贾才带着醉容到达营门。穰苴大声斥责他不以国家大事为重。庄贾仗着自己是国王的宠臣亲信，对穰苴的话不以为然。于是，穰苴叫来军法官，问："无故误了时间，按照军法应当如何处置？"军法官答道："该斩！"穰苴即命拿下庄贾。庄贾吓得浑身发抖，他的随从连忙飞马进宫，请求景公派人救命。就在穰苴下令将庄贾斩首示众时，景公派来的使臣手持景公令飞马闯入军营，叫穰苴放了庄贾。穰苴沉着地应道："将在外，君命有所不受。"他见来使骄狂，又叫来军法官，问道："乱在军营跑马，按照军法应当如何处置？"军法官答道："该斩。"来使一听，吓得面如土色。这时，穰苴接着说道："君王派来的使者，可以不杀。"于是，他下令杀了使者的随从和三驾车的左马，并砍断了马车左边的木柱，然后让使者回去报告。穰苴军纪严明，军队战斗力旺盛，后来打了不少胜仗。

作为部队的指挥官，必须做到令行禁止、法令严明。否则指挥不灵、令出不行，而且手下士兵就像一盘散沙，怎能打仗？所以历代名将都特别注意严明军纪。在管理部队时刚柔相济，处处关心和爱护士兵。假如不能有令不从、有禁不止，有时就采用指桑骂槐的方法，抓住个别坏典型，从严处理，即可震慑全军。

【古文玄览】

大凌小者，警以诱之①。刚中而应，行险而顺。

【说文解字】

①大凌小者，警以诱之：强大者若想控制弱小者，要用警戒的办法去诱导他。

【古文今译】

　　实力强大的一方想凌驾于实力弱小的一方之上，就要用警戒的办法去诱导他。有时，采取适当的强硬手段会得到应和，冒险行事就会取得成功。

【计谋评点】

　　指桑骂槐之计应用极为广泛。比如春秋时期，齐相管仲为了降服鲁国和宋国，就运用了此计。当时，齐国先出兵攻下了弱小的遂国，此举使鲁国心生畏惧，主动向齐谢罪求和，而宋见齐鲁联盟，也只得认输求和。管仲"敲山震虎"，不费力气就使鲁、宋两国臣服。再如，姜太公在灭了商纣、建立周朝之后，要罗致一批人才为国家效力。当时，在齐国有一位贤人狂矞，很为地方人士推重。姜太公慕名，想请他出来做事，但接连拜访了三次，都吃了闭门羹。后来，姜太公忽然把他杀了，周公旦爱才，想救他也来不及了。周公旦问姜太公："你为什么把他杀了？"姜太公回答说："四海之内，莫非王土，率土之滨，莫非王臣。在天下大定之时，人人都应当为国家出力。只有两个立场，不是拥护就是反对，绝不容有犹豫或中立的思想存在。狂矞如此不合作，若是人人都像他那样，那还有什么可用之民、可纳之饷呢？把他杀了，其目的在于以儆效尤！"果然，经此一事，那些怀念周朝的能人再也不敢隐居下去了。

　　古人曾阐释本计，说："率数未服者以对敌，若策之不行，而利诱之，又反启其疑。于是故为自误，责他人之失，以暗警之。警之者，反诱之也。此盖以刚险驱之也。或曰，此遣将之法也。"大意是讲率领不听从指挥的部队去对抗敌人时，如果他们违抗命令，你用利益来引诱，反会引起他们的疑心。这时，不如故意在军中挑起事端，责怪某人的过失，以警告其他不服从命令的人。警告，是从反面诱导。这就是杀一儆百、树立权威，也是调兵遣将的方法。有人会说这哪是调兵遣将的方法？但试想，不听从调遣的乌合之众，又怎能取胜？当然，如果只是一味地严厉，甚至残酷，也很难做到让将士们心服。所以还要会关心、体贴手下将士，使他们心生感激、敬佩，这才算得上是称职的指挥官。

　　本计的要点是"警"，即从反面诱导。但要注意的是，领导人应该做到"赏为表，罚为里"，即制定制度和发布命令，表面上都要以奖赏的形式出现，把惩罚隐藏在制度和命令的里层。柔外而刚中，这样人们才会被经常出现的奖赏所激励，乐意接受调遣，并受制于里层的惩罚手段。相反，若以罚为表，人们的积极性就会很差，他们宁愿不动，也不愿犯错。

【事典辑录】

孙武斩妃立军威

　　春秋时期，吴王阖闾看了大军事家孙武的著作《孙子兵法》，非常佩服，立即召见了孙武。吴王说："你的兵法精妙绝伦。能不能当面给我演示一下呢？"孙武说："这个不难。您随便找些人来，我马上操练给您看。"吴王一听，好生好奇，他存心想为难一下孙武，便说道："我的后宫里美女多得很，先生能不能让她们来操练操练？"孙武一笑，说："可以！任何人都可以操练。"于是，吴王立即从后宫叫来了200名美女。

众美女一到校军场上，只是嘻嘻哈哈，东瞅西望。孙武将她们编成两队，并命吴王的两个爱妃任队长，接着开始认真细致地对她们讲解操练要领。交代完毕后，他命人在校军场上摆下刑具，威严地说："练兵可不是儿戏！你们一定要听从命令，不得马马虎虎、嬉笑打闹，如果谁违犯军令，一律按军法处置！"说完，孙武就传令擂响战鼓，开始操练。

孙武发令："全体向右转！"可美女们不但一个也没有动，反而哄堂大笑。孙武并不生气，说道："将军没有把动作要领交代清楚，这是我的错！"于是，他又一次详细地讲述了动作要领，并问道："大家听明白了没有？"众美女齐声回答："听明白了！"鼓声再起，孙武发令："全体向左转。"这次，美女们还是一个未动，而且笑得比上次更加厉害了。

孙武沉下脸来，说道："动作要领没有交代清楚，是将军的过错，交代清楚了，而士兵不服从命令，就是士兵的过错。按军法，违犯军令者斩，队长带队不力，应先受罚。来人，将两个队长推出斩首！"吴王一听，慌了手脚，急忙派人对孙武说："将军确实善于用兵，军令严明，吴王十分佩服。这次，请放过寡人的两个爱妃。"孙武回答道："将在外，君令有所不受。吴王既然要我演习兵阵，我一定要按军法规定操练。"说罢，他坚持将两名妃子斩首示众，吓得众美女魂飞魄散。

孙武的这一招果然十分有效。鼓声第三次响起后，众美女精神集中，处处按规定动作，一丝不苟地完成了操练任务。

舍人妙言助乳母

汉武帝刘彻有个乳母姓侯，是东武县人氏，与刘彻感情很好。刘彻当上皇帝后，仍称她为大乳母，她有什么要求，武帝都会尽量满足，以报答她的哺育之恩。但这样一来，大乳母的儿女子孙们便骄横起来，他们在京城街上公然拦人车马、抢人财物，无法无天。

有人把这些事告诉了武帝，武帝听后非常生气，但又不忍心治大乳母的罪。掌管此事的官吏知道武帝为难，便建议让大乳母全家迁移到边远地方去。武帝同意了。大乳母接到诏书后才悔悟自己平时居功自傲，竟疏忽了对家人的管束。如今虽悔之晚矣，但自己又实在舍不得离开武帝。这时，大乳母想到了很受武帝喜欢的倡优郭舍人，就去求他帮忙。

三十六计

第五套

并战计

二四五

大乳母一见郭舍人便埋头哭诉，郭舍人见她可怜，就告诉她临行前一定要去向武帝辞行，走时还要做出依依不舍的样子，要边下殿回头看武帝。于是，大乳母便按郭舍人吩咐去做了。临行前，她去向武帝辞行，上殿拜完武帝后，一边下殿一边不时回头凝望武帝，眼里满是泪水。突然，站在武帝身边的郭舍人破口大骂："你这老女人还不快点儿走，皇上已长大成人，不用你这奶妈来养活了！你还回头看什么呢？"武帝一听，倒觉得是在骂自己，转念想想这话虽难听，却很在理，毕竟是大乳母把自己喂养大的，现在怎么能赶她走呢？于是，他下令让大乳母回来，并赦免了她的罪，然后叮嘱她以后要加强对家人的管束。

郭舍人用指桑骂槐之计使武帝最终顾念哺育之恩，从而成功地帮助乳母留在了武帝身边。

孙权抽刀劈帅案

208年，曹操率大军逼近江陵，准备攻打孙权。情势危急，孙权急忙召集群臣商议对策。会上有人主战，有人主降，一时难以统一。这时，诸葛亮来到军中，舌战群儒，力谏孙刘联合抗曹，再加上鲁肃、周瑜对形势作了分析，孙权最后决定倾东吴之全力抵抗曹军，并厉声说道："我与曹贼势不两立，东吴将与曹军血战到底！"说完，他抽出刀，用力一劈，劈断了帅案一角，接着又高声说道："从现在起，凡再说降曹者，有如此案！"见此情景，众人皆不敢言。

孙权用这种敲山震虎的方法，强行压制住了不同意见，维护了东吴统治集团内部的统一。

孙权厉声说道："我与曹贼势不两立，东吴将与曹军血战到底！"说完，他抽出刀，用力一劈，劈断了帅案一角，接着又高声说道："从现在起，凡再说降曹者，有如此案！"

苏轼婉拒旧友

北宋时期，苏轼与苏辙兄弟均在朝中做官。一次，苏辙的旧友来到苏府，想让苏辙帮他谋个差事。苏辙不想徇私，因此避而不见，此人便转向苏轼求助。苏轼不提找差事的事情，却给他讲了一个故事："传说有一个人穷得无以为生，便去盗墓。挖开第一个墓，只见里面有个光着身子的古人，嘴里还念念有词'你没听说过汉朝杨王子孙轻财傲世，下葬时连衣服都不穿吗？我自己光着身子，还能拿什么接济你呢？'穷汉又凿开第二个墓，墓中是个帝王，他很和气地说'我是汉文帝，早已立下遗诏，墓中不放金玉之物，你还是到别处去吧！'穷汉气得没办法，又去找墓。他发现有两座连在一起的墓，便首先凿开左边的墓，只见一个羸弱的身影走了过来，对他说'我是伯夷，早年饿死在首阳山下，我怎么能满足你的要求呢？'穷汉只得去挖右边的墓，伯夷劝道'那里住着我的兄弟叔齐，他的状况和我差不多，我看你是白费力气。'"听到这里，前来谋差事的人彻底明白了苏轼不愿相助的用意，便以有急事为由匆匆地离开了苏府。

苏轼所讲的故事是"桑"，谋职者相当于"槐"。苏轼表面看似轻轻松松地给他讲故事，实际上是借此表明自己不开"后门"的立场，他最后的几句话也巧妙地提醒谋职者不要再去麻烦他的弟弟。

苏轼是北宋著名的诗人、词人、书画家、散文家，唐宋八大家之一，他与父亲苏洵、弟弟苏辙皆以文学名世，世称"三苏"。

戏子反语救县官

后唐皇帝庄宗爱好打猎。一次，庄宗带人在中牟县打猎，为了追赶一只受伤的野猪，踩坏了许多庄稼。中牟县县官看后很心疼，就进谏庄宗不要再追赶野猪了。庄宗大怒，立即下令把县官捆绑起来，即刻斩首。

这时，给庄宗演戏的敬新磨急忙走上前去，大骂县官："你这糊涂东西，亏你是个做官的，难道不知道皇上最喜欢打猎了吗？"庄宗一听，不住地点头。敬新磨接着说："你这糊涂的县官，早该把这片地空出来给皇上打猎之用，还种什么庄稼？是皇上打猎事大，还是百姓饿肚子事大？是皇上高兴事大，还是国家收不上税事大？这你都分不清吗？"

庄宗越听越不对劲，心想：好你个敬新磨，明里骂县官，暗里在骂我啊！但转念一想，觉得他的话也不无道理，于是就下旨放了县官。

朱元璋假斩徐达

1356年，朱元璋率红巾军攻占了集庆，随后向镇江进军。但在攻打镇江时，指挥这场战役的大将军徐达迟迟没有出现。突然，军中传来消息，说徐达被抓起来了，马上就要问斩。众将士听后大吃一惊。自朱元璋起兵以来，徐达将军东征西讨，一路追随，立下了汗马功劳。他究竟犯了何罪，以致问斩呢？

不一会儿，只见徐达被捆绑着押到教场。执法官高声宣布道："徐达身为统兵大将军，统兵无方，军纪败坏，军中屡有欺压百姓的事情，坏我军名声。徐达罪不可赦，理当斩首！"帅府都事李善长急忙跪倒在地，向朱元璋哀求道："徐将军作战英勇，屡立战功，眼下正是用人之时，还望元帅念他战功卓著，饶恕他吧！"朱元璋沉着脸坐在椅子上，一言不发。过了一会儿，他才站起身，说道："我们起兵是为了什么？""替天行道，除暴安民！"众将士齐声答道。"是的，"朱元璋说，"我们起兵反元，就是因为朝廷欺压百姓。可如果我们推翻了元朝，反过来也欺压百姓，那我们和元朝的官兵有什么区别？"最后朱元璋沉吟半晌，缓缓说道："看在众将士份上，且饶你这次！如若再犯，严惩不贷！"说完，便拂袖而去。

徐达被松绑后，当场向手下部将宣布："打下镇江后，不许烧杀抢掠，欺凌百姓，更不许调戏妇女。违令者杀无赦！"这支纪律严明的大军很快攻下了镇江。进城后，大军秋毫无犯，百姓们连连称赞，纷纷奔走相告。朱元璋见后大喜，他派人叫来徐达，一把拉住他说："贤弟，那日在教场上委屈你了！"徐达笑道："元帅圣明，没有那日，哪有今天呢！"

原来，红巾军自攻下南京后，军纪松懈，烧杀抢夺、调戏妇女事件时有发生。朱元璋为此忧心忡忡。但他知道光抓几个违纪将士并不起作用，于是就设计上演了教场假斩徐达那一幕，以此来告诫将士们一定要遵守军纪。

优孟戏扮孙叔敖

优孟是春秋时有名的戏子，平日里以滑稽调笑取欢左右，深得楚庄王的宠爱。楚国贤相孙叔敖死后不久，优孟在郊外看到孙叔敖的儿子在山上砍柴。优孟这才知道此位贤相身死萧条，儿子沦落到靠砍柴为生的地步。优孟决心帮孙叔敖的儿子渡过难关。经过一番思考之后，他特制了一套孙叔敖平时常穿的服装，每日细心模仿孙叔敖的一举一动。

一天，楚庄王在宫中大宴群臣，优孟穿着孙叔敖的服装走了过来。楚庄王远远一望，误以为孙叔敖复活，惊讶得差点叫出声来，及至近前，才看出是优孟所扮。楚庄王想起孙叔敖以前的功劳，感慨地对优孟说："你若有孙叔敖的才干，我愿意拜你为相。"出人意料的是，优孟并未磕头谢恩，而是不以为然地回答说："做丞相有什么好处，最后连自己儿子的生计都保障不了！"接着，他把孙叔敖身后萧条的状况如实地告诉了楚庄王。楚庄王听后，幡然醒悟，遂下令召孙叔敖的儿子入朝，加封晋爵，赐绢赏地。

优孟并不是直接劝谏楚庄王，而是装扮成孙叔敖，对楚庄王进行旁敲侧击，使楚庄王明白了"人走茶凉"这一做法的危害性，从而帮助孙叔敖的儿子摆脱了困境。优孟这一指桑骂槐的计谋巧妙适度，收到了良好的效果。

优伶戏讽权臣

宋宁宗时，外戚韩侂胄自恃辅佐有功，专横跋扈，排除异己，许多朝臣对他大为不满。韩侂胄曾夸下海口说北伐必胜无疑，然而结果却大败而归，因此他整日垂头丧气，烦恼不已。这时，那些平时对其不满的朝臣们决定借机羞辱他一番。

一日，宁宗赐宴，韩侂胄及群臣应邀前往。酒过三巡，几个优伶上台表演节目。一个自称樊顺的优伶先上台，旁边优伶问道："是谁给你取的名字？"

"孔夫子。"樊顺回答。

又一个自称樊哈的优伶上台，旁人问他的名字是谁取的，他答道："汉高祖。"

第三个上台的优伶与韩侂胄长得十分相像，名叫樊恼，众人问他的名字是谁取的，他忧愁地说："樊（烦）恼自取也。"听后，众人哈哈大笑。

韩侂胄知道这些优伶肯定受了某些官员的指使，但又没指名道姓，不好发作，因此只在一旁忍气吞声地喝闷酒。

韩侂胄骄横跋扈，而官员们又不敢指责他，因此，只好借优伶之口指桑骂槐地将他戏弄。

阿丑演戏谏宪宗

明宪宗时，太监汪直弄权干政。他的两个手下王越和陈钺分别担任左都御史和辽东巡抚之职，均为文武要津。他三人狼狈为奸，无恶不作，把朝政搅得混乱不堪。宪宗却仍以为他们三人忠心耿耿，对他们百般恩宠。

宫里有个叫阿丑的小太监，诙谐幽默，常为宪宗演戏解闷。他对汪直等人的跋扈非常不满，于是想找机会劝谏宪宗。

一天，阿丑扮成一个醉鬼走上台来，踉踉跄跄跌倒在地。另一个扮演路人的小太监喊道："大官出巡，众人回避，还不快起来！"但阿丑却像没听见似的一动不动。

路人又喊："圣驾到了，快起来！"阿丑仍一动不动地躺在地上。

"汪太监来了！"路人又喊。

阿丑闻声急忙爬起来，仓皇逃走。

另一人问阿丑："皇帝你都不怕，还怕汪太监吗？"

阿丑回答："你不知道吗，汪太监可不好惹啊！"

宪宗听后，若有所思。

次日，宪宗又来看戏。这回阿丑穿着汪直的衣服，手提两把钺，振振有词地说:"本英雄乃汪某是也,横行天下,无人敢拦,全凭这两把钺。我左手一扬,日月无光;我右手一挥,人头落地。"

旁边有人问道:"汪勇士,你这两把宝钺叫什么名字呀?"

阿丑答道:"难道你连王越、陈钺都不知道吗?"

至此,宪宗终于明白了阿丑的意图。最后,宪宗撤去汪直、王越、陈钺三人的官职,把他们贬到外地去了。

面包大王的指责

美国面包大王凯瑟琳·克拉克标榜自己的面包是"最新鲜的面包"。为了取信于消费者,她在包装上特别注明了烘制日期,保证绝不卖存放超过三天的面包。针对经销商方面的问题,凯瑟琳实行了一套新办法:由公司派人把烤好的面包用车直接送给经销商,按地区排了一个循环表,每三天送一次,同时把经销店没卖完的面包收回。如果有的店不到三天就把货卖完了,可以随时用电话通知,公司马上就送货上门。

凯瑟琳采取这样的方法,麻烦了自己,方便了经销商,但却使自己的原则"超过三天不卖"得以坚持实行,保证上市面包的新鲜。

一年秋天,一场大洪水导致了面包的紧缺。一天,凯瑟琳公司的运货员乘车从几家偏僻商店回收了一批过期面包。返程途中,停在人口稠密区的一家经销店前,立刻被一群抢购面包者包围住了,提出要购买车上的面包。运货员解释面包是过期的,不能卖给大家。后来由于大家迫切需要面包,运货员也没法控制局面。这车面包最后还是在双方的"默契"下,很快被"强买"一空。事后,凯瑟琳严厉指责该运货员违反规定,卖过期面包给顾客。这一消息被几位新闻记者得知后,着力渲染了一番,登在报上,成了轰动一时的新闻。凯瑟琳公司的面包新鲜,诚实无欺,给消费者留下无比深刻的印象。

凯瑟琳对运货员的指责,实际是"骂"其他面包商的面包不新鲜。这就是巧使"指桑骂槐"妙计,树立起自己面包最新鲜的良好形象。对经常上当受骗的消费者来说,自然具有巨大的吸引力。正因为这一点,凯瑟琳只用了短短十几年工夫,就把一个家庭式的小面包店完全变为现代化的大企业。

萨克斯智激罗斯福

1937年,爱因斯坦等科学家委托美国总统罗斯福的私人顾问萨克斯约见罗斯福,要求美国抢在纳粹德国的前面制造出原子弹。不料,罗斯福听了萨克斯的建议,冷淡地说:"我听不懂什么核裂变的理论,现在政府无力投巨资研制这种新炸弹，你最好不要管这件事情了！"

事后，罗斯福觉得自己的态度有点过火。为表歉意，他邀请萨克斯共进早餐。萨克斯冥思苦想，准备利用这个机会说服总统。第二天清晨，萨克斯与罗斯福一起来到餐厅。刚一落座，罗斯福便说："那天我的态度不好，抱歉！科学家们老爱异想天开。今天可不许你再提原子弹的事了！"

"那我就谈一点历史，好吗？"萨克斯平心静气地讲了起来，"当年拿破仑横扫欧洲，不可一世。他虽然在陆地作战时总是旗开得胜，但在海战中却不尽如人意。有一回，一个叫富尔顿的美国人来见他，建议他砍断法国战舰的桅杆，安装上蒸汽机，把船板换上钢板，并说这样就会所向无敌，很快占领英伦三岛。拿破仑心想：船没了帆就无法行驶，船板换上钢板肯定会沉没。他认为富尔顿是个疯子，竟然把富尔顿赶走了。历史学家们说：如果拿破仑当时采用了富尔顿的建议，那么整个欧洲的历史就会被改写。"

罗斯福听罢，脸色变得严肃起来，他沉思片刻，然后对萨克斯说："你赢了，我们马上着手研制原子弹！"

萨克斯不直接谈原子弹问题，而是运用历史上发生的类似事件进行说明，使不懂物理学的罗斯福总统很快接受了科学家们的建议，做出了此项重大决定。萨克斯在这里使用的就是"指桑骂槐"的计谋。

赫鲁晓夫影射尼克松

1959年9月，苏共第一书记赫鲁晓夫应美国总统艾森豪威尔之邀访问华盛顿。在戴维营会谈中，赫鲁晓夫遇到了美国副总统尼克松。赫鲁晓夫知道尼克松是反共主义者，并且对赫鲁晓夫这次美国之行持否定态度。但碍于外交礼节，赫鲁晓夫不便直言攻击。于是，他对艾森豪威尔说："美国政府多数人都希望改善美苏关系，只有少数人反对这样做，这是多么愚蠢啊！这些人又是多么卑劣！"赫鲁晓夫边说边直盯着尼克松。在场的人都知道赫鲁晓夫说的就是尼克松，尼克松自己也知道。但他并没有指名道姓，因此尼克松无法辩驳，只得暗自气恼。

赫鲁晓夫可谓是指桑骂槐的高手，尼克松实在无计可施，只好忍气吞声。

第二十七计　假痴不癫

【本计旨要】

"假痴不癫"，重点在"假"字。这里的"假"，意思是装痴扮傻、装聋作哑，而内心里依然清醒。此计作为政治谋略和军事谋略，都算高招。用于政治谋略，是韬晦之术，在形势不利于自己的时候，要表面上给人以碌碌无为的印象，隐藏自己的才能，掩盖内心的抱负，以免引起政敌的警觉。

【计名探源】

秦汉时期，匈奴的疆域十分广阔，东至辽河，西至葱岭，南达秦长城，北抵贝加尔湖。它的缔造者是匈奴著名的单于冒顿。这位领袖最初就是采用假痴不癫的计策来夺取地盘的。

秦朝末年，冒顿登上匈奴单于之位。邻近一个东胡民族，仗势欺人，不断向匈奴勒索物品。有一次，东胡要匈奴献上国宝千里马。匈奴的将领们都说东胡欺人太甚，国宝决不能轻易送给他们。而冒顿却若无其事地回答："给他们吧！不能因为一匹马与邻国失和嘛。"东胡见匈奴软弱可欺，就又向冒顿索要一名妻妾。众将见东胡得寸进尺，个个义愤填膺，然而，冒顿竟还是回答说："给他们吧，不能因为舍不得一个女子与邻国失和嘛！"东胡不费吹灰之力，连连得手，料定匈奴软弱、不堪一击，因此根本不把匈奴放在眼里。而这一切，正是冒顿单于故意设计的结果。

不久之后，东胡看中了与匈奴交界处的一片茫茫荒原，要匈奴以此地相赠。匈奴众将认为冒顿一再忍让，而这荒原又是杳无人烟之地，恐怕只得答应割让了。谁知冒顿此次突然说道："千里荒原，杳无人烟，但那也是我匈奴的国土，怎么可以随便让人？"于是，他下令集合部队，即刻进攻东胡。匈奴将士已经受够了东胡的气，这次出征，人人奋勇争先，气势锐不可当。东胡没想到冒顿会突然发兵攻打自己，因此毫无准备，仓促应战，最终被灭。匈奴人经此一战，士气大增，逐渐发展为草原上的霸主。

【古文玄览】

宁伪作不知不为，不伪作假知妄为①。静不露机，云雷屯也。

【说文解字】

①宁伪作不知不为，不伪作假知妄为：宁可假装着无知而不行动，不可以假装假知而去轻举妄动。

【古文今译】

　　宁愿假装不知道、不采取行动，也不要假装知道、轻举妄动。镇静而不泄露机密，要像惊雷一样藏在浓云里，等待发作的时机。

【计谋评点】

　　《孙子兵法》说："故善战者之胜也，无智名，无勇功。"当行动没有开始时，就要镇定、安静得好像痴人一样；若是轻举妄动，不仅会引起别人的怀疑，还会泄露机密。所以装痴，会胜利；自大狂妄，会失败。或者说假装痴傻，可以对付敌人，也可以指挥军队，还可以保全自身。比如魏晋之时，政治纷争十分厉害，天下多事，就连当时的名士们也很少有能够保全自己而不受损害的。阮籍是竹林七贤之一，他常常酗酒托志，拒不参与世事。当时的权臣钟会曾多次拜访阮籍，请他谈谈对国事的看法，想以其态度立场来定他的罪。可每次阮籍都喝得酩酊大醉，钟会根本无法同他说话，阮籍也因此免去了灾难。

　　运用此计时，要善于制造假象。用假象蒙蔽敌人，以等待最佳时机，克敌制胜，如三国时的司马懿就曾假病夺兵权。不过，当时机不成熟时，就算已成功地蒙蔽了敌人，也决不能轻举妄动，否则会损失惨重。如姜维明知蜀汉国力不及曹魏，却劳师动众九伐中原，以至蜀汉民穷兵疲，终被曹魏所灭。

　　历史上运用此计的典型人物，莫过于善于伪装的刘备了。三国初期，刘备已经有了夺取天下的抱负，只是当时他的力量太弱，根本无法与曹操抗衡，而且他还处在曹操控制之下。于是，刘备每日装作只是饮酒种菜，不问世事。一天曹操请他喝酒，席间曹操突然说道："天下的英雄，只有我和你两个人！"刘备惊慌失措，以为曹操洞悉了自己的心事，吓得连手中的筷子都掉在了地上。幸好当时打雷，刘备急忙掩饰说自己是被雷声吓到了。曹操见状，认为刘备连雷都害怕，成不了大事，就对刘备放松了警惕。后来，刘备摆脱了曹操的控制，终于干出了一番事业。

　　如上所述，本计的要点就是"静不露机"，即不要在还没开始行动的时候，就泄露了机密。重要条件准备好了才可以开始行动。当条件不具备时，一定要假装什么都没有、什么都不知道、什么都不会做，实际上在暗地里准备，促成条件的成熟，即所谓"阳静阴备"。让敌人疏于防范，我方突然

一天曹操请刘备喝酒，席间曹操突然说："天下的英雄，只有我和你两个人！"刘备惊慌失措，吓得手中的筷子都掉在了地上。

发作，使其措手不及，束手就擒。

【事典辑录】

孙膑装疯终报仇

战国初期，齐人孙膑和魏人庞涓同拜鬼谷子为师学习兵法。庞涓觉得学的够用了，就下山投靠了魏惠王。孙膑还留在山上，鬼谷子见他勤奋好学，就传授给他私藏的《孙子兵法》。

魏惠王听说孙膑也很有才，就让庞涓写信，邀请他来魏国。在魏惠王面前，孙膑讲起兵法来口若悬河，庞涓非常嫉妒，于是他就对魏惠王说了一些孙膑的坏话。魏惠王信以为真，就下令让人挖去了孙膑的膝盖骨。

此时，孙膑并不知道害他的人就是庞涓，还答应把《孙子兵法》写在木简上，送给庞涓。庞涓的一个童仆很同情孙膑，就说出了真相，孙膑这才幡然醒悟。为了脱身，孙膑开始装疯，他说话语无伦次、颠三倒四，还一会儿大哭，一会儿大笑。庞涓怀疑他的举动，就叫人把他扔进粪坑，不料孙膑抓起粪便就吃，庞涓这才认为孙膑是真的疯了。

后来，淳于髡受齐威王之命从魏国救出了孙膑。孙膑得到齐威王的重用，最终带兵消灭了魏军，报了庞涓的陷害之仇。

司马懿假病揽大权

三国时，魏明帝死后，8岁的曹芳继位，朝政由太尉司马懿和大将军曹爽共同执掌。曹爽是宗亲贵胄，飞扬跋扈，用明升暗降的手段剥夺了司马懿的兵权。司马懿心中怨恨，但碍于曹爽势力强大，知道自己一时斗不过他，只得忍气吞声。于是，司马懿假装生病不再上朝。

一次，曹爽派亲信李胜去司马家探听虚实。李胜来到司马懿的卧室，见司马懿果真躺在床上。李胜说："我被命为荆州刺史，特来向您辞行。"司马懿假装听错了，说道："并州是近境要地，一定要抓好防务。"李胜忙说："是荆州，不是并州。"司马懿还是装作听不明白。这时，侍女给他喂药，他故意装作吞得很艰难，然后有气无力地说："我命在旦夕，请你转告大将军，我死后请他一定要照顾我的家人。"

李胜被任命为荆州刺史后，来向司马懿辞行。司马懿假装听错了，说："并州是近境要地，一定要抓好防务。"李胜忙说："是荆州，不是并州。"司马懿还是装作听不明白。

李胜请辞，回去向曹爽做了汇报，曹爽闻言，喜不自胜。

过了不久，曹芳去济阳祭祀祖先，曹爽等人护驾出行。司马懿听到这个消息，认为时机已到，便立即召集过去的老部下，迅速占据了曹氏兵营，然后又派人占据了武库。等到曹爽闻讯回城，大势已去。司马懿以篡逆的罪名，诛杀了曹爽，终于独揽大权。

杨行密诈瞎诛叛逆

唐末，杨行密被昭宗封为吴王，任淮南（今江苏扬州）节度使。后来他拥兵自重，建立了以淮南为中心的割据地盘，手下的诸多小军阀对他言听计从，唯有润州团结使安仁义、奉国节度使朱延寿不太听从节制。当时，朱延寿仗着杨行密是自己的姐夫，培植势力，另立中心，有自立之想。杨行密听闻风声后，便暗中派人打入他的内部去监视。

暗探来报，朱延寿与安仁义来往密切，信使不断，两人都在极力扩充兵马、积蓄粮草。并且，朱延寿的姐姐、杨行密的夫人也常派信使去朱延寿处，传递消息。听到这些，杨行密不能不认真对待，便暗中谋划起来。

欲平定内部，必须消灭朱延寿等叛逆势力。但他们羽毛已丰，只可智取，不可强攻。欲智取朱延寿，必先要迷惑他，还有他的姐姐。

于是，杨行密谎称自己患了眼疾，看东西一片模糊。朱延寿派使者送来的信，他故意念得颠三倒四，最后干脆让别人代念来信。使者将此情况汇报给朱延寿，朱延寿一听大喜，但仍不放心，思量再三，决定让姐姐为自己试探一下。

朱延寿姐姐接到消息，便注意窥探、观察丈夫的行状。她见杨行密几次回家，都摸索着探路，看上去确有眼疾。但她仍不放心，因为一旦杨行密有诈，就会送了她弟弟的性命。于是，她心生一计，准备亲自试探自己的丈夫。

这天风和日丽，朱延寿姐姐约丈夫杨行密去湖边踏青。那湖边种了很多柳树，密密排排，很难走。朱延寿姐姐搀着杨行密，故意把他领到一棵柳树前。杨行密见状明白了夫人的用心，将计就计向柳树撞去，一下子撞得趴在地上，晕了过去。

朱延寿姐姐见丈夫真撞昏了，是眼睛无疑，赶忙呼救。众人围来救了半日，杨行密才渐渐苏醒。杨行密醒来后，向夫人哭诉："我原想成就一番大业，哪知天不遂人愿，让我失了明。几个儿子都不争气，看来这吴王的位子只有交给延寿了。"

朱延寿姐姐闻言大喜，忙送信给朱延寿。朱延寿立即以探疾为名赶到了淮南。杨行密装作不能出门迎接，传朱延寿来卧室相见。其实，杨行密早在枕头下藏了匕首，后来他趁朱延寿俯下身来看眼疾时将其刺死。

朱延寿一死，杨行密便休了朱夫人，发兵去润州擒获了安仁义，巩固了内部。

宋太祖扮痴得天下

959年，周世宗病逝，年仅7岁的周恭帝继位。这时，殿前都点检兼归德节度使大将赵匡胤想要篡朝谋反，自立为君。960年正月，镇、定二州按照赵匡胤的指示谎报军情，说契丹勾结北汉大举南侵，请求快速发兵抵抗。宰相范质、王溥等不识真假，就派赵匡胤率军出征。

出征前，京城开封谣言四起，开始谣传都点检为天子。赵匡胤率军到达离开封40里的陈桥驿时，天色已晚，他下令让部队扎营休息。军校苗训夜观天象，有人问他发现了什么。苗训答道："太阳下面还有一个太阳，你看见了吗？后一个太阳会代替前一个太阳，这是注定的。前一个太阳应验在周，后一个太阳应验在都点检。"很快，这种说法就在军中传开了。接着，赵匡胤之弟赵匡义、都押衙李处耘、归德掌书记赵普等一起商量拥立赵匡胤为皇帝的具体事项，并通知开封赵匡胤的亲信殿前都指挥使石守信、都虞侯王审琦里应外合。

当然，这一切都是赵匡胤一手策划的。但当天晚上，赵匡胤装作什么都不知道，吃完饭后就休息去了。第二天一早，将士们走了进来，手捧黄袍，对赵匡胤说："诸将无主，我们愿立都点检为天子。"说完，将黄袍披在了赵匡胤的身上。赵匡胤假意推辞道："你们服从我的命令，我才能当这个皇帝。"众将跪拜，表示愿意接受赵匡胤的调配。

赵匡胤率领大军返回开封的消息很快便传回了朝廷，宰相范质只得率百官出迎。赵匡胤流着泪对百官说："周世宗对我情深义重，我这么做也是被众将士逼的。"范质刚要开口，赵匡胤的部将罗彦环喝道："我们一起册立都点检为皇帝，谁要反对，我的宝剑绝不饶他！"众人闻言，吓得面无血色，范质立即带领百官跪拜听命。翰林学士陶谷拿出已经拟好的禅代诏书，宣布周恭帝退位，让位给赵匡胤。于是，赵匡胤改国号为宋，正式做了皇帝，史称宋太祖。

赵匡胤想当皇帝，但又不想落个叛臣的罪名。于是暗地里详细计划好一切，表面上却装作什么都不知道，兵不血刃地夺得了江山，可谓达到了假痴不癫的最高境界。

朱棣装病夺皇位

明朝时，建文帝因为各地藩王拥兵自重，开始采取削藩政策，先后废掉了多位藩王。精明能干的燕王朱棣惶恐不安，问计于手下部将。众人都劝他起兵反叛，推翻建文帝，夺取帝位。这正中朱棣下怀，于是他开始暗地里招兵买马。

不久，建文帝知道了此事，决定对付朱棣。而此时，朱棣还没有部署周全。为求自保，他上奏说自己已病入膏肓，无法医治了。建文帝派大臣前去打探情况，朱棣就故意装疯卖傻，满街乱跑，大喊大叫，还在炎炎烈日之下，穿着皮袄围着火炉烤火取乐。建文帝派去的人回报说朱棣确实病得很重，于是，建文帝放松了警惕。当一切准备就绪，朱棣就与部下按先前的计划行事，以诛杀奸臣的名义，打进京城。经过激战，朱棣最终夺取了皇位，成为明朝的第三位皇帝。

康熙示弱除鳌拜

康熙帝即位时年仅8岁，当时由鳌拜等四个顾命大臣辅佐他处理朝政。鳌拜在这四个大臣中最为专权，贪赃枉法，自作主张，根本不把康熙放在眼里。

康熙虽小，但才思敏捷，知道鳌拜是自己最大的敌人。为此，他在宫中召集了一些满洲贵族子弟，让他们练摔跤、练习武艺，为除掉鳌拜做准备。

鳌拜见康熙和一群孩子整天在一起玩摔跤游戏，便认定康熙胸无大志，只知玩乐，不会对自己构成威胁，就放松了警惕。

有一段时间，鳌拜称病不来朝拜皇帝，康熙便以探望为名亲自去鳌拜府中打探情况。他来到鳌拜的卧室，看见有一把利刃藏在席子底下，知道鳌拜心存不轨。他不但没有责问，反而沉住气，安抚道："满洲勇士，身不离刀，乃是本色。"听了这话，鳌拜确定康熙是个小糊涂虫，便完全放松了戒备，从此更加肆意妄为。

玩着玩着，孩子们一个个跌打翻滚到了鳌拜身前，有人抱腿，有人揪手，有人抓头，有人揽腰，顷刻就把鳌拜摁倒在地。

这天，康熙说有要事商议，把鳌拜召进宫中，不知是计的鳌拜神气十足地来见皇帝。康熙就让鳌拜看那些孩子玩摔跤游戏。玩着玩着，孩子们一个个跌打翻滚地到了鳌拜身前，有人抱腿，有人揪手，有人抓头，有人揽腰，顷刻就把鳌拜翻倒在地。康熙当即昭告天下："鳌拜谋反，令监禁听审。"

康熙先假装弱小，然后精心布局，最后一举除掉了权臣鳌拜和他的党羽，开始亲政，最终成为一个很有作为的皇帝。

灵童假呕

东晋时代，有个孩子名叫王允之，为人机灵，很善于揣摩大人的心理。王允之的伯父是东晋的大将军，名叫王敦。此人执掌朝政，骄横跋扈，为人残暴凶狠，被人称为杀人不眨眼的魔王。有一次,他为了强迫客人喝酒,竟接连杀死了几个敬酒不成的美女,使得客人十分为难。

有一天,王允之酒足饭饱后就睡在了王敦的房间。天亮后,王敦被一个下属唤醒。王敦忙起床跟他密谈:"我叫你准备的兵马和武器怎样了?""将军大人,已经万事俱备,只欠东风了。""好,好极了。你计划几时动手包围王宫?""必须注意保密,若有外人知晓此事,格杀勿论!"

王敦同那心腹越谈越兴奋,以至忘记了帐子里还有一个小孩在睡觉。其实,王允之早已醒了,他们关于谋反的谈话内容他全都听见了。他觉得自己身处险境,情急生智,便用手指往喉咙里死命地深抠,立时将隔夜的酒饭呕吐了一床。接着,他又闭起眼睛,装着熟睡的样子,微微打起鼾来。王敦与下属谈了好久的话,忽然想起自己背后的床上还睡着王允之,大为惊恐,赶忙奔去,掀开帐子查看。不看也罢,一看不禁释然大笑,捂着鼻孔,自言自语地说:"简直像头醉酒的小死猪!难闻死了,难闻死了。"

原来,满床呕吐物发出一阵阵酸臭之味,王允之兀自埋在污秽里酣睡哩。王允之运用自己的智慧,随机应变逃过了杀人魔王杀人灭口的灾祸。

书生受降

唐德宗时,朱泚兴兵叛乱,李楚琳等也起兵响应,一时间声势浩大。这时,朱泚部将牛云光戍守陇州,他准备设伏兵活捉陇州的判官韦皋,响应朱泚。没想到消息泄露,他只得落荒而逃。在逃跑途中,他遇到了朱泚派出的使者苏玉。苏玉正带着朱泚招降韦皋的诏书,准备到陇州去。苏玉劝牛云光说:"韦皋不过是一介书生,很好对付。你我一同前去,如果韦皋接受诏书,他就是我们的人了,如果不接受,你就派兵攻打,杀他简直易如反掌。"牛云光听后,欣然同意,便和苏玉率领军队又返回了陇州。

他们来到陇州城下,韦皋从城上责问牛云光:"先前你不辞而别,今天又回来了,何故如此?"牛云光说:"先前我不知您的心意,现在我们皇帝(朱泚)有诏书,要任命您做中丞,所以我才回来,愿与您和好如初。"韦皋听后,毫不犹豫地表示愿意接受"诏书"。他先让苏玉入城,验看无误之后,恭敬地收下诏书。然后他又对城外的牛云光说:"如果您没有异心,请使城中人没有疑心,请您先把兵器送入城内,再率众入城,如何?"牛云光认为韦皋不过是一介书生,也不再多想,就同意了韦皋的要求,把兵器全送进了城里,然后率众入城。

第二天,韦皋为了表示他的诚意,在城中大摆宴席,款待苏玉、牛云光和他们的部下。韦皋事先埋伏好了军队,在酒席上极力劝酒。苏玉、牛云光以为不费吹灰之力招降了韦皋,便得意扬扬,和手下喝得烂醉如泥。这时,韦皋的伏兵突然杀出,苏玉和手下早失去了抵抗力，只得乖乖就擒。韦皋将叛军全部斩首，然后筑坛与城中将士盟誓，誓死效忠朝廷，讨伐叛贼。

司马懿受衣

三国时期，诸葛亮六出祁山时，曾将中军大帐安在五丈原，他一再派人挑战，魏兵却不出营应战。诸葛亮便取来一套妇人穿的衣服，放在一个大盒子里，并附上一封书信，派人送到魏军大营。魏国的将领不敢隐瞒，便将来人引入去见司马懿。司马懿当众打开盒子一看，里面装有妇人衣服一套，还有一封信，拆开信一看，见上面写道：你既身为大将，统帅中原的大军，不敢武力相斗，以决胜负，却安于躲在土巢之中，小心地防避着刀箭，这与妇人有什么不同？现在我派人送去一套妇人之衣，你如果还不敢出战，便应恭敬地跪拜接受；如果你还有羞耻之心，还有点男子汉的气概，便立即批回，定期决战。

司马懿看后，心中大怒，表面上却故作镇静，笑着说："诸葛亮把我看成了妇人吗？"当即接受下来，并下令厚待送衣的使者。

魏军的众将得知此事后，无不气愤，纷纷来到大帐说："我们都是魏国的名将，怎么能够忍受蜀军这样的侮辱？请允许我们立即出战，以决胜负。"司马懿说："我并不是不敢出战而甘心忍受侮辱，无奈天子早就有了明确的旨意，令我们坚守不战，如果现在轻率出战，便是违抗国君命令了。"众将还是愤怒难平。司马懿说："你们既要出战，等我向天子上报批准以后，大家同心协力迎敌，如何？"众将这才答应了。

司马懿便写好表章，派遣使者往合肥军前，奏闻皇帝曹睿。曹睿打开一看，只见上面写道：臣才能低下，而责任重大，陛下曾经明确指示，令臣坚守不战，等待蜀人自己败亡；无奈诸葛亮送来一身妇人衣服，将臣视作妇人，耻辱甚重！臣谨预先奏请陛下：近日臣将拼死一战，以报朝廷之恩，以雪三军之耻。

曹睿看完后，对众大臣说："司马懿既已坚守不出，为何又上表求战？"卫尉辛毗说："司马懿本来不想出战，必定是因为诸葛亮这一番侮辱，众将愤怒，才故意上了这道表章，希望陛下更明确地重申一下坚守不战的旨意，以遏制一下众将求战的心情。"曹睿认为他说得十分有理，便命令辛毗持着皇帝的符节，到渭水北岸司马懿大营传旨，不许出战。司马懿迎接谕旨到大帐之中，辛毗当众宣读道："如果再有人胆敢提出迎战，便以违抗圣旨论处。"众将只好听命。

"犯傻"船王包玉刚

1955年，包玉刚成立了环球航运集团有限公司，花70多万美元，买了一艘已经使用了28年的旧货船，开始了经营船队的生涯。

当时世界航运界通行按照船只航行里程计算租金的单程包租办法，世界经济又处于上升时期，单程运费收入高，一条油轮跑一趟中东可赚500多万美元。

包玉刚却不为暂时的高利润所动，坚持他一开始就采取的租金低、签订长期合同的稳定经营方针，避免投机性业务。这在经济兴旺时期不免被认为是"愚蠢之举"。

许多同行都劝包玉刚不要"犯傻"，改跑单程，包玉刚却"假痴不癫"，因为他明白，靠高额运费收入的再投资根本不可能迅速扩充船队。要迅速发展必须依靠银行的低息长期贷款，而要取得这种贷款，必须使银行确信你的事业有前途，有长期可靠的利润。

于是他把买到的第一条船以很低的租金长期租给一家信誉良好、财务可靠的租船户，然后凭着长期租船合同向银行申请长期低息贷款。

正是靠这种稳定经营方针，包玉刚只用20年时间就发展成为拥有总吨位居世界之首的远洋船队，登上世界船王的宝座。究其成功，还真得归功于当初的"假痴不癫"，远见卓识。

做生意不赚钱的人

岛村芳雄原是一个薪金微薄的包装材料厂员工，当初他打定主意要做纸袋绳索生意，跑了数十次银行，终于得到一笔贷款。岛村深知，自己要在竞争激烈的绳索生意中站住脚很不容易。为了开辟市场，他决定一年内完全按照进货价向用户提供麻绳。他去麻产地冈山的麻绳商场，以一条45厘米长的麻绳5角钱的价格进货，然后再以原价出售给东京一带的纸袋工厂。这样让利于纸袋工厂的生意做了一年后，岛村的绳索确实便宜的消息传开了。于是大量订货单自动找上门来，这样岛村得利之时也就来临了。

因有了大批客户和大量的订货单，岛村腰板硬了起来，他拿着进货收据找订货客户诉说："到现在为止，我没有赚你们一分钱。但是这样让我继续为你们服务的话，我便只有破产这一条路可走了。"客户为他的诚实经商做法所感动，愿意把交货价格提到5角5分钱。于是他又去冈山找麻绳厂商洽谈："您卖给我一条绳5角钱，我是一直照原价卖给别人的，因此才得到现在这么多的订货。如果这种无利而赔本的生意让我继续做下去的话，我只有关门倒闭。"冈山的麻绳厂商看到他开给客户的收据存根，这是他们第一次遇到这种做生意不赚钱的人，于是一口答应一条降至4角5分钱。这样，开业两年后他成了远近闻名的企业家。

岛村生意的兴旺发达，得益于当初他"假痴不癫"的做法，首先给客户让利，而后他自己也得到了极大的回报。

外交家装聋取胜

第一次世界大战之后，因土耳其打败了甘当英国傀儡的希腊，英国纠集各列强，与土耳其在洛桑谈判，企图威胁土耳其签订不平等条约。

谈判桌旁，双方对手强弱的悬殊太大。英国代表是外相刻遵，他身材魁梧，声若洪钟，名震各国。和他站在同一立场的还有法、意、美、日、俄、希腊各列强代表，也一个个盛气凌人。而土耳其代表叫伊斯美，他身材矮小，耳朵有些聋，是一个无名之辈。

伊斯美却从容不迫地应付一切，对土耳其有利的发言他都听得清清楚楚，不利的话他似乎全没听见。伊斯美瞅准时机，笑着提出："让我讲讲维持土耳其的条件，好吗？"

英国外交大臣刻遵双眉一拧，咆哮如雷，恫吓威胁着伊斯美。各国列强代表也助纣为虐，连连吼叫。

面对这些"超强度"刺激声，伊斯美一如既往地假装耳聋，稳坐在椅子上若无其事，还慢慢地显示出一副迷惑不解的呆呆神情。

刻遵声嘶力竭了一阵，连连擦拭满头的大汗，再无力叫嚷。伊斯美不慌不忙张开右手贴在耳边，将整个身子慢慢移近刻遵，极温和地问："刻遵先生，您说什么，我还没有听明白。能请您再重复一遍吗？"接着抱歉般地摊开双手："真遗憾，因为我耳聋，只好这样麻烦您了。"

刻遵被他气得直翻白眼，连说话的力气似乎都没有了，松散地瘫坐在椅子上。

其实，伊斯美心明如镜：刻遵的暴怒是一种短暂而不顾一切的突发激情，极难重复。

在洛桑的谈判桌上，伊斯美为维护土耳其的利益据理力争，哪怕列强代表以发动战争相威胁，他也毫不退让。

伊斯美采用"装聋对策"，牢牢控制刻遵的情绪，最终取得了谈判的胜利。

兄弟街头欺顾客

美国的服装商德鲁比克兄弟开了一家服装店，店里的服务十分周到。每天，哥哥站在服装店门口，向路人推销服装。但是，这兄弟俩经常听错话，都有些"聋"。

常常是兄弟中的一个把顾客热情地拉进店里，详细介绍某件衣服是怎样物超所值，穿上后又是怎样大方得体。每每经过这样的介绍之后，顾客总会万般无奈地说："这衣服多少钱？"

"耳背"的大德鲁比克先生把手放在耳朵上问道："你说什么？"

"这衣服多少钱？"顾客又提高声音喊了一遍。

"啊，你问多少钱呀，不好意思，我耳朵不大好，我问老板一下。"说完转身冲那边的弟弟大声喊道："喂，这套全毛的衣服多少钱？"

小德鲁比克站起来，看了看顾客，又看了看衣服，然后说："72美元，那一套。"

"什么？"

"72美元。"老板大声喊道。

他转身，笑着对顾客说："先生，一套42美元。"

顾客一听，赶紧掏钱把这套便宜的衣服买下，然后赶快离开。

事实上，德鲁比克兄弟俩的耳朵没有任何毛病，只是用这种方法给想占小便宜的人一种错觉来促销。当然，这种方法帮助两兄弟赚了不少钱。

第二十八计　上屋抽梯

【本计旨要】

本计用在军事上,是指用小利引诱敌人,然后截断敌人援兵,以便将敌围歼的谋略。这种诱敌之计,自有其高明之处。敌人一般不是那么容易上当的,所以,你应该先给它安放好"梯子",也就是故意给以方便。等敌人"上楼",也就是进入已布好的"口袋"之后即可拆掉"梯子",围歼敌人。

【计名探源】

后汉末年,刘表偏爱少子刘琮,不喜欢长子刘琦。刘琮的后母蔡氏经常在刘表面前诋毁刘琦。刘琦感到自己身处险境,多次请教诸葛亮,但诸葛亮一直不肯为他出主意。有一天,刘琦约诸葛亮到一座高楼上观看古书,刘琦暗中派人拆走了楼梯。然后说:"今日上不至天,下不至地,出君之口,入琦之耳,可以赐教矣。"诸葛亮无奈,便给他讲了一个故事。

春秋时,晋献公的妃子骊姬想谋害晋献公的两个儿子:申生和重耳。重耳知道骊姬居心险恶,只得逃亡国外。申生为人厚道,要尽孝心,就留下侍奉父王。一日,申生派人给献公送去一些吃的东西,骊姬乘机用有毒的食品换掉了太子送来的食品。献公不知实情,正准备吃,这时骊姬故意说这膳食是从外面送来的,最好先试一下。于是,献公便拿起一块肉给狗吃,可刚刚吃了一点,狗就倒地而死。献公大怒,大骂申生不孝,阴谋杀父夺位,决定要杀申生。申生闻讯,也不作申辩,自刎身亡。

故事讲完后,诸葛亮最后对刘琦说:"申生在内而亡,重耳在外而安。"刘琦领会了诸葛亮的意思,立即上表请求派往江夏(今湖北武昌西),避开了后母,终于免遭陷害。

刘琦引诱诸葛亮"上屋",是为了求他指点,"抽梯",是断其后路,也就是打消诸葛亮的顾虑。

献公不知实情,正准备吃,这时,骊姬故意说这膳食是从外面送来的,最好先试一下。献公拿了一块给狗吃,可刚刚吃了一点,狗就倒地而死。

【古文玄览】

假之以便,唆之使前,断其援应,陷之死地①。遇毒,位不当也。

三十六计 第五套 并战计

【说文解字】

①假之以便，唆之使前，断其援应，陷之死地：假，借。句意为，借给敌人一些方便（即我故意暴露出一些破绽），以诱导敌人深入我方，乘机切断他的后援和前应，最终陷他于死地。

【古文今译】

给敌人一些方便（即故意暴露出一些破绽），以诱导敌人深入我方，乘机切断他的后援和前应，最终陷他于死地。

【计谋评点】

本计有三个要点：

（1）运用这条计策时，首先要用利去引诱敌人。

（2）在敌人觉得有利可图时，还要为其提供便利的机会，否则它还是可能不上钩。所以要想"抽梯"，必须先放置楼梯，或者指示出楼梯所在。只要敌人爬上了梯子，就不怕它不进己方事先设置的圈套。

（3）安放梯子时，还大有学问。对性贪之敌，则以利诱之；对情骄之敌，则以示我方之弱以惑之；对莽撞无谋之敌，则设下埋伏以使其中计。总之，要根据情况，巧妙地安放梯子，诱敌中计。

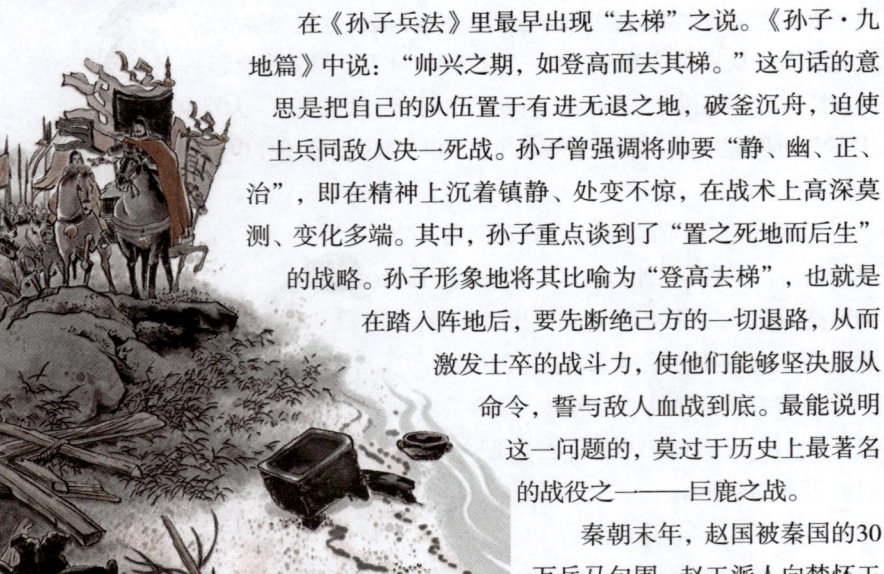

在《孙子兵法》里最早出现"去梯"之说。《孙子·九地篇》中说："帅兴之期，如登高而去其梯。"这句话的意思是把自己的队伍置于有进无退之地，破釜沉舟，迫使士兵同敌人决一死战。孙子曾强调将帅要"静、幽、正、治"，即在精神上沉着镇静、处变不惊，在战术上高深莫测、变化多端。其中，孙子重点谈到了"置之死地而后生"的战略。孙子形象地将其比喻为"登高去梯"，也就是在踏入阵地后，要先断绝己方的一切退路，从而激发士卒的战斗力，使他们能够坚决服从命令，誓与敌人血战到底。最能说明这一问题的，莫过于历史上最著名的战役之一——巨鹿之战。

秦朝末年，赵国被秦国的30万兵马包围，赵王派人向楚怀王求救。楚怀王就派宋义为上将军，项羽为副将，带领20万大军去救赵国。宋义带领大军到了安

大军刚过河，项羽就下令凿沉所有的渡船，砸破所有饭锅，烧掉营房，每人只许带三天的干粮，以此向士卒们表示不胜不归的决心。

阳（今河南安阳东南）后，听说秦军声势浩大，就按兵不动，在安阳一停就是46天。项羽见状大怒，砍下宋义的人头，夺了军权。他先派部将英布、蒲将军率领两万人做先锋，渡过漳水，切断秦军运粮的道路，将章邯和王离的军队分割开来。然后，项羽率领主力渡河。大军刚过河，他就下令凿沉全军所有的渡船，砸破所有饭锅，烧掉营房，每人只许带三天的干粮，以此向士卒们表示不胜不归的决心。楚军士兵见主帅自断后路，知道只有死战求生了，于是都拼死与秦军作战，结果大败秦军。

项羽凭借"破釜沉舟"这一招，极大地激发了楚军士兵们的求生意志，使他们最终击败了秦军，扭转了战局。

【事典辑录】

韩信生擒赵王歇

楚汉相争时期，刘邦为了削弱项王力量，命令韩信、张耳率两万精兵攻打投靠了项羽的赵王歇。

赵王歇亲自率领20万大军驻守井陉，准备迎敌。韩信、张耳的部队也向井陉进发，他们在距井陉30里外的地方安营扎寨，两军对峙，一场大战即将开始。

韩信分析了两边的兵力，敌军人数比自己的多上十倍，硬拼攻城，恐怕不是对方的敌手。经过反复思考，他定下了一条妙计。他先命一将领率2000精兵到山谷树林隐蔽之处埋伏起来，然后交代说："等我军与赵军开战后，我军佯败逃跑，赵军肯定倾巢出动，追击我军。这时，你们迅速杀入敌营，插上我军的军旗。"接着，他又命令张耳率一万人马，在绵延河东岸，摆下背水一战的阵式。而韩信自己则亲率8000人马正面佯攻。

第二天天刚亮，韩信即亲率大军杀向井陉。赵军主帅陈余下令出击，两军杀得难解难分，突然韩信一声令下，部队立即佯装败退，并且故意遗留下大量的武器及军用物资。陈余见韩信败，大笑道："区区韩信，怎是我的对手！"

韩信带着败退的队伍撤到绵延河边，与张耳的部队合而为一。然后，韩信动员士兵道："前边是滔滔河水，后面是几十万追击的敌军，我们已经没有了退路，只能背水一战，击溃追兵。"士兵们知道已无退路，于是个个奋勇争先。

韩信、张耳突然率部杀了回来，这让陈余完全没有料到。他的部队一直认为以多胜少，胜利在握，斗志原就不很旺盛，加上之前韩信故意在路上遗留了大量军用物资，因而此时赵军士兵们只顾你争我夺，局面一片混乱。

锐不可当的汉军奋勇向前，冲进敌阵，只杀得赵军纷纷丢盔弃甲，狼狈而逃。陈余见势不好，立即下令收兵回营，准备休整之后，再与汉军作战。当他们退到自己大营前时，只见从大营那边飞过无数箭来。陈余在慌乱之余，发现营中已插遍汉军军旗。赵军惊魂未定，营中汉军已经杀出，与韩信、张耳大军一前一后夹击赵军。最后，张耳一刀将陈余斩于马下，赵王歇也被汉军生擒，赵军20万人马全军覆没。

该战役中，韩信大胆使用上屋抽梯的计策，让军队"置之死地而后生"，这才取得了最后的胜利。

李世民逼父反隋

隋朝末年，隋炀帝荒淫残暴，穷兵黩武，激起民众的强烈不满，各地纷纷起兵造反。在八方战乱蜂起的时候，李世民也策动自己的父亲、当时的唐国公李渊起兵反隋，号令天下。可是，李渊不但不同意，甚至要把李世民抓起来交到官府治罪。李世民经过苦思冥想，决定利用隋炀帝对李渊心存疑忌的机会，采取上屋抽梯的办法，逼迫李渊造反。

李世民有个心腹叫裴寂，专门负责管理隋炀帝的离宫。有一次，裴寂故意派离宫中的嫔妃去侍奉李渊，按隋朝律法，这是大逆不道之罪。这件事使李渊在思想上产生了很大的压力。

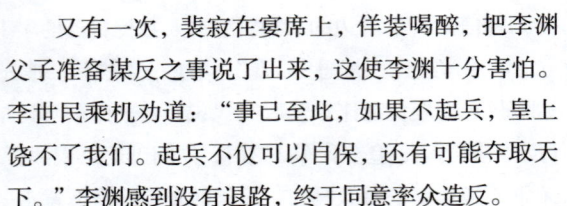

又有一次，裴寂在宴席上，佯装喝醉，把李渊父子准备谋反之事说了出来，这使李渊十分害怕。李世民乘机劝道："事已至此，如果不起兵，皇上饶不了我们。起兵不仅可以自保，还有可能夺取天下。"李渊感到没有退路，终于同意率众造反。

李世民就是历史上著名的明君唐太宗，他统治期间，政治清明，经济繁荣，社会安定，史称"贞观之治"。

李世民采取逼迫手段，促使其父李渊"上屋"。李渊知道，无论是"淫乱后宫"，还是"蓄意谋反"，都会招来灭族之罪。下楼的"梯子"被抽掉了，李渊处于有进无退的境地，最后不得不举兵反隋。

口蜜进谗除政敌

李林甫是唐玄宗时期的宰相，是个口蜜腹剑的阴谋家。他的政敌严挺之被贬到地方政府做事后，有一天，玄宗突然对李林甫说："我记得有一个很能干的高官叫作严挺之，他现在在哪里？"听到玄宗这一问，李林甫陷入了不安之中，他立刻绞尽脑汁，想除敌之计。当天，退出皇宫之后，李林甫召来严挺之的弟弟，说："陛下对令兄很关心，按说，他最好在这个时候谒见皇上，但是他正在地方政府做事，一时也办不到。你不妨通知令兄，当作他患了中风，向皇上奏请回京疗养……"

严挺之听到弟弟的汇报后，喜上眉梢，即刻写了奏文，请求皇帝调他回京。玄宗接到奏文后，问李林甫如何处理，李林甫答说："严挺之既已年迈，且又患了中风,请陛下把他调任闲职,让他专心养病好了。"

奸臣李林甫不愧为政坛老手,他设计让严挺子上奏文,这是"上屋"的起点,最终借机远调政敌,达到了"抽梯"的目的,果断地把政敌复起的机会消灭于无形之中。

陶谷讹诈得宝马

据北宋野史记载,当时一位姓权的翰林院官员拥有一匹能日行数百里的骏马。同在翰林院任职的陶谷非常喜欢这匹马,多次想买下来,却都被权大人谢绝了。陶谷很生气,总想找机会把马弄到手。

不久,翰林院接到皇帝让他们起草一个密诏的意旨。权大人很快就写好了密诏。陶谷对权大人说:"你刚才写密诏的字体我很喜欢,您能写一份给我留作长年珍藏吗?"权大人看到陶谷这么喜欢自己的字,就照原样又写了一份。

陶谷接过密诏放在怀里,转而严厉地对权大人说:"这份密诏,草拟之后还没呈给皇上,你就擅自抄留副本,纯属另有所谋。密诏关系到国家的机密,你泄漏了国家机密,是死罪。"权大人听了这些话,才发现自己被骗了,但事已至此,也只能求陶谷不要把这事告诉皇上。陶谷提出条件,说:"你要是把你那匹宝马让给我,我就不把这事告诉皇上。"权大人别无他法,只好将自己的宝马送给了陶谷。

梅国桢将计就计

自汉代起,中原王朝就限制向塞外供应的铁的数量,仅供给他们生活用的铁器,以防他们打造大批兵器,侵略中原。

明神宗万历年间,梅国桢总督西北边塞三镇军务。塞外边族早就苦于铁禁,于是,他们想出了一个诱开边关铁禁的主意。一日,边族首领带领手下拜见梅国桢,献上一块铁,说塞外已发现铁矿,特来向梅将军报喜。

梅国桢一眼就看穿了敌人的诡计,边族人谎称自己已经能产铁,就是想让朝廷觉得铁禁的实行没有必要了。但他还是不动声色,命手下人接过铁,传令让铁匠用这块铁打造出一把短剑,并刻上"某年某月某王赠铁"字样。那首领一看事成,欢天喜地地走了。这时,梅国桢立即传令边关:"塞外已产铁,即日起断绝一切铁器供应。"

过了年余,边族首领没料到朝廷不但没有取消铁禁,反而连生活用铁器也不供应了。于是他派使者前去责问梅国桢为何断绝铁器供应。梅国桢笑笑,让手下人拿出那把铁剑,说:"你们首领说你们已产铁,并送了这块铁来报喜,所以我们不供应你们铁了。"

梅总督这招借坡下驴，极为高妙，可谓是上屋抽梯谋略的灵活运用。

严嵩恩将仇报

严嵩是明嘉靖时的奸相。他从一般官僚做起，权势越来越大，最后独揽大权，很大程度上得益于他排挤政敌的手段。嘉靖中期，严嵩和夏言同为朝中大臣。夏言地位在严嵩之上，并且写得一手好文章，深为皇帝所重。但夏言刚愎自用，而且自视甚高，看不起别人。严嵩并不甘心久居人下，但他不露声色。他利用同乡关系，想方设法讨好夏言。对夏言毕恭毕敬，察言观色，处处迎合。有一次严嵩准备了酒筵，亲自去请夏言。夏言根本没把这个同乡放在眼里，便找了个借口推掉了。严嵩却极为谦恭，他跪在堂前一遍又一遍高声朗读自己带去的请柬，使夏言极为感动。从此夏言非常器重严嵩，一再提拔他，甚至向皇帝推荐他接替自己的首辅位置。

严嵩逐渐受到重用，心里很高兴。但他还不满足，他知道，必须搬开夏言这块大石头，他才能大权独揽。嘉靖皇帝迷信道教。有一次他命人制作了五顶香叶冠，赐给几位宠臣。夏言一向反对迷信，不肯接受。而严嵩却把香叶冠戴在头上，外面还郑重地罩上轻纱。皇帝对严嵩的忠心大加赞赏，对夏言很不满意。

又有一次，夏言随皇帝出巡，没有按时值班，惹得皇帝大怒。按规定大臣值班都必须乘马车，而夏言却不守规定，使得皇帝对他越来越不满。严嵩一看时机成熟，一改往日的谦卑，勾结皇帝宠幸的一个道士，在皇帝面前添油加醋地诋毁夏言。嘉靖帝一怒之下罢免了夏言的官职，令严嵩取而代之。

后来内阁中只剩下严嵩一人，皇帝也觉察到严嵩专权，于是再度起用夏言，而且位在严嵩之上。夏言复位后把严嵩撇在一边，什么事都自己做主。严嵩表面上不动声色，从不提意见，暗地里却收买皇帝身边的太监，让他不时地在皇帝面前揭夏言的短处，同时也不露痕迹地说严嵩的好话。

终于，严嵩抓住了一个机会。很早以前，北方少数民族就侵入河套地区，不断扰乱北方边关。嘉靖二十六年（1547年），兵部侍郎曾铣上疏力主收复河套，得到皇帝赞赏。但皇上后来又觉得没有把握，犹豫不定。夏言对皇上的反复不满，上表请皇帝自己裁决，使嘉靖帝很生气。而严嵩则摸透了皇帝的意思，极力宣扬河套不可收复，并乘机攻击夏言专权。皇帝大为愤怒，免去了夏言的所有职务。

严嵩可不愿放过这个机会。他散布流言说夏言离朝时心怀不满，曾口吐怨言，又造谣说夏言收了曾铣的贿赂，两人狼狈为奸。说得极为逼真，不由皇帝不信。第二年，夏言被杀。从此严嵩稳坐首辅之座达15年之久，再也没有人能和他分庭抗礼。

贺龙有理有节擒英商

1925年，贺龙任湖南北部沣州的镇守使。由于沣州在沣水之滨，水上交通便利，所以一些外国的不法商人和国内利欲熏心的军阀、官僚相互勾结，利用这一地区水运便利的条件，频繁、猖狂地从事走私活动。对此，贺龙十分痛恨，并决定上任后一定要肃清这一现象。

一天，值勤官在一艘英国船的货物内发现了不少鸦片和枪支弹药。按照贺龙的指示，他扣留了这条船，这下惹慌了英商，他们赶紧去长沙找英国领事想办法。

英国领事去见贺龙，仗着有湖南省政府这座靠山，嚣张地问："请问贺镇守使，我大英公民来华经商有什么罪吗？"

贺龙不慌不忙地说："正当生意，没有什么罪，而且我们还很欢迎。"

"那为什么扣留我们的商船？"英国领事拍着桌子怒吼道。贺龙镇定地说："领事阁下，省政府安排我在此当镇守使，我不过是例行公事，怎么敢扣留贵国商船呢？你把船上的货物列个清单，我们核对无误，就马上放行。"

英国领事见贺龙态度温和，以为他胆小怕事，就让英商列了一个没有也不能有枪支弹药和鸦片的货单，交给了贺龙，但他并不知道贺龙是在用计。

看过货单的贺龙，特意追问道："全都列出来了吗？没有遗漏的吧？"

英商和英国领事赶紧点头确认。他们以为贺龙"不过是例行公事"，心想："你快点放船吧！"

这时，贺龙传话，把一名年轻的军官叫了进来，交给他英国领事亲手写的货单，说："我让你们检查那条被扣商船上的货物，检查结果和货单一样吗？"

"船上还有不少枪支和鸦片。"年轻军官看过货单，立即答道。

贺龙笑了。他缓缓走向英国领事说："领事阁下，误会了。我们扣留的应该是另外一条走私船，船上有枪支弹药和鸦片，你说你们那条船没有这些货物，看来和贵国无关。请你们回长沙好了。"听贺龙这么一说，英国领事惊呆了。眼前这个贺龙这么厉害，是他怎么也没有想到的。一时间英国领事和省府官员都手足无措，不知怎么开口。

没多久，英国领事无奈地笑着对贺龙说："贺镇守使忠于职守，实在令人敬佩！那条船的确是我国商船，鸦片是他们自己带着吸的。"

贺龙面无表情地说："哦，那请阁下把枪支弹药和鸦片列到原来的货单上。"

英国领事觉得自己刚才的奉承话起了效果，以为补上货单就能放行，于是让英商把"枪支弹药"和"鸦片"补写在了原货单上。英国领事、英商在货单上签了字，作为证人的省府官员也签了字。贺龙拿着清单，突然沉下脸来，严厉地说："尊敬的领事阁下，根据国际法规定，私运军火要严惩，走私毒品更应从严！贵国商人无视国际法规定，危害我国主权和尊严，理应受到严惩！"

贺龙义正词严地说着，命几个军人抬进大厅几箱标有英国商标的军火和鸦片。贺龙指着箱子，严肃地说："我们将向全世界公布，现在人证、物证俱在。领事阁下，你还有什么要说的吗？"

英国领事像打了霜的茄子，一言不发；省府官员也不敢出声，羞愧地低着头。他们现在才明白上当了，贺龙让他们填写货单、补写枪支弹药和鸦片以及在货单上签字，都是为了取证。他们悔不当初，可惜太晚了。

免费招待的糖果

某日，中国南方某省的旅游团一行人来到北京，来到繁华的北京王府井大街观光。他们在不经意中走入一家糖果店。刚进店门，老板就主动迎上来作了一个欢迎的姿势，并且连声向来自远方的客人问好。

紧接着，未等来人看清店内的摆设，一位服务小组已把一盘精美的糖果捧到了顾客的面前，并且柔声细语地说："这是本店的特产，清香可口，甜而不腻，免费招待各位，请随便品尝，千万不要客气。"

盛情难却，几位外地来的客人当然恭敬不如从命。他们在糖果店里转了一圈，并没有发现什么非买不可的东西。但又觉得既然免费尝到了甜头，不买点什么也有点过意不去，于是便一人买了半斤糖果，在店主"欢迎再来"的送别声中离去。

店老板赠送的糖果，正是在"置梯"以待，既然客人尝了糖果，要不买点东西，便在心理上下不了那个"梯子"，于是只好掏起了腰包。

智审德国间谍

第二次世界大战期间，法国反间谍机关收审了自称是比利时北部的一位农民流浪汉。他的言谈举止和眼神使法国反间谍军官吉姆斯认定他是德国纳粹间谍，可是还没有更有力的证据。

审讯开始了。吉姆斯提出的第一个问题是："会数数吗？"这个问题很简单，流浪汉用法语流利地数数，没有露出一丝儿破绽，甚至在说德语的人容易说漏嘴的地方，他也能说得极熟练。于是他被押回小屋去了。过了一会儿，有人在屋外燃起火来，哨兵用德语大声喊："着火啦！"流浪汉无动于衷，仿佛果真听不懂德语，照样睡他的觉。后来吉姆斯又找来一位农民，和流浪汉谈论起种庄稼的事，他谈的居然也颇内行。看来吉姆斯凭外观判断的第一印象是不能成立的。

第二天，流浪汉在被押进审讯室的时候，显得更加从容平静。吉姆斯似乎在非常认真地审阅完一份文件，并在上面签字之后，抬起头突然说："好啦，你可以走了，你自由了。"

流浪汉长长地松了一口气，像放下一个沉重的包袱，他仰起脸，愉快地呼吸着自由的空气。然而，他刚想转身，忽然发现法国军官吉姆斯的脸上也露出胜利者的微笑，顿时醒悟到自己失算了。原来，吉姆斯在说上面那句话时，用的是德语，他表示听懂了。他的真实身份也因此暴露了。此后的结果是不言而明的。

吉姆斯用德语宣布释放——这便是有意设置的"梯子"，待到上当的德国间谍情不自禁地松口气，这把"梯子"就该抽掉了。于是，德国间谍就陷入绝境，没有一点挣扎的余地，只能老实招供。

洛克菲勒设饵钓大鱼

德国人梅里特兄弟移居美国后，定居在了密沙比。他们整日起早贪黑，终于有了些积蓄。后来他们无意中知道密沙比竟是个丰富的铁矿区。严守秘密的兄弟俩，开始大量收购土地，并成立了铁矿公司。

垂涎该铁矿区已经很久的洛克菲勒，由于来迟一步，只能眼睁睁地瞅着这个聚宝盆，等待时机。

1873年，美国的经济危机使市场上银根告急，梅里特兄弟陷入了困境。这个时候，本地牧师劳埃德先生来了，他成了他们的救星。梅里特全家一看是令人敬仰的牧师，就恭敬地把他请进屋去，像上宾一样款待他，并聊起天来。

梅里特弟兄从整个国家的经济危机聊到自己的窘境，语气满是悲伤。劳埃德牧师听了这些，十分诚挚地说："你们怎么不早说呢？我能帮你们一把呀。"

梅里特兄弟听了非常高兴，忙问："牧师有什么好方法吗？"

"我有一个朋友，是个大财主，如果我做中间人，他应该能借给你们一笔巨款。"牧师说道。

"牧师你太好了，我们要怎么谢你呢？"梅里特兄弟说。

"你们需要多少钱？"牧师问道。

"42万元。"梅里特说。

于是牧师就写了封介绍信，说要借42万元。

兄弟俩又问："利息是多少？"

"我不会要你们的利息的。但可以按低利算，比银行利率低2厘。"牧师说。

两兄弟惊呆了，还以为在做梦呢。

牧师让他们拿出纸笔，写了一张字据："今有梅里特兄弟借到考尔贷款42万元整，利息3厘，空口无凭，特立此为证。"念过字据之后，梅里特兄弟觉得没有什么不妥，就高兴地在上面签了字。

不到半年后的一天，劳埃德牧师又来到了梅里特家。

他刚一进门,就认真地说:"我的那位朋友,也就是洛克菲勒,早晨给我发了一个电报,他要立即索回42万元借款。"

那42万元早就被兄弟俩用在了矿产上,怎么可能再拿出这么多钱来?两兄弟被逼无奈只好上了法庭。

在法庭上,原告律师说:"借据上写得很清楚,借的是考尔贷款。"说完,他又引经据典:"什么叫考尔贷款?考尔贷款是贷款人随时可以索回的贷款,故其利息低于一般之贷款利息。根据美国法律,借款人或者立即还款,或者宣布破产,两者必居其一。"

梅里特兄弟俩根本不知道什么是考尔贷款,因为他们是德国移民,英语又都不是很好。当时签字据时,他们根本没想到字据会是个陷阱,只知借钱要付利息,现在才明白了一切,但已经太晚了。梅里特兄弟俩只能宣布破产,将矿产作价52万元卖给了洛克菲勒。

英美外交官品酒误事

1967年秋,一名苏联旅行社的向导陪同一名美国大使馆官员和一名英国大使馆官员兴致盎然地在苏联各地游览。

一天,他们到了希基涅夫城。他们听说这里的一家酿酒厂生产的酒非常有名,就有了兴趣,而苏联导游也极力建议他们去参观一下,他们便同意了。他们受到了厂里工作人员的热情招待,盛情难却,每人喝了一小杯,品尝了这里酿造的酒。不料,他们回到旅馆后便觉得恶心,之后就睡着了。大概过了六七个小时,他们醒来时发现整个房间被搜得乱七八糟,自己赤裸裸地躺在床上。

创造轻松的环境,让人放松警惕而"上屋",最后出其不意地"抽梯",这是情报战中常用的一种手段,也是克格勃("苏联国家安全委员会")的一大杰作。

第二十九计　树上开花

【本计旨要】

"树上开花"是由"铁树开花"转化而来的,原意为不可能开花的树竟然开起花来了,比喻极难实现的事情。兵书《三十六计》上把它作为制造声势以慑服敌人的一种计谋。

【计名探源】

在战争中要善于借助各种力量,制造各种假象来为自己壮大声势。将这一招运用得最好的莫过于三国时刘备手下的猛将张飞了。

当年,刘备被曹军困于长坂坡,赵云舍生忘死冲入曹营,救出太子阿斗,令张飞断后,阻截追兵。可那时,张飞手下只有二三十个骑兵,面对人数众多的曹军,他如何抵抗?

张飞临危不惧,心生万全之计。他命令手下的二三十名骑兵都到树林子里去,砍下树枝,绑在马后,然后骑马在林中飞跑打转。张飞一人则骑着黑马,横着丈八长矛,威风凛凛地站在长坂坡的桥上。曹军大将文聘引军至桥边,不久,曹仁、李典、张辽、许褚等也陆续赶到。他们见张飞独自骑马横矛站在桥中,正感奇怪,这时又看见桥东树林里尘土飞扬,一众人等立即停止了前进。他们怀疑树林之中有伏兵,都不敢近前,便派人飞报曹操。

曹操闻报,急忙上马赶来。张飞见曹操来到,大喝道:"我乃燕人张翼德,谁敢与我决一死战?"张飞声如响雷,曹军听了,不由得个个两腿发抖。

曹操回顾左右道:"我以前曾听关云长说'张飞在百万军中取上将之首,有如探囊取物。'今天相逢,切不可轻敌!"话未说完,张飞又大喝道:"燕人张翼德在此,谁敢来决一死战?"曹操见张飞气概如此雄壮,遂有退兵之心。张飞见曹操后军阵脚移动,挺矛大喝道:"战又不战,退又不退,却是何故?"喊声尚未断绝,曹操身边的将领夏侯杰竟然吓得肝胆碎裂,倒撞马下。曹操见状,拨马便走,曹军众将也跟着一齐往西逃去。

张飞只带二三十名骑兵,阻止住追击的曹兵,让刘备和荆州军民顺利撤退,靠的就是这"树上开花"之计。

【古文玄览】

借局布势,力小势大[①]。鸿渐于陆,其羽可用为仪也。

【说文解字】

①借局布势，力小势大：句意为，借助某种局面（或手段）布成有利的阵势，使弱小的兵力也显示出强大的样子。

【古文今译】

兵力弱小时，借助其他局面布下有利的阵势，使我方力量看起来充实而强大。鸿雁缓缓飞行，在山上歇息，可以用它飘落的羽毛装饰外表。

【计谋评点】

此计用在军事上，指的是自己的力量比较弱小时，可以借用友军的势力，或借某种因素制造假象，使自己的阵营显得强大，即是说在战争中要善于借助各种因素来为自己壮大声势。

古人评价这一计策时说："此树本无花，而树则可以有花，剪彩贴之，不细察者不易发，使花与树交相辉映，而成玲珑全局也。此盖布精兵于友军之阵，完其势以威敌也。"意思是指一棵树本来没有花，但我们可以给树添加上花。裁剪彩花贴在树上，不仔细察看，则真假难辨。最终花与树交相辉映，形成了巧妙的局面。用假花冒充真花，可以取得乱真的效果，是因为战场上情况复杂，瞬息万变，指挥官很容易被假象所惑。所以，善于制造假象，巧布迷魂阵，虚张声势，把自己的精兵安置在友军的阵营中，就可以造成强大的阵势以威吓敌人，直接慑服甚至击败敌人。

三国时甘宁亲率百人勇闯敌人大营，就是一个很好的例子。

三国中期，孙权、曹操在合淝对峙。吴国大将甘宁请求孙权准许他夜里带100名随从偷袭曹营，孙权应允。甘宁出发前摆下酒宴动员将士，然后让他们每个人都在头盔上插一根白鹅翎，作为自己人的标志。最后众人披甲上马，在半夜三更时分，向曹营杀去。黑夜里，曹军根本不知道到底有多少兵马杀来，只好竞相奔逃。甘宁与那100名士兵趁乱在曹军营中纵横驰骋，遇人就杀。他们从北营门杀入后，很快就从南营门杀了出去，这时曹军甚至还来不及招架。曹操担心这是对方的诱敌之计，生怕中了吴军的埋伏，就没有下令追击。甘宁偷袭曹营

甘宁与那百名士兵趁乱在曹军营中纵横驰骋，遇人就杀。他们从北营门杀入，很快就从南营门杀了出去，这时，曹军甚至还来不及招架。

一举成功，同去的100名士兵个个毫发未伤。

甘宁之所以能够偷袭成功的原因，就在于以强大的阵势威慑住了敌人。所以树上开花一计的要点就是"布势"，即布下自己的阵势，给敌人造成心理震撼。其实，此计很像"借鸡生蛋"。光"开花"，只是好看，不能杀敌，没有实效。要"生蛋"，给自己带来利益，才有实效。

【事典辑录】

郭敬浴马占襄阳

330年，后赵荆州监军郭敬奉命攻打东晋襄阳。当时，驻守襄阳的东晋军队中个个都是精兵强将，长官东晋南中郎将周抚更是骁勇异常，因此，对后赵来说，敌众我寡的形势极为明显。

后赵主石勒一时派不出兵将支援郭敬，他想出了一条应急之计，连夜派人传令郭敬："如果周抚派人来观察樊城军情，你要想尽办法让周抚知道后赵军队暂不跟他打，等过了七八天，咱们的大队骑兵就来了。"郭敬接到军令，计上心来，不禁自语道："制造声势，让周抚觉得好像大队骑兵来了。来他个'循环浴马计'！"

第二天，后赵士兵出动了。他们手执马鞭，吆喝着将成群战马赶到河边，让它们俯首饮水、涉水洗澡。不论白天黑夜，他们都不间断地将马群赶至河中洗澡。这军情被周抚派出的便衣游动哨发现了，他忙赶回襄阳，直奔周抚处，气喘吁吁地报告："周大人，后赵战马正在河边洗澡。白天洗，晚上也洗，马儿多得数不清。"

周抚心中惴惴不安，寻暗自思："莫非后赵援军到了？"思及此，他立即领兵连夜离开，逃奔武昌而去。郭敬采用制造声势、树上开花的计谋，没有损失一兵一卒，当夜就占领了襄阳城。

李世民分兵张声势

隋炀帝好巡游，出巡江南回来后，又去巡视塞北。突厥国始毕可汗早就想夺取大隋天下，便乘此机会秘密调兵数十万，把隋炀帝困在了雁门关。太原留守李渊之子李世民听到皇上有难，立即带领自己手下的几万人向雁门关进发。

离雁门关不远时，副将云定兴问："这仗怎么打呢？"李世民说："硬拼是不行的。突厥兵已将雁门关团团围住，他们肯定以为送不出消息，不会来救兵。咱们就来个虚张声势，用树上开花之计，把队伍分成几股，然后每一股都多打旗帜、拉长队伍、高举大旗、鸣鼓进军，将敌人吓跑。"在李世民的指挥下，隋军队伍立时被分成数股，一时间皆举大旗，击鼓行进。

始毕可汗听得探马来报，说中原大军已分数股从关内杀来，忙爬上山头观望。只见隋军果然兵分多路，高举军旗，浩浩荡荡，直向雁门关包抄而来。他们的每一支队伍都绵延数十里，听着远远传来的鼓声、呐喊声，再看那些迎风招展的军旗，不难估计出每支队伍至少有数十万人。始毕可汗被这种阵势吓坏了，急忙指挥队伍迅速撤离，逃回了塞北大漠。

李存勖奇计退大军

五代十国时期，后梁、后晋这两大割据势力自唐末便结下了深仇。梁太祖朱温和晋王李存勖派兵交战多次，但谁也无法消灭对方。

后梁太祖乾化元年，另一割据势力燕王刘守光进攻容城，结果被后晋军反攻至幽州城下，刘守光只得向朱温求救。朱温闻讯，尽起大军，号称50万，北上救燕。当时，李存勖正驻守赵州，手下只有少数人马。面对浩浩荡荡杀奔而来的后梁军队，李存勖的部下建议他入城躲避。李存勖分析了形势，不同意这样做。他说："虽然我们兵微将寡，但我们仍然要挡住敌人，否则，梁军攻入内地，就危险了。让我们想想办法，用奇计打败敌人。"

李存勖做出周密部署，他亲自驻守下博桥，然后命史建瑭、李嗣肱派出小股部队，深入后梁军占领区。小股部队避开后梁军大队人马进入了占领区，专捉打柴割草的散兵，共抓了几百人。之后，他们和李存勖在下博桥会合，李存勖将大部分俘虏杀掉，只留下少数人，砍掉胳膊，放了回去。走前，李存勖对他们说："回去告诉朱温，晋王大军到了。"

此时，朱温率领大军已攻到了赵州，还没来得及安营。史建瑭、李嗣肱各带领300名士兵，穿着后梁军的衣服，打着后梁军的旗号，和后梁军打柴的混杂在一起，向朱温大营开去。傍晚时分，他们到达大营门口，向后梁军发起突袭。敌人来袭，后梁军却毫无准备，又分不清敌我，局面立时变得混乱不堪。后晋军在朱温大营内如入无人之境，痛痛快快大杀了一回，一直杀到天黑。最后，他们在夜色的掩护下，带着捉到的俘虏，扬长而去。

后梁军遭到突然袭击，士兵们还惶惶不安之时，那些断臂的俘虏跑了回来。他们一入大营便大声喊叫："晋王的大军到了。"朱温听后，也有些害怕，不等查明真相，便命令部队连夜后撤。后梁军一退而不可收，一口气跑了150多里，直到退出了冀州城才停下来。这时，朱温派部下进行侦察。回来的人报告说："晋王大军根本没来，袭击我们的只是几百人的小部队。"朱温闻言，又气又恨。

李存勖赵州一战，采用树上开花的计策，以区区几百人打败了朱温50万人的主力部队，创造了军事战争史上的奇迹。

草木皆兵败苻坚

383年，基本上统一了北方的前秦皇帝苻坚，率领90万大军，南下攻伐东晋。东晋王朝任命谢石为大将，谢玄为先锋，率领8万精兵迎战。

前秦军前锋苻融攻占寿阳后，苻坚亲自率领8000名骑兵抵达这座城池。他听信苻融的判断，认为东晋兵不堪一击，只要自己的后续大军一到，定可大获全胜。于是，他派一个名叫朱序的人去向谢石劝降。

朱序原是东晋官员，他见到谢石后，不但没有劝降，反而向他报告了前秦军的布防情况，并建议东晋军在前秦后续大军未到达之前袭击洛涧（今安徽淮南东洛河）。谢石听从了他的建议，出兵偷袭前秦军营，结果大胜。东晋兵乘胜向寿阳进军。

苻坚得知洛涧兵败，东晋军正向寿阳开来，大惊失色，立即和苻融登上寿阳城头，亲自观察淝水对岸东晋军的动静。当时正是隆冬时节，又是阴天，远远望去，淝水上空灰蒙蒙的一片。苻坚仔细看去，只见河上桅杆林立，战船密布，东晋兵个个持刀执戟，阵容甚为齐整。苻坚又向北望去。北面横亘着八公山，山上有八座连绵起伏的峰峦，地势非常险要，而东晋兵的大本营就驻扎在八公山下。一阵西北风呼啸而过，山上草木随风而动，远远望去就像有无数士兵在山头上活动。苻坚顿时吓得面如土色，惊恐地回过头来对苻融说："东晋军分明是一支劲旅，你怎么能说它是弱兵呢？"之后，淝水一战中，东晋军又施以妙计使强大的前秦军溃不成军，苻坚中箭而逃。

谢玄巧用自然环境，达到了树上开花、草木皆兵的军事目的。

巧用猴兵烧敌寨

南宋初期，朝廷派赵遹率军去围剿晏州卜漏的起义军。

赵遹仔细勘察了卜漏建在山上的营寨，发现除了四周重重的密林、林外的木栅、壕沟和陷阱外，山后还有一处可达寨里的崖壁，正好是卜漏没有设防的。赵遹觉得作为攻打山寨的突破口，这条陡峭难攀的"绝路"最合适。

卜漏面对赵遹的正面进攻也不敢掉以轻心，就召集人马进行防备。但千虑一失，就在卜漏率军守在寨前时，从山寨后面突然窜出上千只猴子，它们背上着了火，四处乱窜，营寨顿时成了一片火海。卜漏赶紧命人救火，可那些受惊的猴子仍是乱跑，大火越烧越旺。这时，赵遹的士兵趁机从崖壁处冲上来，把混乱的敌军杀得落花流水，死伤不计其数，卜漏也死于乱军中。

赵遹用"猴兵"火烧敌寨，取得了胜利，可谓是采用树上开花策略取胜的成功典范。

田单的"火牛阵"

战国中期,著名军事家乐毅率领燕国大军攻打齐国,接连攻下70余城,齐国只剩下莒和即墨这两座城了。乐毅乘胜追击,围困莒和即墨。齐国拼死抵抗,燕军久攻不下。

这时,有人在燕王面前说:"乐毅不是我燕国人,当然不会真心为了燕国,不然,两座城怎么会久攻不下呢?恐怕他是想自己当齐王吧。"燕昭王倒不怀疑。可是燕昭王去世后,继位的惠王马上用自己的亲信、名叫骑劫的大臣去取代乐毅。乐毅知道与己不利,只得逃回赵国。

齐国守将是非常有名的军事家田单,他深知骑劫根本不是将才,虽然燕军强大,只要计谋得当,一定可以击败。田单首先利用两国的士兵都具有迷信心理,他要求齐国军民每天饭前要拿食物到门前空地上祭祀祖先。这样,成群的乌鸦、麻雀赶来争食。城外燕军一看,觉得奇怪:原来听说齐国有神师相助,现在真的连飞鸟每天都定时朝拜。燕军不由得人心惶惶。田单的第二招,是让骑劫本人上当。田单派人放风,说乐毅过于仁慈,谁也不怕他。如果燕军割下齐军俘虏的鼻子,齐人肯定会吓破胆。骑劫觉得有道理,果然下令割下俘虏的鼻子,挖了城外齐人的坟墓,这样残暴的行为激起了齐国军民的义愤。田单的第三招,是派人送信,大夸骑劫治军的才能,表示愿意投降。他一边还派人装成富户,带着财宝偷偷出城投降燕军。就这样,骑劫确信齐国已无作战能力了,只等田单开城投降吧!

田单最绝的一招是:齐军人数太少,即使进攻,也难取胜。于是他把城中的1000多头牛集中起来,在牛角上绑上尖刀,牛身上披上画有五颜六色、稀奇古怪图案的红色衣服,牛尾巴上绑一大把浸了油的麻苇。另外,选了5000名精壮士兵,穿上五色花衣,脸上绘成五颜六色,手持兵器,命他们跟在牛的后面。这天夜晚,田单命令士兵把牛从新挖的城塘洞中放出,点燃麻苇。牛又惊又躁,直冲燕国军营。燕军根本没有防备,再说,这火牛阵势,谁也没有见过,一个个吓得魂飞天外,哪里能够还手。齐军5000勇士接着冲杀进来,燕军死伤无数,骑劫也在乱军中被杀,燕军一败涂地。齐军乘胜追击,收复70余城,使齐国转危为安。田单可以算是善于运用

牛又惊又躁,直冲燕国军营。燕军根本没有防备,一个个吓得魂飞天外。齐军5000勇士接着冲杀进来,燕军死伤无数,骑劫也在乱军中被杀。

各种因素壮大自己声势的典范。

精明的出版商

美国有一个出版商，运用树上开花的计谋，在总统身上做文章，结果不仅推销掉积压的图书，而且取得了可观的经济效益。

一次，该出版商为仓库里堆积如山的图书卖不出去而发愁，忽然他眉头一皱，计上心来。他通过朋友送给美国总统一本样书。终于有一天，总统看到了这本书，浏览一番以后，漫不经心地说："这本书不错！"出版商闻讯，利用总统这句话大做广告，一个月内把积压的书全部卖光。

过了一段时间，又有一批图书积压。这个出版商尝到了甜头，因此又给总统寄了一本样书。这一回总统不给面子，说了句"这本书糟透了！"于是，出版商在广告里大肆宣传："本公司有一本总统认为很糟糕的书出售！"不久，该书销售一空。

几个月后，这个出版商又遇到了图书积压的难题，他像上两次一样如法炮制，寄给总统一本样书。这一回总统学聪明了，对他的书一言不发。于是，出版商在广告里写道："这里有一本总统难以评价的书出售！"结果，所剩图书全部告罄。

丝绸厂办起了舞蹈队

某丝绸厂一度积压了大量的迎宾缎、锦花缎及其他面料，大量资金被占用，原料进不来，新项目无法上马，工厂处于半瘫痪状态。厂方不惜花费重金，连篇累牍地在电视、广播、报刊上做广告，然而收效不大。

不久，厂领导请来了一位舞蹈专家，要对挑选出来的30名男女青年工人进行为期一周的舞蹈培训。厂里的人对此迷惑不解，纷纷猜测。舞蹈班终于亮相了，只见男的穿着笔挺的西装，女的身着优美的旗袍。男女服装色调搭配适宜，尤其是15位女士，身穿服装设计师精心设计制作的旗袍，花色、款式各不相同，个个楚楚动人。

两天后，几家宾馆的舞厅门前，车水马龙，人们摩肩接踵，排着长队买票。原来，丝绸厂的舞蹈队在这里表演，他们优美的舞姿着实吸引了一大批人。不久，有些舞厅经理主动上门来邀请丝绸厂舞蹈队光临。信息在街头巷尾传播开来，很多新闻记者也来采访。一时间，报刊、广播、电视屏幕上频频出现该厂的报道，掀起了一股"丝绸热"。丝绸厂销售科、销售门市部忙碌起来，市内各服装厂、百货商店、个体工商户蜂拥而至。甚至外地商店、服装厂也纷纷来函、来电、来人洽谈订货。丝绸厂的产品一时间成了抢手货。

丝绸厂出资创办吸引观众的舞蹈队，是以"树上开花"之计搞好公共关系的一种手法，确实是效果非凡。

富豪矿泉壶广告有术

1992年初,"百龙"矿泉壶因为电视剧《编辑部的故事》的播出而成功打入市场,很快在市场上的占有率就越来越大。当时,矿泉壶备受欢迎,因此生产厂家较多,市场竞争也很激烈。富豪矿泉壶有限公司生产的富豪牌矿泉壶也不可避免要面对这种竞争。

面对这种不利形势,富豪矿泉壶有限公司请北京捷讯市场调查事务所进行了调查。调查研究后,捷讯事务所建议富豪公司借助别人的名声,打响富豪矿泉壶。因为现在只靠一般的广告做宣传,很难成功进入市场。而当时北京市乃至全国新闻媒体都很关注北京二环路的工程建设,所以富豪公司就把它作为了突破点。

炎炎夏日的一天,北京二环路的工地上突然热闹了起来,富豪公司的职员们来到工地给汗流浃背的建筑工人们发放东西,这正是他们公司特制的富豪牌矿泉壶。跟踪报道工程进展情况的记者立即抓住了这一难得的消息,纷纷在广播、电视和报纸上报道。富豪公司借此扩大了富豪矿泉壶的影响,富豪矿泉壶的市场占有率也越来越大。

塔夫脱靠拍马当上了总统

按照美国的惯例,当一个总统任满时,可以推荐一名总统候选人。老罗斯福在任满之前就推荐了塔夫脱为下届总统候选人。

塔夫脱在老罗斯福任满之前,到处吹捧罗斯福,他见人便说:"罗斯福的内阁成员中,我该是最忠诚的。我敬重他,十分佩服他的一些英明政策,在我们还没有认识的时候,我就觉得他的政见很符合我的想法。"塔夫脱还曾经对罗斯福说:"历史上能和您相提并论的只有华盛顿和林肯两位总统,您的政绩并不比他们两个差。"

老罗斯福很喜欢这些话,不仅推荐塔夫脱为下届的总统候选人,还鼎力支持他。塔夫脱就这样轻松地战胜民主党候选人布赖恩,成为美国第二十七届总统。

可见,树上开花的策略在政治舞台上也很有用。塔夫脱就用拍马逢迎的手段让老罗斯福把他当成自己人,成功地圆了自己的总统梦。

第三十计　反客为主

【本计旨要】

实施此计，首先应当争取到敌方的好感，成为其座上之客，继而成为所谓的"久客"；其次能利用时机，插足进去，在敌方正式安营扎寨；最后则是潜移默化，步步为营，在不知不觉间抢占主人之位。

【计名探源】

东汉末年，袁绍屯兵在河内时，粮草缺乏，一时愁云不解。韩馥知道情况后，主动派人送去粮草，帮袁绍一解燃眉之急。而袁绍不但不领情，反而决定夺取韩馥的地盘——冀州。但当时冀州兵强，而袁军饥乏，袁绍担心自己攻不下冀州，反使自己无立足之地。他手下的谋士逢纪趁机献上一计，袁绍听后连连点头，决定马上下手，实施夺城妙计。他首先给公孙瓒写了一封信，邀其一起攻打冀州。公孙瓒早就想找个理由攻占冀州，这个建议正中下怀。于是公孙瓒立即下令，准备发兵攻打冀州。而这边袁绍派出的说客却暗中向韩馥告密，说："公孙瓒和袁绍联合攻打冀州，冀州难以自保。你何不联合袁绍，对付公孙瓒呢？让袁绍进城，冀州不就保住了吗？"韩馥听后惊慌失措，他权衡利弊后决定邀请袁绍带兵进入冀州，殊不知自己此举正是引狼入室。袁绍进驻冀州之后，表面上非常尊重韩馥，实际上却是另有图谋。他不动声色地把自己的部下一个个安插进了冀州的重要职位，直至这时，韩馥才恍然大悟，他这个"主"被"客"取而代之了。但为时已晚，为了保全性命，韩馥只得忍痛拱手让出冀州，只身逃了出来。

在战争中，反客为主之计讲的就是变被动为主动，掌握主动权后才能稳操胜券。就像袁绍，自己想要夺取冀州，却先利用公孙瓒想要夺取冀州的心态，以与其联盟为诱饵鼓动其出兵攻打冀州，然后又利用公孙瓒攻打冀州一事与韩馥假意联合，取其信任，投其所好，然后步步为营，待到时机成熟，反客为主，最终达到鸠占鹊巢的目的。

【古文玄览】

乘隙插足，扼其主机①，渐之进也②。

【说文解字】

①乘隙插足，扼其主机：把握时机，抓住间隙，插足进去掌握其要害关键之处。

②渐之进也：语出《易经·渐》卦。其《象》辞曰："渐之进也。"渐，逐渐，慢慢地。此计强调的便是要逐步推进，进而扼住敌方的咽喉。

【古文今译】

把握时机插足进去，设法掌握其关键，逐步推进，争取主动以巩固自己的地位。

【计谋评点】

实施反客为主一计的关键在于准确掌握"隙"和"主机"。"隙"，即俗语讲的"空子"，相对"主机"而言，隙是一种狭小的机会，有如千里之堤上的一个小小蚁穴。"乘隙插足"时要有耐心，堤上的蚁穴看似小，但数量多。一个蚁穴的蚂蚁，会慢慢繁殖出更多的蚂蚁，然后建成更多的蚁穴，在蚁穴多到足够毁灭河堤之时，就是"主机"来临之际。"千里之堤，毁于蚁穴"就是反客为主之计的真谛所在。

反客为主一计之中包含以下几种含义：

（1）喧宾夺主，即外来之客抢占主人的位置。

（2）先发制人，抢占主动权。

（3）转攻为守，在侵略战争中，一般而言攻方为客守方为主，客方远道而来，旅途劳乏，而对方以逸待劳，此时若客方积极进攻就犯了兵家大忌，所以即便是来抢地盘的，也不妨变攻为守，让对方先失耐心，然后再在其烦躁之际，一举攻之，定能大胜。

反客为主之计在古今战役中，用者颇多，李渊起兵反隋就是一例。李渊被隋炀帝任命为山西、河东抚慰使，率军镇压河东的农民起义。不久，他乘反隋武装纷纷兴起之势，在晋阳（今山西太原）起兵。大业十三年（617年）7月，李渊率兵3万西向关中，在霍县打败隋军，占领了霍邑。随后，李渊乘胜前进，以主力渡黄河，西行入关，11月攻占长安城。李渊在晋阳举兵以后，十分关注天下总体形势。当时，他的兵力不及另一支反隋武装——李密领导的瓦岗军强大，因此他便极力推崇李密，写信拥戴李密为反隋武装的盟主，以便让李密对其放松警惕。另外他还利用瓦岗军强大的军事力量来牵制东都的隋军，好让自己顺利进军长安。待李渊领军入主长安后，形势发生了逆转，李密兵败洛阳，走投无路后率兵投奔李渊。此时，李渊对李密一方面假意恭敬，好心招待，一方面又冷落李密的部下，使其"众叛亲离"。最后李密想要离开长安，密谋反渊，却事情败露，最终被李渊的部将盛彦师杀掉。

所谓欲速则不达，反客为主一计看似耗费时间，但却无往不利，屡试不败，因此古今之大军事家都对其青睐有加。

【事典辑录】

蔺相如完璧归赵

蔺相如是战国时期著名的政治家、外交家、军事家。他任赵国上卿期间，赵惠文王得到一块和氏璧，价值连城。秦昭襄王很想将其纳入囊中，于是派人前往赵国，说秦国愿以西阳15座城池换得和氏璧。秦国当时势力很大，赵王虽然不愿换，但又害怕得罪秦国，惹来战争，便派机智的蔺相如带着和氏璧前往秦国，以璧换城。

秦王见了和氏璧，爱不释手，与大臣和妃嫔们争相传看，却绝口不提割让15座城给赵国的事情。蔺相如看出秦王不愿给城，便撒谎说和氏璧有一点瑕疵，要指给秦王看。于是，秦王将和氏璧拿给了蔺相如。蔺相如接璧后，说："秦国以15座城换和氏璧，我们国君本不愿交换，但秦国是强国，我们只得如此。来秦国之前，我们国君斋戒五日才将和氏璧交付到我手中，以示对秦王的敬重。而秦王您，却如此亵渎和氏璧，把它当作赏玩之物到处传看，而且压根不提交付15座城的事情。赵国虽势力不如秦国，但也无法容忍这般无礼地羞辱我们的君王。大王您如果真的想得到和氏璧，就像我们的君王那样斋戒五日，再取和氏璧吧。若强行掠夺，我就与这和氏璧同归于尽。"说完，他举起和氏璧就朝柱子撞去。秦王连忙命人拉住蔺相如，答应斋戒五日受璧。

蔺相如回到住地，立即令随从乔装成老百姓，带着和氏璧偷偷返回赵国。五天后，秦王让蔺相如交出和氏璧。蔺相如答道："秦国向来说话不算数，我害怕被骗，所以三天前就让人把和氏璧送回赵国了。秦王若真的想得到和氏璧，那就先割让15座城给赵国，赵国绝不会失信，也不敢得罪秦国。如果我国得到15座城而不交出和氏璧，就请秦王杀了我。"秦王见蔺相如如此镇定自若，句句在理，而且和氏璧也不在他身上，只好放蔺相如返回赵国。

这个故事中，蔺相如若有丝毫的犹豫，都会使赵国失去和氏璧而得不到秦国15座五城。蔺相如识破秦王的诡计后，凭借自己的聪明才智，暗地里将和氏璧送回赵国，从而化被动为主动，反客为主，终于不负使命，完璧归赵。

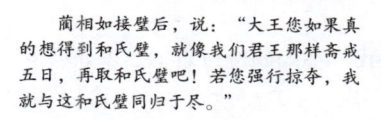

蔺相如接璧后，说："大王您如果真的想得到和氏璧，就像我们君王那样斋戒五日，再取和氏璧吧！若您强行掠夺，我就与这和氏璧同归于尽。"

关羽单刀赴宴

三国时，刘备占领益州后，便开始专心治理，把荆州全权交给了关羽。东吴鲁肃趁机上奏孙权说，刘备已占领了益州，是时候向他要回荆州了。孙权应允。鲁肃写信给关羽，邀请他到武昌商议。鲁肃摆下鸿门宴，令刀斧手事先埋伏在走廊两侧，伺机而动。

关羽明知鲁肃摆下的是鸿门宴，席间一定会恩威兼施，上下其手。但为了彰显自己的侠肝义胆，他便只带上周仓等十几个部将赴约。果然，几杯酒下肚，鲁肃就

关羽一手拿着大刀，一手拽着鲁肃，直走到江边上了船。东吴的刀斧手根本无从下手，只好眼看着他离开。

开始提及要回荆州之事。关羽正色道："在酒席上，如何能讨论此等大事，我们还是说些其他的吧。"鲁肃并不理会，继续说："我们主公生性大方，将荆州借给刘使君使用，让他有容身之所。现在他已经拥有了益州，此时应当将荆州归还东吴，否则，会落下不诚信的名声，遭到天下人的耻笑。"一旁的周仓不服气地嚷道："荆州是天下人共有的，什么时候变成东吴的私有财产了？"

关羽脸色陡变，忽地从座位上站起来，一下子抽出了周仓系在腰间的刀，大声训斥道："大胆周仓！国家大事岂有你谈论的份儿！赶快给我滚回去！"说罢，他一手拿着大刀，一手拽着鲁肃，直走到江边上了船。东吴的刀斧手根本无从下手，只好眼看着关羽离开。

关羽不愧为虎胆英雄，单刀赴会，变被动为主动，掌握主动权后顺利地返回了荆州。

黄忠刀劈夏侯渊

219年，蜀魏两国为了争夺汉中，展开大战。刘备命蜀将黄忠前去进攻曹军将领夏侯渊。夏侯渊抢先占据了有利的地势，营垒坚不可摧。两军交战了几次，黄忠皆是大败。

蜀国谋士法正献计说："夏侯渊个性暴躁，我军不如放慢行进的速度，步步为营，以激怒夏侯渊，引诱他来攻击我军。这样一来，我军就能找到一个合适的机会，占据有利地势，然后将其打败。"黄忠连称好计，于是坚守不出。

果不其然，夏侯渊按捺不住，想率兵进攻蜀军。部将张郃苦苦相劝："此乃蜀军的反客为主之计，我军不能抢先进攻，恐怕蜀军早已设了埋伏。"夏侯渊根本听不进去，怒气冲冲地上门攻打黄忠，结果进了蜀军的埋伏圈，被打了个落花流水，夏侯渊阵亡。

一开始，黄忠带兵攻打夏侯渊，按照攻防关系讲，黄忠属客位，夏侯渊镇守原地，是主位。后来，黄忠按兵不动，引诱夏侯渊来进攻，这样一来，黄忠就变成了主位，而夏侯渊被迫变成了客位。黄忠反客为主，化被动为主动，最终掌握了战争的主动权，取得了胜利。

讼师一语保平安

浙江省某知县同本省巡抚有师生之谊，关系十分密切，但与驻防将军不和。将军怀恨在心，总想找机会陷害知县。

这年元旦，浙江省文武官员集中在省城，遥对京城皇阙行朝贺礼。之后，驻防将军秘密地向清朝皇帝上奏折，说知县在元旦行朝贺礼时行动随便、态度轻佻。不久，清帝下旨，谕令巡抚查办知县朝贺失仪的大不敬之罪。巡抚明知这是驻防将军有意诬陷，但却也无可奈何。

这时，一位讼师献上一计，说："巡抚大人，您只要在向皇上报告行朝贺礼情况的奏折中写上"参列前班，不遑后顾"八个字，不但可使大人无失察之过，反使将军转得失仪之咎。"巡抚听后连连称妙，按讼师的说法给清帝上了奏折。原来，各省元旦行朝贺礼时，官员们都是按品级高低来站位的。巡抚与将军品级最高，班列最前，而知县品级低微，班列在后。这样，即使知县有失仪之处，巡抚与将军也不应看到。将军亲见位于后列的知县有失仪之处，那么将军必犯有后顾失仪之罪。果然不久圣旨又下，严厉申斥了驻防将军朝贺失仪，并将其免职。

讼师以攻为守，结果变被动为主动，使巡抚和知县赢得了这场政治斗争的胜利。

郭子仪联旧敌新

唐朝有个叛将，名字叫仆固怀恩。他煽动吐蕃和回纥两国联合出兵，进犯中原。30万联军一路连战连捷，直逼泾阳。泾阳的守将是唐朝著名将军郭子仪，他是奉命前来平息叛乱的，这时他只有一万余名精兵。面对漫山遍野的敌人，郭子仪知道形势十分严峻。

正在这个时候，仆固怀恩病死了。吐蕃和回纥就失去了中间的联系和协调的人物。双方都想争夺指挥权，矛盾逐渐激化。两军各驻一地，互不往来。吐蕃驻扎东门外，回纥驻扎西门外。

郭子仪想，何不乘机分化这两支军队？他在安史之乱时，曾和回纥将领并肩作战，对付安禄山。这种老关系何不利用一下呢？他秘密派人前往回纥营中转达郭子仪想与过去并肩作战的老友叙叙情谊的请求。回纥都督药葛罗，也是个重情的人。听说郭子仪就在泾阳，十分高兴。但是，他说："除非郭老令公亲自让我们见到，我们才会相信。"郭子仪听到汇报，决定亲赴回纥营中，会见药葛罗，叙叙旧情，并乘机说服他们不要和吐蕃联合反唐。将士们生怕回纥有诈，不让郭子仪前去。郭子仪说："为国家，我早已把生死置之度外！我去回纥营中，如果能谈得成，这一仗就打不起来了，天下从此太平，有什么不好？"他拒绝带卫队保卫，只带少数随从，到回纥营去。

药葛罗见真的是郭子仪来了，非常高兴，设宴招待郭子仪，谈得十分亲热。酒宴时，郭子仪说道："大唐、回纥关系很好，回纥在平定安史之乱时立了大功，大唐也没有亏待你们呀！今天怎么会和吐蕃联合进犯大唐呢？吐蕃是想利用你们与大唐作战，他们好乘机得利。"药葛罗愤然说道："老令公说得有理，我们是被他们骗了！我们愿意和大唐一起，攻打吐蕃。"双方马上立誓联盟。

吐蕃得到报告，觉得形势骤变，与己不利，他们连夜准备，拔寨撤兵。郭子仪与回纥合兵追击，击败了吐蕃的10万大军。吐蕃大败，很长一段时期，边境无事。

四面楚歌

秦朝末年，刘邦起兵反秦，起初并不顺利，后来项梁、项羽的江东大军声势越来越大，刘邦备受鼓舞，就在薛县投奔了项梁。各路英雄在章邯大军的凶猛攻势下，不得已由项梁主持在薛县进行了整顿，使楚国义军成为江东各国反秦武装中最为强大，也最有影响的一支力量。著名的谋士范增、张良等人此时都纷纷投到项梁门下。项梁等人为了号召百姓，共立楚怀王的孙子熊心为楚王。

正当秦将章邯疯狂镇压陈胜、吴广起义军主力并连连得手后，又向其他反秦势力展开进攻之时，项梁率军在东阿与秦军交战，打败秦军。与此同时，项羽和刘邦率领着另一支起义军也连破秦军，斩杀了秦主将李由（秦丞相李斯之子）。项梁被胜利冲昏头脑，放松了戒备，在定陶遭章邯夜袭，战死于乱军之中。

接着，以项羽为主率领的7万兵马在巨鹿与章邯所率秦军展开激战。项羽命义军"破釜沉舟"，每人只带了三天的口粮，誓与敌军决一死战。项羽义军无不以一当十，喊杀声惊天动地，杀得秦军大败，秦主力被摧毁。章邯走投无路，率20多万大军投降了项羽。

正当项羽北上救赵与秦主力交战的时候，刘邦带领一支义军西向击秦。此时，秦兵力在黄河以南较少，刘邦以避实击虚的打法，曲折迂回向咸阳进军，节节胜利。而此时，秦统治集团内矛盾日益尖锐。赵高杀死秦二世，立子婴为秦王。子婴又杀了赵高。在刘邦大军的攻势下，秦子婴无奈只好投降。公元前206年，秦王朝灭亡。

刘邦进驻咸阳后，便不愿再离开荣华富

前有茫茫乌江水，后有无数追兵，项羽走投无路，拔剑自刎。

贵、美色财宝充斥的皇宫。但是，此时刘邦的实力远不如项羽，虽然义军入关前声明：谁先进关中就封谁为王。但刘邦接受了手下人的建议，约法三章，将军队拉出咸阳城，驻扎到灞上。

刘邦为了与项羽达成暂时妥协，争取时间扩充实力，在谋士张良的建议下，亲赴鸿门（今陕西临潼一带）。项羽及谋士范增想趁机杀掉刘邦，但刘邦看出不妙后机智地从鸿门逃出。"鸿门宴"后，项羽进入咸阳，杀了秦子婴，烧了秦阿房宫，自立西楚霸王。他又封刘邦为汉王，其他亲信等一共封了18个王。项羽自以为天下无敌，从此可以长做霸主了。

雄心勃勃的刘邦岂肯屈于人后？他听从了萧何的建议，在汉中广揽人才，治理蜀汉（今四川），建立自己的根据地，寻找机会出兵。从此，刘邦与项羽又苦战了四年多，大小战100多次，渐渐地刘邦的实力超过了项羽。终于，在公元前203年底，在垓下一战中，项羽被刘邦大军团团包围，粮食断绝，也无援兵。在寒冬的一个夜晚，项羽被围在一个山头，看到战场上旌旗遍野，鼓角齐鸣，又听到四面八方传来楚国的歌声，项羽大吃一惊，心想："难道汉军已把楚国占领了吗？为什么汉军中有这么多楚人呢？"

其实，这正是刘邦所施的计策，这一招果真使楚军军心涣散。大势已去，项羽只好匆匆丢下自己的爱妾虞姬，连夜夺路突围。刘邦闻讯，立即派5000骑兵追赶。项羽渡过淮河，随从只剩100多人。汉军追上，杀得项羽只剩28个残兵了。到了乌江边时，前面有茫茫乌江水，后面有无数追兵，项羽走投无路，拔剑自杀。

公元前202年，刘邦统一中国，结束了多年分裂战乱的局面，建立了汉王朝。

给顾客发年薪的餐厅

在市场交易中，顾客与卖主的关系是一种明显的"客"与"主"之间的关系。他们之间的心理有较大差别，客方怀着忐忑不安的心理购买商品，既怕卖主的冷落，更担心上当受骗；卖主则担心自己的商品销售不出去。如果能让顾客产生一种宾至如归的感觉，卖主对顾客像家里人一样，双方就都有了安全感。

有一个美籍越南人开了一个餐厅，他对前来就餐的顾客采用了反客为主的绝招，即每个第一次到餐厅的顾客，都在本餐厅获得一个新账户，顾客每次付账之后，账单上面的钱数都被记在账户上。每到餐厅年度结算时，便可以从账户中查出顾客光临的次数，然后把餐厅利润的10%分给每个顾客。这样，前来用餐的顾客不但可以在餐厅吃到可口的饭菜，年终结算还可以分到钱，就像一个家庭的成员每月向家里交纳伙食费，年底还可以分钱一样。顾客宾至如归，增加了餐厅的吸引力。

这家餐厅的经营方法就是变顾客为主人，也就是把商品交易变成人际交往，带有礼尚往来的亲密性，自然会赢得顾客的欢迎。

"独一无二服装店"

美国纽约市的"独一无二服装店"是一家富有标新立异精神的服装店。

初入这家服装店，场面新奇得会让你怀疑自己走错了地方。只见店门口几个主要的大柜台上摆满了密密麻麻的大玻璃瓶，瓶内装的是五颜六色的纺织颜料。再往里走，会看见一排排悬挂着的衬衫衣裤。不寻常的是，这里每件衣服上面的图案都不相同，而且全是抽象派作品，具有何种含意，任你自由猜想。

更绝的是，这家商店设有一个特殊的房间，称之为"艺术天堂"，里面挂有各种样式的服装，但都没有颜色和图案，它是专为那些喜欢发挥自己艺术才能的顾客预备的。顾客在这里可以用商店提供的颜料和工具，在自己选中的衣服上任意挥洒一番，创造出独一无二的图案。画好后，在店内专门的机器上烘干，随即穿走，使顾客别有一番满足感。如果哪位在美术方面心有余而力不足，商店还有专职人员为他服务。或者干脆使用屋内的"自然创作器"。所谓"创作器"是一个带玻璃罩的机械大转盘，使用时，往转盘上洒些不同的颜料，把衣服扔在上面，盖好罩子，一通电，转盘便飞转起来，衣服在里面上下翻滚。几分钟后，大功告成，取出一看，或云层雾海，或奇禽异兽，或姹紫嫣红，或嫩黄浅绿，纵令你是再高的画手，也不能造出第二件。

这家服装店让顾客自由创作服装图案，使得顾客产生了一种成就感，用"反客为主"策略，取得了良好的经营效果。

葛兰素药厂

英国葛兰素药厂从一家传统的、老迈的公司，成为持续增长的、产品行销国际市场的跨国企业，产品遍及150多个国家和地区，其成功的秘诀在于确定一个敢于冒险、有战略眼光的经营策略。

美国是世界上最大的西药市场。多家实力雄厚的药厂，已将美国的药品市场分割得差不多了，要再跻身其中并非易事。然而，葛兰素药厂以其独特的经营方式，在短短时间里，不仅站稳了脚跟，而且还以治疗消化性溃疡的药物"雷尼替丁"占领了美国大部分的肠胃药市场。

葛兰素药厂跻身美国市场是从1979年开始的。当时，它兼并了美国一家小型药厂，借以彻底了解当地的市场情况。为了让这家企业成为地道的美国公司，使之与美国的文化完全融合，它首先授予该药厂美方负责人以充分权力，因而使其决策有力，经营灵活。葛兰素药厂在美国站稳脚跟后，又迅速拓展市场。1981年，美国葛兰素与在当地有名的瑞士罗士药厂合作，运用罗士的业务代理和行销网络销售其药品。

当时，不少厂家的做法是把自己的药品商标权借给他厂，并由其销售，签订几年的合同，分享利润。而葛兰素厂却采取垂直组合的经营状态，从原料生产、研究开发、成品制造到发货行销一竿子到底，不包给经销商销售，以保证产品的质量和及时反馈信息。其"雷尼替丁"药品就是这样成了美国"明星药品"。

"不入虎穴，焉得虎子。"英国葛兰素药厂在将其产品打入美国市场时，采用了"兼并"工厂这一绝招，就像将一架探测器安在了美国市场上。这样，美国药品市场的一呼一吸都被葛兰素药厂所把握，为其产品占领美国市场提供了确切的情报基础。其"反客为主"的战略应为我们留下有益的启示。

巴伐利亚汽车公司进入日本市场

要战胜对手，必须先了解对手。知己知彼，才能扬长避短，度人量己，根据企业实际，以自己的优势攻对手的短处，方能稳操胜券。

德国巴伐利亚汽车公司的产品在准备进入日本市场之际，该公司了解到：日本已有几家大汽车公司，如丰田、日产、三菱、铃木等，并有两万家汽车经销站，但只销售日本国产的汽车，不愿意销售外国汽车。巴伐利亚汽车公司在进一步了解中发现，日本人买汽车怕上当，喜欢向熟人买。日本销售网络多样化的特点是可以利用的。于是，该公司便与非汽车行业挂钩，通过它们的营业网，向各关系户出售自己生产的汽车。利用这条渠道，巴伐利亚汽车公司仅5年就创下了在日本年销14万辆汽车的纪录，成功地在日本打开了市场。

巴伐利亚汽车公司能打入日本市场，并站稳脚跟，原因就在于它研究了日本的市场信息，摸清了竞争对手的情况，使它突破各种阻碍，获得成功。

英国人激怒"海上马车夫"

1651年10月9日，英国议会悍然通过《航海条例》，规定凡出口到英国的货物只准英国船只或原生产国船只运送，而英国的出口商品只准英国船只运送。这一条例激怒了被誉为"海上马车夫"的荷兰。17世纪中叶，处于资本主义发展黄金时期的荷兰，已经拥有近2万艘商船，该条例无疑剥夺了荷兰人经营海上运输的权利。

英、荷关系开始紧张起来，战争似乎也一触即发。这一切正是英国想要看到的，因为大英帝国无法容忍荷兰人对财富的聚敛和对英国海上霸权的挑衅，尤其是在英国正在向海上霸权的宝座冲刺的时候。但荷兰人海上贸易和运输都很正当，几乎不会侵犯英国的利益。这时英国找不到发动战争的借口，但又想巩固自己的霸主地位，夺取荷兰人的商业利益，于是就精心谋划了这个计策。

很快第一次英荷大战爆发了，匆忙应战的荷兰人很快就被英国人打败了。他们哪里知道为了这场蓄谋已久的战争，英国做了充分的准备。不久，荷兰就被迫承认《航海条例》。从此，荷兰丧失了海上贸易的主宰地位，英国则确立了自己海上霸主的地位。

俾斯麦借火点烟

法兰克福邦联议会由各邦国代表组成，但为了争夺邦联的领导权，代表们之间常常是表面平静，暗地里钩心斗角。当时各邦中势力最强大的是奥地利，所以奥地利人经常藐视一切。1851年5月11日，36岁的俾斯麦成了法兰克福邦联议会的一位新代表，他代表的是势力相对较弱的普鲁士。在邦联议会中，他很反感奥地利人的做法，总想给他们一点教训。

在议会中，只有担任主席的奥地利人才能吸烟，成了一条不成文的规定。这种做法让俾斯麦非常不满。在一次会议中，当主席抽出一支雪茄烟时，俾斯麦为了表示普鲁士与奥地利的地位是平等的，也马上拿起一支烟，并向主席借火点燃，泰然自若地抽了起来。俾斯麦的行为让主席和其他各邦代表都另眼相看。

外交中的礼仪不仅是表面上的，它更深厚的含义往往是不易被察觉的。任何外交活动都要从细微处入手，不能忽视任何礼仪，才能争取外交上的主动地位。

马克·吐温故弄玄虚

美国作家马克·吐温非常机智和幽默，他曾经导演了一幕小剧，制止了宴会上的喧闹声。

1890年，他应邀参加道奇夫人的家宴。宴会上，很多人大声谈话，声音嘈杂。马克·吐温认为吃饭时如此喧闹既不礼貌，也影响食欲，想站起来制止，又怕惹人生气，甚至会搞得大家不欢而散，伤了和气。

突然，马克·吐温对旁边的一位女宾说："我有一个办法能让宴会静下来，不过需要您的配合，行吗？""行，你说吧，怎么做？"女宾答道。"您把头侧过来，看起来好像在认真听我说话似的。这样，大家都想听我在说什么，就会安静下来。"马克·吐温接着说道。

"先生的主意太棒了！"女宾说道。于是，她把头侧过去，看起来好像在认真听马克·吐温说话的样子。而马克·吐温则假装好像在说些什么。大家都被他们俩人神秘的样子吸引了，都想听听马克·吐温到底在说什么，喧哗之声也就逐渐没有了。马克·吐温赶紧起身说："女士们，先生们，我们刚刚做了个游戏，想要制止宴会上的嘈杂之声。宴会上可以说话，但不能大声喧哗，要讲文明。大家同意我的意见吗？"

大家觉得马克·吐温讲得很对，就在既文明而又愉快的氛围中度过了宴会。这一幕小剧真可谓是"乘隙插足，扼其主机"。

第六套 败战计

第三十一计　美人计

【本计旨要】

使用"美人计"时需注意两点：一是要投其所好，美人计要用在爱美女的人身上；二是要相机取事，用美女磨灭敌人的意志，并非一朝一夕之事，所以在尚未得逞之时要静待时机，一旦美女的功效发挥了作用，则要善于制造时机，然后歼而灭之。

【计名探源】

春秋时吴国与越国之间爆发战争，结果越国战败，越王勾践被迫投降。吴王夫差罚勾践夫妇在吴王宫里服劳役，借以羞辱他。而勾践忍辱负重，在夫差面前卑躬屈膝、百般逢迎，终于骗取了夫差的信任，回到了越国。勾践被释回越国之后，卧薪尝胆，不忘雪耻。但吴国强大，靠武力，越国根本不能取胜。越大夫文种向勾践献上一计："高飞之鸟，死于美食；深泉之鱼，死于芳饵。要想复国雪耻，应投其所好，衰其斗志，这样，可置夫差于死地。"勾践听从文种之计，挑选了两名绝代佳人——西施和郑旦，送给夫差，并年年向吴王进献珍奇珠宝。吴国大夫伍子胥劝吴王道："夏因妹喜而亡，商因妲己而亡，周因褒姒而亡。美女乃亡国之物，大王万万不可收下！"吴王哪里听得进去，留西施、郑旦于宫中。因西施貌美与聪明兼备，赢得了吴王的专宠。吴王从此以西施所在的姑苏台为家，每日声色犬马，乐此不疲。

夫差贪恋女色，一天比一天厉害，根本不想过问政事。伍子胥力谏无效，反被逼自尽。公元前482年，吴国大旱，勾践乘夫差北上会盟之时，突出奇兵伐吴，吴国终于被越所灭，夫差也只能一死了之。

一般而言，国家的衰亡有其深刻的政治经济根源，并非一两个美女所能左右，因此，笼统地说"女人是亡国的祸水"，当然是片面的。但是，不能否认的是美人计作为一种谋略，它的作用又是不可忽略，甚至是功绩显著的。

【古文玄览】

兵强者，攻其将；将智者，伐其情①。将弱兵颓，其势自萎。利用御寇，顺相保也②。

夫差羞愧交集，说道："吾无颜见子胥也。"说罢，蒙面自杀。

【说文解字】

①兵强者，攻其将；将智者，伐其

情：对兵力强大的敌人，就攻击他的将帅，对英明机智的将领，就打击他情智上的薄弱处。

②利用御寇，顺相保也：语出《易经·渐》卦。本卦九三《象》辞："利御寇，顺相保也。"是说可有效防御敌人的进攻，同类之间和睦便可互相保护。此计运用此理，强调将美人送与敌方，可增强对敌人的有效防御，进而成功保全自己。

【古文今译】

对拥有强大兵力的敌人，应当攻击他的将帅，对拥有智谋的将帅，应当打击他的情绪。将帅被打倒了，士兵都颓废了，他们的士气自然就萎靡不振了。利用敌方的缺点，以己方的优势相攻，自然能够保全自己。

【计谋评点】

英雄难过美人关，说的就是在战场上叱咤风云的英雄，大多在面对美人时却只能缴械投降。英雄不畏惧战争，因为英雄似乎就是为战争所生，但英雄畏惧美女，当至刚的英雄遇见至柔的美女时，英雄的刚性似乎就没有了用武之地。就像太极中的四两拨千斤之术，美人计用的就是以柔克刚之理。由此推而广之，英雄尚且如此，况匹夫乎？明眸善睐、唇红齿白的美女能于顾盼生姿间，俘获万千众人心。当"回眸一笑百媚生"的佳丽前来投怀送抱时，有几人能有柳下惠坐怀不乱之定力？所以美人计的用途虽谈不上战无不克，但成功率之高也是令人叹为观止的。

古人对美人计的论述也有很多，如《韩非子·内储说下》曰："晋献公伐虞、虢，乃遗之屈产之乘，垂棘之璧，女乐二八，以荧其意而乱其政。"又如《六韬·文伐》载："养其乱臣以迷之，进美女、淫声以惑之。"可见用美人计重在"惑"字，以色惑之，使其意乱情迷，无心政事，然后众叛亲离，自行毁灭，或者趁其迷乱之时，一举歼之，又或直接使其倒戈相向，敌为我用。这正是美人计的妙处所在。

在战场上，敌人的士兵强健，将领有智谋，我方不能战胜，就不得不先侍奉他们。用土地来侍奉，会增加对方的势力，像六国侍奉秦国一样，是最低等的策略；用金钱和布匹来侍奉，会增加对方的财富，像宋国侍奉辽国、金国一样，也是很低下的策略；而若用美人来侍奉，使对方的意志丧失，肌体虚弱，增加部下的怨恨，就会破坏敌方的凝聚力，像越王勾践用美女西施来侍奉吴王夫差，最终得以转败为胜。

当然，美人计不一定非要用在敌我两方对阵的战场上，也可以运用在其他场合。如西汉李延年当年为赢得汉武帝的注意，曾作《北方有佳人》一诗，诗曰："北方有佳人，绝世而独立。一顾倾人城，再顾倾人国。宁不知倾人与倾国？佳人难再得！"其中的佳人说的就是李延年的妹妹。而正是凭着这位佳人妹妹，李延年才能得宠于汉武帝，从一名低贱的倡者摇身一变成了皇亲国戚，李家也从此显赫起来，这招美人计用得可谓适宜。

【事典辑录】

洪德献美救父

周幽王时，大夫褒珦因直言进谏，惹怒幽王，被囚于京城狱中。褒珦全家想方设法搭救褒珦，但均未奏效。一次，褒珦的儿子洪德外出收税来到乡间，碰巧遇到褒姒在门外汲水，虽然村妆野束，但却难掩其国色天姿。

洪德心生一计，用300尺布帛将褒姒买了回来，随后上奏幽王说："今有褒珦的儿子洪德献美女褒姒，以赎父罪。"幽王闻奏，立即宣褒姒上殿。幽王见褒姒娇艳非常，立即将她留在了宫中，并降旨赦褒珦出狱，恢复其官爵。正是这个褒姒，使得周幽王从此纵情声色、日夜享乐，荒废了朝政。

洪德献美本为救父，却不想这一美人计的间接后果，竟是葬送了周朝百年的江山。当然，这是洪德实施美人计之初所始料未及的。

幽王见褒姒娇艳非常，立即将她留在了宫中，并降旨赦褒珦出狱，恢复其官爵。

陈平计解白登之围

汉朝初，匈奴的冒顿单于带领40万人马包围了韩王姬信的封地马邑。姬信无法突围只得投降，并勾结冒顿单于，兴兵作战，盘踞晋阳、代州等地，扰犯边疆。

公元前200年，汉高祖刘邦亲率大军征讨匈奴。刘邦求胜心切，中了敌人的埋伏，被困在白登山。到了第四天，被困汉军的粮草越来越少，刘邦君臣急得就像热锅上的蚂蚁。谋士陈平灵机一动，想出了一条计策。

在得到刘邦允许之后，陈平派一名使者带着一批珍宝和一幅画像秘密会见了冒顿单于的夫人阏氏。使者对阏氏说："这些珍宝是大汉皇帝送给您的，请您务必收下。"使者又献上画像，说道："大汉皇帝怕单于不答应讲和的要求，准备把中原的第一美人献给他。这是她的画像，请您先过目。"阏氏接过来一看，见画像上的女子果真是一个貌似天仙的美女，眉似初春柳叶，脸如三月桃花；玉纤纤葱枝手，一捻捻杨柳腰。阏氏心想，如果丈夫得到了她，还有心思宠爱自己吗？于是，阏氏说："珍宝留下吧，美女就用不着了，我请单于退兵就是了。"阏氏打发走了汉军使者后，立即去见单于，她说："听说汉朝的援军就要到了，到那时我们就被动了。不如现在接受汉朝皇帝的讲和要求吧。"单于经反复考虑，觉得夫人的话很有道理。

后来，双方的代表经过多次谈判，终于达成了协议。

陈平的美人计妙就妙在根本没有美女，但同样收到了良好的效果。

貂蝉舍身除董卓

东汉末年，汉献帝9岁登基，朝廷由董卓专权。董卓为人阴险，滥施杀戮，并有谋朝篡位的野心。司徒王允于是决定除掉他。但董卓势力强大，要取董卓，只能智取，不可强攻。况且董卓身旁有一义子，名叫吕布，骁勇异常，对董卓忠心耿耿。

王允观察这对狼狈为奸的"父子"，发现他们有一个共同的弱点，就是都很好色。所以王允决定施用"美人计"，让他们互相残杀，以除奸贼。王允府中恰巧有一色艺俱佳的歌女，名唤貂蝉。王允于是决定用貂蝉来诛杀董卓。

不久，王允私下邀请吕布来府赴宴，席间请貂蝉歌舞助兴。吕布一见貂蝉，即惊为绝世佳人。王允于是主动提出将自己的"女儿"貂蝉许配给吕布。吕布喜不自禁，二人随即决定选择吉日完婚。第二天，王允又请董卓到家里来，酒席筵间，要貂蝉献舞。董卓一见，也是垂涎欲滴。王允说："太师如果喜欢，我就把这个歌女奉送给太师。"老贼假意推让一番，便高高兴兴地把貂蝉带回府中去了。

吕布知道此事后大怒，当面斥责王允。王允推说："太师要看看自己的儿媳妇，我怎敢违命！太师说今天是良辰吉日，决定带小女回府去与将军成亲。"吕布信以为真，等待董卓给他办喜事，但一连过了几天也没见有动静，再一打听，原来董卓早已将貂蝉据为己有了。吕布一时也没了主意。一日董卓上朝，忽然不见身后的吕布，心生疑虑，马上赶回府中。却见吕布与貂蝉在后花园凤仪亭内抱在一起。董卓顿时大怒，用戟朝吕布刺去。吕布用手挡住，随即怒气冲冲地离开了太师府。原来，貂蝉与吕布私自约会，正是按王允的计谋行事，为的就是挑拨董吕二人的父子关系。

此事后不久，王允见时机成熟，便邀吕布到密室商议。王允大骂董贼强占了女儿，夺去了吕将军的妻子，实在可恨。吕布闻言，咬牙切齿道："不杀老贼誓不为人！"王允见吕布已下决心，他立即假传圣旨，召董卓上朝受禅。董卓接旨后喜不自胜，耀武扬威地进宫受禅。不知是计的董卓来到宫中后，却被吕布一戟刺穿了咽喉，一命呜呼。

王允利用貂蝉之美，董卓、吕布好色之心，巧施美人计，不仅离间了他们父子，还成功地利用吕布除掉了奸臣董卓，可见美人计的功效。

貂蝉见了吕布，泪流满面，哽咽不止："将军别污了手，妾身已为太师所占，此身已污，不能再侍将军，罢了！罢了！"

皇妃亲劝洪承畴

明朝末年，清兵大败明军于锦州，俘虏明军统帅洪承畴。皇太极久有入主中原的野心，于是就想利用洪承畴做开路先锋，以达到一统天下的目的。为此他派说客前去劝洪承畴投降清军。洪承畴执意不从，并且用绝食明志，以示自己不屈的气节。

据野史记载，有人向皇太极献计说洪承畴好色，要想劝降他，应当采取以柔克刚之计，用美人相劝，或许可以成功。于是，他便搜罗了许多美女前去劝降，可洪承畴依然绝食等死。后来，皇太极又派自己最宠信的吏部尚书范文程前去劝降。范文程见了洪承畴，不提招降之事，与他谈古论今，说些不相关的话，同时悄悄地观察他的表现。两人正说着，梁上掉下来一块泥巴，落在了洪承畴的衣服上。洪承畴一面说话，一面"屡拂拭之"。这一细节被范文程看在心里，他回见皇太极时说："洪承畴不会死的。他对自己的衣袍都如此爱惜，更何况是他自己呢？"皇太极闻言，对洪承畴更加关照，也急于劝降洪承畴。

一日，皇太极的爱妃庄妃携带一个酒壶秘密出宫。她来到关押洪承畴的房间后，细声细气地问："请问，可是洪将军在此？"洪承畴抬头说道："你是何人？来此有何贵干？""我是来救将军的。"皇后的话语里充满了同情。她接着说："将军不是绝食等死吗？绝食而死起码需要十日方能气绝。未死之前，必然饿火中烧，头晕眼花。我是佛门信徒，不忍心看将军忍受如此痛苦，特献上一壶毒药，希望能助将军早日脱离苦海。"洪承畴大义凛然地说道："死且不怕，何怕毒药！"说罢一把接过酒壶，张口狂饮。皇后见药沫溅湿了洪承畴的衣襟，就拿出香帕慢慢拂拭，边擦边劝洪承畴说："将军为明朝而死，只得个虚名。倘若换成我，我会忍辱一时，伺机报君，方不负明帝之重托，百姓之仰望。"庄妃的话勾起了洪承畴的心事，想到毒药已下肚，死期不远，他不禁泪如泉涌。

隔日，皇太极又亲自去看望洪承畴，洪承畴立而不跪。皇太极嘘寒问暖，见洪承畴衣服单薄，当即脱下自己身上貂裘，披在洪承畴的身上。洪承畴瞠视良久，叹曰："真命世之主也！"乃叩头请降。随即剃发易服，归顺清朝。

李光弼巧施"美马计"

唐代"安史之乱"时，大将李光弼带兵与叛将史思明对阵，两军互有胜负，相持不下。但史思明骑兵颇强，因为他有从塞北带来的良马千匹在军中服役。这些马都是公马，个高劲大，跑得快，冲力大，对起阵来对唐军威胁颇大。

史思明也视这批马为宝贝，没有战事，便让人赶这批马去河边洗浴、放牧。日久天长，李光弼终于想出一条获取这批良马的计谋来。他传令城中，以高价收购百姓的带驹的母马。数日便收到母马、马驹各500匹。

这天，李光弼见叛军又把马赶到对岸河边放牧，便传令把收来的那批母马赶出城去，而把马驹留在城中。

母马来到城外河边，挂念城中的马驹，不时回首鸣叫。叫声引起了对岸叛军的公马的注意，它们都不吃不喝，仰起头来向河这边张望。不知哪匹公马首先动了情，下河向这边游来，一下子带动了所有的公马。放牧的士兵拦也拦不住。唐军赶马人见状，忙松开缰绳，那500匹母马怀念城中的驹子，撒脚就往城中跑。敌人的马刚过河上岸来，也随那批母马跑将起来。敌人闻听丢失了良马，忙遣大队人马来拦截。还没等敌人打过河来，那批马已随唐军的母马进了城，被一个个捉住，补充到唐军骑兵中。自此李光弼的骑兵战斗力大增，使叛军吃了不少苦头。

李光弼把"异性相吸"的道理运用到战马上，巧施"美马计"，没费一兵一卒便夺得了叛军千余匹良马。

刘皇叔洞房续佳偶

《三国演义》第五十四回"吴国太佛寺看新郎，刘皇叔洞房续佳偶"和第五十五回"玄德智激孙夫人，孔明二气周公瑾"，讲的是刘琦病死，东吴立即派鲁肃出使荆州，以吊丧为名讨还荆州。在诸葛亮的运筹和安排下鲁肃此行的目的未达到，只讨回一张如同废纸般的文书。上面写了"暂借荆州，以后交付"的空话，鲁肃被逼无奈，还与刘备、诸葛亮三人一起在文书上画了押。周瑜对这一结果切齿顿足。正在这个时候，荆州方面传来刘备甘夫人去世的消息，周瑜一听，喜出望外。他立即设计了一个利用孙权之妹招赘并软禁刘备为人质，进而要挟诸葛亮等交还荆州的骗局。

当鲁肃带着周瑜这封信见到孙权以后，孙权立即批准了周瑜的计划，并指派吕范前往荆州提亲。刘备清楚周瑜的用心，面有难色。诸葛亮却稳操胜券，力劝刘备答应这门婚事。他充满自信地对刘备说："周瑜虽然颇能用计，但他总难出我诸葛亮所料。只要我略施小计，管保令周瑜一筹莫展。我保证主公既得娇妻，荆州又万无一失。"

建安十四年（209年）冬，在一切准备停当之后，诸葛亮特派大将赵云带领500军卒随刘备前往东吴结亲。出发之前，诸葛亮交给赵云三个装有妙计的锦囊，并让他贴身收藏好，又如此这般地交代了一番。

刘备一行到达东吴时，赵云拆视了第一个锦囊。于是他唤来500名兵卒，命令他们披红挂彩，到东吴都城南徐采买喜庆礼品和物件，逢人便说刘备入赘东吴的消息，弄得城中百姓人人皆知。孔明的锦囊妙计中还教刘备到东吴后首先拜访孙策、周瑜之妻"二乔"的父亲乔国老，刘备也按计而行。他牵羊担酒，往拜乔国老，叙说特来成亲之事。

乔国老得到这个消息后，便进宫向孙权的母亲吴国太道喜称贺。吴国太闻言大惊，一面派人去请孙权回话，一面派人到城中察看究竟。派出的人很快回来复命，说乔国老所言非虚，新人已在馆驿安歇，500名随行士卒也在城中购买猪羊果品，准备成亲。吴国太大怒，等孙权到来时，她捶胸大哭。

孙权知道露了馅，只得如实道来。他说："许婚乃周瑜之计。只是以招亲为名，赚来刘备，讨还荆州。若刘备不还荆州，就先除掉他。"国太一听，更加怒不可遏，她大骂周瑜说："周瑜小子无计去取荆州，倒打起我女儿的主意，使出这美人计。如果真的杀了刘备，我女岂不成了望门寡，以后让她如何做人，怎的说亲？这岂不误了她的一生！"乔国老也从旁打边鼓，他说："如用此计，即便是得到荆州，也会被天下人所耻笑。此事如何行得！"孙权一时语塞。吴国太仍然怒气未消，还在不停地大骂周瑜。乔国老劝她说："刘玄德乃汉朝皇室宗亲，倒不如顺水推舟，招他为婿，免得张扬出去丢丑。"孙权又不同意。正在孙权与乔国老争论不休的时候，国太又发下了话，她说：我明天要在甘露寺与刘备见面，亲自相亲。如不中意，任你们发落；如果中了我的意，我就做主将女儿嫁他。孙权奉行孝道，心里虽然不情愿，但也无可奈何。

乔国老又将孙权、吴国太要见的事情告诉了刘备，并教刘备好生留意。第二天，吴国太、孙权、乔国老等在甘露寺会见刘备。吴国太一见刘备就大喜过望，对乔国老说："真吾婿也！"乔国老也说刘备具有"龙凤之姿""天日之表"，把刘备大大地夸奖了一番。这样，刘备与孙权之妹的婚事，就由国太做主当场敲定。

原来，孙坚的吴夫人生有四子，长子孙策，次子就是孙权。吴夫人之妹也嫁孙坚为次妻，孙坚次妻生有一子一女，其女名叫孙仁，也就是欲嫁刘备的孙权之妹。孙仁自幼尚好武事，常令侍婢击剑为乐。孙坚的吴夫人已经去世。甘露寺相亲的吴国太就是孙坚的次妻、吴夫人之妹。

刘备与孙仁成亲后，夫妻二人两情欢洽。孙权见弄假成真，又给周瑜去信问计。周瑜也真算得上智能之士，他很快又为孙权策划了盛筑宫室，多选美女，以此娱刘备之耳目，丧刘备之心志，并使刘备与诸葛亮、关羽、张飞等各置一方，分头对付的计谋。这一招果然奏效，刘备在孙权布置好的温柔乡里，被声色所迷，再也不提回荆州的事情了。

吴国太一见刘备就大喜过望，对乔国老说："真吾婿也！"乔国老也说刘备具有"龙凤之姿""天日之表"，两人大大地夸奖了刘备一番。

眼看到了年终，刘备仍无归荆州之意。赵云急忙按诸葛亮原来的交代，拆视了第二个锦囊。而后，他按计而行，急见刘备，并告诉刘备说："今早孔明使人来报，曹操正起兵50万，杀奔荆州，请主公速回。"刘备闻讯即与孙夫人密商，安排了利用元旦到江边遥祭祖先的机会脱离东吴的计划。建安十五年（210年）元旦，刘备与孙夫人禀明国太，声称到江边祭祖，瞒着孙权等人，便踏上回荆州的艰难路程。当孙权得知刘备已经离去的消息后，立即命令追赶。后来，他仍放心不下，又派出第二批人马，并将自己所佩宝剑赐予部将，命令他们一旦追上，先斩刘备与其妹孙仁。原来周瑜对刘备也早有提防，他也派出将领统率3000人马在去荆州的路上驻扎拦截。这样一来，刘备的处境就十分危险，前有周瑜部下的堵截，后有孙权派出的两批追兵。在这种危急的情况下，赵云在拆视了第三个锦囊之后，就搬出了孙夫人。孙夫人以国太爱女、孙权之妹的特殊身份，好歹对付了第一批追兵和周瑜布置的队伍。最后，刘备等终于在诸葛亮的巧妙安排和接应下，化险为夷。正当刘备、诸葛亮等舍步登舟逆水而上的时候，又见周瑜亲自带领无数战船气势汹汹地追来。刘备等见状就弃船上岸，改乘车马前行。周瑜也穷追不舍，登岸继续追赶。当他追至黄州地界时，遭到了埋伏，关云长、黄忠、魏延等大将合力杀来，周瑜大败。当周瑜下船逃命时，又听到岸上刘备的兵众齐声大叫："周郎妙计安天下，赔了夫人又折兵。"至此，自作聪明、争胜好强的周瑜的"美人计"破灭。他羞愧恼怒至极，大叫一声，昏死过去。

种世衡安抚胡人

有句话说："一名美女胜过千军万马。"北宋名将种世衡就曾利用美人计，让胡人为自己效力。

种世衡很会治理边疆，他当环州（今甘肃环县）知州时，了解到一些羌族部落想暗中勾结西夏进攻大宋，以前的官员都无法收服他们。于是他不以天朝大国之人自居，深入到羌族内部，宣传朝廷的恩典，对羌人以礼相待，经常解下随身佩带的宝刀赠给羌族部落的首领，还多次宴请能及时反映边境敌情的羌人。有时羌人提出一些有价值的建议，种世衡就重赏他们。当时很多汉族官员都看不起胡人，种世衡这样做让很多胡人感动不已。

当时苏慕恩的部落是羌人部落中最强大的一支。种世衡常邀他一起来家中喝酒，还会给他一些财宝。但为了牢牢控制住苏慕恩，种世衡还是详细谋划了"伐其情"的美人计。

一天晚上，种世衡又把苏慕恩邀来喝酒，并给苏慕恩叫了一名劝酒的美女。种世衡见苏慕恩有些醉了，就以有急事为由出去了。当然，种世衡只是在门缝观察屋里的情况，根本没有离开。苏慕恩趁种世衡不在，想调戏那个美女，不想种世衡突然走了进来，制止了苏慕恩。苏慕恩羞愧地赶紧向种世衡道歉。种世衡笑着问："你很喜欢她吗？"然后就把美女送给了苏慕恩。从那以后，苏慕恩忠心耿耿地跟着种世衡，只要其他部落有人心怀不轨，种世衡就派苏慕恩前去讨伐，每次都得胜而返。

"英雄"救美

一天清晨，在加拿大艾德蒙顿市的闹市区传出一阵凄楚而柔媚的声音："救救我吧，快把我从这里救出去啊。"人们循声找去，只见一位美丽的女郎被关在一家商店狭窄的橱窗里，被成箱成箱的商品包围着，动弹不得。看到行人聚得更多了，玻璃橱窗里的美女指着她身旁成箱的新出品的"运动家"牌滤嘴香烟，哭泣道："先生们，女士们，这些香烟不卖光的话，我是没法出去的，请帮帮忙，可怜可怜我吧！"

美女凄婉动人，人们本能的怜爱之心油然而生，于是纷纷购买"运动家"牌滤嘴香烟。过不多久，包围美女的香烟都卖光了，美女才破涕为笑，甜蜜地喊着："谢谢诸位！谢谢诸位！"人们放心地回去了。

一批顾客刚走，美女又发出了凄楚而又娇滴滴的声音："救救我吧。"于是又新来了一批围观者，他们照样又买走了"运动家"牌滤嘴香烟，"搭救"了美女。消息传开去，各条街区的市民都来"搭救美女"，使"运动家"牌滤嘴香烟在五天内就销售了100万包。

时间长了，人们知道这个美女是个制造得惟妙惟肖的机器人，但是他们还是忍不住要来看美女机器人。本来不想买烟的人，也捎带买上几包，反正烟总是要抽的，既"救"了美女，又抽了烟，何乐而不为呢？

又隔了一段时间，这家商店把玻璃橱窗里的机器人撤掉了，再也听不到美女凄楚的呼救声，但人们仍然要来买"运动家"牌滤嘴香烟，因为这种香烟口味纯正，价格适中，他们已经习惯吸这种香烟了。就这样，"运动家"牌滤嘴香烟在市场上站住了脚。

溺水的妙龄女郎

一天，在美国迈阿密的海滨浴场出现了一个惊心动魄的场景。那天，风和日丽，阳光灿烂，海滨浴场游人如织。有的穿着游泳衣在沙滩下进行日光浴，有的在五彩缤纷的遮阳伞下喝着饮料，更多的男女则投入了大海宽阔的胸怀。好一派欢乐热闹的景象。

在游客中有一个妙龄女郎，她款款地走入水中，在浅水中稍作活动，随即像条美人鱼似的游入了深水区。她一会儿蛙泳，一会儿仰泳，其活泼玲珑的姿态吸引了海滩上许多游客的目光。

突然，女郎双手乱舞，长发纷飞，在水中挣扎起来，还没等大家弄清是怎么回事，她已陷入海中，水面上泛起了几个白泡泡。游客们终于从惊愕中清醒过来，不约而同地发出了一个呼声："出事了，那姑娘可能抽筋了！"

正当千钧一发之际，一个颀长的青年男子当即跃入海中，迅速游到了出事地点，很快就将妙龄女郎救出水面。

当人们围上去向他们表示慰问时，有个手持照相机的摄影者挤进了人群，将一些相片让众人观看。这些照片再现了刚才发生的惊心动魄的一幕，优美的风光，惊险的场面，美丽的溺水女郎，矫健的青年救护者，还有脸部表情各异的游人。包括看照片的人在内，人们的注意迅速从现场转移到动人逼真的照片上来，纷纷发出了惊讶的提问："这是怎么回事，照片竟这么快就印出来了？"

摄影者高高举起照相机，得意地说："这是兰德先生创办的普拉公司的最新产品'拍立得'相机，拍摄之后60秒钟就可取到照片。"游人们争相来观看这种新型的"一次成像"照相机。原来刚才的一幕是普拉公司为推广"拍立得"照相机而精心策划的一幕广告戏。由于这场戏演得精彩非凡，在观众的脑海里留下了深刻的印象。他们回味刚才那惊心动魄的一幕时，自然也想到了"拍立得"相机。

不久，在美国波士顿一家大百货公司里，"拍立得"相机首次上市。人们争相购买，最后竟把橱窗里陈列的样品也卖掉了。

二战中的"月亮女神"

在第二次世界大战时，英国情报机构加入了一个名叫贝蒂·索普的美国女人，代号为"月亮女神"。她有着棕色的秀发，碧绿的眼睛，婀娜的身材，几乎所有人都迷恋她，她成功地获取了很多情报。

1937年，贝蒂在波兰迷惑住了波兰外交部长的一位副手，成功地找到了破译德国密码的方法。第二次世界大战爆发后，她又在美国华盛顿市内的乔治敦区的一所房子里，成功地让一个年纪不小的意大利海军武官堕入她布下的情网，并向她提供了密码本，使皇家海军把意大利东地中海海军的全部信号都破译了。1941年3月28日，在希腊马塔潘角的外海该舰队全军覆没。

一天，"月亮女神"走进法国维希政府驻华盛顿大使馆，一名40岁左右的美男子接待了她，他就是夏尔。很快两个人就坠入情网。在这期间，"月亮女神"在夏尔的帮助下，获取了法国维希政府驻华盛顿大使馆与欧洲之间定期往来的全部通信的抄件，还得到该使馆每月活动的日报告。这些情报有着不可估量的价值。"月亮女神"成功地完成了英国情报机构交给她的又一项艰巨任务。

英国情报机构对此并不满意，他们还要求"月亮女神"想办法把密码本弄到手。可是大使馆内整天都有人看守，还有凶恶的狼狗，想得手很困难。他们想了一个很危险的办法。晚上，假装要和贝蒂在使馆内约会的夏尔，给了值班警卫一些小费。然后他和贝蒂把撬锁专家放进密码室，两人却赤裸裸地搂抱在长沙发上。用手电筒照到了他们的值班警卫，也羞愧地跑掉了。这样，她就从保险柜中拿到了密码，使同盟国掌握了登陆期间的维希海军的所有计划和行动。

美国工程师被迫当间谍

1966年夏，一位在美国空军工作的工程师在苏联以强奸未遂罪被逮捕了。他并不知道这一切都是克格勃精心设计的圈套。

这位美国工程师刚来苏联休假旅行时，受到了莫斯科人和列宁格勒人的热情欢迎和款待。一天，他去哈尔科夫的一家餐馆吃饭，服务员把他和一位美丽的金发姑娘安排在了一桌。姑娘用十分流利的英语和他说话，两个人聊得很高兴，就决定第二天晚上再来这里吃饭。

第二天晚上，在餐厅吃完饭后，两人在公园的长凳上激动地拥抱了起来。就在工程师得意忘形的时候，突然姑娘用俄语大叫起来，然后就有几个人从附近的树丛中跳了出来，还不停地按着照相机。美国工程师就这样莫名其妙地被抓了。

到了克格勃的办公室里，美国工程师才弄清一切，那个美丽的姑娘其实是个特工。一位军官告诉他：“你要是不认罪，就要接受6至10年的刑罚；要是认罪，并和我们合作，就马上放了你。”美国工程师害怕被恐吓就同意"合作"。他把美国空军的一项绝密研究计划细述给了克格勃的专家，还被迫成了间谍。

第三十二计　空城计

【本计旨要】

"空城计"是三十六计最后一套败战计中的一计，所谓败战，即以表明如若正面交战，必败无疑，因此才需使此计。由此可知，此计是在敌强我弱、敌众我寡之时方才使用的退敌妙计。

【计名探源】

春秋时期，楚国宰相公子元在他哥哥楚文王死后，想占有漂亮的嫂子文夫人。他用尽各种方法去讨好文夫人，文夫人都无动于衷。于是，公子元就想建立一番功业，以此来打动文夫人的芳心。公元前666年，公子元亲率兵车600乘，前去攻打郑国。楚国大军一路接连攻下多座城池，直逼郑国国都。眼看郑国危在旦夕，此时，上卿叔詹上奏说："我有一计，可退楚军。"郑国国君按照叔詹的计策，在城内作了安排。他命令士兵全部埋伏起来，不让敌人看见一兵一卒。然后命令所有店铺照常开门营业，百姓往来如常，不准透露一丝慌乱之色。之后又大开城门，放下吊桥，摆出一副完全不设防的样子。楚军的先锋到达郑国都城城下，见此情景，心中起疑，莫非城中有埋伏，诱我中计？遂不敢妄动，等待公子元。公子元赶到城下，也觉得好生奇怪。他率众将来到城外高地眺望，见城中确实空虚，但又隐隐约约看到了郑国的旌旗甲士。公子元认为其中必有诈，不可贸然进攻，于是按兵不动。这时，接到郑国求援信的齐国，已联合鲁、宋两国发兵救郑。公子元闻报，知道三国兵到，楚军定不能胜，遂决定撤退。他害怕撤退时郑国军队会出城追击，于是下令全军连夜撤走，人衔枚，马裹蹄，不出一点声响。又下令所有营寨都不拆走，旌旗照旧飘扬。

第二天清晨，叔詹登城一望，说道："楚军已经撤走。"众人见敌营旌旗招展，将信将疑。叔詹说："如果营中有人，怎会有那么多的飞鸟盘旋上下呢？他也想用空城计欺骗我。"这就是中国历史上第一个使用空城计的战例。

【古文玄览】

虚者虚之，疑中生疑①；刚柔之际，奇而复奇。

【说文解字】

①虚者虚之，疑中生疑：第一个"虚"，意为空虚的；第二个"虚"为动词，使动，意为让它空虚。句意为，空虚的就让它空虚，使他在疑惑中更加产生疑惑。

【古文今译】

本来兵力空虚却故意显示出不加防守的样子,让敌人难以揣摩、疑惑更深。在敌众我寡的情况下,这一用兵策略就显得更加奇妙莫测。

【计谋评点】

本计讲求虚中有实,实中有虚,虚实结合,方能使对方疑惑重重,不能轻易判明我方情况,将"兵不厌诈"发挥到极致。正所谓真真假假,假假真真,真中有假,假中有真,真假难辨,以此诱惑敌方,借以保全自身。譬如明明为空城,不用伪装,本是真,但以空城示人,即以真示人,此真在对方眼中反而变成了真假难料,由此产生怀疑,不敢贸然进攻,从而使用计者赢得时机,得以逃脱。此计之妙,就妙在虚实难以料定,在虚实不定之时,自然不敢轻易进攻。

空城计的核心就是虚虚实实,示之无形。它通过虚实变化,造成错觉,使敌人不辨虚实,不知真相,以达到出奇制胜的目的。

当然,虽为败战之计,并非说在敌我双方势均力敌之时便不可用,正因此计虚实难辨,所以用处颇广。战斗中,己方军势较强,硬拼之下也存胜算时,为将胜利的代价降至最低,空城计也是一个不错的选择。使用空城计,能达到诱敌深入,聚而歼之的效果,颇有请君入瓮之意。将敌人诱至我方地盘,然后就可以任我宰割,这是用较小的牺牲,换来较大的胜利。

一般说来,空城计的用法有两种:一种是以真示真,即以虚示虚,或者夸大原来的虚。这一招是利用敌方善疑心理,使其生疑,以为这空城是陷阱,不敢进攻,因而得以保全。但是这需要有一定胆略,假如对方不上当,依然攻城,那后果将不堪设想,所以如果选择虚而虚之,就要做好敌人不中计的准备,即随时做好打硬仗的准备。还有一种是以假乱真,即实而虚之,原本不虚,但却制造出虚的假象,诱敌深入,聚而歼之,这一招对付无谋之人颇为管用,无谋之人往往鲁莽,面对眼前轻而易举的胜利会不假思索地上当受骗,当然对于一些狡诈善疑之人也颇为管用,正因为他们疑心颇重,反而认为这有可能只是空城之计,因此思量之后依然不会放弃,却不知这正是聪明反被聪明误,恰好正中下怀。这一招的使用也颇有难度,要做到以假乱真并非易事,所以成功与否,关键在于有没有将敌人骗倒。

【事典辑录】

诸葛亮空城骗魏将

据《三国演义》记载三国争霸,蜀汉一出祁山时,诸葛亮驻守西城,惊闻街亭失守的消息,料想魏将司马懿定会乘胜来攻西城。果然,司马懿引大军15万向诸葛亮所在的西城蜂拥而来。诸葛亮内心焦急万分,因为此时精锐部队均被遣出,西城空虚、无兵可守。诸葛亮登城楼观望后传令,把所有的旌旗都藏起来,士兵原地不动。又让士兵把四个城门打开,每个城门下派20名士兵扮成百姓模样,洒水扫街。诸葛亮自己则领着两个小书童,带上一张琴,到城上望敌楼前凭栏坐下,饮酒抚琴等待司马懿的大军到来。

司马懿的先头部队兵临城下,见此情形,都不敢轻易入城,便急忙返回报告司马懿。司马懿便令三军停下,自己飞马前去观看。离城不远,他果然看见诸葛亮端坐在城楼上,正在焚香弹琴。左面一个书童,手捧宝剑;右面也有一个书童,手拿拂尘。城门里外,二十多个百姓模样的人在低头洒扫,旁若无人。司马懿看后,

诸葛亮端坐在城楼上,焚香弹琴。城门里外,二十多个百姓模样的人低头洒扫,旁若无人。司马懿见状,不敢轻举妄动,反而撤军了。

心生疑惑,他来到中军,下令后军充作前军,前军作后军,准备撤退。司马懿对众将说:"诸葛亮一生谨慎,现在城门大开,里面必有埋伏,我军如果进去,正好中了他们的计。还是快快撤退吧!"于是各路兵马都退了回去。

空城计虽不是诸葛亮发明的,但将此计运用至炉火纯青的正是他。随着《三国演义》的深入人心,诸葛亮巧施空城计随即成为家喻户晓的故事。

城墙酒宴诈贼兵

唐开元十五年(727年),吐蕃偷袭瓜州,唐军元帅王君焕被杀,唐玄宗派张守珪前去接任。张守珪到任后,先命人修筑城墙,这时敌兵突然来袭,而城里却没有任何守御的设备,众人惊慌失措。张守珪说:"敌众我寡,又处在城池刚刚破坏之后,光用石头和弓箭是不能退敌的,应该用计谋。"他让将士们和他一道,坐在城上,饮酒奏乐。吐蕃军兵临城下,见此情景,怀疑城中有备,于是退兵。

张守珪使用的空城计,模仿诸葛亮的痕迹过重,几乎是原计照搬,却仍能取得成功,可见空城计的作用在百年之后效果依然显著。

刘坦布阵退叛军

南北朝时,萧齐的始兴内史王僧粲起兵造反,领兵进袭长沙。长沙太守刘坦一边调兵迎敌,一边注意内部动向。

长沙城外有个大家族很有势力,族长名钟玄绍,他准备响应王僧粲起事。密探把这事报告给了刘坦,并打听到钟玄绍就在第二天夜晚动手。怎么办?大军在远离长沙的边防阻击王僧粲大军,一时间抽调不回来,而城内守兵又尽是老弱病残,不是王僧粲一伙儿的对手。手下人都着了慌,刘坦沉吟了半晌,说:"没关系,我们来个疑兵之计。"

刘坦一面派人火速往前线送信,抽调一批人马回城,一面让手下老弱残兵各处调防。折腾了一天后,到了傍晚时分,刘坦一反常规,吩咐手下人大开城门。钟玄绍等人夜深人静时果然悄然来到城门外,准备偷袭守门兵。一看,却见城门大开,悄无人声。钟玄绍一下子疑惑起来,早探听到城中白天调动兵马,自己原想偷袭不成就硬攻的,哪料到城门竟然大开!莫非里面有埋伏?为了慎重起见,他令手下退回。

第二天,钟玄绍装作没事的样子来到城中刘坦衙中,像往常那样与刘坦攀谈,准备探点口风。刘坦早看透了钟玄绍的诡计,他一边与钟玄绍虚言周旋,一边暗中派人去查抄钟玄绍的家。钟氏家人突见官兵到来,又没见钟玄绍的面,一个个不知怎么办才好,只得任凭官兵抄查。不一会儿,官兵便查到了钟玄绍与王僧粲的来往信件,然后按刘坦预先的吩咐带上几个钟家主要人物回到衙门。官兵呈上密信,刘坦脸色一变,把信甩给钟玄绍。钟玄绍一看无话可说,手下人又不在,没办法,只好听凭捕抓。

刘坦公布了钟玄绍通敌谋反之罪,杀了钟玄绍和几个主要人物,然后当众烧了钟玄绍的党羽名单,安定了民心。接着,又派人传令回救部队半路返回前线。这样,刘坦巧用疑兵,一反常规,开城迎敌,却吓得敌人推迟起事时间,为平灭叛乱争得了时间。

空城计虽好,但也存在一定的风险,所以刘坦一面打开城门,部下疑阵,一面派人火速前去搬救兵,既是为了以防不测,也是为了日后平定叛乱。空城计只能为他赢取备战的时间,却不能一劳永逸。

刘邦被困白登城

汉初,韩王姬信勾结匈奴王冒顿,兴兵作战,盘踞晋阳、代州等地,扰犯边疆。汉高祖刘邦亲征,精选30万猛将,发兵前线。姬信、冒顿实施坚壁清野的战术,把精壮人马和粮食都藏匿起来,暴露在营外的全都是残兵老将,汉军前哨看到这种情况,不敢轻进,回报大本营。汉高祖闻报,派刘敬去一探究竟。刘敬去了几天,回来报说:"两国相争,都是想夸张军营,现冒顿故意显示老弱,分明'请君入瓮'。恳请陛下,不宜前进!"于是汉高祖责怪起来,说:"呸!你懂什么?妄言扰乱军心!"他立即把刘敬拘禁起来,什么人劝说也不行,并立即下令拔寨起营,沿途所遭遇的抵抗,均不堪一击。

于是汉军挥军入白登城，正在整顿兵马的时候，忽然听城外炮响，冒顿的兵漫山遍野而来，把白登城围得水泄不通，此时汉高祖才后悔当初不听刘敬之言。

李广退敌

西汉时期，北方匈奴势力逐渐强大，不断兴兵进犯中原。飞将军李广任上郡太守，抵挡匈奴南进。

一天，皇帝派到上郡的宦官带人外出打猎，遇到3个匈奴兵的袭击，宦官受伤逃回。李广大怒，亲自率领100名骑兵前去追击。一直追了几十里地，李广终于追上3个匈奴兵，遂杀了2名，活捉1名。正准备回营时，他们忽然发现有数千名匈奴骑兵也向这里开来。匈奴队伍也发现了李广，但看见李广只有百名骑兵，以为是为大部队诱敌的前锋，不敢贸然攻击，急忙上山摆开阵势，观察动静。

李广的骑兵非常恐慌。李广沉着地稳住队伍："我们只有百余骑，离我们的大营有几十里远。如果我们逃跑，匈奴定会追杀我们。如果我们按兵不动，敌人肯定会疑心我们有大部队行动，绝不敢轻易进攻。现在，我们继续前进。"到了离敌阵仅2里地远的地方，李广下令："全体下马休息。"李广的士兵卸下马鞍，悠闲地躺在草地上休息，看着战马在一旁津津有味地吃草。

到了离敌阵仅2里地远的地方，李广下令："全体下马休息。"李广的士兵卸下马鞍，悠闲地躺在草地上休息，看着战马在一旁津津有味地吃草。

匈奴部将感到十分奇怪，派了一名军官出阵观察形势。李广立即命令上马，冲杀过去，一箭射死了这个军官。然后又回到原地，继续休息。

匈奴部将见此情形，更加恐慌，料定李广胸有成竹，附近定有伏兵。天黑以后，李广的人马仍无动静。匈奴部将怕遭到大部队的突袭，慌慌张张引兵逃跑了。李广的百余骑安全返回大营。

边寇不战自退

北宋真宗时期，延州的知州名为马知节。这一天恰逢元宵佳节，马知节派士兵到城外巡逻侦察。不久，士兵回来报告说，有大批边寇正往延州方向奔来。马知节心中一惊：大家都在张罗着过节，假如知道了这件事，肯定会心慌意乱。况且城中也无多少兵马，力量悬殊，也没法和敌人抗衡啊？这可如何是好呢？左思右想，他忽然豁然开朗，心中生出一计。

马知节让士兵将城门打开，把各个街道装扮一新，大家聚在一起，来个军民同乐。已经知道边寇即将来犯的士兵们，看到马知州竟有如此闲情雅致，心想他肯定有对付敌人的好办法，于是，也就放下心来，和平常一样。百姓看到这种景象，确定天下太平，就更放心了。待边寇来到城外，看见城门开着，城内热闹非凡，猜想这城中肯定有重兵把守，进城岂不是落入圈套，看来时机未到，于是就撤兵了。

孔镛智退侗族山民

明朝孝宗年间，孔镛出任田州知府。到任的第三天，由于其他任务，田州的驻守部队被派到了别的地方，城中兵士所剩无几。附近的侗族山民知道了这件事十分高兴，立即聚在一起，全副武装前去攻城。城中的百姓很是害怕，士兵们也关上城门决定誓死一战。然而知府孔镛却命他们把城门打开，这让很多人不理解。有人说，用这种空城计对付侗族山民恐怕是没有用的，他们野性十足，开门即进，哪里会考虑这么多。孔镛镇定自若，仍坚持把门打开，并要前去与他们说理，打算以皇帝的恩德和威严、孔孟的教导来说服他们。大家对此都很震惊，觉得这个新来的知府真是迂腐之极。

打开城门后，孔镛骑着马，只带了两三个随从。侗族山民的头领呵斥道："你是何人，快下马领死！"孔镛口气镇定地说："我就是刚上任的新知府，正想去你们那里巡查，你快快带路。"

在孔镛之前的历任知府，都不曾真正关心过侗族的山民，更不曾去过侗族山民居住的地方。这位新知府竟然主动要去，他们自然同意了。

到了他们的住地后，孔镛大大咧咧地径直坐在了首领的位置上，呵斥道："无礼之人，见到本府，为何不跪！"

侗族的头领满不在乎地回应道："区区一个小知府，还敢命令我们！"

孔镛回答道："我乃你们的孔知府，是你们的父母官，当然有权利教导你们。"

这时，有人问道："请问孔夫子可与您有关系？"

孔镛回答道："本人乃孔圣人的后世子孙。"所有人心中一震，即刻对孔镛另眼相看。

孔镛又说道："原本你们也是善良老实的百姓，只是为饥饿所困才会进城劫掠。如今，我担任你们的知府，定会发给你们粮匹。若这样，你们还抢掠、不听命于我，那就只好把你们交给官兵了！"

侗族山民本就是为了获得粮匹才抢掠，听孔镛如此这般说来，便都表了态，发誓以后不再抢掠。侗族头领布置了一下，让孔镛在他们的住地住了一夜。次日，孔镛和他们一起来到城外，命令士兵把粮匹拿出来。侗族山民拿到他们想要的粮匹，就心满意足地回去了。

德川家康智守孤城

日本战国时期，出于各自利益，战争在德川家康和武田信玄之间爆发了。1571年，武田信玄率先挑起战争，带领军队进攻德川家康。两人的军队在江远展开激战，德川家康一方溃败，躲进了滨松城。武田信玄越战越勇，打算占领滨松城。

此时，德川家康不敢贸然出城，思来想去忽然灵光一现，想出一计。他知道武田信玄对于兵法很有研究，正因如此，作战才又过于小心，如果使用"空城计"，那么就能扰乱他的思维。

武田信玄来到滨松城外，看见城门已经打开，城中一片火海而看不见一个人。不用想就知道这一定是空城计了，城内肯定没有重兵把守。武田信玄正准备率兵冲入城内，忽然转而一想："这德川家康明明清楚我精通兵法，此时却设置一出'空城计'，这其中必定有诈，我可不能上了他的圈套。"于是，武田信玄放弃了入城的计划，将军队驻扎在城外。凑巧的是那时德川家康的3000名后备军正在赶往滨松城，武田信玄认为这更加论证了他的推测，遂更不敢轻易进入城内了。

一纸空文退敌军

1948年10月，不甘心失败的蒋介石为了挽回在华北地区的局势，亲自来到北平与"剿总"司令官傅作义商讨作战计划，对已经被我军解放的石家庄进行突然袭击。为攻下这个华北地区的重要城镇，傅作义纠集了九十四军三个师以及新二军两个师的部队，经由保定向石家庄大举行进。

那时的党中央，刚刚迁到了距离石家庄附近不远的西柏坡，而此时我军的主力部队正在察绥地区和敌军作战。这时的石家庄并无重军驻守，假如敌军突然发动进攻，那么老百姓就会遭殃，而这也会威胁到党中央的安全。

针对这样的状况，毛泽东做好了两手准备：一方面指挥党中央做好撤离的准备工作；另一方面使用了一出"空城计"，既非老兵扫街也非城楼抚琴，而是写了一篇新闻来揭露蒋介石的真实意图，并声明我军已经做好了备战的一切工作，定会给以痛击。

文章在《人民日报》发表，傅作义看后很是吃惊。他做梦都没想到自己精心策划的作战计划已经被我军知道，而且连参战部队的番号、兵力的具体部署、使用武器装备的情况也已经暴露，再看石家庄地区，那里的军民也早已做好了准备工作，大有尽管放马过来的气势。由此看来，再进攻石家庄实在是胜算不大，于是傅作义不得不放弃了原先的突袭计划。

在敌军即将发动进攻而我军没有时间备战的形势下，毛泽东摸清敌军的心理，运用舆论造成浩大声势迷惑敌军，让敌军不敢轻举妄动，知难而退。

普腾"佯攻"索尼

　　建弘电子公司当年曾开发出一种高解像度电视机，打的是"普腾"的牌子。产品完成后曾送美国CBS、ABC各大电视台测试，结果性能超过了专业水准，于是1982年开始进军美国市场。拓展市场之前，由建弘公司当时的总经理洪敏泰策划在美国打广告，第一年的广告费用就达120万美元，主要登在专业性的杂志上。当时广告的口号是"Sorry Sony"。因向索尼这世界第一品牌"佯攻"，引起业界议论纷纷，为普腾建立了知名度。在经销中，普腾则选择高级音响和视听器材为主，价钱比较合理。一年以后，"普腾"就已经有了稳定的销售量，在美国拥有了较高的知名度，"普腾"的行销攻势终获成功。在美国占有了市场以后，普腾电视回过头来，在台湾岛内行销，以市场引导者的姿态，在台湾岛内出尽风头，也有了良好的销路。

　　本例中，普腾在实力远远不及索尼的情况下，假意对索尼发出挑战，摆了一个空城计，提高了企业知名度，成功地分夺了部分电子市场。

巧妙抬高茶叶价格

　　某省茶叶丰收了，茶农们踊跃地将茶叶交到了茶叶收购处，这使得本来库存量就不小的茶叶进出口公司更增加了库存，形成了产品积压。如此多的茶叶让进出口公司的业务员很犯愁，如何设法销出去呢？正在这时，一些外商前来询问。进出口公司感到这是一个极好的机会，一定要想法把茶叶卖出去，同时还要卖个好价钱。为此，他们做了周密的布置。

　　在向外商递盘时，进出口公司将其他各种茶叶的价格按当时国际市场的行情逐一报出，唯独将红茶的价格报高了。外商看了报价，当即提出疑问："为什么红茶的价格这么高？"进出口公司代表坦然答道："因为今年红茶收购量低，库存量小，加上前来求购的客户很多，所以价格就只得上涨。中国人有句古话叫'僧多粥少'，就是这个意思。"外商对进出口公司的话将信将疑，谈判暂时中止了。

　　随后的几天，又有许多客户前来询问。进出口公司照旧以同样的理由，同样的价格回复他们。那些外商心中没有底，虽然他们对红茶报价高心存疑问，但他们在此地无法直接去了解这个问题，只能通过其他渠道去了解。而其他的途径，就只是向其他客户去询问，可结果与自己方面的信息是一致的。于是外商赶快与进出口公司关于购销红茶一事签订了合同，唯恐来迟了而无货可供。

　　这样一来，其他客户纷纷仿效，在很短的时间内把积压的红茶销售一空。在这个实例中，进出口公司反用了"空城计"的战术，故意散布假信息，说是"红茶库存量小，需求量大，价格上涨"，并对自己提供的信息做好周密准备，使对方无法证实信息的真假，最终我方不但销出了红茶，而且还卖了个好价钱。

铁托的灵活战术

第二次世界大战期间，德国法西斯肆意横行，打起了南斯拉夫的主意。面对法西斯的进攻，南斯拉夫领导人铁托组织了军队进行顽强的抵抗。在他灵活迅速、机动战术的指导下，德军受到了致命的打击。

针对这种情况，德军很恼怒。于是，在1942年4月，德国纠集了德国、意大利以及南傀儡军队的几个师，集中全部兵力进攻东波斯尼亚解放区，这也是南斯拉夫解放军最高司令部的驻地。德军迅速包围了那里，并妄图一举摧毁驻扎在那里的南斯拉夫解放军最高司令部。

为此，铁托构思了缜密的计划，他不是与敌军决一死战，而是将军队撤离了那里。等撤离的主力部队来到中、西波斯尼亚一带时，他命令军队掉转方向，向东波斯尼亚进攻，让刚沉浸在得意中的德军不知所措，被打得落花流水。随后，铁托领导的军队还转移作战于萨拉热窝和杜勃罗夫尼克，破坏了70多公里长的铁路线，彻底阻隔了敌军和后援部队的连接，最终导致德军攻占东波斯尼亚计划的失败。

铁托自动放弃东波斯尼亚解放区，是为了迷惑敌人，继而等待时机发动突然袭击，于不知不觉中消灭敌人。假设铁托没有采用这样的战术，而是严防死守，那么不但会损兵折将，而且也不见得能保住东波斯尼亚。

苏军公路巧布雷

第二次世界大战时期，苏联红军上尉高策里泽接到上级命令，让他带领其突击小分队为某条德军赖以生存的运输要道布雷。然而，此时小分队已无地雷可布，但如果不立刻铺设地雷势必会失去大好的时机。

这时，上尉高策里泽想到了一个好办法，他让士兵制作了一些小木牌，并用德文写上"小心！地雷！"夜间，高策里泽和他的小分队避开德军的封锁线，把牌子插在了公路旁。次日，当德军的运输车开过来时发现了这些木牌，看到木牌上的字后，司机们都很害怕，不敢再向前开了。只一会工夫，整条公路上就排满了德军的运输车。此刻，早已静候多时的红军战士们对其进行了炮击，摧毁了大部分的德军运输车。

原本公路上就没有地雷，故意插上木牌迷惑敌人，造成路上有地雷的假象，这是一出绝妙的空城计。高策里泽用计巧妙，以假象迷惑德军，不费吹灰之力取得了战斗的胜利。

松下公司度过难关

松下幸之助创立的松下公司号称电器王国，但在其几十年的发展历程中，松下公司也出现过波折，甚至危及自身的生存。然而每次，松下幸之助都能凭借着自己的智慧安然度过难关。

20世纪50年代，日本经济出现了大幅度的滑坡现象，所有的公司企业都受到了影响，松下公司也不例外。面对经济的不景气，产品的大量积压，有人建议松下幸之助缩减公司职员，从而渡过难关。消息传出以后，大家都很担忧，生怕自己被裁掉。而此时，松下幸之助恰好生病住院，公司的总裁武久和井植来医院看望他。

"针对公司的现状，你们有什么好的建议吗？"松下想听听他们的看法。

"也只有裁员了！"井植无奈地说。

听闻此言，松下欠了欠身，不容置疑地说："我决定了，不裁员！"

看见面面相觑的武久和井植，松下继续说道："我们裁员意味着我们处于困境。其他公司就会借此和我们谈条件，那样的话我们的境况会更加困难。我们不裁员，其他公司就会相信我们的实力，才不会看不起我们。"

"可是没有多少工作可以做啊？"武久发出了疑问。

"我都想过了，只上半天班，工资按全天发。"松下说。

从医院回来后，武久和井植向全体员工转述了松下的话。大家听了后都感到很高兴，一致表示一定不辜负公司的期望，和公司共患难。

其他的一些公司听到松下公司不裁减员工的消息后，都感到很吃惊，尤其听到那里的员工只上半天班却发全天的工资后，更感到不可思议。由此看来，松下公司真的是一个很有实力的公司，这点困难肯定难不倒它。

最终，在松下公司全体员工的一致努力下，以前积压的那些产品，在两个月的时间里就全部销售完毕。

松下幸之助在商战中灵活运用"空城计"，于"空"中潜伏机遇，变不利为有利，"空"到极限则"满"，终于使公司顺利度过危机。这也是松下幸之助之所以被称为经营之神的独到之处。

第三十三计　反间计

【本计旨要】

"反间计"原指收买利用敌人的间谍，或使敌人获取虚假情报从而有利于己方的计策。后来引申为使用计谋，离间敌人引起内讧。

【计名探源】

东汉末年，曹操率领83万大军陈兵赤壁，想要占据南方。虽然孙刘联合抗曹，但兵力仍比曹军要少得多。由于曹军善陆战而不善水战，曹操便派精通水战的降将蔡瑁、张允训练水军。东吴主帅周瑜一直想找机会除掉这两个心腹大患。

曹操一贯爱才，他知道周瑜是个军事奇才，很想拉拢他。谋士蒋干自称与周瑜曾是同窗好友，愿意过江劝降。曹操当即应允。周瑜见蒋干过江，一个反间计即在心中酝酿成熟。他设宴款待蒋干，然后佯装大醉，约蒋干同床共眠。蒋干心中不安，哪里能够入睡？于是悄悄下床。他见周瑜案上有一封信，偷偷拆开一看，原来是蔡瑁、张允写来的，约定与周瑜里应外合，击败曹操。这时，周瑜说着梦话，翻了翻身子，吓得蒋干连忙上床。过了一会儿，忽报有人要见周瑜。周瑜便起身和来人谈话，还装作故意看看蒋干是否睡熟。蒋干装作沉睡的样子，偷听周瑜和来人的小声谈话，听见他们提到了蔡、张二人。于是，蒋干连夜赶回曹营，让曹操看了周瑜伪造的信件，曹操顿时火起，杀了蔡瑁、张允。等曹操冷静下来，才知中了周瑜反间之计，但也无可奈何了。

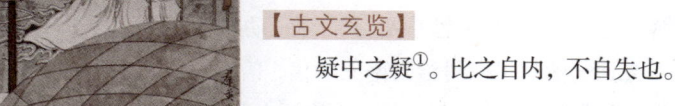

【古文玄览】

疑中之疑①。比之自内，不自失也。

【说文解字】

①疑中之疑：在敌方的疑阵中布下我方得疑阵。

【古文今译】

在敌人的疑阵中布下己方的疑阵，使敌内部自生矛盾，我方就可万无一失。

【计谋评点】

反间计，原文的大意是说：在疑阵中

蒋干装作沉睡的样子，偷听周瑜和来人的小声谈话，只听有人在外道："张、蔡二都督道：急切不得下手，……"后面言语颇低，听不真实。

再布疑阵,使敌内部自生矛盾,我方就可万无一失。说得更通俗一些,就是巧妙地利用敌人的间谍,反过来为我所用。间,有两层意思:其一搜集情报,窥探秘密;其二离间敌人内部,瓦解敌人势力。反间,也有两层意思:其一利用敌人的间谍,为自己服务,如搜集情报,证实其他间谍得来的情报等;其二挑拨敌人内部关系,使之内讧。三十六计的反间计,就是指第二层意思。此计的要点,就是利用敌人内部的矛盾,设法扩大它,从而瓦解、消灭敌人。

【事典辑录】

一封书信胜吐蕃

778年,吐蕃兴兵十万侵扰大唐川西地区,川西守将韦皋发兵抵抗。两军对垒,互有胜负。吐蕃王见不能立即取胜,便写信给云南王,让他出兵相助。云南王接到吐蕃王的信,正左右为难,大臣中有一人出主意说,可效仿战国年间五国攻秦时齐国的办法,答应派兵,但驻扎观望,等待胜负有定时再作打算。云南王一听大喜,马上答应吐蕃,即刻便发兵去救助。

吐蕃王接到云南王回信,更增长了勇气,向唐军发动更猛烈的攻击。韦皋正在全力对付吐蕃时,却听说背后云南兵正在向自己靠近,不禁大吃一惊,忙从川内调兵阻挡。哪知云南兵进到泸水(今四川雅砻江下游)时,却安营扎营停了下来,不再前进。韦皋闻报,顿时松了一口气,但又一想,危机仍没过去。云南兵显然是在驻扎观望,等自己和吐蕃决出胜负时,再另做打算。一旦失利,那么云南兵就会从背后杀过来,自己腹背受敌,仍十分危险。韦皋觉得要变被动局面为主动局面,就必须争取云南兵倒向自己这一边。而要争取云南兵倒向自己,必须设法破坏云南王与吐蕃王的关系。韦皋苦思一夜,终于有了办法。

第二天,他写了一封给云南王的信,信上说云南王已决定归附大唐,这是明智之举,今番来兵名义上助吐蕃,而实际上帮唐军夹击吐蕃,此举甚好。若一举灭了吐蕃,愿把吐蕃的牛羊马群分给云南王云云。信写好后,韦皋并没有发出去,而是用以前给云南王送信用的银匣装好,封上封印,揣在自己怀中,到前线与吐蕃激战。对阵时,佯作不支,仓促后退,从怀中抖落银信匣。吐蕃战将见有银器落地,忙拍马来抢。韦皋故作迫不得已状,退兵回营。吐蕃王拿到这封信一看,气得胡子直抖,马上拨出两万人马,扼住云南兵前往战场的要道,以防他们来助韦皋。云南王听说吐蕃无缘无故地派兵阻击自己,十分生气,马上下令班师回朝。韦皋解除了后顾之忧,全力对付前边的吐蕃兵,将吐蕃兵打得大败而逃。

韦皋利用云南王降唐的事情大做文章,假写信函并巧妙地"送"入吐蕃王手中,使其中计,离间了吐蕃王与云南王之间的关系,消除了自己的后顾之忧,结果大胜吐蕃。

韦孝宽编谣杀大将

南北朝时，北周武帝有位大将叫韦孝宽。韦孝宽少年时代不但勤奋读书、苦练骑射之术，也非常关心天下大事，注意时局的变化。当时战乱频繁、社会动荡，朝廷征召有才能的人参加平乱战斗，韦孝宽前去应征，很快就被录用了。打仗时，他经常冲锋在前，多次立下战功。

后来，韦孝宽得到提拔，奉命镇守边城，防范北齐。他善于抚慰边民，还用重金收买了许多人充当间谍。韦孝宽善于用间谍，不论是他派遣到北齐的间谍，还是他从北齐收买的间谍都很尽职，所以北齐的重大行动、出兵计划、朝中变故等，他都能及时得知。

当时，北齐有位战功卓著的将军叫斛律光，号称明月，能征善战，英武可畏。韦孝宽为了除掉这个敌手，叫参军曲严编造了歌谣："百升飞上天，明月照长安。""高山不推自溃，槲树不扶自竖。"升，原指旧时容量单位，十升等于一斗，十斗即一百升，等于一斛，而歌谣中的"百升"，正是影射斛律光的斛字。北齐王姓高，歌谣中的"高山"，便是影射北齐王，而"槲树"则是影射斛律光。这两句歌谣的意思是说，斛律光将要当皇帝，北齐王就要垮台了。

韦孝宽令间谍们把写有这些歌谣的传单，散发到北齐京城邺（今河北临漳），让小孩子在大街小巷传唱。当时，任北齐宰相的祖孝与斛律光有矛盾，他见了这些传单，添枝加叶、大加渲染地将情况汇报给了北齐后主高纬。后主不辨真伪，怀疑斛律光要造反，立即下令杀了斛律光。

岳飞用间谍除叛逆

1126年，金国南侵至宋都开封，俘虏了宋徽宗、宋钦宗以及大量皇室宗亲，掠夺大量财宝后北还。北宋灭亡之后，金国为了更好地统治中原地区，先后扶植了几个傀儡政权，刘豫的伪齐政权就是其中的一个。刘豫是宋朝的投降官员，他做了伪齐的"皇帝"后，多次配合金人攻打宋军。著名的抗金将领岳飞带领岳家军与金人展开了殊死的斗争，也一直寻找机会除掉刘豫这个卖国贼。

岳飞，字鹏举，谥武穆，南宋著名抗金将领，其精忠报国的精神历来为后人所称道。

不久，岳飞了解到刘豫与金将粘罕过从甚密，而金国元帅金兀术对此十分忌恨，于是他就想利用敌人的矛盾来铲除刘豫。这时，恰好宋军捉到一个金兀术派来的间谍，岳飞便故意将他装作是自己派出去的人员，责问他说："你不是张斌吗？前些日子派你送信给刘豫，要他设法把金兀术引诱出来，不料你竟一去不复返。我只好又派人去联系，刘豫已经答应冬天时以联合进攻长江为名，把金兀术引诱到清河（今江苏淮阴东大清河口）来，将其除掉。你为什么不把信送到呢？"间谍怕岳飞杀死他，也就顺水推舟，冒认张斌。岳飞要他再给刘豫送信，信中叙述了谋杀金兀术的事。这个间谍回到金国，马上把信献给了金兀术。金兀术一看，勃然大怒，立即将信呈交给了金主，金主当机立断，撤销了刘豫的皇帝名号，并把他充军到临潢（今内蒙古林西），宋朝的一个逆臣就这样被除掉了。

岳飞利用金兀术与刘豫之间的矛盾，成功地离间了他们二人，并除掉了宋朝逆臣刘豫。可谓善用敌方间谍的佳例。

韩世忠大胜金军

南宋初期，高宗害怕金兵，不敢抵抗，朝中投降派得势。主战的著名将领宗泽、岳飞、韩世忠等坚持抗击金兵，使金兵不敢轻易南下。

1134年，韩世忠镇守扬州。南宋朝廷派魏良臣、王绘等去金营议和。二人北上，经过扬州。韩世忠心里极不高兴，生怕二人为讨好敌人，泄露军情。可他转念一想，何不利用这两个家伙传递一些假情报。等二人经过扬州时，韩世忠故意派出一支部队开出东门。二人忙问军队去向，韩世忠回答说是开去防守江口的先头部队。二人进城，见到韩世忠。忽然一再有流星庚牌送到。韩世忠故意让二人看，原来是朝廷催促韩世忠马上移营守江。

第二天，二人离开扬州，前往金营。为了讨好金军大将聂呼贝勒，他们告诉他韩世忠接到朝廷命令，已率部移营守江。金将送二人往金兀术处谈判，自己立即调兵遣将。韩世忠移营守江，扬州城内空虚，正好夺取。于是，聂呼贝勒亲自率领精锐骑兵向扬州挺进。

韩世忠送走二人，急令"先头部队"返回，在扬州北面大仪镇（今江苏仪征东北）设下20多处埋伏，形成包围圈，等待金兵。金兵大军一到，韩世忠率少数兵士迎战，边战边退，把金兵引入伏击圈。只听一声炮响，宋军伏兵从四面杀出，金兵乱了阵脚，一败涂地，先锋被擒，主帅仓皇逃命。金兀术大怒，将送假情报的两个投降派囚禁起来。

计平倭寇

明朝嘉靖年间，江浙一带倭寇泛滥。嘉靖三十三年（1554年），胡宗宪按察浙江，后因与赵文华联手，得到明世宗的重用。当时倭寇的主要首领徐海、陈东和麻叶在乍浦一带建立据点，四处抢掠。胡宗宪在他们之间制造矛盾，挑起他们自相残杀，利用这一办法，各个击破。

到嘉靖三十五年（1556年），胡宗宪已使徐海暗地里归顺，就对徐海说："你已经归附朝廷，现在吴湘江一带盗贼蜂起，为什么不去杀贼夺船，戴罪立功呢？"徐海果然带兵出战。而同时胡宗宪又命俞大猷把徐海的船一把火给烧了。徐海感到事情有些不妙，为了表明诚意，把他的弟弟交给胡宗宪做人质，并将他的鱼冠、坚甲、名剑及其他许多珍玩送给胡宗宪。胡宗宪也盛情招待他的弟弟，并告诉徐海说，如果你能够抓住陈东和麻叶，我包你可以得到世爵。

不久，徐海果然把麻叶抓来献给胡宗宪。徐海一走，胡宗宪就给麻叶松绑，让他写信给陈东，让陈东进攻徐海。而胡宗宪马上又把麻叶写信的事告诉徐海，徐海一怒之下，把陈东也抓来献给胡宗宪。这时官军大举围攻徐海的老巢乍浦。

徐海约定时间来向胡宗宪投降，胡宗宪还摸摸徐海的脑袋安慰他，让徐海率众驻在河东，而陈东的部属驻在河西，然后胡宗宪迫使陈东写信给他的部下，信中说，胡宗宪已命令徐海今晚过河来抓你们。陈东部下得信后，当晚就渡河进攻徐海，徐海仓皇逃走。第二天，官兵围剿，徐海投水自尽。这样，徐海、陈东、麻叶一个一个落入胡宗宪手中。

胡宗宪把陈东、麻叶和徐海的头献给京师，世宗非常高兴，赐胡宗宪金币，加进右都御史，第二年兼浙江巡抚。江浙一带的倭寇也暂时平息。

皇太极离间亡明

明朝末年，崇祯皇帝中了皇太极的反间计，自毁长城，处死了大将袁崇焕，加速了明朝的灭亡。

在明王朝危亡的紧要关头，袁崇焕戍边七载，先后大败后金汗努尔哈赤及皇太极，取得宁远（今辽宁兴城）大捷和宁（远）锦（州）大捷，稳定了辽东防线，鼓舞了明朝军民抗击后金军的信心。袁崇焕后因遭阉党魏忠贤的诬陷，罢职归乡。1627年，朱由检（即崇祯帝）继位后，起用袁崇焕为兵部尚书兼右副都御史，督师蓟、辽，兼管河北、山东的军事防务，并赐给袁崇焕一把尚方宝剑，给予他先斩后奏的大权。然而，崇祯帝是一个好大喜功、刚愎自用而又生性多疑的人。当袁崇焕于次年六月用尚方宝剑杀了私通敌国、为非作歹、不听军令的总兵毛文龙之后，崇祯皇帝就开始对袁崇焕产生了怀疑。

崇祯二年（1629年）十月，后金兴兵攻明。皇太极由于畏惧袁崇焕，不敢直接进攻锦州。他避开山海关防区，绕道蒙古边地，袭取龙井关、大安口，进逼北京。袁崇焕闻警，立即挥师入关，他亲率几千名骑兵，昼夜急驰，抢先赶到北京城下，并在广渠门外击败皇太极部的进攻。

正当袁崇焕千里驰援、大战后金之际，魏忠贤余党温体仁为首的一伙奸臣，乘机重弹"议和通敌"的老调，诬陷袁崇焕"纵乱拥兵"，"引敌胁敌，将为城下之盟"。明朝廷的一伙阉党余孽则重金贿赂一些不明真相的文人墨客编写小说，绘声绘色地在京城内外大肆散布袁崇焕是"汉奸"，勾结后金反明云云。这进一步加剧了崇祯皇帝对袁崇焕的怀疑。当袁崇焕因兵马疲劳而要求入城休息时，他竟断然拒绝。

皇太极获知明朝廷中的上述情况后，便决定施行反间计，以达到用明朝皇帝之手杀掉袁崇焕的目的。为此，他故意引兵撤退，同时让明军降将高鸿中在囚禁两个明朝太监的屋外对看守人员说："你知道我军为什么退兵吗？这是因为皇上和袁巡抚订了密约，看来，占领北京的大事很快就要成功了。"尔后，皇太极又故意让两名太监逃走。逃回城里的太监立即向崇祯皇帝报告此事。已对袁崇焕疑心重重的崇祯皇帝一听到太监的告发，更加深信不疑，马上以召见为名，把袁崇焕逮捕下狱。袁崇焕的部将祖大寿等人，为抗议朝廷逮捕主帅，擅自率部离京还宁远。身陷囹圄的袁崇焕时刻以国家安危的大局为重，在崇祯皇帝的恳请下，亲笔手书请祖大寿等全体官兵，要他们听从朝廷命令，团结一心，坚持抗金，决不能因为他个人的生死而轻举妄动，千万不要危害抗金大业。祖大寿等全体官兵被袁崇焕的信感动得失声痛哭，当即挥师入关，期望能用奋勇杀敌之举来保全他们主帅的性命。

但是，一意孤行的崇祯皇帝在后金军撤离北京后，不顾广大明军将士的强烈呼声，竟在崇祯三年（1630年）八月十六日，以"谋叛"的罪名，将袁崇焕残酷地杀害了。直到清朝中期官修的《明史》问世之后，编史者从清人的历史档案中，发现了皇太极施离间计的原始记载，至此袁崇焕的冤案才真相大白。

李世民智退突厥兵

624年，唐基本统一了全国。突厥势力不甘心，看到内地已经无利可图，于是把目光投向了边疆，向唐边疆大举发动进攻。由颉利、突利两位可汗带领的军队攻入豳州地区，直接威胁到了唐都长安的安全。于是，唐高祖派他的两个儿子李世民和李元吉兄弟二人前去作战。

面对敌我力量悬殊的情况，李世民决定智取。于是，说服李元吉后，他仅带着百余名骑兵来到突厥军队前。两位可汗看到唐只来了百余名骑兵，感到很吃惊，怕其中有诈，亦不敢主动进攻。

来到阵前，李世民先是对着颉利可汗大声说道："我是秦王，你有胆就来与我单独较量！"随后，他又来到突利可汗不远处，心平气和地说道："我们之前曾经有过约定，说好要互相帮助。现在我方有难，你不仅不帮忙，却落井下石。这哪还有什么情谊可言？"颉利隐隐约约听见李世民和突利的对话，怀疑突利和李世民私下有约，于是便撤兵了。突利见他撤兵，也带领军队离开。

之后的几天阴雨连绵，李世民趁机在夜间突袭敌营。直到这时，突厥人才发觉李世民确实有些本事，不太好对付。此时，李世民又用重金收买突利，讲明其中的利害关系，以动摇其战心。因此，当颉利建议再次出战时，突利不再应和。这让颉利更加怀疑突利和李世民有什么约定，为避免引火上身，遂同意和唐朝签订盟约撤兵。

李世民利用分属两个部落的颉利、突利二人之间的互不信任、猜疑，给颉利造成一种与突利交往过密的假象，引起颉利的怀疑。颉利害怕李世民与突利联合起来转而攻击他，于是就撤兵了。

朱元璋计杀赵普胜

元至正十七年（1357年），陈友谅手下的勇将赵普胜杀害了朱元璋麾下的爱将俞廷玉，令朱元璋痛心不已。为给爱将报仇雪恨，朱元璋在一次军事会议上说："赵普胜空有勇而无谋，陈友谅不仅贪心而且多疑。倘若我们用反间计，必定可以借陈友谅之手除掉赵普胜。"

朱元璋派了一个说客设计结识了赵普胜的门客赵盟。这说客和赵盟经常在一起闲话家常，关系非常亲密。一天，说客故意把朱元璋写给赵盟的信交给了赵普胜，让他对赵盟产生怀疑，逐渐疏远了赵盟。被疏远后的赵盟寝食难安，便与说客一起逃到应天归顺了朱元璋。朱元璋对赵盟格外优待，还赏赐给他大量的金银财宝，让他回到陈友谅军中散布流言，说赵普胜居功自傲，不把陈友谅当回事，密谋叛变。

听到传言的陈友谅半信半疑，于是派使臣到赵普胜的军营中打探虚实。赵普胜生性粗鲁，不善言辞，不仅对使臣非常傲慢，还流露出对陈友谅的不满。使臣回来后就把这一切都报告给陈友谅。陈友谅大怒，亲自率重兵去找赵普胜。赵普胜不明就里，慌忙出来迎接，刚登上陈友谅的龙舟就被捉拿了。根本没有辩解的机会，陈友谅的亲兵手起刀落，赵普胜身首异处。

朱元璋的反间计实在是妙。他挑起了陈友谅和赵普胜之间的事端，让赵普胜在什么都不知道的情况下屈死在刀下，从而除掉了自己的心头大患。

钱藻双施间审军士

明朝大将钱藻驻守在密云（今北京密云）时，下属地方官送来一份案卷，是关于两个驻守京城的士兵因公外出时，在路上打劫的事。这两人被密云衙吏抓获后，死不认罪，而且自认为是京城中的驻兵，目中无人。官府拿他们没有办法，只好押解到地方驻军处，想请钱藻代理此案。

审讯中，这两个士兵竟然也不把钱藻当回事，依旧口出狂言，不认罪。这让钱藻的下属很生气，只想痛打他们一顿，被钱藻阻止了。钱藻心里清楚，这两个士兵的上级也是自己的上级，如果没有真凭实据治他们的罪，那么上面追究起来，自己也没法交代。经过一番深思熟虑，他想到了一个好办法。

相比较士兵乙，士兵甲脾气急躁。于是，他决定先审讯士兵乙，并把审讯的地点设在士兵甲能看见的地方。审讯时，钱藻很平和地和士兵乙聊天，问了些与案子没有关系的问题。对于他的态度，士兵乙很吃惊，便渐渐放松了抵触的心理，回答他的提问。士兵乙每说一些，钱藻便伏在桌子上写一些。士兵甲自然也看到了。

接着，钱藻开始审讯士兵甲。只见他拿着刚才写过字的纸说道："看见了吧，你的同伴都承认了，他还说这件事情是你策划的，你还不赶快承认！"听闻此言，士兵甲很生气，大声喊叫着说："他撒谎！这件事明明是他策划的，还诬赖我！"钱藻笑着说："他肯定地说是你出的主意。"这下，士兵甲更气恼了，又喊又跳："他，他胡说！我们因公外出，盘缠被偷，没法子回京城。他说：'咱的盘缠被别人偷，咱就不会抢别人的吗？反正咱们有武器，谁见了不害怕咱！'于是我们埋伏在路边，打劫了那个商人。"钱藻仔细写了下来，又询问了一些细节，士兵甲画押后被押了出去。

这时，他再把士兵乙叫过来说道："你的同伴都承认了，你就是主谋。"士兵乙是个狡猾多疑的人，自然不相信，待听到钱藻说出打劫的细节后，气愤地说："不错，是我策划的。但我没动手。"于是也把经过叙述了一番。钱藻仔细写下后，让他在上面画了押。

就这样，钱藻巧妙使用离间计，挑拨两人的"同盟"，最终使案件水落石出。钱藻把这两个士兵绳之以法后，将案卷呈报给了他们的上级。那位上司看到一切证据确凿，也就默认了。

硅谷谍战

美国高科技中心硅谷一直都是"科技间谍"频繁出没的地方，各大公司除了要防范美国国内相关业者派来的间谍外，也要防范从国外来的间谍。此外，还要防备公司内部员工，以防他们被别人争取而使机密外泄。

罗杰斯和拉森所著的《硅谷热》一书中就提到：英特尔公司有员工5人，就有上百个警卫，慎防体积微小的硅晶片被员工带出，卖给别的公司。硅谷数百个公司为了防止机密外泄，在研究开发产品时，一次发展多组产品，但都密封起来，直到决定上市时才开封。这种方法有力地防止了情报的外泄，因此，不管是外来的或内部的"间谍"，都无从侦知哪一个是真的。但有时也故意地出现"例外"。一次，A、B两个公司同时开发一种新的信息系统，A公司内部有B公司的情报员，而且位处决策层，A公司反间谍部门早已侦知并告之总裁。A公司总裁决定进行反间，于是故意把新信息的核心机密泄露给B公司的情报员。当然，泄露的情报是假的。该情报员急忙汇报给B公司。B公司总裁本以为"上智可用"，于是不分真伪，照情报所说的方法开发新信息系统，结果失败，失去了宝贵的时间，而A公司捷足先登获得了专利权。

谢瓦利埃的离奇经历

法国人谢瓦利埃·德博蒙，是18世纪欧洲最有名的间谍之一。他擅长装扮成女性，利用迷人的外表和显贵的贵族小姐身份，从事隐秘的间谍活动。

那时，英国想和俄国结成盟友，共同反对刚刚兴起的普鲁士。法国政府害怕这会危及自身的利益和安全，于是派谢瓦利埃游走于俄国和英国之间破坏他们的结盟计划。当时，谢瓦利埃正在以驻英大使秘书的身份在英国进行间谍侦察，不知什么原因，法国情报机构忽然对谢瓦利埃怀疑起来，并让他立刻回国。聪明的谢瓦利埃意识到这点，便决定不回去，并向英国政府要求在此避难。英国政府不仅爽快地答应了他的要求，而且邀请他到英国的情报部门继续他的间谍工作。

法国对于谢瓦利埃的投靠很生气，于是想设计谋害他，但在英国情报机构的保护下，每次谢瓦利埃都能从容逃脱、化险为夷。谢瓦利埃对法国情报机构的行径感到愤怒，同时也对英国政府充满了感激，于是他开始在公众场合公开披露法国的恶劣行径，披露法国企图对英国实施的各种阴谋，甚至公开宣读法国国王写给他的信。这些事让法国一度在外交方面抬不起头。

英国情报部门的宽容和接纳，让谢瓦利埃这个曾经为法国服务的著名间谍，成为英国的有利的王牌。这个反间计真是用得恰到好处。

日本人导演假海战

日俄战争期间，日本人灵活运用各种间谍手段使俄国人吃了大亏。

1904年的一天，从波罗的海驶出的俄国舰队，准备由地中海抵达远东，打击日本海军。

俄国舰队行驶一段时间后，收到一份情报：多格尔沙洲一带的浅海水域将会有日本鱼雷艇埋伏。情报是从一个葡萄牙走私犯手中得到的，而且这个走私犯早被俄国人买通了，消息肯定可靠。

深信不疑的俄国人对此十分谨慎。因此，当抵达多格尔沙洲时，看到漫天的大雾就更加小心翼翼了。就在此时，海面上突然出现了许多小船。"肯定是日本人的鱼雷艇！"俄国人想起情报，顿时惊慌起来，还没有来得及近看便迅速开炮了。所谓的"日本人的鱼雷艇"受到了惨重打击。可等离近一看，这可让俄国人呆住了，这哪是什么鱼雷艇啊，分明是英国人的渔船！

当时，俄、英两国的关系本就有些紧张，再加上这件事一闹，英国人火了。英国政府强烈要求俄方给出解释，并要求赔偿损失。无奈之下，俄国只好赔偿了6万多英镑。

日本人利用俄国的层层间谍网，巧妙穿插假情报，挑拨俄国与英国的关系，让两者发生冲突，自己则坐收渔翁之利。

震惊全球的"埃姆斯案"

1994年2月23日，美国阿灵顿市郊一座别墅被美国联邦调查局的特工团团包围。时年52岁的埃姆斯手提皮箱走出屋门，就被已等候多时的特工戴上了手铐，这意味着他的间谍生涯从此结束了。从1962年起，埃姆斯就为美国中央情报局工作，1985年，他被苏联间谍机构收买，成为双料间谍。

自1985年以来，美国已经至少有10名情报人员在执行海外特别任务时，无缘无故失踪。一些潜伏在苏联的美国间谍因身份暴露被苏方处决。还有一个长期潜伏在美国名叫霍华德的苏联间谍被美方发现后突然失踪，几天后被发现人已在莫斯科了。长期以来，美国中央情报局对此很疑惑，不知道哪里出了差错。事实上，这些看似离奇的事情都是埃姆斯所为。若不是埃姆斯在一次测谎试验中露出破绽，再加上中央情报局在他家中安置了窃听器，还发现不了他这个双料间谍。埃姆斯在听到风吹草动后，正准备逃往莫斯科，却不想被特工抓住。

这件事情暴露后，美国政府很吃惊。当时的总统克林顿，下令彻查此事。苏联收买美方间谍为自己效命，这的确技高一筹。一向捉弄、算计他人的美国中央情报局，这次却被愚弄得不轻。

林肯诘难竞争对手

林肯最初在竞选总统时，形势对他来说有些被动。作为竞争对手的民主党，已经拥有了南方蓄奴州的全部支持，只需再争取几个北方州，就赢定了。

道格拉斯——林肯的对手，民主党的内定候选人，若要战胜他，必须离间民主党。因此，林肯想到了一个计策。在一次竞选辩论中，他问了道格拉斯一个富有挑战性的问题："在未成立州的美国领土之内，人民是否可以合法地把奴隶制驱逐至界外？"

这个问题十分尖锐。若道格拉斯答"是",势必失去南部各州的选票;若回答"否",则会丢掉北部各州的拥护,这自然也包括他所在的伊利诺伊州。

迫于伊利诺伊州民主党的压力,再加上他本人的家乡情结,道格拉斯最终作了肯定回答。这可惹恼了南方的民主党人,于是他们决定不再支持道格拉斯,重新组建党派。民主党内部至此宣告分裂,而南方的民主党也随即重新选定了候选人。

林肯巧妙运用反间计,迫使民主党内部分崩离析。他提出的问题很有技巧和力度,不管道格拉斯怎样回答,最终都摆脱不了失去一部分选票的结局。

第三十四计　苦肉计

【本计旨要】

"苦肉计"的要点就是"假真",利用的是人们不相信人会自己害自己的心理。因为当一个人受到迫害时,人们总认为他是受害者,而不会想到他是主动受苦,所以此计谋才可以施用。

【计名探源】

春秋时,阖闾杀死吴王僚后,夺得王位。吴王僚的儿子庆忌为了替父报仇,就在卫国扩大势力,准备攻打吴国。阖闾为此整日提心吊胆,于是命大夫伍子胥替他设法杀死庆忌。伍子胥向阖闾推荐了要离,阖闾立即召见了要离,但他见到身材矮小的要离时,失望地说:"庆忌人高马大,就凭你怎么杀得了他呢?"要离却说:"刺杀庆忌,只能靠智而不能靠力。只要我能接近他,就能完成任务。"阖闾说:"庆忌对吴国防范最严,你怎么能够接近他呢?"要离说:"只要大王砍断我的右臂,然后杀掉我的妻子,我就能取信于庆忌。"阖闾闻言,惊讶万分,但却不肯答应他的要求,此时,要离又言辞恳切地说:"为国亡家,为主残身,我心甘情愿!"于是,阖闾最终答应了他。

没多久,吴都忽然流言四起,说阖闾弑君篡位,是无道昏君。阖闾下令追查,原来流言是要离散布的,他立即下令捉拿要离和其妻子。要离当面大骂昏王,阖闾便假借追查同谋,未杀要离,而只是斩断了他的右臂,把他夫妻二人关进监狱。几天后,伍子胥授意狱卒放松看管,让要离乘机逃出。阖闾听说要离逃跑,就杀了他的妻子。

要离逃到卫国,求见庆忌,请他为自己报断臂杀妻之仇,而庆忌不疑有他,热情地接纳了要离。要离果然成功地接近了庆忌,并成为其贴身亲信。不久后,在要离的劝说下庆忌出兵伐吴,乘船向吴国进发。途中,要离乘庆忌没有防备,从其背后用矛尽力刺去,刺穿了他的胸膛,杀死了他。

要离以杀妻断臂为代价,取得了庆忌的信任,继而能够伺机杀了他,这是庆忌怎么也料想不到的。当然这也是要离实施苦肉计的高明之处,即超乎常情,出乎意料,让人防不胜防。

【古文玄览】

人不自害,受害必真;假真真假,间以得行[①]。童蒙之吉,顺以巽也[②]。

【说文解字】

①人不自害，受害为真；假真真假，间以得行：（正常情况下）人不会自我伤害，若他受害必然是真情；（利用这种常理）我则以假作真，以真作假，那么离间计就可实行了。

②童蒙之吉，顺以巽也：语出《易经·蒙》卦。本卦六五，《象》辞："童蒙之吉，顺以巽也。"本意是说幼童处于蒙昧的状态，吉利，可教导其谦顺地学习。

【古文今译】

常人不会自己伤害自己，所以一旦受到伤害，必定是真实的；若能以假乱真，令他人信以为真，反间之计就可以施行了。就像欺骗蒙昧无知的幼童一样迷惑敌人，顺势实施自己的计谋。

【计谋评点】

春秋时，郑武公想要讨伐胡国，就先把自己的女儿嫁给胡国的国君，然后把主张讨伐胡国的大臣关其思杀死，使胡国国君对自己深信不疑，之后再出其不意地攻打胡国。又如郦生奉刘邦之命前往齐国做说客，说服了齐王愿意投降。齐王一方面用好酒好菜款待郦生，一方面把郦生留在了齐国作人质。但是大将韩信认为自己浴血奋战，却还不如郦生的三寸不烂之舌，于是，他为了同郦生争功，就领兵硬攻齐国。齐王本以为刘邦不会再派兵，就放松了警惕。不料韩信突然来袭，情急之下齐王命人烹杀了郦生。郦生无意中与韩信上演了一出"苦肉计"，可怜他白白做了冤死鬼。

齐王本以为刘邦不会再派兵，不料韩信突然来袭，暴怒之下，他命人烹杀了郦食其。

苦肉计的用途有五条：一是骗取信任。此条牢牢抓住"恻隐之心，人皆有之"的道理，利用自己的痛苦和可怜，博得对方的同情与怜悯，进而取得对方的信任。二是离间敌人。这一条的前提条件是取得敌方的信任，即用自我残害博得对方信任，继而打入敌人内部，暗中进行离间分化活动，达到出奇制胜的目的。三是激励士卒。比如佯装失败，使敌人获得暂时或局部的胜利，以此激励士卒奋起反抗、决一死战，这就是人们常说的"哀兵必胜"。四是欲取先予。想要获得更大的利益，必须自己先做出一定的牺牲，所谓"不入虎穴，焉得虎子"。五是嫁祸他人。暗中自害，并加以伪装，然后嫁祸于人，使别人因此受到惩罚。只要使用苦肉计得当适

三十六计

第六套 败战计

宜，这五种目的皆能达到。但使用本计时一定要小心慎重。因为施行苦肉计，首先要进行自我伤害，而且这种伤害必定是非常痛苦的，所以即使计谋成功了，在品尝胜利果实的同时，也常常混合着辛酸之味。

苦肉计重点在一个"苦"字，只有禁得起苦，才能实施本计，但并非只要禁得起苦，就能成功。因为任何计谋都存在风险，世上绝没有万无一失的计谋，所以苦肉计也不例外。实施苦肉计者在承担"肉苦"之时，也同样冒有计划失败、白忙一场的风险。假如对方铁石心肠或者多谋善断，不仅不会上当，甚至可能使用计者死无葬身之地。因此，此计在可用可不用之时，还是不用为好。

【事典辑录】

黄盖挨打假降曹

三国时期，诸葛亮与周瑜都想到火攻曹操大营。恰在此时，已投降曹操的荆州将领蔡和、蔡中兄弟来到周瑜大营诈降。于是，周瑜决定将计就计，接待了二蔡。

一天夜里，大将黄盖来到周瑜帐中。周瑜告诉黄盖，自己正准备利用前来诈降的蔡中、蔡和向曹操通报消息的机会，对曹操实行诈降计。黄盖当即表示，自己甘愿先受重刑，而后再向曹操诈降。

第二天，周瑜召集诸将商议军事。黄盖以江东旧臣的资格倚老卖老，并极力主张降曹。周瑜听后勃然大怒，下令将黄盖斩首示众。众文武官员一齐跪下，苦苦为黄盖讨饶，周瑜这才将斩首改为杖责。

这一顿军棍将黄盖打得皮开肉绽，鲜血迸流。当他的好友阚泽前来视疾时，黄盖才道出了实情，并转请阚泽替他潜去曹营代献"投降"书信。恰在此时，蔡中、蔡和两人也遣人给曹操送去了周瑜怒杖黄盖的密报，更使曹操对黄盖"投降"一事深信不疑了。

曹操水军多由北方人组成，他们不善水战。周瑜就让庞统潜至曹营，为曹操献上了将战船拴到一起的"连环计"。

建安十三年，黄盖在准备好的20只大船中装满芦苇干柴，浇上鱼油，铺好引火用的硫黄、焰硝等物，然后用青布油单遮盖好，并在船上竖起诈降的联络标识"青龙牙旗"。黄盖还特派小卒持书与曹操约定当晚来降。曹操见书大喜，与诸将来到水寨的大船之

黄盖以江东旧臣的资格倚老卖老，极力主张降曹。周瑜听后勃然大怒，将黄盖一顿杖责，直打得皮开肉绽。

上,专等黄盖的到来。是夜,曹操远远望见黄盖果然率船队来降,高兴异常。待到近了,黄盖起身站立在座船船头,将手中大刀一挥,前面的20只船立即依命一齐放火,各船的柴草、鱼油燃烧起来,然后向曹军战船直冲而去。曹军战船一时俱燃,因各船已被铁锁连在一起,所以水寨顿时成为一片火海。大火又迅速地延及北岸的曹军大营。孙刘的各路大军乘胜同时并进,曹军被火焚水溺、着戟中箭而死的不可胜数,曹操也落荒而逃。

周瑜、黄盖以"苦肉计"骗得了曹操的信任,为之后的"诈降计"以及火烧赤壁奠定了基础。因此苦肉计也成为孙刘联军取得赤壁大战胜利的重要计谋之一。

武则天杀女废皇后

武则天为唐高宗昭仪时,想废黜皇后取而代之。当时,武则天刚生下一个女儿,尚未满月,唐高宗和王皇后都十分喜欢这个孩子,常常来看望。一次,王皇后前来看望孩子,武则天故意留下她与孩子独处,王皇后一个人逗孩子玩了一会儿便走了。王皇后前脚刚走,武则天后脚便进了屋,狠狠心把女儿掐死了,随即用被子盖住。当高宗来看望孩子时,武则天若无其事地掀开被子,然后大哭起来,高宗不明所以,上前一看才发现孩子已经死了。高宗大怒,询问太监、宫女刚才有谁来过,大家都说只有王皇后来过。趁此机会,武则天把平时搜集的王皇后的"坏事"统统告诉了高宗。此后,高宗对王皇后便有了成见,一直想废黜她。高宗永徽六年(655年),王皇后被废,武则天被立为皇后。由于高宗体弱多病,武则天长期代理朝政,后来她终于废唐立周,当上了皇帝。

由于高宗体弱多病,武则天长期代理朝政,后来终于废唐立周,当上了皇帝。

武则天的这出苦肉计虽然达到了自己的目的,却不免太过残忍,非常人所能为啊!

王佐断臂说文龙

南宋时,金兵南侵,金兀术与岳飞准备在朱仙镇决战。金兀术有一义子,名叫陆文龙,这年16岁,英勇过人,是岳家军的劲敌。这陆文龙本是宋朝潞安州节度使陆登的儿子,当年金兀术攻陷潞安州时,陆登夫妻双双殉国。金兀术便将还是婴儿的陆文龙和他的奶娘掳至金营，然后把他收为义子。陆文龙对自己的家世完全不知。

一日，岳飞正在思考破敌之策，忽见部将王佐进帐。岳飞看见王佐右臂被斩断，大为惊奇，忙问发生了什么事。原来王佐打算只身到金营，策动陆文龙反金，但为了不让金兀术生疑，他采取了断臂之计。岳飞闻言，感动不已。

王佐连夜到金营，对金兀术说道："昨夜帐中议事，小臣进言，金兵200万人，实难抵挡，不如议和。岳飞听了大怒，命人斩断我的右臂，我只好投奔您。"金兀术同情他，便把他留在了营中。王佐伺机接近陆文龙的奶娘，说服她与自己一同向陆文龙讲述了他的身世。陆文龙知道了自己的身世后，当晚便与王佐、奶娘一起投奔了宋营。

王佐断臂，以苦肉计骗取金兀术的信任，继而有机会说服陆文龙反金，此计真是一举两得。猛将陆文龙归宋后立下了不少战功。

李靖擒颉利可汗

唐太宗贞观年间，李世民决定对东突厥用兵，消除边患，遂派李靖为帅，率六路30万大军攻突厥。东突厥颉利可汗仓促应战，被打得大败，于是退守城堡，向唐王朝投降。

唐太宗李世民接到降表，派唐俭等为受降使，前往东突厥接受投降事宜。这时大唐正在兴盛之时，故对东突厥提的条件很苛刻，除了纳贡称臣之外，还有不许扩兵等限制。受降使到了唐营，与李靖商谈此事。李靖料到敌人难以接受，故早做好了硬攻的准备。

唐俭等来到东突厥都城，颉利隆重地将其迎进城去，安排住下，宴请招待。第二天，双方谈判。果然，颉利对纳贡称臣没有异议，对禁止扩兵一条不能接受。双方僵持在那里，唐俭忙派人把消息报告李靖。李靖接到报告，召集部将研究对策。有人主张马上攻城，但立刻有人反对，说若一攻城，颉利必然杀掉唐俭等。双方争执不下。最后，李靖说："当今是消灭东突厥的最有利时机。我们重兵围城，几十倍兵力于敌，突厥兵只擅野战，不会守城，我们攻之必得。若错过这一时机，东突厥获得喘息之机，死灰复燃，必为我大唐边患无疑。是的，我们一攻城，唐俭等必遭杀害，但我们不能因小失大，为了大唐利益，只有牺牲他们了。"当下即部署兵力，准备攻城器械。

第二天，围城唐军从四面八方发起攻击。颉利一面令部下顽抗，一面派兵去驿馆，把唐俭等人抓来，当众砍死。不久，李靖攻下东突厥城，擒获了颉利可汗。

司马夫妇开酒铺

西汉时期,梁王刘武死后,其门客司马相如便回到了家乡成都。一次,在到临邛财主卓王孙家做客时,恰好看见了其回家守寡的女儿卓文君。很快两人互生情愫,不顾所有人的反对,私奔到了司马相如的家乡成都。为此,卓财主很生气。

司马相如和卓文君来到成都后,生活十分窘迫,于是回到临邛恳请卓财主帮忙。卓财主正在气头上,自然不肯帮忙。经过一番商量,他们想到演一出"苦肉计"。

二人便卖了身边的所有东西,在卓府不远处租了房子,开了个酒铺。司马相如则穿得如同店小二,擦桌椅、端酒菜忙得不亦乐乎。卓文君也穿得如同贫穷人家妇女,忙前忙后,招呼来往宾客。酒铺开张伊始,就引得大批人前来。这并非酒菜味美价廉,而是大家都想来看看这对出名的落难夫妻。二人倒一点不觉得丢人,心里反而很高兴,他们的目的达到了——让那个顽固迂腐的老爷丢尽脸面。

事情传得很快,临邛城里的人都知道了,他们大都对司马相如夫妇表示同情,谴责卓财主。卓财主终究是一个要面子的人,过了几日便忍受不了,只好资助他们。达到目的后,两人又回到了成都,过上了富足的生活。几年后,汉武帝读完司马相如的《子虚赋》,非常欣赏,遂召见了他,并将他留在了宫里担任朝廷命官。卓文君没有看错人,司马相如最终直上青云。

啤酒厂的守卫

有个日本人想开啤酒厂。当时丹麦啤酒酿造技术是世界第一流。但那时候啤酒厂的保密工作做得极严密,不许随便参观。日本人在厂外转了三天,绞尽脑汁也不得其门而入。后来,他发现该厂每天早晚都有一辆黑色的小轿车进出。当他得知车上坐的是啤酒厂的老板时,突然想出了一条苦肉计。一天,当那辆载着啤酒厂老板的小轿车驶近时,日本人突然迎面朝小轿车快步走去,结果被车撞倒,一条腿也受伤了。他被送进了医院,啤酒厂的老板问他以后怎么办。他说:"等我腿好了以后,就让我去你的啤酒厂当个守卫,混碗饭吃吧。"啤酒厂老板一听他不找麻烦,就满口答应了。

后来,这个日本人便当上了啤酒厂的守卫。经过再三的观察和琢磨,他对这家啤酒厂的设备、原料及技术已了如指掌。掌握了这些重要的技术情报后,他便扬长而去,回国开了一家颇具规模的啤酒厂,抢占日本的啤酒市场,获得了高额利润。

自曝缺陷的食品公司

美国亨利食品加工工业公司总经理亨利·霍金士先生突然从化验鉴定报告单上发现，他们生产的食品配方中起保鲜作用的添加剂有毒。添加剂虽然毒性不大，但长期服用对身体有害。如果悄悄地在配方中删除添加剂，会影响食品鲜度。如果公布于众，会引起同行们的强烈反对。

然而，最后他毅然向社会宣布：防腐剂有毒，对身体有害。

所有从事食品加工的老板联合起来，用一切手段向他反扑，指责他别有用心，打击别人，抬高自己，一起抵制亨利公司的产品。亨利公司到了濒临倒闭的边缘。

这场争论持续了四年。霍金士在接近倾家荡产之时，名声却家喻户晓，得到了政府支持，产品成了人们放心的热门货。

亨利公司在很短时间里恢复了元气，规模扩大了两倍。霍金士一举坐上美国食品加工工业的第一把交椅。

拍卖会上竞报高价明亏实赢

1992年10月15日下午，上海市上海商城剧院内座无虚席。"上海市黄浦区小型国营集体企业拍卖会"的大型挂幅预示着这里即将发生的一切。

下午2时45分，拍卖会的帷幕拉开了。在主拍人简单介绍过有关拍卖会的基本情况和注意事项后，拍卖正式开始。

"第一家，川南油酱店，建筑面积15.1平方米，起价5万元。"主拍人声音一落，竞拍牌便此起彼伏："5万、6万、7万、8万……"

"20.8万！"举89号竞拍牌的人高喊一声，吸引了会上所有人的目光。

"20.8万！""20.8万！""20.8万！"主拍人重复着这个数字，然而全场沉默。

"当！"一锤定音，"成交！"

第二家，浦南油酱店，起价8万，竞拍开始后，竞争更加激烈，足足经过37轮竞争，最后又是89号举牌者竞拍成功，以23.8万的价格又夺取了第二家。

人们开始仔细打量这个年轻人了。不知他为什么要花这么大的价钱来争夺这两家小店。

原来，这个年轻人就是浙江桐庐皇家实业公司总经理陈金义。

就在拍卖会召开前的几天，他得知上海有几家商店将被拍卖。经过周密分析，陈金义和他的同僚们达成共识：皇家公司虽然已经在国内13个城市设立了办事处，并在杭州、广州等地设有分厂，然而如果能在上海站稳脚跟，设立皇家分公司，建立连锁店，那么"打进大上海，跨出国门去"的方针便有了实施的基础。

经过分析、考证，陈金义斩钉截铁地说："我们要不惜任何代价，将拍卖的商店吃进来。"

"若100万能拿下来最好，如果有很强的对手，即使花300万，也照吃不误。"他们好像没有考虑到每平方米的价格是多少，花那么多钱是否值得等问题。

拍卖会果然按陈金义的预先设想进行，桐庐皇家公司一下子成了上海滩的名人，在上海引起了很大反响。上海商界的朋友认为陈金义这样太亏了，以145.1万元的代价换来112.35平方米的店面，太不值了。

但陈金义却答道："有的朋友认为我这样做太亏，其实这笔钱我认为花得值，不仅让我们拥有这几家店铺，为我们皇家公司进军上海找到了立足点；从另一个角度看，我们皇家公司刚刚成立，正是需要做广告、打牌子的时候。这次拍卖会给我们创造了一个极好的机会，竞拍一炮打响，不但上海，而且全国也知道了我们皇家公司的实力，这个广告效应所产生的价值，非三五百万元广告费所能达到的。从这个意义上说，我们已经把钱赚回来了。"

在这次竞拍活动中，陈金义及其同事们采用的就是苦肉计。在与其他对手竞价时，不惜用较高的代价来取得竞拍成功，借助他人认为不值的时机而趁机夺取，从表面看是亏了，但事实上，他们一方面扩大了自己的知名度；另一方面也为发展企业找到了立足点。这正是陈金义的高明之处。

亨利王雪地长跪求教皇

中世纪，在教权至上的欧洲，教皇俨然成为各国的太上皇。国王地位、权力的授予仪式都要由教皇主持。仪式中，教皇坐着，国王则要下跪；步行中，教皇骑着马，国王则要牵着马。

1076年，权力之争在德意志神圣罗马帝国国王亨利和教皇格里高利之间展开了。亨利王不想被教廷控制，想拥有更多的独立权。而教皇却想剥夺亨利王的权力，加强自己的控制权。为取得独立，亨利王甚至还聚集德国教区的主教召开宗教会议，主张废除教皇格里高利的职位，这下可惹恼了教皇。他立即在罗马召开全欧洲的基督教大会，宣布要除去亨利王在基督教的教籍。当时，教皇的号召力还是相当大的，因此欧洲各个国家兴起了反亨利王的浪潮，尤其在德国，那些封建主更是激烈的反对派，一时间亨利王处境异常艰难。

面对内忧外患的局势，亨利王只好妥协。1077年1月的一天，亨利王骑上毛驴，只带着两个手下，不顾路途遥远，顶着严寒赶往罗马，向教皇负荆请罪。亨利王到达后，教皇却避而不见，躲进了距离罗马很远的卡诺莎行宫。没有办法，亨利王只好再赶往那里。当他到了卡诺莎行宫以后，教皇命令下属紧闭大门。当时天飘大雪，十分寒冷，权高位重的亨利王在雪地里跪了三天三夜才打动了教皇，最终教皇原谅了他。

亨利王的这次负荆请罪最终化险为夷，他的教籍和王位总算都保住了。回国后，亨利王励精图治，先将那些造反的封建主一一消除。内部稳定后，亨利王随即出兵罗马，以雪跪求之耻。教皇仓皇逃走，最后死在了异地他乡。

亨利王的苦肉计为他赢得了时间，摆脱了尴尬的处境，麻痹了教皇，最终实现了自己的目的。

丰臣秀吉的眼泪

动荡的日本幕府时期，织田信长死于非命，丰臣秀吉南征北战想借机统一天下。信长的儿子信雄看到秀吉日益膨胀的势力，便公告天下说秀吉有夺得织田政权的意图，并向德川家康求救。不久，德川家康便出兵讨伐丰臣秀吉，在小牧山战役中，丰臣秀吉兵败。想到再这样下去对自己不利，于是丰臣秀吉决定避其锋芒，再作长远打算。这日，丰臣秀吉来到信雄住处，痛哭流涕一番，说道："臣一向严格遵守令尊的意志，全心全意为织田政权效劳。谁曾想到竟然遭到小人陷害，让公子对我心生猜忌。若公子真的认为臣有野心，臣愿交出兵权和军队，以示清白。"信雄被丰臣秀吉的一番话感动了，哪里料到这是一出苦肉计，于是心甘情愿地与丰臣秀吉签订了约定。德川家康听说后，知道这是丰臣秀吉的计谋，竭力劝说信雄毁约，无奈信雄不理会。因为丰臣秀吉和信雄签订了合约，德川家康便无理由出兵，于是只好撤兵，随后天下形势大变。丰臣秀吉在集聚了一定的实力后，得以继续征战，终于发兵攻打信雄。

后来，信雄被丰臣秀吉贬到异地，远离家乡，追悔莫及。从古至今，苦肉计后都暗藏着重重杀机，像信雄这样不能看透其中杀机的人，最终只能自讨苦吃。

木村自杀歪打正着

19世纪60年代初，日本的汽车工业远不如美国。为了赶超美国的汽车工业，日本一家汽车公司决定从那些高级职员中挑选一批人到美国深造。说是学习，实际上是"醉翁之意不在酒"，根本上是为了获得有关汽车技术的情报。木村正是其中的一员，在美国一年多了，可美国的汽车公司并没有让他接触到关键信息。归国时间即将来临，木村心急如焚。一天，木村收到日本汽车公司的电报，上面说，如果他再得不到情报，公司将辞退他。

这让木村很郁闷，晚上，木村来到酒馆喝酒。直到半夜，木村才挣扎着往外走，沉闷的心情让他想到自杀，于是他径直撞向迎面开来的高级轿车。虽然司机立刻踩了刹车，可汽车还是从木村的一条腿上压了过去。

木村顿时昏迷了过去，醒来后发现自己睡在医院里，床边坐着几个陌生的美国人。

木村这才知道，自己没死，所撞的车是美国一家汽车公司总经理的。这位总经理的秘书很客气，承诺无论木村有什么要求都可以满足他。此时，木村想起了中国兵法中常说的苦肉计，心中顿生一计。他说没什么大的要求，考虑到自己的现状，就是想在这家美国公司谋得一个清洁工的职位。面对如此简单的要求，他们爽快地答应了。

从此以后，木村成了这家美国汽车公司的清洁工。一年后，木村想要回国探亲，美国公司替他预订了飞机票。

归国后，木村从假腿中拿出了有关美国汽车情报的微型胶卷，并把它交给了受雇的原来那家汽车公司的老板。两年后，就是这家公司把生产的高品质汽车成功打入了美国市场，这让美国人着实吃了一惊。直到那家美国汽车公司的总经理和日本公司的首席代表——木村进行谈判时，才明白其中的原因，但一切都晚了。

摔跤抢镜头

法国的作家兼演员莎莉是个漂亮的女人，可谓集所有优势于一身。刚开始时她为了出名，不惜使用了各种策略，这其中就有苦肉计。

隆重的戛纳影展即将揭幕，这一热闹非凡的盛会聚集了社会各界人士。就当主持人刚宣布影展开始时，前排的莎莉忽然发出一声喊叫，"嘭"的一下摔在了地上。这立刻吸引了所有的镜头。之后，大小电视台都播出了她摔倒在地的镜头，她那翻飞的裙角，成了法国人眼中最美的景象。有记者问莎莉："当时你怎么会摔倒呢？"莎莉毫不隐瞒地如实回答道："那是我早就计划好的！"话虽如此，不过莎莉这故意的一摔可摔得不轻，摔伤三处，一双高跟鞋报废。然而，莎莉却不以为然，觉得这一跤摔得妙极了。

第三十五计　连环计

【本计旨要】

"连环计"指的是多计并用，计计相连，环环相扣，一计累敌，一计攻敌，任何强敌，攻无不破。

【计名探源】

赤壁大战时，周瑜巧用反间计，让曹操误杀了熟悉水战的蔡瑁、张允，又让庞统向曹操献上锁船之计，再用苦肉计让黄盖诈降。三计连环，打得曹操大败而逃。

曹操误杀蔡、张二将之后，使得曹营再也没有熟悉水战的将领了。周瑜见曹操水寨船只一只挨着一只，又无得力指挥，就想火攻曹军，而老将黄盖自愿去诈降，趁曹操不备，放火烧船。

于是二人合演了一出戏，黄盖当众顶撞周瑜，惹得周瑜大怒要将他斩首，因众将苦劝才改为权责。黄盖以此为由假意降曹。曹操将信将疑，于是派蒋干再次过江察看虚实。周瑜这次见了蒋干，指责他盗书逃跑，将其软禁起来了。

一日，蒋干心中烦闷，在山间闲逛。忽然听到一间茅屋中传来读书声。他进屋一看，见一隐士正在读兵法，攀谈之后，得知此人正是名士庞统。蒋干便力劝庞统投奔曹操。庞统应允，二人悄悄回到曹营。

曹操得了庞统，大喜过望，请他出谋划策。庞统说："曹军兵多船众，数倍于东吴，不愁不胜。为了克服北方兵士的弱点，何不将船连锁起来，平平稳稳，如在陆地之上。"曹操依计而行。其实，庞统随蒋干投奔曹操，是早与周瑜谋划好了的，他故意向曹操献上锁船之计，也正是为了让火攻更显神效。

骗取到曹操的信任后，黄盖在20条船上载满了油、柴、硫、硝等引火物资，遮得严严实实，然后插上青牙旗，飞速渡江诈降。在接近曹营时，黄盖下令点燃柴草，换乘小艇退走，而那些火船则乘风闯入了曹营船阵。风助火势，火乘风威，曹营水寨的大船一个连着一个，想分也分不开，一齐着火，越烧越旺。而周瑜早已准备快船，驶向曹营，

火船乘风闯入了船阵，风助火势，曹营水寨的大船一齐着了火，越烧越旺。而周瑜早已准备快船，驶向曹营，只杀得曹操数十万人马一败涂地。

只杀得曹操数十万人马一败涂地。曹操深知已不能挽回败局，下令烧掉剩下的船只，引军仓皇逃奔。

【古文玄览】

将多兵众，不可以敌，使其自累，以杀其势。在师中吉，承天宠也①。

【说文解字】

①在师中吉，承天变也：语出《易经·师》卦。本卦九二《象》辞曰："在师中吉，承天宠也"，是说主帅身在军中指挥，吉利，因为得到上天的宠爱。此计运用此象理，是说将帅巧妙用兵，克敌制胜，就如同有上天护佑一样。

【古文今译】

敌人兵力强大，我不能与之对抗时，就要想办法让敌人自相牵制，以削减其气势。将帅巧妙地运用此计，定能克敌制胜，就如同有上天保佑一样。

【计谋评点】

古人说："大凡用计者，非一计之可孤行，必有数计以襄（辅助）之也……故善用兵者，行计务实施。运巧必防损，立谋虑中变。"这句话的意思说明，用计重在有效果，一计不成，又出多计，在情况变化时，要相应再出计，这样才会使对方防不胜防。所以此计的关键是要使敌人"自累"，就是指使敌人自相牵制，背上包袱，行动不自由。这样，就给围歼敌人创造了良好的条件。

由于连环计是比较实用的计谋之一，所以在很多情况下都被用到过。宋代将领毕再遇就曾经运用连环计，打过漂亮的胜仗。

一次，毕再遇与金兵遭遇，他命令部队不得与敌正面交锋，可采取游击流动战术。敌人前进，他就命令队伍后撤，等敌人刚刚安顿下来，他又下令出击，等金兵全力反击时，他又率队伍跑得无影无踪。就这样，退退进进，打打停停，把金兵搞得疲惫不堪，使得金兵想打又打不着，想摆脱又摆脱不了。

夜里，毕再遇准备了许多用香料煮好的黑豆，并将黑豆偷偷地撒在阵地上，然后领兵突袭金军。金军无奈，只得尽力反击。那毕再遇的部队与金军战不几时，又全部败退。金军乘胜追赶，谁知金军战马发现地上有香喷喷的黑豆，便低头抢着吃，任你用鞭抽打，也不肯前进一步。金军调不动战马，一片混乱。这时，毕再遇调集全部力量，从四面包围过来，杀得金军人仰马翻，尸横遍野。

由此例看来，对于连环计有两种理解。一是"使敌自累"。在敌人相互勾结，形成强大的实力，我方无法直接攻击时，为削弱敌人的实力，我方可采取制造矛盾、各个击破的手段，可以在战略上使敌人背上包袱，自相牵制，把战线拉长，兵力分散，为我军集中兵力、各个击破创造有利条件。这也是连环计在谋略思想上的反映。二是"机巧贵连"，即对同一谋划对象使用两个或两个以上的计谋，这些计谋环环相扣，横向相辅，纵向相贯，相得益彰。

总的来说，由于战场上的形势复杂多变，对敌作战时，使用计谋应该是每个优秀指挥员的本领。而双方指挥员都是有经验的老手，只用一计，往往容易被对方识破。而一计套一计，计计连环，作用就会大得多。

【事典辑录】

刘锜奇招败兀术

南宋绍兴十年（1140年），为了牵制住金兵，使江南免受侵犯，刘锜率3万多精兵赴任东京（今河南开封）副留守，但大军走到顺昌（今安徽阜阳）时，传来了东京被金兵攻陷的消息，而且金兵正杀向南方。刘锜遂决定驻扎在顺昌，以阻挡金兵前行。

他首先命人日夜不休地加固城墙、制造防御武器，然后再增修城墙上的避箭工事，并在外城的城墙上挖了很多能够窥见敌人、射杀敌人的圆洞。

工事刚完成，金兵就杀来了。刘锜命部下将城门打开，以此迷惑敌人。金军怕城中有埋伏，不敢贸然进城，只在远处向城中射箭。因为刘锜提前在顺昌城墙上修避箭矢的工事，所以金军的箭攻并没有给宋军造成什么伤亡。而宋兵也从外城墙的洞口中向敌人放箭，却射杀了很多金兵。金兵见很吃亏，连忙向后撤退。刘锜则趁机率兵杀出城，把敌人杀得四处逃散，很多都溺死在颍水中。

金军不甘心，退到二十里以外的地方安营扎寨，企图重整旗鼓，再次攻城。刘锜先发制人，没等金兵进攻，便在一个雷雨的夜晚，令部将阎充率领五百勇士，偷袭金军大营，把敌军打得措手不及、狼狈不堪，又被迫退后了三十里安营。第二天又是雷雨夜，刘锜命百余名将士身穿黑衣，一人一个竹哨子，趁电闪雷鸣的时候袭击敌人。他们一边猛杀敌人，一边吹响竹哨子，电光一灭就伏身。金军不知是什么在作怪，都以为是闹鬼，于是又后退了五十里安营。

金军主帅金兀术闻知后，便带领10余万人从开封赶来援救。刘锜为了引敌人轻进，便让两个士兵故意摔下战马，被金兵掳走。金兀术提审他们时，这两个士兵就按刘锜的交代说："刘锜根本不懂带兵打仗，只会一些雕虫小技而已。"与此同时，刘锜又命人沿着颍水河南岸撒了大量的毒药，然后送信给金兀术，挑衅说："你敢不敢过颍水来打我？你要是敢，我就搭建五座浮桥在颍水上迎接你。"金兀术一看，气得七窍生烟，立即带兵来到颍水边。果然在河上看到了五座浮桥。金兀术火冒三丈，当即命部下上桥杀过河，进入了宋军的"毒药区"，饮水时，大量的人、马中毒。这时，刘锜命部下携带水和粮食，杀进"毒药区"，上午坚守不出，等到下午金军被晒得头昏脑胀时再小股偷袭。这种捉迷藏的战术，把金兵打得叫苦不迭，又找不到宋军的主力，只得狼狈而逃。

在这个战例中，刘锜利用一连串的计谋，一计套一计，计计连环，从而有效地牵制住敌人，使金军只有招架之功，而无还手之力，最终溃散。

诸葛亮巧计夺汉中

三国时，蜀兵挺进汉中，曹操亲率大军前来抵御。诸葛亮查看地势，发现汉水的上游，有一带土山，可以埋伏千余人，于是就吩咐赵云带兵埋伏于此。

第二天，曹兵前来挑战，见蜀兵坚守不出，只好悻悻回营。晚上，诸葛亮在山上暗暗窥视，见敌军灯火熄灭，便命人放响号炮。赵云听到号炮声后，也吩咐手下擂起战鼓、吹响号角，顿时山中喊声震天，山谷也发出了回响。曹兵以为蜀兵来劫寨，都惊慌失措，急忙起床应战，但却未发现一个蜀兵。等到他们刚刚睡下，蜀兵那边又是鼓角齐鸣。一连三夜，夜夜如此，搞得曹兵筋疲力尽、彻夜难眠。曹操心里发怵，便退后30里扎寨。接着，诸葛亮又请刘备渡汉水后在岸边扎营。曹操见刘备背水安营扎寨，便派人来下战书。

曹操退兵至斜谷，马超等诸将分兵十数路，不时攻劫。操不能久住，又被魏延射了一箭，遂急急班师回营。

次日，曹操领兵向刘备挑战，但刘备并没有亲自出战，只派了蜀将刘封出战，曹操于是命令部下徐晃出战。刘封战不过徐晃，拨马便跑，蜀兵也跟在后边往水边逃走，军器马匹散落满地。曹兵追赶过来，争相拾取，不战自乱。正在这时，只见诸葛亮号旗举起，刘备领兵杀回，黄忠、赵云也从两翼杀来。曹军被围攻，大溃而逃，退往阳平关。

诸葛亮抓住时机，急令张飞、魏延截断曹兵的粮道，又命黄忠、赵云去放火烧山。曹操在阳平关听说粮道被截、山也被烧，只得领兵出了阳平关，希望以一战之功杀败蜀兵。这一次蜀兵出阵的仍是刘封，他战了几个回合便败走了。曹操乘胜追赶，追了一阵后，他又害怕中埋伏，于是下令退回阳平关。可是这时蜀兵又返身杀了回来，包围了阳平关，在东门放火，西门呐喊，南门放火，北门擂鼓。曹操急忙弃城突围，最终逃到斜谷界口驻扎。随后，蜀兵又杀了过来，曹操只得仓皇率军逃奔许都，把整个汉中丢给了刘备。

此次战役中，诸葛亮几番用计都十分精妙。他先是布置疑兵，夜间擂鼓疲惫敌人，迫使曹操退后30里。继而，又过河背水结营，引诱曹操前来进攻，然后设伏兵杀敌。之后，又运用釜底抽薪之计，放火烧山，截断粮道。再施用打草惊蛇之计，在阳平关四座城门放火呐喊，迫使曹操放弃阳平关和斜谷界口，整个汉中遂落入刘备之手。

曹操轻兵平战乱

马超（176～222年），字孟起，祖籍右扶风茂陵（今陕西兴平），出身于凉州豪强家庭，是三国时期的名将。东汉末年他跟随其父马腾起兵打仗，任偏安将军、封都亭侯。建安十五年（210年），马腾被曹操设计杀害后，马超联合马腾结义兄弟韩遂，兴兵为父报仇。

建安十六年（211年），马超、韩遂征调共计十部兵马，20万大军，浩浩荡荡地杀奔到潼关重镇。七月，曹操领兵前来应战。

来到潼关附近，曹操做出大战一场的攻势，私下却派徐晃、朱灵趁着夜色偷渡到了蒲阪津，并在西河驻营扎寨。接着，曹操带领士兵渡过大河向北挺进，占领渭口，他表面上设置疑兵，实则把兵力都集聚在了渭地。随后，曹操又命令士兵挖甬道、设鹿砦，做出防守的架势。马超多次挑衅都没得逞，再不敢轻易进攻，只得割地求和。曹操听取贾诩的建议，假装同意。

此时，韩遂前来拜见曹操，他们二人是同年举孝廉，曾一起在京中供职。曹操明知韩遂此次来的目的是说服自己撤兵，但他与其见面后，只说当年往事，不提军事。马超听说这件事后，遂对韩遂心生猜疑。几天后，曹操派人给韩遂送去了一封多处都有涂抹改动的信，这更加重了马超的疑心。就在马超处处提防韩遂之际，曹操对马超发动了突然袭击，轻兵挑战加以重兵夹击，使之大败。

战后，有人向曹操询问相关战事。曹操说道："对方派兵镇守潼关，如果我方进入河东，对方必会派重兵把守各渡口，如此一来我方就无法渡过西河。我派重兵聚集潼关，以吸引对方的全部兵力，此时对方在西河的守备势必空虚，徐晃、朱灵即可轻易渡河，而我带领军队北渡时，因为徐晃、朱灵已经占有好地势，对方肯定不敢与我争夺西河。

马超见信中要害部分皆被涂抹，不禁勃然大怒，挥剑欲砍韩遂。韩遂连忙躲闪。

过河后再挖甬道、设鹿砦，并不出兵，这不过是向对方示弱，让他们轻敌。等他们求和时，我再假装同意，使他们毫无防备。这时，只要我们一发兵，他们便会丢盔弃甲、无从抵抗了。用兵之法贵在灵活多变，不可死守一道啊。"

在这次战争中，曹操成功地施用了暗度陈仓、反间计、调虎离山、欲擒故纵等计谋，这些计谋环环相扣，使曹操最终平定了马韩之乱。

丁谓巧修皇宫

火海满天，吞噬了雄伟巍峨的宫室楼台，吞噬了金碧辉煌的殿阁亭榭……几天几夜之后，那里变成了一片断垣残壁。这是1015年发生在北宋皇宫里的一场罕见的大火。在废墟上，宋真宗叹息道："没有皇宫，如何上朝，如何议政，如何安居呢？"他叫来宰相丁谓，令他负责皇宫的修建工作。

丁谓接受任务后，在废墟上走来走去。他为遇到三件难办的事而感到苦恼：一是盖皇宫需要很多泥土，可是京城中空地很少，取土要到郊外去挖，路很远，得花很多的劳力；二是修建皇宫还需要大批建筑材料，都需要从外地运来，而汴河在郊外，离皇宫很远，从码头运到皇宫还得找很多人搬运；三是清理废墟后，很多碎砖破瓦等垃圾运出京城同样很费事。

有一天，当丁谓路过临时搭的一个小木棚时，看见有个小姑娘在煮饭，趁饭还没煮熟，她又缝补起被火烧坏的衣服。丁谓想："她倒真会利用时间呀！"忽然他灵机一动：办事情要达到高效率，就要时时处处统筹兼顾，巧妙安排好财力、物力、人力和时间。经过周密思考，他提出了一个科学的方案：先叫工人们在皇宫前的大街上挖深沟，挖出来的泥土即作施工用的土，这样就不必再到郊外去挖了。过了一些时候，施工用土充足了，而大街上出现了宽阔的深沟。

"哗哗哗"，忽然一股汹涌的河水，从汴河河堤的缺口中奔将出来，涌向深沟之中，等汴河的水和深沟中的水一样深时，一只只竹排、木筏及装运建筑材料的小船缓缓地撑到皇宫前。丁谓站在深沟前捋着胡子笑了。是的，没费多大力气，就一举解决了两道难题。

一年后，宏伟的宫殿和玲珑的亭台楼阁修建一新。这一天，汴河河堤的缺口堵住了，深沟里的水排回汴河之中。待深沟干涸时，一车车、一担担瓦砾灰土填到了深沟之中，一条平坦宽阔的大路又重新出现在皇宫之前……

刘锜雨夜巧杀敌

1140年，南宋将领刘锜带领军队镇守顺昌，阻拦大举进犯的金兵。金兵在首领金兀术的带领下来到距顺昌20里的东村，打算围攻。刘锜见对方刚来，还不熟悉环境，于是决定趁敌不备，先行下手。此时，突然乌云密布，轰隆隆的雷声暗示大雨将至，刘锜得到启发，产生了雨夜杀敌的念头。

傍晚，大雨来临，刘锜派出500名精兵趁机进入村庄，来到金兵营地，神鬼不知地将熟睡中的金兵杀死在营帐中，金兵顿时乱成一团。金兀术害怕中埋伏，遂下令后退15里。次日晚上，刘锜又像上次一样，挑选了100名精兵，各带一把短刀，一个竹哨，趁雨夜来到金军营中。闪电一亮，竹哨吹响，他们就砍杀；闪电一灭，就潜伏不动。

在黑暗中，金兵被砍杀无数，心中既恐慌又恼怒，于是不顾一切全都发疯似的乱砍一通。结果，一个晚上，金兵内部混乱不堪，自相残杀无数而100名宋兵早已毫发无伤地离开了金兵营地。直到天亮，金兵发现营中并无一个宋兵，才恍然大悟，但后悔已经来不及了，损失惨重的金兵只好退回到老巢进行休整。

作为将士要有勇有谋才行，灵活运用一切方法达成目的。刘锜雨夜杀敌正是利用了对方在明我方在暗的优势，使其自相残杀，可谓是"使其自累，以杀其势"连环计的妙用。

汪秀才夺回爱妾

家住黄冈的汪秀才对一位名叫四凤的小妾十分喜爱。无奈有一次出游时，四凤被一伙彪形大汉掠走。后来才知，这是阖闾山的柯陈兄弟所为。回到家中，汪秀才发誓要抢回四凤。于是，他向好友总兵管借了楼船、哨船、伞盖旌旗、冠服之类的东西，又召集了几十个家人装扮成军士，自己则装成新上任的提督，驾驶船只驶向阖闾江口。

柯陈兄弟原本就善于阿谀奉承，听说新任提督来了，一早就守在江边等候。提督也很给面子，果真来到了他们家做客，这兄弟二人热情招待了提督，就这样过了三天。

这一天，提督为了感谢柯陈兄弟的热情款待，请他们到自己的楼船上一聚。宴席期间，提督开口了："听说你们做了一件坏事啊，你们是不是抢了汪秀才的爱妾？你们有所不知啊，那个汪秀才本是当今的名士，他向皇上上奏了此事，上面交代我全权负责此事。我们是朋友，我才把此事先通告你们。假如你们暗地里将那小妾交出来，我可以保证你们无事。"柯陈兄弟一听，顿时吓得脸色发青，见提督如此给面子，便赶紧照实做。楼船刚一到岸边，柯陈兄弟忙把四凤交出。他们哪里会想到，眼前这提督便是汪秀才。

假扮提督的汪秀才，先是瞒天过海，伺机与柯陈兄弟套近乎；接着，再调虎离山，迫其就范；最后，终于以假充真，达到目的，让柯陈兄弟心甘情愿送回爱妾。

钟表眼镜店的突围

某市的一家大型钟表眼镜批零商店，曾经一度垄断着当地的眼镜销售市场。然而很快，在它的周围先后冒出众多个体眼镜店铺。这些个体经营者在批零店里转一圈，出门就把自己店里同样的眼镜降低了标价。他们打出的"配镜迅速，立等可取"的幌子也很奏效。就这样，个体经营者凭着其本小灵活、嘴甜货廉的优势堵住了批零店的财路。

批零店面对"围攻"，冷静地分析了市场形势，并根据自己的优势，制订了"扬长避短、强化服务"的战略。个体户的优势是进退自如，作价灵活，但他们一般缺乏过硬的技术，配镜质量无保证，也无力造成经营上的声势。

针对这些情况，该店制定和实施了如下策略：

他们缩减了低档眼镜的销售量，以避开个体户定价灵活的优势；增加了中、高档眼镜的花色、品种。由于一般顾客不大懂得配镜的技术，他们便在报纸上、电视上展开了宣传攻势。一是宣传配镜的基本知识，使顾客了解到配镜不适将给眼睛造成的损害；二是宣传本企业的信誉及提供的优质服务。在广为宣传的基础上，他们开展了"儿童眼镜百日服务"的活动。儿童配镜减价一半，免费验光，并聘请了3位眼科专家全天候门诊，为儿童提供免费配镜咨询，保证儿童配上适宜的眼镜。此外，他们还专门购置了5辆摩托车，为儿童把配好的眼镜送至家门或学校，大大方便了顾客。

这一系列措施，安排得细致、周密，一环紧扣着一环，让顾客不知不觉中了"连环计"的"圈套"。伴随着扩大知名度、提高销售量的同时，他们还培养了一批未来的顾客——儿童。于是该钟表眼镜批零商店的复苏便是可想而知的了。

罗宾的"幸运"糖

20世纪20年代，美国一个叫罗宾的糖果商拥有一家糖果小厂和几家小店，销售状况不理想。在众多大厂的竞争之下，他虽然使出浑身解数，但都收效甚微。面对销量越来越少的局面，他整天都在想：怎样让小孩子都来买我的"香甜"牌糖果呢？

一天，他看到一群孩子在玩游戏，立即被吸引住了。孩子们把几颗糖果平均放在几个口袋里，由一个公选的人把一个"幸运糖"（一颗大一些的糖）放进其中某个口袋里，不许别人看见，然后大家随意选一个口袋，有幸拿到"幸运糖"的人就要享受特权，即他是皇帝，其他人是臣民，每人要贡献一颗糖。他思索着这种奇怪而有趣的游戏规则，突然一个灵感闯入脑海。他欣喜若狂，思考了许久，有了一套宏伟的计划。

当时，美国的许多糖果是以一分钱一颗的价格卖给小孩的。罗宾就在糖果包里包上一分钱的硬币作为"幸运品"，并在报纸、电台打出口号："打开，它就是你的！"这一招很有效果，因为如果买中了包有硬币的糖就等于完全免费。孩子们都去买来吃。罗宾把"香甜"这个名字也改为"幸运"。他除了大量投入生产外，还不惜血本招来许多经销商，另外再大做广告，将"幸运"糖描绘成一种可以获得幸运机会的新鲜事物，并创造出一个可爱的小动物形象作为标志，使人人都非常熟悉。因为他的促销方法奇特新颖，立即闻名全国。糖果的销量迅速增加了几百倍。

其他糖果商在此启发下，也蜂拥而上，纷纷模仿此法。罗宾就更进一步，买中"幸运牌"的不仅免费，还可以奖励几颗糖。后来他在食品中放上其他物品，诸如玩具、连环画、手枪……始终处于同行前列。

"芭比"套住了爸爸妈妈

在美国市场上曾出现过一种注册为"芭比"的洋娃娃，每只售价仅10美元95美分。就是这个看似寻常的洋娃娃，竟弄得许多父母哭笑不得，因为这是一种"会吃美金"的儿童玩具。芭比是如何吞吃美金的呢？且看下面的故事。

一天，当父亲将物美价廉的芭比娃娃买下，并作为生日礼物赠送给女儿后，很快就忘了此事。直到有一天晚上，女儿回家对父亲说：芭比需要新衣服。原来，女儿发现了附在包装盒里的商品供应单，提醒小主人说芭比应当有自己的一些衣服。父亲便想，让女儿在给娃娃换穿衣服的过程中得到某种锻炼，再花点钱也是值得的。于是又去那家商店，花了45美元买回了"芭比系列装"。过了一个星期，女儿又说得到商店的提示，应该让芭比当"空中小姐"，还说一个女孩在她的同伴中的地位，取决于她的芭比有多少种身份，还噙着泪花说她的芭比在同伴中是最没"身份"的。于是，父亲为了满足女儿不算太过分的虚荣心，又掏钱买了空姐制服，接着又是护士、舞蹈演员的行头。这一下，父亲的钱包里又少了35美元。

然而事情并没有完。有一天，女儿得到"信息"，说她的芭比喜欢上了英俊的"小伙子"凯恩，不想让芭比"失恋"的女儿央求父亲买回凯恩娃娃。望着女儿腮边的泪珠，父亲还能说什么呢？于是，父亲又花费11美元让芭比与凯恩成双结对。洋娃娃凯恩进门，同样也附有一张商品供应单，提醒小主人别忘了给可爱的凯恩添置衣服、浴袍、电动剃须刀等物品。没有办法，父亲又一次解开了钱包。事情总该结束了吧？没有。当女儿眉飞色舞地在家中宣布芭比和凯恩准备"结婚"时，父亲显得无可奈何了。当初买回凯恩让他与芭比成双结对，现在没有理由拒绝女儿的愿望。为了不给女儿留下"棒打鸳鸯"的印象，父亲忍痛破费，让女儿为婚礼"大操大办"。父亲想，谢天谢地，这下女儿总该心满意足了。谁知有一天女儿又收到了商品供应单，说她的芭比和凯恩有了爱情的结晶——米琪娃娃。天啊，又冒出了一个会吃美金的"第二代"。玩具店的老板利用这一套"连环计"，变着法子掏人的钱袋，但从市场营销的角度看，这种"芭比策略"却给人深思与启迪。

瓦杜丁牵制德军

1942年6月，斯大林格勒保卫战仍在继续。在战役的这个阶段，德国法西斯占了上风，斯大林格勒眼看就要沦陷。

这时，驻守在距离斯大林格勒400公里处沃龙涅什的正是苏联红军的著名将领瓦杜丁的部队。此前，德军与瓦杜丁部队一直处于对峙状态，却总是按兵不动。这让瓦杜丁意识到，德军的真实意图是想拖住自己，孤立斯大林格勒。于是，他决定改变这一状态，先行向德军发动进攻，以便在沃龙涅什牵制住尽可能多的德军。一旦这里的德军抵抗不住，一定会抽调围攻斯大林格勒的德军进行增援，这样就能减轻斯大林格勒的压力。

尔后，瓦杜丁开始实施计划。他先是派飞机每晚飞到德军阵地轰炸一番。天亮后，再用大炮进行轰击。这让德军很烦躁，夜夜不得休息，十分疲惫。接着，瓦杜丁又接连几次发起对德军的猛烈进攻，这更让德军不知所措，误以为苏军要在这里发动总攻，于是赶紧把斯大林格勒城下的大批德军调遣过来援助。这样就缓解了斯大林格勒苏军的防守压力。

由此可见，瓦杜丁先是运用了打草惊蛇计，扰乱敌人军心，使其紧张不安；而后，又采取了以逸待劳方略，不停地轰炸、炮击，让德军心力交瘁、疲惫，达到削弱其战斗力的目的；接着反客为主，主动出击，掌握了战役的主动权；最后围魏救赵，使德军不得不抽调大批兵力支援沃龙涅什，从而缓解了斯大林格勒的压力。

第三十六计　走为上

【本计旨要】

本计意指事情发展到别无良策之时，只能选择出走。军事上运用此计，多是由于敌强我弱，且无良策得以取胜，为了保全势力，因此主动撤退。

【计名探源】

春秋初期，楚国攻打晋国。晋文公分析形势后，决定暂时后退，避其锋芒，但他对外却谎称说："当年我被迫逃亡，楚国先君对我以礼相待。我曾与他有约定，将来如果我返回晋国，愿意两国修好。如果迫不得已，两国交兵，我定先退避三舍（古时一舍为30里）。现在楚国伐我，我当实行诺言，先退三舍。"他撤退90里后，已到晋国边界城濮，但凭借外有黄河、内有太行的有利地势，晋国足以御敌，而且晋文公事先早已派人前往秦国和齐国求援。楚将子玉率部追到城濮时，晋文公早已严阵以待。子玉命令左右军先行，中军押后。当楚右军直扑晋军之时，晋军佯败向后接连撤退，而楚右军以为是晋军惧怕，想要逃跑，于是紧追不舍。却不料在追击之时，晋军中突然杀出一支战马都蒙上了老虎皮的军队。楚右军的战马以为迎面而来的是真的老虎，一惊之下，纷纷掉头逃跑，骑兵根本无法控制，结果楚右军大败。此时，晋文公派士兵假扮陈、蔡两国的军士，向子玉报捷说："右师已胜，元帅赶快进兵。"子玉登车一望，见晋军后方果真烟尘蔽天，大笑道："晋军居然如此不堪一击。"其实，这正是晋军的诱敌之计，他们在马尾上绑上树枝，让它们来往奔跑，故意制造出烟尘滚滚的假象。而子玉却信以为真，急命左军全力前行。此时的晋军上军又故意打着帅旗往后撤退，结果楚左军也陷入了晋国的伏击圈，惨遭歼灭。后方的子玉并不知情，等他率领中军赶到时，晋军三军合力，已把他团团围住。楚军最终伤亡惨重，只得悻悻回国。

这个故事中晋文公的几次撤退，都不是消极逃跑，而是主动退却，寻找或制造战机。所以，"走"是上策。

【古文玄览】

全师避敌①。左次无咎，未失常也。

晋文公谎称退避三舍以报答楚国先君之恩，楚军以为晋军想要逃跑，于是紧追不舍，最终落入晋文公的圈套，伤亡惨重。

【说文解字】

①全师避敌：保全军队实力，避开强敌。

【古文今译】

全军退却，避开强敌，以此保存实力，这并没有过错，也不违背正常的用兵之法。

【计谋评点】

古人言："敌势全胜，我不能战，则必降；必和；必走。"即是说在敌人全盛之时，敌强我弱不能强战，此时有三个选择，一是投降，一是求和，一是逃跑。其中投降不仅意味着彻底的失败，而且还象征着尊严的丧失、气节的丢弃，是为兵为将者最难以接受、最感到羞耻的选择。其次，求和也意味着失败了一半，因为求和必然要给对方一定的好处，例如割地或者缴纳贡品，当对方的势力越强时，所要付出的好处就越多。所以求和也非上上之选。唯有逃跑，看似失败，实则不然，有时恰恰能以退为进。走为上计，即不逞一时之强，在不敌强敌之时，如若硬拼，则是拿鸡蛋与石头碰，毫无疑问是自取灭亡，所以不如选择撤退，以此保全实力，日后再找寻时机赢取胜利。正所谓"留得青山在，不怕没柴烧。"比如宋朝的毕再遇在与金兵对垒之时，就考虑到了金国的增援部队正源源不断地赶来，敌强我弱，宋军会难以对抗。于是在一天夜晚，他命令士兵撤出营地，但在撤退之时他又让部下把锦旗都留在了原地，并把一些活羊倒挂起来，将它们的前腿放置在鼓上。山羊受不了倒挂，前腿乱动，踢得鼓不停地发出声响。金兵便误以为宋军还待在营地中，直至几天后，方察觉到宋军已经撤退，此时，毕再遇的部队早已走远，金兵想追赶已经来不及了。毕再遇带领宋军安全撤离，为宋国保存了实力，可谓是善于撤离的佳例。

同时，走为上又有急流勇退之意。功成名就之后，为了维护名节或者避免祸端，及时隐退，也是遵循"物极必反""否极泰来"之理。如西汉时期，疏广和疏受两叔侄审时度势，于功成名就之时解甲归田，及时抽身终得完寿。他们的事迹算得上此计在官场之中使用的典范之作。

"走为上"并不是说此计在三十六计中最为高明，而是说在处于劣势之时不要硬拼，应及时撤离方是上策。胜败乃兵家常事，逃跑有时并不意味着失败，所谓来日方长，今日的跑正是为了明日的胜。英雄应能辨明时机，一味地争强好胜，最后不仅会导致自己身败名裂，而且也会让众多将士白白送死。因此适时地跑，适机地跑，也不失为一种良策。

【事典辑录】

姜维屯田避祸

三国时，诸葛亮去世后，后主刘禅加封姜维为右监军及辅汉将军，统帅诸军，晋封平襄侯。此时，魏国司马昭杀了魏主曹髦，另立曹奂为帝。姜维乘魏国内乱，先后两次北伐。当姜维在祁山一带同魏将邓艾殊死战斗时，后主刘禅听信了宦官黄皓的话，下诏让姜维回国。

回到汉中以后，姜维安排好人马，便到成都去面见后主。可后主一连十天都不上朝，姜维心中十分疑惑。一日，姜维来到东华门，正好遇见郤正。姜维问他："天子要我班师，你知道是什么缘故吗？"郤正笑着回答："大将军怎么还不知道，这是黄皓为了让阎宇立功，请求朝廷发出诏书召回将军的啊！"姜维听后大怒。

第二天，后主与黄皓正在皇宫后花园内设宴饮酒，姜维领着几个人直接闯了进去。黄皓吓得慌忙躲到花园的一角。姜维来到亭下，叩拜后主说："陛下接连降下三道诏书，召我回朝，不知是什么意思？"后主默默不语。姜维又说："黄皓奸邪狡猾，专擅朝政，与东汉末年那些祸乱国家的宦官没什么两样。只有早早杀掉此人，朝廷才可以安宁，中原才可以恢复。"后主笑着说："黄皓不过是一个供使唤的小臣，就算他专权，也不能有什么作为。你又何必把他放在心上？"说着便命人到花园一侧去找来黄皓，让他向姜维叩头请罪。

姜维愤愤而出，见郤正，将这件事告诉了他。郤正大惊道："将军将要大祸临头了。"姜维说："请先生教我保国安身的办法。"郤正回答："陇西有一个地方，名叫沓中，那里土地十分肥沃。将军何不上报天子，前往沓中屯田？这样，一可以收获粮食以供军中之用；二可以夺取陇右大片土地城池；三可以使魏国军队不敢对我汉中轻举妄动；最后，将军在外握有兵权，谁也不敢算计你，可以避祸。这就是保国安身的办法。"姜维听后大喜，第二天就上表后主，要求去沓中屯田。后主应允。

姜维知道奸臣当道，后主昏庸，即便自己是朝中的中流砥柱，也禁不住奸臣的诬陷之言，所以他没有意气用事与黄皓硬拼，而是听取了郤正的建议，选择沓中屯田，一来可以避祸，二来也不影响自己保国为民，可谓一箭双雕。

刘邦鸿门历险

公元前206年，项羽听说沛公刘邦攻取咸阳后欲在关中称王，十分恼怒。在谋臣范增的建议下，项羽在鸿门设下酒宴，准备在席间寻机刺杀刘邦。

刘邦深知赴鸿门宴凶多吉少，但项羽兵强势壮，如果不去便会有须臾之祸。于是，刘邦带着谋士张良、武将樊哙以及卫士来到鸿门。入席后，刘邦对项羽说："我和将军并力攻秦，将军转战在黄河北，我作战于黄河南，但我自己也没料到会先攻进函谷关，打败秦军。现有坏人散布流言，使将军与我之间产生了误会，望将军三思而后行啊！"刘邦这番话语意谦恭，说得项羽心软了。

范增见项羽无意杀刘邦，便找来项庄舞剑助兴，想伺机刺杀刘邦。在这千钧一发之际，张良授意武将樊哙入帐。樊哙仗剑持盾闯进帐中，目视项羽，陈述了刘邦的劳苦功高和赤胆忠心，指责项羽听信流言蜚语。项羽一时竟无言以对。

随后，刘邦借口上厕所，与张良、樊哙一同出帐。最终，樊哙护送刘邦抄小路脱身，返回了灞上。

酒宴中，项庄奉命舞剑助兴，伺机刺杀刘邦。见此情景，项伯也起来舞剑，用身体掩护刘邦，使项庄找不到机会下手。

在鸿门宴上，刘邦见项羽犹豫不决，以上厕所为名，借机脱身，确属明智之举。假如他不及时脱身，很可能会被杀掉。

王戎堕厕得生

302年，西晋河间王联合成都王起兵准备攻打洛阳的齐王。齐王立即召集文武大臣商讨对策。这时，尚书令王戎建议道："如今来看，二王大军来势如此凶猛，恐怕是难以抵抗，不如暂时拱手让出大权，也算是保全的最佳选择了。"王戎的话还没说完，一个大臣便大声喝道："你身为尚书令，不仅不出谋划策，反而说出这样的丧气话，理应问斩！"王戎一看知道说错话了，于是装作很难受的样子说："老臣近日身体不适，刚才服用的寒食散药性发作，因此才会胡言乱语。现在我肚子实在难受，容我先去方便一下。"王戎匆匆忙忙来到厕所，故意跌进坑中，弄得一身脏臭，然后臭气熏天地走回来。齐王和众大臣看见他的窘态，不禁大笑起来。王戎趁机以更换衣物为借口告退，终于免除了杀身之祸。

王戎审时度势，在知道自身大祸临头之时，急中生智堕入厕中，使别人对他放松戒备，由此才能逃得一命。

申屠蟠逃避议政

申屠蟠，字子龙，东汉末期人。当时，汝南范滂等游士参与议政，职位在公卿以下的官员都辞官回家了。太学院里学生争相仿效议政的时风，都觉得文学将要兴盛了，朝廷将要重用文人了。只有申屠蟠长叹一口气，说："战国的时候，文人聚集在一起讨论国家大事,每个国家的大王都争相迫害异己,最终酿成了'焚书坑儒'之难,现在恐怕也要生出祸端了。"于是,他决定远离尘世,隐居到了梁山和砀山之间,用树木搭建房屋,自食其力。

两年后,范滂等人果然被冠上"诽讪朝廷"的罪名,最终不是被处死,就是遭受极刑,唯有申屠蟠安然无恙。

范蠡功成隐退

范蠡是战国时期越国的大夫,辅助勾践20余年,功绩斐然。

公元前496年,吴越两国发生战争,吴王阖闾阵亡。公元前494年,阖闾之子夫差勤练将士欲讨伐越国以报杀父之仇,越王勾践闻知后便想抢先一步,主动率兵进攻吴国。范蠡苦苦相劝,勾践不理会,最终兵困会稽山。危急时刻,勾践请求范蠡想法解围,范蠡献"卑辞厚礼,乞吴存越"之策。

议和成功,三年后勾践回国,想把越国的治国大权交给范蠡。范蠡拒绝说:"带兵打仗,我胜于文种,但治理国家,文种胜于我。"于是,他把治理国家的权力让给了文种,自己却主动要求到吴国去做人质,几番受辱,待了两年才重回越国。回到越国后,范蠡又辅助勾践振兴越国。公元前473年,越国大败吴国,将吴王困于姑苏山。夫差派人向越国求和,范蠡力劝越王铭记会稽之耻,拒绝议和。最终吴王自杀,越国灭掉了吴国。

灭吴后,勾践犒赏功臣,封范蠡为上将军。但范蠡认为盛名之下,难以久留,便携家眷泛舟前往齐国,隐姓埋名开始了布衣生活。他在齐国写信给文种说:"飞鸟尽,良弓藏;狡兔死,走狗烹。勾践为人短见,只能与其共患难,不可同欢乐啊。先生为何还要留在他身边呢?"没多久,文种果然被勾践赐死。而范蠡急流勇退,远走他乡,后来勾践还将会稽山周围300里的土地赏赐给了他。

在齐国海滨,范蠡自力更生,因美德而声名鹊起,齐王邀请他为相。范蠡拒绝,再次远走,定居在陶(今山东定陶西北),靠经商累积了亿万家产,人称"陶朱公"。

范蠡知进退,在看清越王勾践的为人后,悄然隐退,因此保住性命,最终富甲一方。

文种不听范蠡的劝告,未能急流勇退,最终被迫自杀。

楚国灭庸

楚庄王为了扩张势力，发兵攻打庸国。由于庸国奋力抵抗，楚军一时难以推进。庸国在一次战斗中还俘虏了楚将杨窗。但由于庸国疏忽，三天后，杨窗竟从庸国逃了回来。杨窗报告了庸国的情况，说道："庸国人人奋战，如果我们不调集主力大军，恐怕难以取胜。"

楚将师叔建议用佯装败退之计，以骄庸军。于是师叔带兵进攻，开战不久，楚军佯装难以招架，败下阵来，向后撤退。像这样一连几次，楚军节节败退。庸军七战七捷，不由得骄傲起来，军心麻痹，斗志渐渐松懈，戒备渐渐失去了。

这时，楚庄王率领增援部队赶来，师叔说，"我军已七次佯装败退，庸人已十分骄傲，现在正是发动总攻的大好时机。"楚庄王下令兵分两路进攻庸国。庸国将士正陶醉在胜利之中，怎么也不会想到楚军突然杀回，仓促应战，抵挡不住。楚军一举消灭了庸国。师叔七次佯装败退，正是为了制造战机，一举歼敌。

刘伯温走未及时

为朱元璋平天下，治天下立下了汗马功劳的刘伯温在功成之后，多次上书请求告老还乡，其原因亦是主动与被动两种因素促成的结果。

洪武三年（1370年），朱元璋授予刘伯温弘文馆学士，封开国翊运守正文臣、资善大夫、上护军、诚意伯。刘伯温为了免遭朝廷官场斗争的不测之祸，随即上书明太祖，请求辞仕过隐居生活。原因有二：一是青少年立下的报国志得以实现，位至开国功臣之列。二是他生性豪爽刚正、疾恶如仇，在为朱元璋出谋划策时曾得罪过不少人，像宰相李善长、胡惟庸等人，就是对明太祖朱元璋，他也常常直谏不讳。因此，他想尽早从官场的漩涡中抽出身来，急流勇退。次年二月，刘伯温回到浙江青田南田山（今浙江文成）故里，在乡间每日读书吟诗，饮酒下棋，谢绝同一切官府来往，静心修养，乐哉快哉。说刘伯温上书请求辞官含有被迫原因，还可以从他后来被朱元璋剥夺俸禄一事加以佐证。1373年，胡惟庸当上了丞相，他对刘伯温曾经在明太祖面前不同意自己担任丞相一事，怀恨在心，故诬陷刘伯温在故里谋占有王气之地为自己墓地，图谋不轨。朱元璋因疑心极重，遂于第二年下旨剥夺了刘伯温的俸禄。刘伯温被迫忍气吞声进京说明真情，不想在京积忧成疾，1375年3月他重病不起，被送回乡里，一个月后辞世。如果刘伯温在朱元璋登基称帝的前夕，不待封官列侯即隐退故里或山中寺院，恐怕也不至于后来遭到剥夺俸禄的冤屈。由此看来，政治斗争中的急流勇退宜早不宜迟，否则，虽辞职也难保全终身。

伯颜逃命

元代时有人告乃颜想要谋反，皇帝下诏令伯颜去侦察情况。伯颜知道自己此去凶多吉少，就做了精心的准备。伯颜发现如果要平安回来，逃回来时的交通是一个关键。于是，伯颜就带上许多皮袍进入乃颜所管辖的地区。到了乃颜控制的地区以后，每到一个驿站，伯颜就把这些皮袍送给管驿站的官员，一路上交了不少朋友。乃颜反心已决，对伯颜的来意也有所了解。他设下一个计谋，准备除掉伯颜。伯颜到了乃颜处，乃颜为他设宴，打算在宴会中把他抓起来。伯颜发现事态不妙，同他的随从一起快步逃了出来，分三条道逃走。管理驿站的官员因为得了他皮袍，便争着把健壮的快马献给他，于是他便逃脱了。

刘备借口脱身

建安三年（198年），吕布大败刘备，不得已，刘备只好投靠曹操。曹操向汉献帝上奏，封刘备左将军一职，留守许都。表面上看，刘备封得官职，实际并无权势，完全受曹操控制。

为此，刘备很苦恼，一心想离开许都。为让曹操放心，刘备假装学习种菜。曹操看到刘备如此胸无大志，便渐渐地对他放松了警惕。一天，刘备与曹操闲谈，突然军兵前来报告说袁术准备放弃淮南而投奔河北。刘备心中暗想：曹操早就打算灭掉袁术，我何不趁此逃离许都呢？遂对曹操说："袁术北上一定会路过徐州。我可以在半路拦截他，一举消灭袁术。"曹操略有犹豫说："还是等明天奏请天子后再起兵吧！"

第二天，刘备怕曹操改变主意，便亲自上奏献帝，恳求带兵前去讨伐。献帝同意后，曹操下令刘备总领5万兵马前去迎战。

回府后，刘备连夜整理鞍马，带上将军印，并催促关羽、张飞起程。关、张不明其故，刘备回答说："我身在许都就像笼中之鸟，网中之鱼。此次出战，是鱼归大海，鸟上蓝天，总算是摆脱笼网了。"关、张听后，恍然大悟，遂跟随刘备疾驰而去。

刘备才出许都，谋士郭嘉得到消息，于是向曹操进谏："丞相为什么要派刘备去讨伐袁术啊，这刘备走了就不会再回来了，您这是放龙入海，放虎归山啊！"听后，曹操也追悔莫及，赶忙命令许褚带领500精兵前去拦截。早就料想到曹操可能变卦，出兵前刘备就做好了准备，曹操的将令加上献帝的钧旨，把许褚说得哑口无言。无奈之下，许褚只好率兵无功而返。

刘备出走后，专心招兵买马、礼贤下士，请诸葛亮担任军师，最终与东吴联合，在赤壁之战中打败曹操。自此以后，每逢想起放走刘备，曹操便感叹不止，后悔不已！

徐庶逃离曹营

庞统用连环计骗过曹操后，意欲登船返回江南，就在江边准备登船之际突然被人拉住，待庞统一看，原来是老相识徐庶。徐庶原是刘备的谋士，曾几次用兵布阵大败曹操。为让徐庶能为己所用，曹操将其母骗至曹营，却不想这刚烈的老夫人居然自杀而亡，这更让徐庶记恨，发誓永不为曹操所用。这就是俗语"徐庶进曹营一言不发"的由来。

聪明的徐庶早就看出了庞统向曹操献连环计的真实意图，如此一说，庞统有些担心。看出庞统的心思，徐庶随即解释道："我的母亲被曹操害死，我定不会为他效命，您大可放心。只是我现在身在曹营，兵败后，怕是自身难保。还请您指引迷津，帮助我离开这里。"于是，庞统与徐庶耳语了几句，徐庶听后连连点头。

当天晚上，按照庞统的计策，徐庶便在曹营开始传播谣言。次日，士兵们就都在谈论西凉韩遂、马腾起兵反叛的事情。曹操听到后，感到很吃惊，慌忙召集大臣商议具体事宜。这时，徐庶进言道："自从被丞相收留后，我还没有机会报答。这次我愿意带领3000兵马，前往散关驻守，以防止韩、马来犯。"曹操看见徐庶愿意为自己出力，自然很高兴，一口答应了，还特意交代让他日夜兼程。曹操如此说，徐庶更是高兴，随即向曹操辞别，带领3000兵马飞驰而去。这一走，徐庶再也没有回来。

李先念中原突围

1946年6月26日，蒋介石出兵围攻中原解放区，从而拉开了解放战争的序幕。

此时的形势对于李先念带领的中原解放军来说十分不利。面对多达30万的敌军，只有6万人的中原解放军面临很大的挑战。显然，敌军已经做好了万全的准备，6000多个碉堡足以让我军倍感压力。胜算在握的蒋介石打算在48小时内消灭李先念的主力，结束战争。根据"生存第一"的原则，李先念打算带兵突围，走为上策。蒋介石对战争形势进行了分析，鉴于其他方向有重兵把守，猜测我军极有可能由东北方向突围，以便能及时与山东解放军会合。李先念则认为，敌军重兵把守的地方往往容易放松警惕，为出其不意，我军应该选择与敌军估算恰好相反的方向突围，即向西突围。

为了掩护主力部队的突围，李先念先施疑兵，巧妙地迷惑住了敌人。首先，他派皮定均带领中原解放军第一旅7000余人向东面突围，并于东北前沿阵地加固工事，调动部队造成我军主力部队向东转移的假象。6月26日晚，我军主力兵分三路，开始突围，并于7月1日，突破了敌军的封锁线，越过平汉铁路。蒋介石没想到我军会向西面突围，慌忙调遣兵力对我军进行围堵。然而，以每天180余里速度行军的主力部队，很快就将敌军甩在了身后，各自顺利到达了陕甘宁根据地。

同时，经过一个多月的艰苦奋战，东面皮定均率领的部队也顺利到达苏皖解放区。中原解放军的成功突围，完成了战略转移，牵制了敌军大批兵力，也为其他地区的作战赢得了机遇。蒋介石原计划落空，而且还付出了损失5000多兵力的代价。

日立保存实力东山再起

20世纪60年代，日本日立公司为了扩大企业规模，发展生产，投入了大量资金，购买新建厂房建筑材料，新添置一些设备。这时，正赶上了日本经济萧条时期，现有产品滞销，卖不出去，扩大企业规模的后果就可想而知了。面对这一严峻情况，日立公司有两条路可供选择：一条路是继续投资；另一条路停止扩建。日立公司经过认真讨论、分析、研究，最后果断决定走后一条路，停止扩建，实行战略目标转移，把资金投放到其他方面，积蓄财力，待机发展。经过实践证明，日立公司的决策是正确的。从1962年开始，日本三大电器公司中的东芝和三菱的营业额都有明显下降，但是日立则一直到1964年仍在继续上升。进入20世纪60年代后半期，一个新的经营繁荣时期来到了，蓄势已久的日立不失时机地积极投资，取得了经营上的巨大成功。

松下果断退出竞争

1964年，日本松下通信工业公司突然宣布不再研制大型电子计算机。对这项决定的发表，大家都感到震惊。松下已花费了五年的时间，并且投入了十多亿元的研究费用，眼看着就要进入最后阶段，却突然全盘放弃。松下通信工业公司的经营也很顺利，不可能会发生财政上的困难，所以令人十分费解。

松下幸之助所以会这样断然地做决定，是有其考虑的。他认为当时的大型计算机的市场竞争相当激烈，万一不慎而有差错，将对松下通信工业公司产生不利影响，到那时再撤退，就为时已晚了，不如趁着现在一切都尚有可为时撤退，才是最好的时机。

事实上，像西门子、RCA这种世界性的公司，都陆续放弃了研发大型计算机，广大的美国市场，几乎全被IBM独占。像这样，有一个强而有力的公司独占市场就绰绰有余了，更何况在日本这样一个小市场呢？

在日本，富士通、日立等7家公司都急着抢滩，他们也都投入了相当多的资金，等于赌下了整个公司的命运。在这场竞争中，松下也许会生存下来，也许就此溃败。松下衡量得失后，终于决定撤退。松下的退出是"高明"的，通过审时度势，暂时退出激烈的争斗，保存了自己的实力，实在是深得"走为上"之奥妙。

离开谈判桌后取得成功

一次，我国与突尼斯SIAP公司代表就建设化肥厂事宜进行谈判，几次磋商都很顺利，双方商定将厂址选在条件优越的秦皇岛港。不久，科威特方面也加入了联合办化肥厂的谈判。在第一次三方谈判中，科威特石油化学工业公司的董事长听了中突双方的筹备工作介绍后，断然提出反对："你们前面所做的一切工作都是没有用的，要从头开始！"

谈判陷入了僵局。中突双方是不可能接受科威特方面苛刻的意见的。可是，这位董事长在科威特的地位仅次于石油大臣，他还是国际化肥工业组织的主席，以他为代表的公司在突尼斯许多企业里拥有大量股份。怎么改变这位拥有巨大权威的董事长的决心，打破沉闷的气氛呢？

这时中方代表猛然站起身，义正词严地说："我声明：为了建设这个化肥厂，我们选定了一处靠近港口、地理位置优越的厂址。为了尊重我们的友谊，在许多合资企业表示要得到这块土地的使用权时，我们都拒绝了。如果按照董事长今天的提议，事情将要无限期地拖延下去，那我们只好把这块地方让出去！对不起，我还要处理别的事情，我宣布退出谈判，下午，我等待你们的消息！"说罢，他拎起皮包就走，回到了自己的房间。

半小时后，一位处长跑来了，兴奋地说："真灵，你这一炮放出来，形势急转直下，那位董事长说了，要赶快请你回去，他们强烈要求迅速征用秦皇岛的那块土地！"

真是一席话突破僵局，接下去谈判十分顺利。在那次会谈纪要里把董事长那句"强烈要求迅速征用秦皇岛那块土地"的话，也写了进去。谈判成功了。"走为上"的策略，使中方由被动僵持转为主动出击。取得这次谈判胜利的主要原因，在于中方代表能够认真分析出现僵局的症结所在，对症下药，最终取得成功。

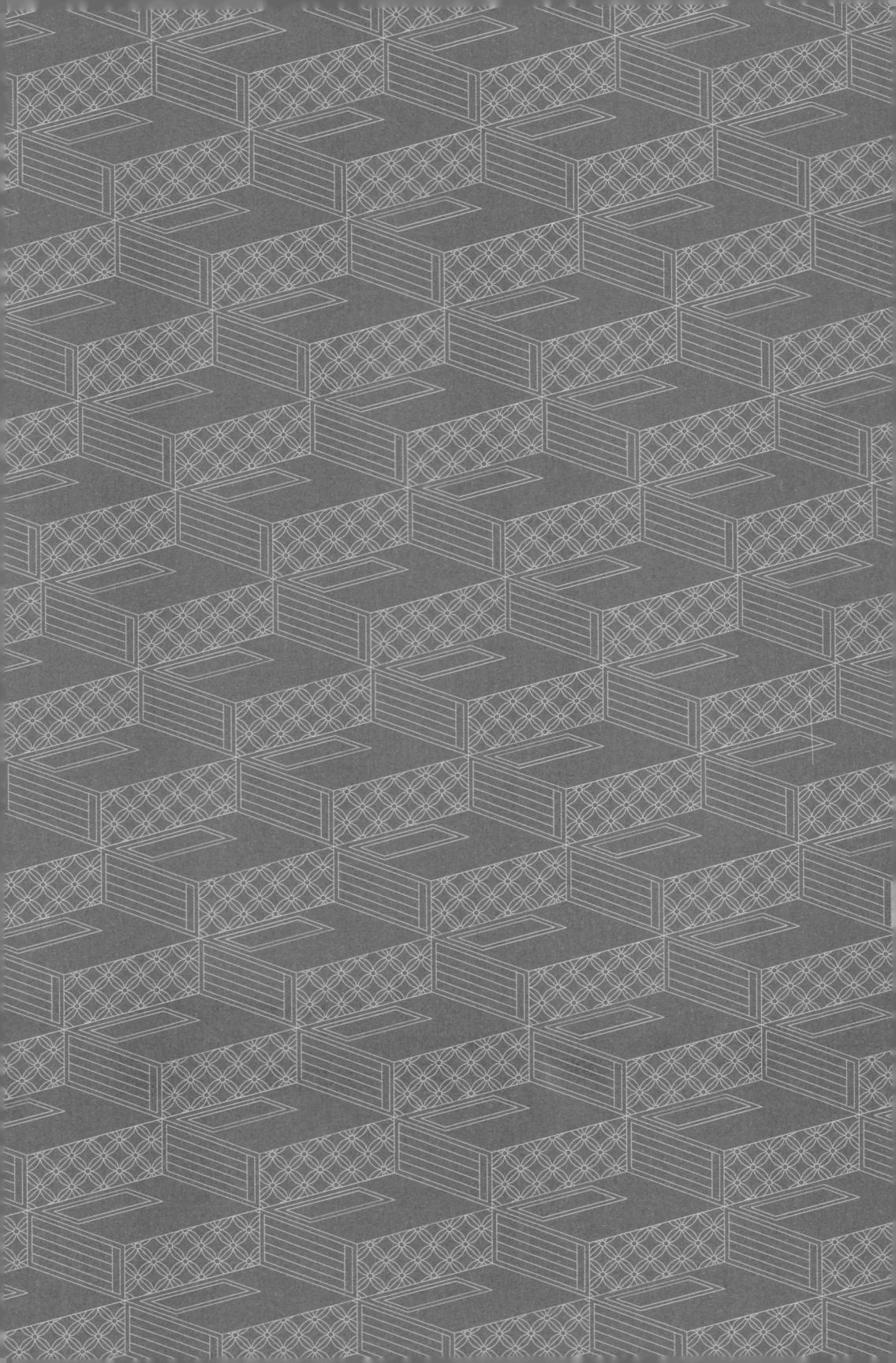